D1619624

ELEMENTA LINGUARUM ORIENTIS 4

Herausgegeben von
Reinhard G. Lehmann und
Josef Tropper

2008
Harrassowitz Verlag · Wiesbaden

Josef Tropper

Kleines Wörterbuch des Ugaritischen

2008
Harrassowitz Verlag · Wiesbaden

Die Bände 1 und 2 der Reihe sind im Ugarit-Verlag, Münster, erschienen.

Umschlagabbildung: Die Marzeah-Tafel KTU 3.9 / RS 1957.702.
Photo: Bruce and Kenneth Zuckerman, West Semitic Research,
University of Southern California

Bibliografische Information der Deutschen Nationalbibliothek
Die Deutsche Nationalbibliothek verzeichnet diese Publikation in der Deutschen Nationalbibliografie; detaillierte bibliografische Daten sind im Internet über http://dnb.d-nb.de abrufbar.

Bibliographic information published by the Deutsche Nationalbibliothek
The Deutsche Nationalbibliothek lists this publication in the Deutsche Nationalbibliografie; detailed bibliographic data are available in the internet at http://dnb.d-nb.de.

Informationen zum Verlagsprogramm finden Sie unter
http://www.harrassowitz-verlag.de
© Otto Harrassowitz GmbH & Co. KG, Wiesbaden 2008
Das Werk einschließlich aller seiner Teile ist urheberrechtlich geschützt.
Jede Verwertung außerhalb der engen Grenzen des Urheberrechtsgesetzes ist ohne Zustimmung des Verlages unzulässig und strafbar. Das gilt insbesondere für Vervielfältigungen jeder Art, Übersetzungen, Mikroverfilmungen und für die Einspeicherung in elektronische Systeme.
Gedruckt auf alterungsbeständigem Papier.
Druck und Verarbeitung: Hubert & Co., Göttingen
Printed in Germany

ISSN 1614-6379
ISBN 978-3-447-05638-0

Inhaltsverzeichnis

Vorwort vii

Einleitung ix

Abkürzungsverzeichnis xii

1. Allgemeine Abkürzungen xii

2. Abkürzungen semitischer Sprachen xiii

3. Abkürzungen zitierter Literatur xiv

Kleines Wörterbuch des Ugaritischen 145

Appendix 1 : Auflistung der Verbalwurzeln 147

Appendix 2 : Deutsch - ugaritisches Glossar 165

Vorwort

Die Idee, ein *Kleines Wörterbuch des Ugaritischen* (abgekürzt: KWU) zu erstellen, entstammt meinen Unterrichtserfahrungen. Bis vor Kurzem hatten Studierende kein adäquates lexikographisches Nachschlagewerk zum Ugaritischen zur Verfügung und mussten sich mühsam mit einer Kombination mehrerer Glossare behelfen. Die Situation änderte sich erst mit dem Erscheinen von DUL (G. del Olmo Lete – J. Sanmartín, A Dictionary of the Ugaritic Language in the Alphabetic Tradition, Leiden/Boston 2003), dem neuen Standardwerk zur ugaritischen Lexikographie. Gleichwohl ist DUL für Ugaritisch-Anfänger nicht einfach zu benutzen, zum einen wegen seiner großen Materialfülle und der langen bibliographischen Diskussionen, zum anderen, weil es keine didaktisch sinnvolle etymologische Aufbereitung des Materials bietet und die zum Vergleich herangezogenen Lexeme anderer Sprachen ohne Übersetzung anführt.

Das vorliegende Wörterbuch steht nicht in Konkurrenz zu dem weitaus umfangreicheren Wörterbuch DUL. Es enthält nicht alle ugaritischen Lexeme und nur wenige Eigennamen. Die Auswahl der Lexeme ist jedoch so vorgenommen, dass das Vokabular jener Texte, die gewöhnlich im akademischen Unterricht gelesen werden, vollständig oder zumindest weitgehend abgedeckt wird (Texte der Epik, religiöse Texte, alle Verben). Zum anderen ist das vorliegende Wörterbuch im Gegensatz zu DUL didaktisch ausgerichtet. Folglich werden die Lexeme, wenn möglich, mit Vokalisationen versehen, und bei etymologischen Angaben werden nur Entsprechungen aus "klassischen" semitischen Sprachen angeführt, von denen Ugaritisch-Studierende entweder bereits Kenntnisse haben oder die ihnen zumindest nicht allzu ferne stehen. Natürlich sind in dieses Wörterbuch aber auch meine subjektiven Interpretationen ugaritischer Texte eingeflossen, und die Unterschiede zu DUL sind in Einzelfällen beträchtlich. Das vorliegende Wörterbuch kann deshalb mit gewissen Einschränkungen auch als wissenschaftliches Referenzwerk im Sinne einer kritischen Ergänzung zu DUL fungieren.

Die Ugaritistik ist eine Disziplin, die mit vielen ungelösten Problemen zu kämpfen hat und auf zahlreiche Fragen keine sicheren, sondern lediglich wahrscheinliche Antworten geben kann. Die Anzahl der Unbekannten ist auf dem Gebiet der Lexikographie wohl am Größten. Es ist deshalb davon auszugehen, dass sich diverse Lexem-Interpretationen dieses Wörterbuchs in Zukunft als falsch oder nicht teilweise inkorrekt herausstellen könnten. Kritische Reaktionen zu diesem Wörterbuch sind deshalb wünschenswert und willkommen.

Berlin, im September 2006 Josef Tropper

Einleitung

Das vorliegende Wörterbuch enthält das vollständige Vokabular der drei großen epischen Texte Ugarits, des Baal-Zyklusses sowie des Keret- und Aqhat-Epos, abgesehen von fragmentarisch erhaltenen Zeichenfolgen, einschließlich der häufigsten in der Epik bezeugten Eigennamen. Ferner sind die meisten Lexeme der übrigen Texte mythologischen Inhalts und das zentrale Vokabular der kultisch-rituellen Texte berücksichtigt. Daneben enthält das Wörterbuch wichtige andere alphabetisch wie syllabisch bezeugte Lexeme des Ugaritischen, unter anderem alle bezeugten Verbalwurzeln. Insgesamt enthält das Wörterbuch ca. 2000 Einträge, konkret etwa 1880 Lexeme zuzüglich Eigennamen. Zum Vergleich: DUL enthält insgesamt 4445 Einträge: 2230 Lexeme zuzüglich 2215 Eigennamen (Zählung von Dr. Issam Halayqa, Berlin).

Bei der Auswahl wurde insbesondere auf religiös und grammatisch relevante Termini Wert gelegt sowie auf Lexeme, die nach meiner Auffassung anders zu deuten sind, als das Wörterbuch DUL es vorgeschlägt. Ferner wurde das Vokabular der in DUL noch nicht erfassten neuen Texte (ab Kampagne 1994) in besonderer Weise berücksichtigt. Das vorliegende Buch kann somit auch als kritische Ergänzung zu DUL dienen.

Die Konzeption des Wörterbuchs verfolgt in erster Linie didaktische Ziele. Aus diesem Grund wird den Lexemen, sooft die etymologischen Daten dies zulassen, eine (phonologische) Vokalisation beigefügt. Es sei betont, dass es sich dabei zwar um begründete Vorschläge handelt, die jedoch nur in seltenen Fällen bewiesen werden können. Benutzer des Wörterbuchs sind deshalb zu einem kritischen Umgang mit den Vokalisationen aufgefordert. Nomina werden im Nominativkasus zitiert.

Nach dem Symbol **|** folgen etymologische Angaben. Dabei wird keine Vollständigkeit angestrebt. Berücksichtigt werden im Wesentlichen nur Entsprechungen aus den so genannten klassischen (d.h. älteren) semitischen Sprachen, in besonderer Weise Entsprechungen in zentralsemitischen Sprachen (Nordwestsemitisch, Arabisch, ferner auch Sabäisch). Gewöhnlich werden die Sprachen in folgender Reihenfolge (entsprechend dem mutmaßlichen Verwandtschaftsgrad mit dem Ugaritischen) angeführt: 1. Kanaanäisch, 2. Aramäisch (vor allem Syrisch; Substantive werden im Status emphaticus zitiert), 3. Nordarabisch, 4. Altsüdarabisch (meist Sabäisch), 5. Äthiopisch (meist Altäthiopisch), 6. Akkadisch. Den zitierten Wortformen werden nur dann Bedeutungen beigefügt, wenn sie nicht mit denen des entsprechenden ugaritischen Lexems übereinstimmen.

Zur großen Mehrzahl der ugaritischen Lexeme wird zumindest eine Belegstelle angeführt, und zwar in der Regel der/die erste(n) Beleg(e) gemäß der KTU-Leitzählung. Das Symbol **&** nach einer Belegstelle zeigt an, dass es noch mindestens zwei weitere Belegstellen gibt. Bei seltenen Lexemen werden alle Belegstellen genannt, bei überaus häufigen Lexemen (zentrale Präpositionen, Konjunktionen u.a.) keine. Stellenangaben ohne Spezifikation beziehen sich auf die Text- und Zeilenzählung der Textausgabe KTU². Andere Belegstellen werden nach Ausgrabungsnummern (RS = Ras Shamra) zitiert.

Die Lexeme sind gemäß ihren Umschriftsymbolen nach dem modifierten lateinischen Alphabet gereiht. Die Reihenfolge lautet:

ˀ (ˀ [in Wurzeln] vor *ả* vor *ỉ* vor *ủ*) ˁ *b d ḏ g ġ*
h ḥ ḫ k l m n p q r s/s̀ ṣ š t ṭ ṯ w y z ẓ

Weitere technische Vorbemerkungen:

- Anstelle der Symbole *ả*, *ỉ* und *ủ* für die drei Alephzeichen des ugaritischen Alphabets sind im Folgenden aus technischen Gründen einfach die Vokalsymbole *a*, *i* und *u* gesetzt. Es sei aber hervorgehoben, dass es sich bei diesen Phonemen nicht um Vokale, sondern um Aleph-Phoneme in Kombination mit Vokalen handelt, wobei *ỉ* auch silbenschließendes Aleph ausdrücken kann. So weist eine Schreibung wie *ảlp* ("Rind") zwar auf einen /*a*/-Vokal in der ersten Silbe hin (/*ˀalpu*/). Andererseits lässt sich aus einer Schreibung wie *rỉš* ("Kopf") nicht ableiten, dass das betreffende Wort /*i*/ in der Stammsilbe hatte; tatsächlich steht sie für /*raˀšu*/.

- Alle Wurzeln *primae infirmae* (d.h. Wurzeln I-*y* und I-*w*) sind unter I-*y* aufgelistet.

- Ugaritische Nomina sind mit Nominativendung vokalisiert.

- Hebräische und aramäische Wurzeln *tertiae infirmae* werden einheitlich als III-*y* geführt.

- In der Umschrift hebräischer und aramäischer Wortformen werden die spirantischen Allophone der Begadkepat-Laute nicht berücksichtigt (z.B. aram. *kabdā* "Leber" für *kaḇdā*).

Verwendete Symbole:

√ Das Wurzelsymbol **√** kennzeichnet Verbalwurzeln im Gegensatz zu nominalen Lexemen.

* Das Symbol * *nach Lexemen* meint, dass die angesetzte Grundform eines Lexems so nicht bezeugt ist (andere Formen des Lexems sind aber belegt).

* Das Symbol * *nach Stellenangaben* meint, dass die zur Diskussion stehende Wortform dort teilweise ergänzt und zugleich unsicher ist.

** Das Symbol ** nach Lexemen meint, dass ein Lexem im alphabetischen Textkorpus nicht belegt ist, sich aber syllabisch nachweisen lässt. (Die erfassten syllabischen Wortformen sind jeweils unter ihrer alphabetischen Entsprechung aufgeführt, selbst wenn diese nicht bezeugt ist.)

& Das Symbol **&** nach Stellenangaben meint, dass es noch weitere (mindestens noch zwei) Belegstellen gibt.

o Eigennamen (Personennamen, Götternamen, Ortsnamen, etc.) sind durch ein nachfolgendes Symbol o gekennzeichnet.

| Nach dem Symbol **|** folgen etymologische Angaben.

< Das Symbol < (d.h. "entstanden aus . . .") bezeichnet etymologische Herleitungen aus älteren Grundformen.

Abkürzungsverzeichnis

1. Allgemeine Abkürzungen

abs.	(Status) absolutus
Ak.	Akkusativ
akt.	aktiv
alt.	alternativ
Bed.	Bedeutung
Bez.	Bezeichnung
ca.	circa
cs.	(Status) constructus
D	Doppelungsstamm (= ar. II. Stamm)
D*	Intensivstamm bei Verben *mediae infirmae* und teilweise auch *mediae geminatae* (= "Längungsstamm"; vgl. hebr. Polel-Bildung)
d.h.	das heißt
Dp	Dp-Stamm (Passivvariante zu D)
Dp*	Passivvariante zum D*-Stamm
Du.	Dual
eig.	eigentlich
em.	emendiert
entspr.	entsprechend
entw.	entweder
EP	enklitische Partikel
etym.	etymologisch
evtl.	eventuell
f(em).	feminin
G	Grundstamm
GN	Göttername
Gp	Gp-Stamm (Passivvariante zu G)
Grdb.	Grundbedeutung
Gt	Gt-Stamm
intr.	intransitiv
jmdm/n.	jemandem/n
K	Kausativstamm (= ar. IV. Stamm)
Konj.	Konjunktion
Kont.	Kontext
Lw.	Lehnwort (bzw. Fremdwort)
Lok.	Lokativkasus
m(ask).	maskulin
möglw.	möglicherweise
N	N-Stamm

Nf.	(graphische) Nebenform
o.ä.	oder ähnlich
od.	oder
pass.	passiv
PK	Präfixkonjugation
Pl.	Plural
PN	Personenname
Präp.	Präposition
pron.	(Status) pronominalis (Status des Nomens vor Pronominalsuffix)
R	Reduplikationsstamm
RS	Ras Shamra (Leitzählung ugaritischer Texte nach Ausgrabungsnummern)
s.	sich
s.	siehe
Sf.	Pronominalsuffix
Sg.	Singular
SK	Suffixkonjugation
St.	Status
Subst.	Substantiv
Š	Š-Stamm
Šp	Šp-Stamm (Passivvariante zu Š)
Št	Št-Stamm
tG	tG-Stamm (aram. Etpeᶜel)
tD	tD-Stamm
tD*	Reflexivvariante zum D*-Stamm
trad.	traditionell
trans.	transitiv
TV	Themavokal
u.	und
u.a.	und andere(s)
u.ä.	und ähnlich
viell.	vielleicht
wahrsch.	wahrscheinlich
wörtl.	wörtlich
Wz.	(Sprach-)Wurzel

2. Abkürzungen semitischer Sprachen

aaram.	altaramäisch
äg.	ägyptisch
akan.	altkanaanäisch (El-Amarna u.a.)
akk.	akkadisch
amurr.	amurritisch

ar.	arabisch
aram.	aramäisch (einschließlich syrisch)
asa.	altsüdarabisch
ass.	assyrisch
äth.	äthiopisch (in der Regel: Geʿez)
baram.	biblisch-aramäisch
ebla.	eblaitisch
epigr.-hebr.	epigraphisch-althebräisch
hebr.	hebräisch (biblisch-hebräisch)
heth.	hethitisch
hurr.	hurritisch
jaram.	jüdisch-aramäisch
kan.	kanaanäisch
mand.	mandäisch
mhebr.	mittelhebräisch
nwsem.	nordwestsemitisch (amurritisch, ugaritisch, kanaanäisch, aramäisch)
phön.	phönizisch (einschließlich punisch)
pun.	(nur) punisch
raram.	reichsaramäisch
sab.	sabäisch
soq.	soqoṭri (neusüdarabisch)
ssem.	südsemitisch (äthiopische und moderne südarabische Sprachen)
sum.	sumerisch
syr.	syrisch
ug.	ugaritisch
zsem.	zentralsemitisch (Oberbegriff für nordwestsemitische, arabische und altsüdarabische Sprachen)

3. Abkürzungen zitierter Literatur

AHw.	W. von Soden, Akkadisches Handwörterbuch, I-III, Wiesbaden 1965-1981.
CAD	The Assyrian Dictionary of the Oriental Institute of the University of Chicago, Illinois/Glückstadt, 1956ff.
CDG	W. Leslau, Comparative Dictionary of Geʿez, Wiesbaden 1987.
DNSI	J. Hoftijzer – K. Jongeling, Dictionary of the North-West Semitic Inscriptions, Leiden/New York/Köln 1995.
DLU	G. del Olmo Lete – J. Sanmartín, Diccionario de la lengua ugarítica, I-II (Aula Orientalis - Supplementa 7-8), Barcelona 1996/2000.

DUL	G. del Olmo Lete – J. Sanmartín, A Dictionary of the Ugaritic Language in the Alphabetic Tradition, translated by W.G.E. Watson, I-II (Handbuch der Orientalistik I/67), Leiden/Boston ^{2}2004.
KAI	H. Donner – W. Röllig, Kanaanäische und aramäische Inschriften, Wiesbaden: Bd. I ^{5}2002, Bde. II-III ^{2}1968-1969.
KTU	Leitzählung der alphabetischen ugaritischen Texte nach KTU^{2}.
KTU^{2}	M. Dietrich – O. Loretz – J. Sanmartín, Cuneiform Alphabetic Texts from Ugarit, Ras Ibn Hani and Other Places (KTU: second, enlarged edition) (ALASPM 8), Münster 1995.
Pentiuc	E. J. Pentiuc, West Semitic Vocabulary in the Akkadian Texts from Emar (Harvard Semitic Studies 49), Winona Lake 2001.
UF	Ugarit-Forschungen (Neukirchen-Vluyn / Münster, 1969ff.)
UG	J. Tropper, *Ugaritische Grammatik* (Alter Orient und Altes Testament 273), Münster 2000.
UV	J. Huehnergard, Ugaritic Vocabulary in Syllabic Transcription (Harvard Semitic Studies 32), Atlanta, Georgia 1987.

ʾ

√*ʾbd* G ›**zugrunde gehen**‹ 1.2:IV:3&; Gt ›vollkommen zugrunde gehen‹ 1.14:I:8.24; D ›vernichten‹ 1.100:5&; vgl. syll. *na-ba-ti/dì-šu-nu* ›ihre Flucht‹ RS 16.267:8 (gebildet wie ug. N-Inf.) | nwsem. √*ʾbd* ›zugrundegehen‹; akk. *abātu* ›vernichten, zerstören‹; ar./äth. √*ʾbd* ›umherschweifen, fliehen‹

√*ʾdm* G ›**rot sein/werden**‹ 1.19:IV:42; N ›sich rot färben/schminken‹ 1.14:II:9& | sem. √*ʾdm*

√*ʾdn* G ›**das Ohr neigen, hinhören**‹(?), evtl. in RS 92.2014:8 (PK 2.m.sg. *tudn*) [denominiert von Subst. *udn*$_1$ ›Ohr‹]; alt. √*ʾwd*

√*ʾgg* G ›**murmeln, (leise) sprechen**‹(?) 1.82:43 (*tiggn*) [vgl. evtl. hebr. √*hgg*]; alt.: √*hgg* (bei Emendation *th'ggn*)

√*ʾgr** G ›**(für Geld) dingen, mieten**‹, siehe *agrt*

√*ʾhb* G ›**lieben**‹ 1.5:V:18& | hebr./phön. √*ʾhb*

√*ʾḫd/ḏ* G ›**ergreifen, nehmen, halten**‹ 1.2:I:40&, PK mit Graphien des Typs *yiḫd* und *yuḫd*, PK 1.c.sg. *iḫd* (belegt in RS 20.398A.7:1 und 20.398A.11:2'), Imp. *uḫd* (1.82:6, RS 94.2406:37), SK 2.m.sg. *aḫt* (belegt in RS 88.2159:4.23); ›(eine Fläche) einnehmen‹ 1.4:V:56 (*aḫd* als Ptz. od. SK mit prekativer Bed.); Graphie mit {ḏ} in 1.12:II:31-35 (SK *aḫḏ*); Gp ›gepackt/erobert werden‹ 1.127:29 (*tuḫd*), 2.19:1; N ›festgehalten werden‹(?) 4.44:28 | sem. *ʾḫḏ* (hebr./phön. *ʾḫz*)

√*ʾḫr* D ›**zurückhalten**‹ od. ›**verzögern**‹ 1.166:7; Š ›zurückhalten, verzögern‹ 2.42:11, 2.79:4, RS 94.2284:33 | sem. √*ʾḫr* D ›zögern, zurückhalten, aufhalten‹

√*ʾkl* G ›**essen**‹ 1.4:VI:24& (vgl. die Substantive *akl* und *ikl*) | sem. außer äth.

√*ʾmr*$_1$ G ›**sprechen**‹(?) 1.2:I:31 | zsem. √*ʾmr* ›sagen, befehlen‹

√*ʾmr*$_2$ Gt ›**aussehen**‹ od. ›**sehen, erblicken**‹ 1.2:I:32 (*yitmr*), 1.3:I:22 (*ytmr*) | akk. *amāru* ›sehen‹; äth. *ʾammara* (D) ›zeigen, informieren‹

√*ʾmṣ* G ›**stark sein, hart sein**‹ 2.33:5.39, 1.82:14 | hebr. √*ʾmṣ*

√*ʾnš* G ›**unnachgiebig sein**‹ od. ›**unerbittlich sein**‹ 1.2:I:38.43 (*anš*), 1.3:V:27& (*anšt*) | vgl. hebr. *ʾānûš* ›unheilbar, unheilvoll‹; alt.: ›männlich sein‹

√ʾny G ›**klagen**‹ 1.3:V:35& (G-Ptz. *any*) | hebr. *√ʾny* ›klagen, trauern‹

√ʾpq PK-Form *tapq* (1.169:12: *al tapq apq*), N (od. D), Bed. unklar, viell. ›sich zusammennehmen‹ od. ›in Schranken gewiesen werden‹ | vgl. hebr. *√ʾpq* tD ›sich stark machen, sich zusammennehmen‹; oder denominiert von ug. *apq* ›Flussbett, Wasserlauf‹

√ʾpy G ›**(Brot) backen**‹ 1.14:II:30, IV:11 | sem. außer ar. *√ʾpy* (akk. *epû*)

√ʾrk G ›**lang sein, werden**‹ 1.23:33.34 | hebr./phön./aram./akk. *√ʾrk*

√ʾrš G ›**wünschen, begehren**‹ 1.17:VI:17& (immer Imp. *irš*, evtl. auch als D-Imp. zu erklären); D ›wünschen, begehren, erbitten‹ 1.3:V:28& (PK-Formen des Typs *yarš*) | hebr./phön. *√ʾrš* ›begehren‹, akk. *erēšu*

√ʾsp G ›**auflesen, pflücken, einsammeln**‹ 1.1:IV:11&; Gt ›ausreißen, an sich reißen, hinwegraffen‹ 1.14:I:18; D ›wegraffen, tilgen‹ 1.107:36; Š ›sammeln, zusammenführen‹ 2.33:12; N ›gesammelt werden‹, od. ›sich sammeln‹(?) 1.175:3 | hebr./jaram. *√ʾsp*, akk. *esēpu*

√ʾsr G od. D ›**binden, anbinden, anspannen (Zugtier)**‹ 1.1:V:9& | wsem. *√ʾsr*; akk. *esēru* ›einschließen‹

√ʾṣl Gp ›**zusammengetrieben werden**‹ 1.106:25, 7.41:5 | hebr. *√ʾṣl*$_{(3)}$ N ›sich zu jmdm. gesellen‹; vgl. ar. *√wṣl* ›verbinden‹

√ʾtw/y G ›**kommen, gehen**‹ 1.4:IV:32& (beachte bes. SK 3.f.sg. *atwt* 1.4:IV:32, PK *tit* 1.20:II:10) | zsem. *√ʾty*; sab./äth. *√ʾtw*

√ʾṯ(y) G ›**sein**‹ 1.14:IV:38, 2.13:15, 2.30:14 (SK 3.f.sg., 1.c.sg. *iṯt*)

√ʾṯm Gt ›**schuldig sein**‹ bzw. ›**sich verschulden**‹ 2.21:21& | vgl. hebr. *√ʾšm* G; ar. *√ʾṯm* (*ʾaṯima*) ›sündigen, sich verschulden‹

√ʾwd G ›**(Geld) verleihen**‹(?) od. ›**(Geld) einfordern**‹ 2.26:19-20 (*nrn al tud \ ad at lhm \ ṯṯm ksp*) | vgl. ug. *ud* ›Darlehen, Kredit‹(?); Etym. unsicher: vgl. evtl. ar. *√ʾwd* ›belasten, bedrücken, beugen‹

√ʾwr G ›**hell sein; leuchten**‹ 1.24:38.39; N ›glanzvoll, herrlich sein‹(?) 1.10:II:20 (*nark*) | hebr./jaram. *√ʾwr*

√ʾzr G ›**umhüllen, (Gesicht) verschleiern**‹ 1.116:9 (*tuṯk tizr pnm* ›die (Göttin) Ṯaʾuṯka verhüllt das Gesicht‹); (?) D-PK *yazr* 1.82:13 (Kontext abgebrochen) | Derivat: *mizrt* ›Lendenschurz‹; hebr. *√ʾzr* ›umgürten‹, arab. *√ʾzr* G ›umgeben‹, D ›bekleiden, umhüllen‹

ả

_ab_ /ʾ_abu_/ ›**Vater**‹ 1.1:III:24& | sem. *ʾ_ab_

abn /ʾ_abnu_/ ›**Stein**‹ 1.1:III:13&; 1.19:I:8: _abn p-_ ›die Steine des Mundes‹ = ›Zähne‹ | akk. _abnu_

abyn /ʾ_abyānu_/ ›**arm, elend**‹ 1.17:I:16 | hebr. ʾ_æbyôn_; Mari-akk. _ab(i)yānum_ ›traurig, unglücklich‹

_ad_ /ʾ_adu_/ ›**Vater**‹ 1.23:32.43 | sum. AD; amurr. *_ad_

adm /ʾ_adamu_/ ›**Mensch(heit)**‹ 1.3:II:8& | hebr. ʾ_ādām_, phön. ʾ_dm_

admn** = syll. _ad-ma-ni_ (Gen.) /ʾ_admānu_/ ›**rot**‹ | vgl. hebr. ʾ_admônî_ ›rötlich‹

adn = syll. _a-da-nu_ /ʾ_adānu_/ 1. ›**Herr**‹ 1.1:IV:17&, 2. ›**Patron, Vater**‹ (in Prosatexten teilweise anstelle von _ab_ ›Vater‹ gebraucht; vgl. dazu auch _ad_ ›Vater‹) | hebr. ʾ_ādôn_, phön. ʾ_dn_

adr = syll. _a-du-rù_ /ʾ_aduru_/ 1. ›**groß, mächtig, vornehm**‹, Fem. _adrt_, 1.12:II:29, 1.17:VI:20.21&, auch RS 94.2406:17 (_d adr[ ]_); 2. ›**alt**‹ 4.102:4& (Fem. _adrt_) | vgl. hebr. ʾ_addîr_, phön. ʾ_dr_

adt /ʾ_adattu_/ < *ʾ_adāntu_ /ʾ_adānatu_/ ›**Herrin**‹ 2.11:1&; Nf. _adnt(y)_ 2.83:5 (viell. Fehler für _adty_ od. _adtny_) (Fem. zu _adn_ ›Herr‹; wohl nicht Fem. zu _ad_ ›Vater‹) | phön. ʾ_dt_

agn ›**Becken**‹ 1.23:15.36 | hebr. ʾ_aggān_, akk. _agannu_: ›große, tiefe Schale‹

_agr_* Fem. _agrt_ ›**eine, die mietet / dingt**‹ 1.19:IV:51 (_agrt-n_, mit EP _-n_ od. Sf. 1.c.pl.) | G-Ptz. von √ʾ_gr_; zsem./akk. √ʾ_gr_ ›mieten, leihen‹

_agzr_* ›**Begrenzer, Zerteiler**‹(?), Du. _agzrym_ 1.23:[23].58.61 | wsem. √_gzr_ ›abschneiden, trennen‹

ahbt ›**Liebe**‹ 1.3:III:7, 1.4:IV:39& | hebr. ʾ_ah_^{a}_bāh_

ahl /ʾ_ahlu_/ ›**Wohnstatt, Zelt**(?)‹ 1.15:III:18& | akk. _ālu_ < *ʾ_ahlu_ ›Stadt, Ort‹, ar. ʾ_ahl_ ›Familie, Leute‹; vgl. hebr. ʾ_ohæl_ < *ʾ_uhl_ ›Zelt‹

aḥd$_1$ = syll. _[a]-ḫa-du_ /ʾ_aḥ(ḥ)adu_/ ›**eins, einer**‹ 1.6:I:46&; ›zusammen, einstimmig‹ 1.2:I:25 (vgl. hebr. _qôl_ ʾ_æḥ(ḥ)ad_ ›mit einer Stimme‹ [Ex 24,3]); _aḥdy_ ›ich allein‹ 1.4:VII:50; Fem. _aḥt_ | hebr. ʾ_æḥ(ḥ)ād_, ar. ʾ_aḥad_, aram. _ḥad_ < *ʾ^{æ}_ḥad_ *aḥd*$_2$ ›**alleinstehend, einzeln**‹ 1.14:IV:21 (// *almnt*) (vgl. *yḥd* mit gleicher Bed.)

aḥdh /*ʾaḥ(ḥ)adah*/ (*aḥd* im Terminativkasus) ›**zusammen, miteinander**‹ | vgl. hebr. *yaḥdāw*; zur Bildung vgl. akk. *išteniš*

aḥdm (Du. zu *aḥd*$_2$) ›**ein Paar**‹ 4.306:2, 4.384:12&

aḥl /*ʾaḥVlê/ū*/ ›**ach dass/wenn doch!**‹ 1.19:II:15.22 (*aḥl an* [= *an*$_3$]) | hebr. *ʾaḥ*^{a}*lay*

aḥt /*ʾaḥ(ḥ)attu*/ < **ʾaḥadtu* ›**eine**‹ 1.48:12& (Fem. zu *aḥd*$_1$)

aḫ$_1$ /*ʾaḫu*/ od. /*ʾaḫû*/ (< **ʾaḫawu*), auch: *uḫ* /*ʾuḫu*/ (Nom.) und *iḫ* /*ʾiḫi*/ (Gen.) ›**Bruder**‹, Pl. *aḫm* /*ʾaḫḫūma*/ (UG § 33.171.3) 1.4:V:28 | sem. *ʾaḫu/û*

aḫ$_2$ /*ʾaḫû*/ < **ʾaḫwu* ›**Sumpfgras, Ried**‹ 1.10:II:9.12 | hebr. *ʾāḥû*

aḫr$_1$ /*ʾaḫ(ḫa)ru*/ ›**danach, nachher**‹ (Adv.) 1.24:32& | hebr. *ʾaḥ(ḥ)ar*

aḫr$_2$ /*ʾaḫ(ḫa)ra*/ ›**nach**‹ (Präp.), nur unsichere Belege: 1.4:V:44, 1.5:II:11 (alt.: *aḫr*$_1$) | hebr. *ʾaḥ(ḥ)ar*

aḫr$_3$ /*ʾaḫ(ḫa)rV*/ ›**nachdem**‹ (Konj.) 1.4:III:23& | hebr. *ʾaḥ(ḥ)ar*

aḫrm /*ʾaḫ(ḫa)rumma*/ ›**hintereinander**‹ 1.163:12'(5) [vgl. *aḫr*$_1$]

aḫt /*ʾaḫâtu*/ < **ʾaḫawatu* ›**Schwester**‹ 1.10:II:16&, jetzt auch belegt in RS 92.2005:24 und RS 94.2284:7.26 | akk. *aḫātu*, hebr. *ʾaḥôt*

akl /*ʾaklu*/ ›**Nahrung, Speise, Getreide**‹ 1.14:II:28, 1.14:IV:9& | ar. *ʾakl*, akk. *ak(a)lu*; vgl. ferner hebr. *ʾokæl*, aram. *ʾuklā* und äth. *ʾəkl*

aklt ›**Bruchfeld**‹ 1.19:II:19& | akk. *akkullātu* (Pl.) ›clods or similar undesirable formations on a field; a field or terrain characterized by such a feature‹ (CAD A/1 275f.)

al$_1$ /*ʾal*/ ›**nicht**‹ (Negation) | nwsem. *ʾal*; vgl. äth. *ʾalbo* ›es gibt nicht‹

al$_2$ ›**gewiss!, fürwahr!**‹ 1.3:VI:12& | evtl. zusammengesetzt aus **ʾan* ›doch, bitte!‹ und *l* ›fürwahr!‹ = /*ʾallV*/; s. UG § 85.1

aliy [ʾalʾeyu] < **ʾalʾayu* ›**(überaus) stark**‹, im Epitheton des Gottes Baʿlu *aliy qrdm* 1.3:III:14; vgl. auch *aliym* in 1.19:II:35 (alt. Lesung: *tliym*; Lesung *nliym* ist unwahrsch.) | Elativ von √*lʾy*

aliyn ›**der überaus Starke/Mächtige**‹, im Epitheton des Gottes Baʿlu *aliyn bʿl* 1.1:IV:22& (vgl. *aliy*)

algbṯ eine Steinart, wahrsch. Steatit, 4.158:15 | Lw.; vgl. akk. *algamišu*, akk.Ug. *al-ka-ba-šu*

all eine Art Mantel, 1.6:II:11 (// *lpš*) | entlehnt < hurr. *alāli*; vgl. auch akk. *allānu*, ein Kleidungsstück

almg eine Baumart, 4.91:8, RS 94.2965:10 | hebr. *ʾalmuggîm*, akk. *elammakku almnt* /ʾalma/ānatu/ ›**Witwe**‹ 1.14:II:44& | hebr. *ʾalmānāh*, phön. *ʾlmt*; vgl. akk. *almattu*, syr. *ʾrmltʾ*; ar. *ʾarmala*^{t}

alp$_1$ /ʾalpu/ ›**Rind**‹ 1.3:IV:41&, Pl. *alpm* 1.4:VI:40& | nwsem. *ʾalp*, akk. *ʾalpu*

alp$_2$ /ʾalpu/ ›**1000**‹, Du. *alpm* ›2000‹ 2.33:24.32.38&, Pl. *alpm* 1.4:I:27, 1.14:II:39, 1.14:IV:17 (jeweils // *rb(b)t*) | wsem. *ʾalp*, äth. *ʾǝlf*

*alpn** offenbar eine Fischart, Pl. *alpnm* 4.247:25 | vgl. *alp* ›**Rind**‹

alt$_1$ ›**Pfeiler, Pfosten**‹ 1.6:VI:27 (= Pl.? /ʾâlātu/ < *ʾayalātu zu Sg. **il* /ʾêlu/ < *ʾaylu) | hebr. *ʾayil*, Pl. *ʾêlîm* ›Wandpfeiler, Torpfeiler‹

alt$_2$ /ʾalâtu/ < *ʾalayatu ›**Fluch, Verfluchung**‹, wahrsch. belegt in 1.82:2 | phön. *ʾlt*, hebr. *ʾālāh*

amht siehe *amt*$_1$

amr /ʾamru/ ›**Wort, Kunde**‹; es gibt nur unsichere Belege: 1.2:I:15-16.31, 1.16:IV:1 (Lesungen jeweils umstritten) | ar. *ʾamr* ›Befehl‹; vgl. hebr. *ʾomær*, *ʾimrāh* ›Wort, Weisung‹, syr. *ʾemrā* ›Wort‹

amr (1.20:I:10), siehe *imr*

amrr ○ siehe *qdš*

amt$_1$ /ʾam(a)tu/ ›**Magd**‹ 1.4:IV:61&, Pl. *amht* = /ʾamahātu/ 1.4:III:21& | sem. *ʾam(a)tu* (hebr. *ʾāmāh*, syr. *ʾamtā* mit Pl. *ʾamhātā*, akk. *amtu*)

amt$_2$ /ʾammatu/ ›**Ellbogen, Elle**‹ 1.14:II:10, 1.14:III:53&, *amt-h* ›hin zum Ellenbogen‹ | sem. außer ar. *ʾammatu* (akk. *ammatu*, hebr. *ʾammāh*, syr. *ʾamm(*^{e}*)tā*, äth. *ʾǝmat*

an$_1$ /ʾanā/ ›**ich**‹ (Kurzform des Personalpronomens, vgl. *ank*) | ar. *ʾanā*, äth. *ʾana*; hebr. *ʾ*^{a}*nî*; aram. *ʾenā*

an$_2$* /ʾânu/ < *ʾawanu (alt.: Sg. *un** /ʾônu/ < *ʾawnu) ›**Kraft**‹, Pl. *anm* /ʾânīma/ 1.6:I:50 | hebr. *ʾôn* ›Kraft, Reichtum‹ (Pl. *ʾônîm*)

an$_3$ /ʾânV/ ›**wo?**‹, *an l an* ›wo(hin) auch immer‹ 1.6:IV:22.23 | hebr. *ʾān* und *ʾānāh* ›wo?, wohin?‹ (*ʾānæh wā-ʾānāh* ›wohin es auch sei‹); aaram. *ʾn* ›wo?‹; ar. *ʾanna* ›wo?‹

an$_4$ /ʾannā̆/ ›**ach bitte!**‹: *aḫl an* 1.19:II:15.22 | hebr. *ʾannāʾ/h*

anhb ›**Purpurschnecke**‹(?) od. eine Muschelart zur Herstellung von Parfum (vgl. inhaltlich *ġlp*), 1.3:II:3& | Etym. unsicher

anḫ /ʾanḫu/ ›**müde, niedergeschlagen**‹ 1.17:I:17 | akk. *anḫu*

anḫr ›**Wal**‹ 1.5:I:15, 1.133:5 | vgl. akk. *nāḫiru*

ank = syll. *a-na-ku* /ʾanāku/ ›**ich**‹ 1.1:IV:18&; erweitert durch eine EP: *ank-n* (2.42:6), *ank-m* (RS 94.2406:25); vgl. auch Kurzform *an*$_1$ | akk. *anāku*, hebr. *ʾānokî*, kan.-epigraphisch *ʾnk*, samʾalisch

	ˀnk(y); äg. *ỉnk*
anš	›**Sehne(n) des Hüftbereichs, Hüftnerv, Ischiasnerv**‹(?) (fem.) 1.3:III:35, 1.4:II:20, 1.19:II:47 (jeweils *anš dt ẓrh*) | vgl. hebr. *nāšæh*, syr. *gennešyā* < **gēd-nešyā*, ar. (*ˀa*)*n-nasā*
anšt	›**Vertraute, Gesellin**‹ 1.16:VI:36.51 (*anšt ˁrš zbln* ›eine Vertraute ist (dir) das Seuchenbett‹) | vgl. ar. *ˀanīs* ›vertraut, Vertrauter‹
any	/*ˀan(a)yu*/ ›**Schiff, Flotte**‹ (fem. Genus); Sg. *any* 2.38:10.24&; Pl. *anyt* 2.42:24& | akan. (Amarna) /*ˀanayu*/; vgl. hebr. *ˀonî* < **ˀuny*
ap_1	/*ˀappV*/ ›**auch, ebenso; (so)gar, ja, fürwahr**‹ 1.3:IV:31& (siehe UG § 83.131 und § 85.2); vgl. auch die erweiterte Variante *apn* (siehe apn_2) | nwsem. *ˀap(p)* (hebr. *ˀāp*)
ap_2	= syll. *ap-pu* /*ˀappu*/ < **ˀanpu* 1. ›**Nase, Schnauze (Pferd)**‹ 1.18:IV:26&, im Du. ›Vorderseite, Oberfläche, Spitze‹ 1.3:V: 11.27, 1.5:VI:21 // 1.6:I:5 (*ap lb* // *bmt*), (?) 1.16:I:3.17 (alt.: ap_1), 1.17:V:6&, 1.23:24&; 2. ›**Zorn**‹ | sem. *ˀapp-*
apˁ	/*ˀapˁû*/ < **ˀapˁay/wu*, eine Schlangenart (›Viper‹?) | ar. *ˀafˁā*, hebr. *ˀæpˁæh*
aphn	›**danach, daraufhin**‹ 1.17:I:1!, 1.17:II:28& | ap_1 + *hn*
apn_1	/*ˀapannu*/? ›**Rad**‹, Du. *apnm* 4.88:3-8, Pl. *apnt* 4.145:3& | hebr. *ˀôpan*, aram./syr *ˀopannā*/*ˀopnā*
apn_2	/*ˀappVnV*/ (< *ap_1 + *-n*) ›**auch, ebenso**‹ 1.3:I:24, 1.6:II:57 | vgl. akk. *appūna* ›obendrein‹
apnk	(< apn_2 + *k*) ›**danach, daraufhin**‹ 1.6:I:56& | apn_2 + EP *-k*
apq	/*ˀapīqu*/? ›**Bachrinne, Flussbett**‹ 1.2:III:[4], 1.3:V:6&, (?) 1.169:12 (*al tapq apq*); vgl. evtl. auch *apk* RS 94.2965:7, viell. eine phonetische Variante von *apq* (alt.: ap_1 + EP *-k*) | hebr. *ˀāpîq* ›Bachrinne, Flussbett‹; vgl. ug. √*ˀpq*
aps	/*ˀapsu*/ ›**(oberes) Ende, (oberer) Rand**‹ 1.6:I:61 | hebr. *ˀæpæs*, phön. *ˀps*; aakan. *upsu* ›Ende, Rand‹
apy	/*ˀāpiyu*/ ›**Bäcker**‹ (√*ˀpy* G-Ptz.) 4.125:10& | hebr. *ˀopæh*, akk. *ēpû* ›Bäcker‹
aqhr	ein Nahrungsmittel bzw. ein Gewürz, 4.14:3, 4.61:4 | Etym. unsicher
ar ○	(in: *pdry bt ar*), fem. GN, 1.3:III:6& | Etym. und Bed. unsicher: ›**Licht**‹(?)
arbˁ	/*ˀarbaˁu*/, Fem. *arbˁt* ›**vier**‹ | sem. *ˀarbaˁ*, √*rbˁ*
arbˁm	/*arbaˁūma*/ ›**40**‹ | Pl. von *arbˁ*
arbˁtm	›**viermal**‹ od. ›**vierfach**‹ RS 92.2016:15’

arbdd eine Opferart 1.3:III:17& (// *šlm*) | Etym. unsicher; evtl. abzuleiten von √*rbd* ›**aufschichten**‹; alt.: Zusammensetzung aus *arb* (unklar) und *dd* ›Liebe‹

argmn Nf. *irgmn* ›**Tribut, Abgabe**‹ 1.2:I:37& (// *mnḥ*) | Lw.; vgl. heth. *arkamma(n)*-; akk. *argamannu*

arḫ /ʾ*arḫu*/ ›**Kuh**‹, Pl. *arḫt* 1.4:VI:50& | akk. *arḫu*, ar. ʾ*arḫ* ›Jungstier‹

arkt ›**lang**‹ (Fem. zu Adj. *ark* ›lang‹) od. ›**(Arm-)Länge, Arm**‹, in: *b gdlt arkty* ›mit meinem starken, langen (Arm)‹ 1.3:V:23, 1.18:I:10 (// *b ymny* ›mit meiner Rechten‹) | √ʾ*rk* ›lang sein‹

arn /ʾ*arānu*/ ›**Kasten, Lade**‹ 4.385:5 | hebr. ʾ*ᵃrôn*, phön. ʾ*rn*, aram./syr. ʾ*ārōnā*, akk. *arānu*, jeweils: ›Kasten, Sarg‹

arṣ = syll. *ar-ṣu* /ʾ*arṣu*/ ›**Erde, Land, Unterwelt**‹ | hebr. ʾ*æræṣ*, ar. ʾ*arḍ*, aram. ʾ*arq/*ʿ*ā*, akk. *erṣetu*

arṣy ○ fem. GN ›**Arṣay**‹ (Tochter des Baʿlu) 1.3:III:7&

arš ○ GN ›**Aršu**‹ (ein Meeresungeheuer) 1.3:III:43, 1.6:VI:51

*art** ›**Schild**‹(?), Pl. *art* 4.247:26 | akk. *arītu* ›Schild‹

arṯm (1.2:I:19.35), siehe √*rṯm* und √*yrṯ*

arw /ʾ*arwû*/ < *ʾ*arwayu*(?) ›**Löwe**‹ 6.62:2 | vgl. hebr. ʾ*aryeh*

ary /ʾ*aryu*/ ›**Verwandte(r)**‹ 1.3:V:37[!], 1.4:IV:50& | vgl. äg. *ỉrj* ›Gefährte, Genosse‹

arz = syll. *ar-zu* /ʾ*arzu*/ ›**Zeder**‹ (genauer wohl: ›Konifere‹) 1.4:V:10&, auch ›Speer‹ 1.4:VII:41 | wsem. ʾ*arz* (hebr. ʾ*æræz*)

asm /ʾ*asamu*/ ›**Haufen des (geschnittenen) Getreide**‹ od. ›**Getreidespeicher**‹ 1.19:II:18.25 | hebr. ʾ*āsām* ›Speicher‹; aram. ʾ*assānā*ʾ ›Getreidehaufen, -vorrat‹; epigr.-hebr. √ʾ*sm* ›(Getreide) aufhäufen‹

asr /ʾ*asīru*/ ›**Gefangener**‹ 1.2:I:37& | hebr. ʾ*āsîr*

ašt siehe √*šyt* (G-PK)

aštn siehe √*ytn* (Š-PK)

at_1 = syll. *at-ta* /ʾ*attă̄*/ ›**du (m.)**‹ | sem. *ʾ*anta*

at_2 /ʾ*attī̆*/ ›**du (f.)**‹; wohl auch 1.1:III:16 sowie 1.3:III:28 u. 1.3:IV:18 (jeweils *at-m*: *at* + EP *-m*: ›dir will ich es offenbaren‹) | sem. *ʾ*anti*

atm_1 /ʾ*attumū̆*/ ›**ihr**‹ (Personalpronomen 2.m.pl.) | sem. *ʾ*antumu*

atm_2 /ʾ*attumâ*/ ›**ihr beide**‹ (Personalpronomen 2.c.du.) | sem. *ʾ*antumā*

atm (1.3:III:28, 1.3:IV:18), siehe at_2 ›**du**‹ (alt.: Ableitung von √ʾ*tw/y*)

*atn** /ʾ*atānu*/ ›**Eselin**‹, Pl. *atnt* 1.4:IV:7.12 | akk./ar. ʾ*atān*, hebr.

ʾātôn

at̠r /*ʾat̠ru*/ ›**Ort, (Kult-)Stätte**‹ 1.17:I:28& | akk. *ašru*; vgl. ar. *ʾat̠ar* und äth. *ʾaśar* ›Spur‹

at̠r /*ʾat̠(a)ra*/ ›**im Gefolge von, hinter, nach**‹ 1.5:VI:24&, auch: ›(sorgend) hinter = für‹ 1.6:II:6-9.28f. (Präp.)

at̠r /*ʾat̠(a)ru*/ ›**hinten; dann, später**‹ 1.4:IV:18 (Gegensatz: *l pnm* ›vorne‹), ›danach‹ 1.124:16

at̠rt ○ /*ʾat̠iratu*/ fem. GN ›**At̠ir(a)tu**‹ (= Aschera)

*at̠ry** ○ Pl. *at̠rym* ›Assyrer‹ 4.230:3

at̠ryt /*ʾat̠rīyatu*/ ›**Ende, Schicksal**‹ 1.17:VI:36 (// *uḫryt*) | √*ʾt̠r*

att_1 /*ʾat̠tatu*/ < **ʾant̠atu* ›**(Ehe-)Frau**‹ 1.3:IV:40& (vgl. *tint̠t*) | akk. *aššatu*, hebr. *ʾiššāh*, syr. *ʾattā*, ar. *ʾunt̠ā*, äth. *ʾanest*, sab. *ʾnt̠t*, *ʾt̠t*

att_2 ›**Lederriemen**‹: *bʿl at̠t* ›Hersteller von Lederriemen / Zügeln‹(?) 4.153:2-5 (weniger wahrsch.: ›verheirateter Mann‹ [$at̠t_1$]) | Lw.; vgl. akk. *ašītu* ›Riemen‹ mit Pl. *ašâtu* ›Zügel‹

ay /*ʾayyu*/ ›**welcher auch immer, jeglicher**‹ 1.23:6 | sem. *ʾayy-*

*ayl** /*ʾayyalu*/ ›**Hirsch**‹ (vgl. PN *a-ia-li*), Pl. *aylm* 1.6:I:24 (// *ṣin*) | hebr. *ʾayyāl*

aylt /*ʾayyal(a)tu*/ ›**Hinde**‹ 1.1:V:19, 1.5:I:17& | hebr. *ʾayyālā*, *ʾayyælæt*

aymr ○ Eigenname (Name einer Waffe), 1.2:IV:19 | $\sqrt{mrr_1}$

azml siehe *izml*

azmr ›**Weinranke(n)**‹ 1.41:51 | vgl. ug. √*zbr* < **zmr* ?

ʾi

---

i_1 /*ʾê*/ ›**wo?**‹ 1.5:IV:6.7 (Kurzform des Lexems; Langform = iy_1) | hebr. *ʾê*, *ʾayyeh*

i_2 /*ʾī*/ ›**so wahr!; gewiss!**‹ 1.14:IV:38 | vgl. ar. *ʾī(y)* ›wahrlich!; ja!‹ (im Eid); vgl. babylonisch-akk. *i* ›wohlan!‹ (Prekativpartikel 1.c.pl.)

ib_1 = syll. *e-bu* /*ʾêbu*/ < **ʾaybu* ›**Feind**‹ 1.2:IV:8.9& | hebr. *ʾoyeb*, akk. *ayyābu*, Amarna-akk. *ību*

ib_2 ›**Spross, Trieb, Stengel**‹ 1.19:I:31 | hebr. *ʾeb*, Pl.cs. *ʾibbê*, aram.

ʾi/ebbā/ʾinbā

ib$_3$ ›**rein**‹ 1.14:III:43, 1.14:VI:29 (*ib iqni* ›aus rein[st]em Lapislazuli‹) | akk. *ebbu* ›licht, rein‹

ibr /*ʾibbīru*/ < **ʾabbīru* ›**Stier**‹ 1.9:11.16, 1.10:III:20.35& | hebr. *ʾabbîr* ›Mächtiger; Stier, Hengst‹

ibrmnt (1.4:VII:56), Abtrennung der Worteinheiten und Interpretation unsicher.

ibsn /*ʾibVsānu*/? ›**Vorratskammer**‹ 3.9:5 | vs. hebr. *ʾebûs* < **ʾibās* und akk. *abūsu*

ibt ›**Feindschaft, Feindseligkeit**‹(?) RS 94.2284:27 (*w atm ydʿt lb aḫtk* \ *k mrṣ hm ibt*) | hebr. *ʾêbāh*

-id ›**Mal**‹, in Iterativzahlen, z.B. *ṯlṯid* ›dreimal‹ (s. UG S. 377-379) | sabäisch *-ʾḏ* (gleicher Gebrauch); vgl. ar. *ʾiḏ*; nicht von *yd* ›Hand‹ abzuleiten!

id ›**wenn, sobald als**‹ (Konjunktion) 1.41:50, 1.90:1&; weniger wahrsch.: ›dann, zu jener Zeit‹ (Adverb) | ar. *ʾiḏā* ›als‹; hebr. *ʾāz* ›damals, dann‹

idk /*ʾid(d)āka*/? ›**dann, daraufhin**‹ 1.3:IV:37& (ug. *id* + EP *-k*) | vgl. ar. *ʾiḏḏāka* ›damals, zu dieser Zeit‹

idn /*ʾidnu*/? ›**Erlaubnis**‹ 2.15:5 | ar. *ʾiḏn*

iht (1.3:VI:8), siehe *iy**

iḫ siehe *aḫ*$_1$

ik /*ʾêkā*/ ›**wie?, wieso? warum?**‹ 1.2:I:40& (auch 1.16:I:3 [KTU^2: *i k mtm*]) | hebr. *ʾêk*, *ʾêkāh* ›wie?‹ (auch rhetorischer Gebrauch), syr. *ʾa*^{y}*k*, *ʾaykan(nā)*

ikl /*ʾiklu*/ ›**Essen, Speisen**‹ 1.22:I:24 (*bt ikl* ›Speisesaal‹) | akk. *iklu* ›Verzehr‹

ikm(y) ›**wie?**‹: *ikm* 1.16:I:20, 2.7:10; *ikmy* 2.82:17 | *ik* + EP *-m* (+ EP *-y*), s. UG S. 754

iky ›**wie?**‹ 2.14:6& | *ik* + EP *-y*

il$_1$ = syll. *[i]-lu* /*ʾilu*/ ›**Gott**‹, Sg. *il* 1.3:III:39&, Pl. *ilm* 1.1:III:19& | sem. außer äth. (phön. *ʾl*, Pl. *ʾlm*; hebr. *ʾel*, Pl. *ʾᵆlohîm*)

il$_2$* /*ʾêlu*/ < **ʾaylu* ›**Widder**‹, Pl. *ilm* /*ʾêlūma*/ 1.4:VI:42, 1.22:I:13 | hebr. *ʾayil* (Pl. *ʾêlîm*), pun. *ʾyl*; akk. *ālu*, *yālu*

il ○ /*ʾilu*/ GN: Gott ›**Ilu**‹ (= El), begegnet häufig in der Form *ilm* (*il* + *-m*), z.B. *bn il-m mt* ›der Sohn Ilus, (nämlich) Môtu‹ 1.4:VII:46& | = *il*$_1$

ilh ○ /*ʾilāhu*/ GN ›**Ilāhu**‹ 1.39:5, 1.108:13 | ar. *ʾilāh*, aram. *ʾalāhā*, hebr. *ʾᵆlôah*; vgl. *il*$_1$

ilhm ○ /*ʾilāhūma*/ GN ›**(die) Ilāhūma-Gottheiten**‹ (Pl.); gemeint sind wohl die *ʾIlu*-Gottheiten, d.h. die von *ʾIlu* abstammenden Gottheiten, 1.39:3& (nur belegt in Ritualtexten) | Pl. zu *ilh*

ilht — siehe *ilt*

iln — /*ʾilānu*/ ›**Gott**‹ od. ›**Göttlicher**‹ (vielleicht GN), 1.112:30; Pl. *ilnm* 1.19:I:10, evtl. aber zum Sg. *ʾilny** zu stellen (Kontraktion **ilnym* /*ʾilānīyīmā*/ > *ilnm* /*ʾilānîmā*/) | phön.-pun. *ʾln* ›Gott, göttlich; gottgesegnet, edel‹; vgl. akk. *ilānû* ›gottgesegnet, glücklich‹; vgl. *il*$_2$

*ilny** — /*ʾilānīyu*/ ›**göttlich**‹, Pl. *ʾilnym* ›die Göttlichen‹ (substantiviert) 1.6:VI:47& | vgl. pun. *aloniuth* (f.pl.)

ilqṣm — (Pl. ?), ein wertvolles Material, viell. ›**Edelstein(e)**‹ 1.4:V:17.40: *udr ilqṣm* (// *ksp* // *ḫrṣ*) | Etym. unklar; viell. Kompositum aus *il* + *qṣm* oder aus *ilq* + *ṣm* bzw. *ilq* + *qṣm*; vgl. evtl. ar. √*ʾlq* ›strahlen, glänzen, funkeln‹ mit Derivaten *ʾalaq* und *ʾilqaᵗ* ›Glanz, Schimmer‹

ilt — /*ʾil(a)tu*/ ›**Göttin**‹ 1.3:V:37&, Du. *iltm* 1.39:18&, Pl. *ilht* /*ʾilahātu*/ 1.3:V:28& | Fem. zu *il*$_2$

im$_1$ — /*ʾim(ma)*/ < **him(ma)* ›**wenn, falls**‹ 1.6:V:21& | etymologisch identisch mit *hm* ›wenn, falls‹

im$_2$ — /*ʾim(ma)*/ ›**oder**‹, wohl nur 2.72:12-16 | = *ʾim*$_1$ ›wenn‹

imr — /*ʾimmīˇru*/ < **ʾammīˇru* ›**Lamm**‹ 1.1:IV:32, 1.3:V:1&; mit Nf. *amr* /*ʾammīru*/ 1.20:I:10 | vgl. akk. *i/emmeru*, hebr. *ʾimmer*, phön. *ʾmr*, syr. *ʾemmrā*

imt — /*ʾimitta*/ < **ʾaminta* ›**wahrlich!**‹ (eig. ›in Wahrheit‹) 1.5:I:18.19 | hebr. *ʾᵆmæt*, samʾalisch *mt*

in — /*ʾêna*/ < **ʾayna* ›**Nicht-Existenz; es gibt nicht**‹ 1.3:V:33&; *in d* ›(es gibt) niemand(en, der ...)‹ RS 94.2284:9.11& | hebr. *ʾayin*/*ʾên*; pun./moabitisch *ʾn*; akk. *yānu*; Gegensatz: ug. *i<u>t</u>*

inbb ○ — Name eines Berges (Wohnsitz der Göttin ʿAnatu) 1.1:II:14&

inn — (< *in* + *-n*) ›**es gibt nicht**‹ 2.39:20&; mit Sf. 1.c.sg. *inny* RS 94.2592:3' (*w ank inny ydʿt* ... ›ich kenne [fem.] nicht ...‹) | vgl. hebr. Formen wie *ʾênænnî*, *ʾênænnû*, *ʾênænnāh* (*ʾayn*/*ʾên* mit Suffixen)

inr — < **irn*(?) (Metathese) ›**Hund**‹ 1.16:I:2.16, 1.16:II:39, 1.114:13 (// *klb*) | vgl. evtl. akk. *mīrānu* ›junger Hund, Welpe‹

inš — /*ʾināšu*/ od. /*ʾinšu*/ ›**Leute, Menschen; Diener**‹ 2.81:7&; oft in der Verbindung *inš ilm* (wörtl. etwa ›Leute der Götter‹), wohl eine Bezeichnung für die (vergöttlichten und kultisch verehrten) Verstorbenen, 1.39:22& | he. *ʾænôš* ›Mensch‹; ar. *ʾins* ›Mensch(en)‹

inšt — ›**Personal**‹(?): 1.6:VI:41 (ohne Kontext), 4.38:5& (bezeichnet hier eine Berufsgruppe) | vgl. *inš*

ipd ein prachtvolles Gewand, 4.707:13&; Du. *ipdm* 4.707:22, Pl. *iptt* 4.707:11 | hebr. *ʾepôd* ›Ephod-Gewand‹, akk. *epattu*, syr. *pe*^{d}*ttā*

ipdk 1.5:I:5, Deutung unsicher; evtl. √*npd*

iqnu /*ʾiqnaʾu*/ ›**Lapislazuli (Stein und Farbstoff); lapislazuli-farbige (d.h. blaue) Wolle**‹ 3.1:23&; Pl. (Obl.) *iqnim* 1.4:V:19& (*ṯhrm iqnim*), 4.341:4 (*šʿrt* \ *iqn[i]m*); Pl. *iqnum* RS 94.2284:19 (*w kblm* \ *iqnum ištir*); phonet. Variante *qnim* (Pl.) 2.36+:29 | vgl. akk. *uqnû* ›Lapislazuli‹, *uqniātum* / *uqnâtu* ›blaue Wolle‹; Wort nicht-sem. Herkunft

irby /*ʾirbĭyu*/ ›**Wanderheuschrecke, Heuschreckenschwarm**‹ 1.14:II:50, 1.14:IV:29; Pl. *irbym* 1.3:II:10 | vgl. hebr. *ʾarbæh*, aaram. *ʾrbh*; akk. *erbû*; soq. *ʾerbiyyoh*

irn ›**(junger) Hund**‹ 1.103+:33 (vgl. *inr*) | vgl. akk. *mīrānu* ›junger Hund, Welpe‹

iršt = syll. *i-[r]i-iš-[t]*u_4 /*ʾirištu*/ < **ʾarištu* ›**Verlangen, Wunsch, Gesuch**‹ 1.104:1, 1.108:20-21, 2.22:4&, auch RS 94.2406:15 | akk. *erištu*, hebr. *ʾaræšæt*

irt = syll. *i-r[a*$^{?}$*-tu*$_4$*]* /*ʾir(a)tu*/ ›**Brust**‹ 1.3:III:5&, *irt lbnn* ›Flanke/Hänge des Libanon-Gebirges‹ 1.22:I:25, (?) 1.2:IV:3 (*irtm*) | akk. *irtu*

iṣr ›**Bündel**‹(?) 1.101:4 (*ṯmnt iṣr rʿt* ›acht Donnerbündel‹?) | vgl. ar. √*ʾṣr* ›festbinden‹, *ʾāṣira*^{t} ›Band, Bindung‹

iš ›**Feuer**‹ 1.12:I:10 [hebr. *ʾeš* < **ʾišš*, aram. *ʾš*]; viell. zu *iš*<*t*> zu emendieren (Haplographie); siehe *išt* ›Feuer‹

išd- /*ʾišdâ-*/ (Du.cs.) ›**Beine**‹ (*išdk*, *išdh*; // *pʿn*) | akk. *išdu* ›Fundament‹

išḫn /(*ʾ*)*išḫanī*/ | √*šḫn* G-Imp.

*išpr** Du./Pl. *išprm* RS 94.2284:5, RS 94.2406:26: jeweils bezeugt neben Lexem *sp* ›Schale‹, in RS 94.2406:26f. gefolgt von Lexem gp_2, in RS 94.2284:5f. gefolgt von Wortform *ʿrmlḥt* (unbekannt); genaue Bed. und Etym. unbekannt; viell. ›Weberei-Erzeugnis, Teppich‹ [vgl. akk. *i/ušparu* ›Weber‹]

išryt /*ʾišrīyatu*/ ›**Glückseligkeit**‹ | hebr. **ʾošær* u. **ʾæšær* ›Glück, Heil‹

išt = syll. *iš-tu*$_4$ /*iš(a)tu*/, *i-ši-t[u*$_4$*]* /*ʾišitu*/ ›**Feuer**‹ 1.2:I:32&; vgl. auch *iš* (bzw. *iš*<*t*>) in 1.12:I:10 | akk. *ʾišātu*, äth. *ʾəsāt*, hebr. *ʾeš* < **ʾišš*, aram. *ʾš*, *ʾšh*, *ʾeššātā*

išt ○ fem. GN, Name der ›Hündin des Ilu‹ 1.3:III:45 (*klbt ilm išt*); s. *išt* ›Feuer‹

ištn 2.79:3, siehe √*ytn* (Š-PK)

itnn /(ʾ)itnānu/ < **yitnānu* ›**Gabe, Geschenk**‹ 1.100:74.76 (// *mhr*$_3$) | hebr. *ʾætnan* ›Geschenk, Dirnenlohn‹

iṯ /*ʾiṯê*/ od. /*ʾiṯâ*/ < **ʾiṯay(a)* ›**es gibt**‹, ›er ist‹ 1.3:III:21& | hebr. *yeš*, *ʾiš*; aram. *ʾit(ay)*; s. √*ʾṯ(y)*

iṯl ›**Speichel**‹ 1.1:II:9, 1.18:IV:25& | Lw.; vgl. heth. *iššali*; vgl. auch akk. *ušultu* ›Schleim‹

iṯm (1.5:III:24), Deutung unklar

iṯt 1. SK 3.f.sg. /*ʾiṯat*/ (od. /*ʾiṯât*/) ›**sie ist / existiert**‹ 1.14:IV:38; 2. SK 1.c.sg. /*ʾiṯ(V)tu*/ ›ich bin‹ 2.13:15, 2.30:14 | = *iṯ*, konjugiert als SK

iy$_1$ /*ʾeyya/u*/? ›**wo?**‹ 1.6:IV:4.5.15.16 (Langform des Lexems mit Kasusendung gegenüber der Kurzform = *i*$_1$) | hebr. *ʾê*, *ʾayyeh*

iy$_2$* /*ʾiyu*/ ›**Küste, Insel**‹, Pl. *iht* /*ʾîhātu*/ < **ʾiy(a)hātu* 1.3:VI:8 | hebr. *ʾî*; äg. *ỉw*

izml (mit unsicherer Variante *azml*: 4.390:10, 5.23:3), ein sackartiger Stoff, 4.284:2& | vgl. akk. *azamil(l)u*

ʾu

---

u$_1$ /*ʾô*/ < **ʾaw* ›**oder**‹ 1.4:VII:43, 1.119:13& (s. UG S. 792f.) | sem. *ʾaw*

u$_2$ /*ʾô*/? ›**ach!, wehe!**‹ 1.15:III:29, 1.16:I:4.22&, 1.161:26& (s. UG § 84.22 [S. 805]) | hebr. *ʾôy*, syr. *ʾo*, *ʾoy*, ar. *ʾaww*

ud ›**Darlehen, Kredit**‹ od. ›**(Geld-)Forderung**‹ 3.10:1 (*ud mnny* ›*m.* des PN‹ [PN ist der Gläubiger]) | vgl. ug. √*ʾwd*; vgl. evtl. ar. *ʾawda*^{t} ›Bürde, Last‹ und / oder ar. *ʾawad* ›Bedürfnisse, Lebensbedarf‹

udbr ›**Verwalter, Wirtschafter**‹(?) RS 94.2050+:52.56 (PN *w udbrh* ›PN und sein U.‹) | vgl. syr. √*dbr* G ›führen, leiten, regieren, managen‹ (Derivat *dābōrā* ›Führer, Leiter‹) und ar. √*dbr* D ›leiten, führen, disponieren, anordnen, verfügen; gut verwalten, wirtschaften‹ (Derivat *mudabbir* ›Leiter, Arrangeur‹)

udm ○ ON, 1.14:III:4&; Du.(?) *udmm* (›die beiden *Udm*-Stadtteile‹) 1.15:I:7.

udmʿt /*(ʾ)udmaʿātu*/ ›**Tränen**‹ 1.6:I:10&, siehe *dmʿt*

udn$_1$	/*ʾudnu*/ < **ʾuḏnu* ›**Ohr**‹ 1.13:23, 1.18:IV:23.34& | sem. *ʾuḏn* (hebr. *ʾozæn*)
udn$_2$	1.3:IV:2 (*mšṣṣ k ʿṣr \ udnh*): entw. ›**Nest, Lager**‹ [vgl. akk. *adattu* ›Nest, Lager‹(?) (gemäß AHw.)] od. ›**Schilf**‹ [vgl. akk. *adattu* (so CAD A)] od. ›**Sockel**‹ bzw. ›**Stammsitz**‹ [vgl. hebr. *ʾædæn* ›Sockel, Fundament‹, jaram. *ʾuddānā* ›Sessel‹]
udr	/*ʾudru*/ ›**Pracht**‹ 1.4:V:17.40 | vgl. hebr. *ʾædær*
ugr ○	GN, Teil des Doppelnamens *gpn w ugr* (wörtl.: ›Weinrebe und Acker‹), Diener des Gottes Baʿlu, 1.3:III:36&
ugrt ○	= syll. [uru]*ú/u-ga-ri-it* /*ʾugarit-*/ ›**Ugarit**‹ (ON)
uḫ	siehe *aḫ*$_1$
uḫd	/*ʾuḫud*/ (1.82:6), siehe √*ʾḫd* (G-Imp.)
uḫry	= syll. *uḫ-ra-a-yi* (Gen.) /*ʾuḫrāyu*/ 1. ›**Ende, Spitze (eines Stockes)**‹ 1.19:III:49&, 2. ›**Nachkommenschaft**‹ 1.103+:39f. | vgl. hebr. *ʾaḥ*[a]*rê* ›Ende‹ (Pl.)
uḫryt	/*ʾuḫrā/īyatu*/ ›**Ende, Zukunft**‹ 1.17:VI:35 (// *aṯryt*) | hebr. *ʾaḥ*[a]*rît*, syr. *(ʾ)ḥrāytā*, akk. *aḫrâtu*
uk	/*ʾuk(kV)*/ ›**gewiss!, fürwahr!**‹ 2.39:6.8
ul	/*ʾôlu*/ < **ʾawlu* od. /*ʾûlu*/ < **ʾuwlu* ›**Kraft, Macht, Heeresmacht**‹ 1.14:II:35, 1.14:IV:15 | vgl. hebr. *ʾel* < **ʾayl*
ulmn	/*ʾulmānu*/ ›**Witwenschaft**‹ 1.23:9 | vgl. hebr. *ʾalmon*; vgl. ug. *almnt* ›Witwe‹
ulny	›**der Kräftige / Mächtige**‹ 1.2:IV:5 (*ulny* // *ʿẓmny*); alt.: *ul* mit Suffix 1.c.du. *-ny* od. 1.c.sg. *-n-y*: ›meine/unsere Kraft‹
ulp	(mehrfach in 1.40 // 1.84), siehe *l*$_1$ (*l p* ›gemäß‹)
ulṯ	Gerät bei der Ziegelherstellung: ›**Hacke**‹ od. ›**Ziegelform**‹ 1.4:IV:60 | Etym. unklar; wohl Lehnwort
um	/*ʾummu*/ < **ʾimmu* ›**Mutter**‹ 1.14:I:9&, Pl. *umht* /*ʾummahātu*/ 1.15:I:6 | sem. *ʾi/umm* (ar. *ʾumm*, hebr. *ʾem*)
umht	siehe *um*
umt	/*ʾummatu*/ ›**Sippe, Familie**‹ 1.6:IV:19& | ar. *ʾumma*[t], hebr. *ʾummāh*, syr. *ʾumm*[e]*tā*, Mari-akk. *ummatum*
un$_1$	›**Klage, Trauer**‹ 1.5:VI:15 | vgl. hebr. *ʾônîm* (Pl.) ›Trauer‹, hebr. *ʾonæh* ›Klage, Trauer(zeit)‹, hebr. PN *bæn-ʾônî*
un$_2$	›**Unheil**‹ 1.19:I:40 | hebr. *ʾāwæn* ›Unheil, Unrecht, Böses
unṯ	/*ʾunuṯṯu*/ ›***unuṯṯu*-Verpflichtung**‹, eine Art Lehnsdienst oder eine (für Grundbesitz bzw. Immobilien) zu entrichtende Steuer, 2.19:2.5&; mit Verb √*ybl* (›*unṯ*-Verpflichtung/Steuer ‘tragen’‹) RS 94.2965:21f. | hurr. Lw.; entspricht akk. *ilku* / *pilku* ›Pflichtleistung für Landzuteilung‹

upqt 1.1:V:11.24: Bed. unklar

uqrb /(ʾ)*uqrubī*/ ›**tritt heran!**‹ 1.169:5; siehe √*qrb* (Imp. f.sg.)

ur$_1$ /ʾ*ôru*/? < *ʾ*awru*(?) ›**Pflanze**‹ od. ›**Spross**‹ 1.19:II:17 | vgl. hebr. ʾ*orot* (Pl.) ›Kräuter, Gemüse‹ und akk. *aru* ›Stengel, Stiel‹

ur$_2$* /ʾ*ûru*/? ›**Feuer(stelle)**‹, Pl. *urm* 1.39:8& | hebr. ʾ*ûr* ›Lichtschein, Feuer‹, vgl. hebr. ʾ*ôr* ›Licht, Tageslicht‹; vgl. ar. ʾ*uwār* ›Hitze‹

urbt /ʾ*urubbatu*/ < *ʾ*arubbatu* ›**Luke, Fenster, Öffnung**‹ 1.4:V:61& | hebr. ʾ^{a}*rubbāh*

urk /ʾ*urku*/ ›**Länge**‹ (2.23:20: *w urk ym bʿly*) | hebr. ʾ*orœk*, ʾ*orœk yāmîm* ›langes Leben‹

uṣbʿ /ʾ*uṣbaʿu*/ < **ṣVbaʿu* ›**Finger**‹, Pl. *uṣbʿt* 1.3:II:33&; Sg. *uṣbʿ* nur in 1.19:I:8, wo die Form *uṣbʿh* aber viell. zu *uṣbʿ*<*t*>*h* [Pl. mit Suffix] zu emendieren ist) | hebr. ʾ*œṣbaʿ*; raram. ʾ*ṣbʿ*; syr. *ṣebʿā*; ar. ʾ*iṣbaʿ*, ʾ*uṣbūʿ*; äth. ʾ*aṣbāʿt*

ušḫry ○ fem. GN ›**Ušḫarā(y)**‹ (1.118:22&; vgl. *ušḫr* im Doppelnamen *ušḫr ḫlmẓ*, 1.115:2.12$^{!}$); gegenüber *išḫrd* (hurr. Lexem mit hurr. Kasusmarker 1.116:21); vgl. syll. ^{d}*iš-ḫa-ra* (RS 20.24:23)

*ušk** /ʾ*ušku*/ ›**Hode**‹, Du. *uškm* 1.11:2, 1.103+:14& | vgl. akk. *išku*, syr. ʾ*ešk*^{e}*tā*, hebr. *ʾ*œšœk*

ušn /ʾ*ôšānu*/ < *ʾ*awšānu* ›**Geschenk, Gabe**‹ 1.14:III:31& | ar. ʾ*aws*; vgl. hebr. √ʾ*wš* ›geben, belohnen‹

ušpġt ein Gewand, 1.43:4& | Lw.; vgl. Nuzi-akk. *uš/spaḫḫu*

ušr ›**Penis**‹ 1.103+:47 | akk. *išaru*, *(m)ušaru*

uṭ (1.2:I:13), unklar, evtl. ›**Spanne, Halbelle**‹, Pl.(?) *uṭm* (1.5:I:5) | akk. *ūṭu*

*uṭb** ein Prachtgewand, Pl. *uṭbm* 4.337:11 | Mari-akk. *uṭ-ba*; vgl. akk. *ed/ṭa/uppu* (AHw. 185a).

uṯḫt ›**Räucherbecken**‹ 1.47:31, 1.118:30, 1.125:14 | Lw.; vgl. akk. *šēḫtu*, ein Räuchergefäß; im Ug. mit Prothesevokal

uṯkl /(ʾ)*uṯkā/ūlu*/ ›**Weintraube(n)**‹ 1.87:2 // 1.41:(2) | vgl. hebr. ʾ*œškôl*; jaram. ʾ*itkālā*; ar. ʾ/ʿ*iṯkāl*, ʿ*uṯkūl*; äth. ʾ*askāl*

uṯpt /(ʾ)*uṯpatu*/ ›**Köcher**‹ 4.53:15&; vgl. syll. *iš-pa-tu* RS 19.36:5 | Lw.; vgl. akk. *išpatu*, hurr. *išpanti*, äg. *ἰspt*

uṯryn /ʾ*uṯriyānu*/ ›**Kronprinz** (des hethitischen Königshofes)‹ 2.67:1, 3.1:30 | Lw. (Herkunft unsicher)

uz /ʾ*ûzu*/ od. /ʾ*ôzu*/ ›**Gans**‹ 1.106:30&, Pl. *uzm* 4.247:21, (fem. Genus, s. 4.247:20 *arbʿ uzm mrat*) | akk. *ūsu* mit Pl. *usātu* (vgl. sum. *uz*); vgl. ar. ʾ*iwazz* (Kollektiv)

uzr (mehrfach in 1.17:I:2-22, Z. 21f. *uzr-m*), Deutung unsicher: entweder Ptz. pass. von √ʾ*zr* (›gegürtet‹) od. eine Opfermaterie od. ein Textil | vgl. akk. *uzāru*, ein Tuch bzw. ein Gewand für Götterbilder; vgl. K. Kessler, AOAT 267, 251 und W.G.E. Watson, NABU 2002/2, Nr. 37

uzʿrt ›**dünn behaarte Stelle (zwischen den Augen)**‹(?) 1.101:6 (UG § 33.423a: prothetisches /*ʾu*/) | vgl. ar. *zaʿir*/*ʾazʿar* ›dünn behaart‹

ʿ

√ʿbd G/D ›**bedienen, arbeiten**‹ 1.3:I:2 | wsem. *√ʿbd* G ›dienen, arbeiten‹, D u. K ›dienstbar machen, versklaven‹

ʿbd$_1$ = syll. *ab-du* /*ʿabdu*/ ›**Diener, Sklave**‹ (*ʿbd dgn* // *ḥrṯ*$_2$) 1.2:I:36& | zsem. *ʿabd*

ʿbd$_2$ /*ʿābidu*/? ›**Arbeiter**‹ 1.16:III:13 (*ʿbd dgn* // *ḥrṯ*$_2$), 4.99:1& | *√ʿbd* G-Ptz.

√ʿbr G ›**vorübergehen, vorbeifahren; überqueren**‹ 1.3:VI:4& | sem. außer äth. *√ʿbr*

ʿbs (6.27:1), siehe *ʿps*

√ʿbṣ G ›**eilen, hasten**‹(?) 1.3:III:18& (*ḥšk ʿṣk ʿbṣk*) | raram. *√ʿbq* < **ʿbṣ́*(?) ›to hasten‹ (DNSI 821)

√ʿbš ›**sammeln**‹(?) 1.22:I:6.7 (*yʿbš*) | Etym. unklar; vgl. evtl. ar. *√ʿfš* ›(unnützes Zeug) sammeln‹; ar. *√ʿfs* ›heftig antreiben; niederziehen, ringen‹

√ʿbt G/D ›**zusammendrehen, binden**‹(?) 1.107:7

ʿd$_1$ /*ʿôdu*/ < **ʿawdu* ›**Dauer, Zeit**‹; ›Periode‹ 1.23:67 | hebr. *ʿôd*, ar. *ʿawd*

ʿd$_2$ etwa ›**Thronraum, -saal**‹ od. ›**(hölzernes) Podest**‹ 1.16:VI:22, 1.23:12, 1.119:9 | Etym. unbekannt; vgl. evtl. ar. *ʿūd* ›Holz, Stamm, Baum‹

ʿd$_3$ /*ʿadê*/? ›**bis, hin zu**‹ (Präp.) | hebr. *ʿad*, *ʿadê*; phön. *ʿd*; aaram. *ʿd*; syr. *ʿad*, *ʿdammā*; sab./minäisch/qatabanisch *ʿd*. – Vgl. dagegen (mit /*ʾ*/ im Anlaut!) akk. *adi*, hadramitisch *ʾd*, neusüdar. *ʾed* / *ʾid* / *wedé* und amharisch *wädä*

$^{c}d_{4}$	/^{c}*adê*/? ›**in der Umgebung, bei, um ... herum**‹ (Präp.), 1.6:VI:48.49 | etymologisch wohl identisch mit $^{c}d_{3}$ ›bis‹
$^{c}d_{5}$	›**solange; während; bis**‹ (Konj.) 1.3:II:29, 1.4:V:48 (alt.: $^{c}d_{6}$), 1.6:I:9, 3.4:17 | vgl. Präp. $^{c}d_{3}$
$^{c}d_{6}$	/^{c}*ôda*/?, ^{c}*d-m* (^{c}*d* + EP *-m*), ›**lange, immerfort**‹ (Adv.), 1.4:III:40& | wahrsch. Subst. $^{c}d_{1}$ ›Dauer, Zeit‹ im adverbialen Ak.; vgl. hebr. ^{c}*ôd*
√^{c}*db*	G ›**(hin)stellen, (hin)legen, (hinein)stecken**‹ 1.1:II:10&, ›(Speisen) auftischen‹ 1.17:V:16&; ›(Rücken) aufstellen, krümmen‹ 1.114:4; Gp ›hingestellt werden‹ 1.4:V:46 | Etym. unsicher; vgl. sabäisch √^{c}*d̲b* G ›in Ordnung bringen‹, K ›auferlegen‹; hebr. √^{c}*zb* II ›pflastern, in Ordnung bringen, arrangieren‹
^{c}*dbt*	(Pl. ?), etwa ›**Einrichtungsgegenstände, Möbel**‹(?) 1.4:VI:38.39 | vgl. √^{c}*db*
√^{c}*dd*	siehe √^{c}*wd*
^{c}*dd*	›**Bote**‹, eig. ›Zeuge‹(?) 1.4:VII:46 (// *dll*) | vgl. hebr. ^{c}*ed* ›Zeuge‹ und √^{c}*wd* ›bezeugen, mahnen, warnen‹
^{c}*dmt*	(Sg. od. Pl.) ›**(großer) Verlust**‹ od. ›**Elend, Jammer**‹ 1.161:17 (3x) | vgl. ar. ^{c}*adam* ›Nichts, Mangel, Fehler‹; ar. √^{c}*dm* ›beraubt sein, verlieren, nicht haben‹
√^{c}*dn*	D ›**angenehm, üppig, reichlich machen**‹ 1.4:V:7 (*y*^{c}*dn*) [hebr./aram. √^{c}*dn*, ar. √*ġdn*; vgl. ug. $^{c}dn_{2}$]; alt.: ›**Termin festsetzen**‹ (√*y*^{c}*d* od. √^{c}*dn*, denominiert von $^{c}dn_{2}$)
$^{c}dn_{1}$	›**(Heeres-)Truppe, Armee**‹ 1.14:II:32.34, IV:13.14 | vgl. evtl. ar. ^{c}*adāna*^{t} ›Schar, Gruppe, Truppe‹
$^{c}dn_{2}$	1.4:V:6.7, entw. ›**Wonne**‹ bzw. ›**reichliche Menge**‹ [vgl. √^{c}*dn*] od. ›**Termin**‹ [vgl. syr. ^{c}*eddānā* ›Moment, Termin‹]
$^{c}dn_{3}$	ein Vorratsbehälter für Brot, 1.16:III:14 | Etym. unbekannt
$^{c}dt_{1}$	›**Zusammenkunft, Versammlung**‹ 1.15:II:7.11; ›Zusammenfluss‹ 1.100:3 | hebr. ^{c}*edāh*, syr. ^{c}*edtā*
$^{c}dt_{2}$	›**Zeitpunkt, Moment**‹ 1.4:VII:16 (// *ym*) | vgl. $^{c}d_{1}$
$^{c}dt_{3}$	Name einer Pflanze, 1.100:66 (^{c}*dt-m*) | √^{c}*dy*
√^{c}*dy*	D od. G ›**abstreifen, entfernen**‹ 1.100:66 (*y*^{c}*dynh*) | hebr./jaram. √^{c}*dy* K ›abstreifen, wegnehmen, entfernen‹, syr. √^{c}*dy* K ›rauben, entreißen‹
^{c}*d̲bt*	›**Handelsware(n)**‹ od. ›**Karawane**‹ (// *ḫrn*) | vgl. hebr. *^{c}*izzābôn*
√^{c}*d̲r*	G ›**helfen**‹ 1.18:I:14 | hebr./phön./aaram. √^{c}*zr*, aram. √^{c}*dr*
^{c}*d̲rt*	= syll. *i-zi-ir-[tu$_{4}$]* [^{c}id̲irtu] < *^{c}*id̲ratu* ›**Hilfe**‹ | hebr. ^{c}*æzrāh*

ᶜgl /*ᶜiglu*/ ›**Jungstier, Kalb**‹ 1.3:III:44&, Pl. *ᶜglm* 1.4:VI:42& | hebr. *ᶜegæl*, phön./aaram. *ᶜgl*, ar. *ᶜiǧl*, äth. *ʾəg*^{w}*l*

ᶜglt /*ᶜiglatu*/ ›**Jungkuh, Färse**‹ 1.5:V:18 (// *prt*) | ar. *ᶜiǧla*^{t}

*ᶜgm** ›**Trauer, Klage**‹ (Pl. *ᶜgmm*) 1.14:I:27 | vgl. hebr./jaram. √*ᶜgm* ›betrübt sein‹; akk. *agāmu* ›wütend sein‹; ar. √*ʾǧm* ›glühend sein‹

√*ᶜkd* G ›**eifrig / zuverlässig sein**‹(?) RS 94.2284:25 (*bd*[!] *bnil hl ᶜkd* ›... durch Banâʾilu. Siehe er ist eifrig‹ ?) | vgl. evtl. ar. √*ᶜkd* (*ᶜakida*) ›eifrig bei einer Sache sein; fett sein‹

ᶜl$_1$ /*ᶜalê/â*/ ›**auf, zu Lasten von**‹ (Gegensatz: *tḥt* ›unter‹)

ᶜl$_2$ /*ᶜalû*/? ›**oben**‹ 1.17:II:9, 1.19:IV:46 (s. UG § 81.13a)

ᶜl$_3$ = syll. *ú-lu* /*ᶜûlu*/ < **ᶜuwlu* ›**Säugling, Kleinkind; Tierjunges**‹, *ᶜl umt-y* ›das Kind meiner Familie‹ 1.19:IV:35 | hebr. *ᶜûl*

√*ᶜlg* D od. G ›**stammeln**‹ 1.169:11 | vgl. hebr. *ᶜilleg* ›Stammler‹

ᶜlm$_1$ /*ᶜālamu*/ ›**ferne Zeit, Ewigkeit**‹ 1.2:IV:10&; *ᶜm ᶜlm* ›auf ewig‹ 1.3:V:31&; *ᶜlm-h* ›auf ewig‹ 1.19:III:48.55, IV:6 (Terminativ // *dr dr*) | hebr. *ᶜôlām*; syr. *ᶜālmā*; äth. *ᶜālam* ›Welt, Ewigkeit‹; ar. *ᶜālam* ›Welt(all)‹

ᶜlm$_2$ /*ᶜalû(m)mV*/ ›**am folgenden/nächsten Tag**‹, wörtl. ›am heraufziehenden (Tag)‹ 1.41:8& (häufig in Ritualtexten), RS 94.2406:7; vgl. UG § 63.32 | Nominalbildung von √*ᶜly* im Lokativkasus(?) + EP *-m*

ᶜlmt (3.5:15), siehe *t̠lt̠t*$_2$

ᶜln /*ᶜalânu*/ ›**oben, darauf**‹ (Adv.) | akk. *elē/ānu* ›oben‹

√*ᶜlw/y* G ›**hinaufsteigen, hinaufgehen**‹; Š ›(hinauf)steigen lassen; ein Opfer darbringen‹; Št (Št-Ptz; s. unter *mštᶜltm*) | vgl. ar. √*ᶜlw/y*

ᶜly /*ᶜalīyu*/ ›**der Höchste**‹ (eig.: ›der Hohe‹) 1.16:III:6.8 (als Beiname Baᶜlus) | ar. *ᶜalīy* ›hoch‹

*ᶜly** = syll. *e*[?]*-la-yi* [ᶜelāyu] < **ᶜilāyu* ›**Oberes**‹, ›**erhöhter Ort, Podest**‹ bzw. ›**Obergeschoß**‹ 1.41:45& (*ᶜlyh*) | syr. *ᶜel(l)āyā*

ᶜm$_1$ /*ᶜammu*/ ›**Sippe, Volk**‹ 1.17:I:27& | zsem. *ᶜamm*

ᶜm$_2$ /*ᶜimma*/ ›**mit, bei**‹; daneben auch erweiterte Formen: *ᶜm-n* (1.3:III:25&) und *ᶜm-m* (1.14:VI:37) | wsem. *ᶜm* (*ᶜim*, *ᶜam*), ar. *maᶜa* (Metathese)

√*ᶜmm* Dp* ›**eingehüllt, bedeckt, verdunkelt sein**‹ 1.8:II:7 // 1.4:VII:[55] | hebr. √*ᶜmm* und ar. √*ġmm*, jeweils ›bedecken, verhüllen‹

ᶜmm (1.14:VI:37), siehe *ᶜm*$_2$

ᶜmn (1.3:III:25&), siehe *ᶜm*$_2$

ᶜmq$_1$* /*ᶜi/amqu*/ ›**Tal**‹ 1.3:II:6& (Pl. nicht belegt; in 1.148:6 ist gegen KTU[2] *th[m]t* zu lesen [vgl. Z. 41] und nicht etwa eine Form

ʿm[q]t [d.h. ›Täler‹]) | vgl. hebr. *ʿemæq*, amurr. *ʿamqum*; vgl. aram. *ʿumqā* ›Tiefe‹

ʿmq$_2$ ›**weise**‹(?) (alt.: ›stark‹; Grdb. ›tief‹ ?) 1.17:VI:45 (*ʿmq nšm* ›Weisester der Menschen‹) | akk. *emqu*; vgl. hebr. *ʿāmoq* ›tief‹

√*ʿms* D ›**eine Last aufladen/hochstemmen, tragen, stützen**‹; ›(Ziegelbau) aufschichten‹ 1.4:V:11 | hebr. √*ʿms* G ›aufladen, (Last) tragen‹, in anderen wsem. Sprachen: ›schwer sein, schwanger sein, drücken‹

ʿmsn ›**Ladung**‹ 4.370:2 | √*ʿms*

√*ʿmt* 1.16:VI:8, unsicher: viell. ›**schlagen**‹ | ar. √*ʿmt* ›zusammenballen, prügeln, bezwingen, unterwerfen‹

ʿn$_1$ /*ʿênu*/ < **ʿaynu* (fem. Genus): 1. ›**Auge**‹ 1.4:VII:40&, Du. *ʿnm* 1.2:IV:22&; 2. ›**Quelle**‹ 1.5:I:17& | sem. *ʿayn*

ʿn$_2$* / *ʿnt** ›**Ackerfurche**‹ (Sg. als *ʿn* od. *ʿnt* zu rekonstruieren), Pl. *ʿnt* 1.3:IV:36& (alt.: ›Quellen‹) | vgl. hebr. *maʿᵃnāh* ›Pflugbahn, Furche‹

ʿnn ›**Gehilfe, Diener**‹ 1.1:III:17& | √*ʿwn* ›helfen‹

ʿnq ›**Halskette**‹ 1.22:I:19&, evtl. auch 1.2:I:18.35 (*w ʿnnh*: alt.: verbale Deutung [√*ʿnw*]) | hebr. *ʿᵃnāq*, syr. *ʿeqqā*

ʿnt /*ʿan(V)ta*/ ›**nun, jetzt**‹ 1.19:III:48& | vgl. hebr. *ʿattāh*

ʿnt ○ /*ʿanatu*/ fem. GN ›**ʿAnatu**‹

√*ʿnw/y* D ›**erniedrigen, unterwerfen**‹, evtl. in 1.2:I:18.35 (*ʿnnh* < **ʾʿnnh* = /*ʾaʿannî-*/; alt.: Nomen *ʿnn*); Dp ›erniedrigt, gedemütigt werden‹ 1.16:VI:58 | phön./hebr./ aram. √*ʿny* ›demütig sein; niederdrücken, erniedrigen‹, ar. √*ʿnw* ›demütig, unterwürfig sein‹, sab. √*ʿnw* ›bedrückt sein‹

√*ʿny*$_1$ G ›**antworten, erwidern**‹ 1.1:III:17& (PK-Kurzform: *yʿn*, *tʿn*) | hebr./aram. √*ʿny* und ar. √*ġny*

√*ʿny*$_2$ G(?) ›**laut und gellend schreien, ein Kriegsgeschrei erheben; singen**‹ 1.3:II:23, 1.7:6 (// √*hdy*); evtl. auch 1.17:VI:32 (›singen‹; wahrscheinlicher jedoch √*ʿny*$_1$) | hebr. √*ʿny* G u. D ›laut schreien, jubeln, singen‹; syr. √*ʿny* D u. K ›einen Gesang anstimmen, ein Geschrei erheben‹ und ar. √*ġny* D ›singen‹

ʿpʿp- (Du.pron.) /*ʿapʿapu*/ ›**Augapfel**‹(?) 1.14:III:43, VI:30 | hebr. *ʿapʿappayim*

√*ʿpp* (alt.: √*ʿwp*) D* ›**umsorgen**‹(?) 1.4:II:10 | vgl. ar. √*ʿff* VI. ›sich pflegen, schonen‹

ʿpr /*ʿaparu*/ ›**Staub, Unterwelt**‹ 1.1:IV:8& | akan. *ḫa-pa-ru*, hebr. *ʿāpār*; vgl. ar. *ʿafr*

√*ʿps* G od. D. ›**zurückhalten**‹(?); nur unsichere Belege: 2.47:17 (*ḫrd ʿps*), 2.47:19 (*ḫrdk ʿps*), RS 88.2159:14 (*mn ʿps* ...); alt.: Subst. *ʿps*

| vgl. ar. √*ʿfs* ›abhalten‹ (und andere Bed.) und akk. *epēsu* G ›(zu) schwierig sein‹(?), D ›Schwierigkeiten machen‹(?); vgl. ug. *ʿp/bs* ›Grenze‹

ʿp/bs/ś ›**Grenze**‹ (Sg.) und ›**(von Grenzen umschlossenes) Gebiet, Territorium**‹ (Pl.): Sg.(?) cs./pron. *ʿpś*, RS 94.2965:6.9; Pl. abs. *ʿpsm* 6.29:1, RS 94.2965:12; Pl. pron. *ʿps-* RS 94.2965:3; Pl.(?) cs. *ʿbs* 6.27:1 | vgl. akan. *up-sí-ḫi* EA 366:35

√*ʿqb* G ›**folgen, angrenzen (Felder)**‹(?) 4.645:1; D ›**an den Fersen fassen, (von hinten) zurückhalten**‹, Ptz. *mʿqbk* 1.18:I:19 | denominiert von *ʿqb* ›Ferse‹; vgl. hebr. √*ʿbq* ›unmittelbar folgen‹, syr. √*ʿqb* ›verfolgen‹, ar. *ʿaqaba* ›folgen‹

*ʿqb** /*ʿaqibu*/ ›**Huf**‹, Pl. *ʿqbt* 1.17:VI:23 | ar. *ʿaqib*

ʿqltn /*ʿaqalatānu*/ ›**gewunden**‹ 1.3:III:41, 1.5:I:2 (*bṯn ʿqltn*) | hebr. *ʿaqallātôn*

ʿqrb /*ʿaqrabu*/ ›**Skorpion**‹ RS 92.2014:5.7 | ar. *ʿaqrab*

ʿqrbn eine Pflanzenspezies, 1.85:2& | vgl. *ʿqrb* ›Skorpion‹

ʿqšr /*ʿaqšaru*/? ›**schuppig**‹ 1.100:5& | vgl. ar. √*qšr* ›(ab)schälen, abschuppen‹

ʿr_1 /*ʿîru*/ ›**Stadt, Wohnort**‹ 1.4:VII:9&, Pl. *ʿrm* (oft // *pdr*) | hebr. *ʿîr*

ʿr_2 /*ʿêru*/ < **ʿayru* ›**Eselhengst**‹ 1.4:IV:4.9.14& | hebr. *ʿayr* ›Hengst‹, hebr. *ʿîrôh* ›Eselsfüllen‹ (Gen 49,11), ar. *ʿayr* ›Wildesel‹

ʿrʿr /*ʿarʿaru*/ ›**Tamariske**‹ 1.100:64.65 (*ʿrʿr-m* ›mittels der Tamariske‹ [Lokativkasus(?) + EP *-m*] // *ssn-m* // *yblt-m*), 1.109:29 (*b ʿrʿr*) | ar. *ʿarʿar*

√*ʿrb* G 1. ›**eintreten, hineingehen**‹ 1.4:VII:13&; 2. ›**Bürgschaft leisten**‹ 3.3:2&; Š ›eintreten lassen; hineinführen‹ 1.14:IV:41&; N ›einverleibt, einbezogen werden‹ 4.103:45 | akk. *erēbu* ›eintreten‹; ar. √*ġrb* ›weg-, fortgehen‹; vgl. hebr. √*ʿrb* ›untergehen (Sonne), Abend werden‹; siehe ferner hebr./aram./asa. √*ʿrb* ›bürgen, Bürgschaft leisten‹

ʿrb wörtl. ›**Eintreten, Eintritt**‹, in *ʿrb špš* ›Sonnenuntergang, Westen (= Totenreich)‹ 1.15:V:18, 1.19:IV:48& | √*ʿrb*; vgl. hebr. *ʿæræb* ›Sonnenuntergang, Abend‹

ʿrbn = syll. *ú-ru-ba-nu* /*ʿurub(b)ānu*/? ›**Bürge**‹ 3.3:1.7, 4.699:3 | √*ʿrb*; vgl. hebr. *ʿarubbāh* u. *ʿerābôn* ›Pfand‹

√*ʿrk* Gp ›**hin-, aufgestellt werden**‹ 1.106:27 | hebr. √*ʿrk* ›aufschichten, herrichten‹, syr. √*ʿrk* ›formen‹

*ʿrk** /*ʿāriku*/ ›**(Opfer-)Zurüster**‹ 4.728:1 (*ʿrk bʿl*) | √*ʿrk*

ʿrm ›**nackt**‹ 1.16:II:29, 1.169:13 | √*ʿrw*; hebr. *ʿārôm* ›nackt‹

ᶜrmlḥt Verbindung zweier Lexeme(?): RS 94.2284:6 (*t̲lt̲ ᶜrmlḥt*); Bed. und Etym. unbekannt

ᶜrpt /*ᶜarpatu*/ ›**Wolke**‹ 1.2:IV:8& | akk. *erpetu*, hebr. **ᶜᵃrābāh*; mit *b*/*p*-Wechsel

ᶜrq ›**(vierrädriger, großer) Wagen**‹ 4.46:14 (*ḫrš ᶜrq*) | akk. *ereqqu*

√*ᶜrs* ›**fröhlich sein, feiern**‹(?) 1.18:IV:15 | ar. √*ᶜrs* (*ᶜarisa*) G ›fröhlich, lustig sein‹, K ›ein Hochzeitsmahl zurichten, die Braut heimführen; vgl. *ᶜur(u)s* ›Hochzeit‹

ᶜrš /*ᶜaršu*/ < **ᶜarśu* ›**Bett**‹ (fem.) 1.14:II:45& | akk. *eršu* (fem.), hebr. *ᶜæræs* (fem.)

√*ᶜrw* G ›**nackt, leer sein; vernichtet sein**‹ 1.14:I:7; D ›entleeren‹ 2.38:25 | sem. außer äth. √*ᶜry/w* ›nackt sein‹ (akk. *erû*)

ᶜs[t] (1.4:IV:34), siehe √*ᶜws*

ᶜṣ = syll. *iṣ-ṣú(-[ma])* /*ᶜiṣṣu*/ ›**Holz, Baum**‹ 1.3:III:23 | akk. *i/eṣ(ṣ)u*; hebr. *ᶜeṣ*, phön. *ᶜṣ*, aaram. *ᶜaqā*, syr. *ʾaᶜā*, äth. *ᶜəḍ*

ᶜṣr /*ᶜiṣṣūru*/ < **ᶜiṣpūru* ›**Vogel**‹ (fem.) 1.3:IV:1& | akk. *iṣṣūru*; ar. *ᶜuṣfūr*; hebr. *ṣippôr*, syr. *ṣepprā*

√*ᶜṣṣ* ›**drängen**‹, ›sich beeilen‹(?) 1.1:III:10, 1.3:III:18; IV:11 (jeweils // *ᶜbṣk*) | syr. √*ᶜṣṣ* u. √*ᶜṣʾ* ›drängen, zwingen‹; ar. √*ᶜṣṣ* ›drücken, drängen‹

√*ᶜšr* D ›**zu einem Mahl einladen, Getränke servieren, bewirten**‹ 1.3:I:9& | äth. √*ᶜśr* ›einladen‹

ᶜšr$_1$ /*ᶜaš(a)ru*/ < **ᶜaśaru* ›**zehn**‹

ᶜšr$_2$ /*ᶜašūru*/ < **ᶜaśūru* ›**Zehnzahl**‹ 1.17:II:45 | hebr. *ᶜāśôr*, wohl < **ᶜaśūr*; äth. *ᶜaśur*

ᶜšr$_3$* Pl. *ᶜšrm* = lú(.meš)*a-ši-ru/ri-ma*, eine Berufsbezeichnung; genaue Bed. und Etym. unklar; evtl. ›**Aufseher**‹ [vgl. akk. *āširu*, etwa ›Betreuer, Aufseher‹] oder ›Einsammler des Zehnten, **Zöllner**‹ [vgl. ar. *ᶜaššār*]

ᶜšrid ›**zehnmal**‹ 2.42:12

ᶜšrh (Zehnzahl in den Zahlen 11-19) | vgl. hebr. *ᶜæśreh*

ᶜšrm /*ᶜašrūma*/ ›**20**‹ 1.41:43&

ᶜšrt$_1$ /*ᶜaš(a)ratu*/ ›**zehn**‹ (f.) | Fem. zu *ᶜšr*$_1$

ᶜšrt$_2$ /*ᶜašaratu*/ < **ᶜaśaratu* ›**Zehnergruppe**‹ 4.609:2 (*rb ᶜšrt*) | hebr. *ᶜᵃśārāh*

ᶜšrt$_3$ ›**Bankett, Trinkgelage**‹ 1.16:I:62 | √*ᶜšr* D

ᶜšt /*ᶜaštî*/ od. /*ᶜaštê* < **ᶜašti/ay-* ›**eine(r), eins**‹, nur in der Zahl ›elf‹: *ᶜšt ᶜšr* / *ᶜšrh* / *ᶜšrt* | hebr. *ᶜaštê* (in *ᶜaštê ᶜāśār* / *ᶜæśræh* ›elf‹), akk. *ištēn* (< *ištiān*) ›eins‹, *ištēnšeret* ›elf‹; vgl. ug. *ᶜšty*

ᶜšty /*ᶜaštiyV*/ od. /*ᶜaštayV*/ ›**(am Tag) eins**‹ 1.161:27 | vgl. *ᶜšt*

√ᶜšy G ›**pressen**‹ 1.17:VI:8 (*yn ᶜšy* ›ausgepresster Wein‹?) [hebr. *ᶜśy*$_{(2)}$ und ar. *√ġšy* ›pressen, kneten‹]; D/G ›bedrängen, bedrücken‹ od. ›jmdm. etwas Böses antun‹ 1.17:I:29.47, 1.17:II:19 [möglicherweise etym. nicht identisch mit *√ᶜšy* ›pressen‹]

√ᶜtk G/D ›**festbinden, befestigen**‹(?) 1.3:II:11 | vgl. ar. *√ᶜtk* "angreifen, Widerstand leisten; kleben an" (u.a.)

ᶜtk ○ GN (von ᶜAnatu getötetes Ungeheuer), 1.3:III:44

√ᶜtq$_1$ G ›**vorbeigehen, vergehen (Tage)**‹ 1.6:II:26& | akk. *etēqu*, hebr./aram./ar. *√ᶜtq* ›fortschreiten, alt werden‹

√ᶜtq$_2$ ›**laut schreien, heulen, klagen**‹ 1.16:I:2.16; II:38 | vgl. *ᶜtq*

ᶜtq /*ᶜataqu*/? ›**laut (schreiend, klagend)**‹ (Adj.) od. ›**lautes Geschrei**‹ (Subst.): 1.16:I:5.19 (*l ntn ᶜtq*), 1.16:II:41 (*l bky ᶜtq*) | hebr. *ᶜātāq* ›laut, vorlaut, frech; (vor)laute Rede‹; abgeleitet von *√ᶜtq*$_2$

ᶜṭrṭrt (Pl.) ›**Bekränzung, Krönung, Kranz**‹ 1.16:III:11 (// *smm* ›Spezereien, Räucherwerk‹) | vgl. hebr. *ᶜᵃṭārāh* ›Kranz, Krone‹; Reduplikationsbildung zu wsem. *√ᶜṭr* ›bekränzen, umgeben‹

*ᶜṯqb** ›**Buckel, Höcker**‹ 1.13:14 | vgl. akk. *a/is/šqubītu*

√ᶜwd D* ›**zurückbringen**‹(?) 1.5:IV:25; tD* ›erwidern‹ 1.4:III:11 (*ytᶜdd*) [ar. *√ᶜwd* G ›zurückkehren, wiederholt tun, wiederholen‹; K ›wiederholen (Worte), zurückbringen‹]; alt.: *√ᶜdd* [vgl. ar. *√ᶜdd* ›zählen, zusammenzählen‹]

√ᶜwl G ›**angreifen**‹ od. ›**etwas Böses antun**‹(?), evtl. 1.127:30 | vgl. ar. *√ġwl* ›betrügen‹, hebr. *√ᶜll*$_{(1)}$ tD* (Hitpolel) ›übel mitspielen‹

√ᶜwp G ›**fliegen**‹ 1.19:III:44& | hebr. *√ᶜwp*, ar. *√ᶜwf*

√ᶜwr D* ›**erregen**‹ 1.4:IV:39; Dp* ›erregt werden‹, evtl. 1.24:30; N ›aufwachen; geweckt werden‹ 1.114:28 | hebr. *√ᶜwr* ›wach sein‹, D* ›wecken, in Bewegung bringen‹, N ›geweckt, erregt werden‹; ähnl. aram. *√ᶜwr*

ᶜwr /*ᶜawwiru*/ ›**blind**‹, ›der Blinde‹ 1.14:II:46; IV:24 | wsem. (hebr. *ᶜiwwer*); wsem. *√ᶜwr*

ᶜwrt /*ᶜawwirtu*/ ›**Blindheit**‹ 1.19:IV:5 | hebr. *ᶜawwæræt*; vgl. syr. *ᶜwirutā*

√ᶜws G ›**in der Nacht umherstreifen**‹ 1.4:IV:34 | vgl. ar. *√ᶜws*, *√ᶜss*, *√ᶜsᶜs*] (alt.: *√ᶜss*)

√ᶜwy G ›**sich abwenden**‹(?), evtl. in 2.77:14 (*tᶜw*[ ]) | ar. *√ᶜwy* ›beugen‹

√ᶜyn G ›**sehen, schauen**‹ 1.3:I:15& | denominiert von *ᶜn* ›Auge‹; vgl. hebr. *√ᶜyn* G ›mit Argwohn betrachten‹; aram. *√ᶜyn* D ›betrachten‹; ar. *√ᶜyn* III. ›besichtigen, inspizieren‹; äth. *√ᶜyn* G ›betrachten‹

$^c z_1$ /^{c}*azzu*/ ›**stark, der Starke**‹ 1.119:26.35 | hebr. ^{c}*az(z)*

$^c z_2$ /^{c}*uzzu*/ od. /^{c}*izzu*/ ›**Stärke**‹ 1.108:21.24 | hebr. ^{c}*oz(z)*, ar. ^{c}*izz*

$^c z_3$ /^{c}*izzu*/ < *^{c}*inzu* ›**Ziege**‹ 1.80:4, 1.127:26.31 | hebr. ^{c}*ez*, aram. ^{c}*i/ezzā*, ar. ^{c}*anz*, akk. *en/zzu*

√^{c}*zz* G ›**stark sein**‹ 1.2:IV:17&; D* ›stärken, Kraft verleihen‹ (2.4:6; 5.9:I:4) | wsem. √^{c}*zz* ›stark sein‹; akk. *ezēzu* ›erzürnen‹

$^c ẓm_1$ /^{c}*aẓmu*/ ›**Knochen**‹ 1.19:III:5& (// *šmt*) | sem. ^{c}*aẓm*

$^c ẓm_2$ /^{c}*uẓmu*/ ›**Stärke, Kraft**‹ 1.12:I:24 | ar. ^{c}*uẓm*

$^c ẓm_3$ /^{c}*aẓūmu*/ od. /^{c}*aẓīmu*/ ›**großartig, gewaltig**‹ 1.3:I:12 | hebr. ^{c}*āṣûm*; ar. ^{c}*aẓīm*

^{c}*ẓmny* ›**der Mächtige, der Kräftige**‹ 1.2:IV:5 (// *ul*) [vgl. $^c ẓm_2$]; alt.: $^c ẓm_2$ mit Suffix 1.c.du. *-ny* od. 1.c.sg. *-n-y*: ›meine/unsere Stärke‹.

---

b

---

b = syll. *bi-i* = /*bi*/ (bzw. /*bī*/) ›**in, mit, durch**‹ (Präp.); in Briefen häufig mit EP *-y*, d.h. *by*, 2.2:7&; in der Epik häufig mit EP *-m* oder *-n*, d.h. *bm*, *bn* [wsem.: hebr. *b^e* (daneben auch: *b^{e}mô*), ar. *bi*, äth. *ba*]. — Wichtige mit *b* zusammengesetzte Fügungen sind: *b qrb* /*bi qarbi*/ ›im Innern von‹ 1.4:V:62& (vgl. *qrb*); *b tk* /*bi tôki*/ ›inmitten‹ 1.3:III:29 (vgl. *tk*); zu *b km* ›danach, daraufhin‹ siehe *bkm*

b^{c}d /*ba^{c}da*/ ›**an der Hinterseite von, hinter**‹ 1.16:VI:49& | hebr. *ba^{c}ad* ›hinter, rings um, für, zu Gunsten von‹; raram. *b^{c}d*; ar. *ba^{c}da* ›hinter, nach‹; vgl. ar. *ba^{c}du* ›danach‹

b^{c}dn /*ba^{c}dānu*/? ›**hinten, dahinter**‹ 1.3:III:33& (// ^{c}*ln*) | *b^{c}d* + *-n*

√*b^{c}l* < **p^{c}l* G ›**machen, herstellen**‹ 1.17:VI:24& (PK *yb^{c}l*, *tb^{c}l-*), Ptz. m.pl. *b^{c}lm* 4.691:7; Š ›herstellen (lassen)‹ 2.70:27 | zsem. √*p^{c}l*

$b^c l_1$ = syll. *ba-a-lu(-ma)* RS 20.123+:II:24'.27'& = /*ba^{c}lu*/ ›**Herr, Besitzer, Eigentümer**‹ 1.1:IV:6& | sem. *ba^{c}l*; vgl. auch äth. *ba^{c}āl*

$b^c l_2$ /*bā^{c}ilu*/ < **pā^{c}ilu* ›**Arbeiter**‹ 4.15:2&; vgl. auch 4.691:7 (*ṯṯ ḥmrm b^{c}lm* ›sechs Arbeitsesel‹) | zsem. *pā^{c}il*

b^{c}l ○ = syll. *ba-a-lu* = /*ba^{c}lu*/ GN: Gott ›**Ba^{c}lu**‹ (= Baal) | = $b^c l_1$

b^{c}lt /*ba^{c}latu*/ ›**Herrin**‹ 1.41:37& | hebr. *b^a^{c}alāh*; = Fem. zu $b^c l_1$

√bʿr$_1$ D ›**anzünden, niederbrennen**‹ 1.3:IV:26& | zu *√bʿr*$_{1-4}$ vgl. hebr. *√bʿr* mit verschiedenen Bedeutungen

√bʿr$_2$ D ›**zerstören, vernichten**‹ 1.103+:41.56.58& (Abgrenzung von *√bʿr*$_1$ und *√bʿr*$_4$ schwierig)

√bʿr$_3$ D ›**wegbringen, wegschaffen**‹ 1.14:II:48, 1.14:IV:27 (vgl. ug. *šbʿr*)

√bʿr$_4$ D ›**verlassen, im Stich lassen**‹ 2.41:22

bd$_1$ */bâdi/* (< *b* + *yd*$_1$ ›Hand‹) ›**in/aus der/die Hand von, zu Händen von**‹ 2.4:22& | akan. *ba-di-ú* ›in / durch seine(r) Hand‹ EA 254:35 (Glosse zu akk. *ina qātīšu*), vgl. hebr. *bᵉyad* ›durch‹

bd$_2$ */biddu/*(?) ›**Klagegeschrei, (Klage-)Gesang**‹(?) 1.16:I:5.19; II:42 | Verbalsubst. von *√bdd*

√bdd (alt.: *√bdy*) G etwa ›**rezitieren**‹ od. ›**musizieren**‹ 1.3:I:18, 1.17:VI:31 (// *√šyr*) [Etym. unsicher]; alt.: *√bdy* ›erfinden, ersinnen‹ | vgl. hebr. *√bdʾ* ›ersinnen, frei erfinden‹, syr. *√bdʾ/y* ›erfinden, lügen‹

bddy ›**allein**‹(?) 1.19:II:28 | vgl. hebr. *bad, bādād* ›Alleinsein‹, *lᵉbādād* ›allein‹

*bdl** *bdlm* (Pl.) = syll. *bi-da-lu-na/ma /biddālu/*, etwa: ›**Handelsagenten, Vertreter**‹ (weniger wahrsch.: ›Ersatzleute, Reservisten‹) 4.69:III:6& | vgl. ar. *√bdl* ›tauschen‹

bdqt ›**Spalt, Ritze, Schlitz**‹ 1.4:VII:19.28 | akk. *butuqtu* ›Bresche im Deich, Kanaldurchstich‹; mhebr. *bædæq*, jaram. *bidqā* ›Riss‹; vgl. akk. *bat/dāqu* ›durch-, abschneiden‹, mhebr./jaram. *√bdq* ›durchbrechen‹

√bġy G ›**offenbaren, enthüllen**‹(?) 1.1:III:16, 1.3:III:29; IV:19, 1.7:33 (*ibġyh*), alt.: ›suchen, forschen, beobachten‹ | Etym. unsicher; vgl. hebr./aram. *√bʿy* ›suchen, fragen; wollen‹ und ar. *√bġw* ›anschauen, beobachten, betrachten‹

√bhl D (od. G) ›**entlassen; (Kinder bei der Erbschaft) leer ausgehen lassen, (ohne Erbe) ziehen lassen**‹ od. ›**aufgeben**‹ RS 94.2168:20-29 (6x) | ar. *√bhl* K ›verlassen, entlassen, alleine lassen‹; syr. *√bhl* G ›aufhören, beenden, zur Ruhe kommen‹, D ›aufgeben‹

bhmt */bahim(a)tu/* od. */bahīmatu/* ›**Vieh**‹ 1.103+:2& | hebr. *bᵉhemāh*, ar. *bahīmaᵗ*

bhtm (Pl.), siehe *bt*$_1$ ›Haus‹

bhṯ ›**Gruß**‹ od. ›**Glückwunsch**‹ 1.5:II:11.19 [ar. *√bhṯ* ›jmdn. freudig empfangen, willkommen heißen‹]; alt.: ›Schande, Schmach‹ [aram. *√bht*, hebr. *√bwš*]; alt.: Imp. ›sei gegrüßt!‹ (Verb *√bhṯ*)

*bḥr/bḫr*** = syll. *ba-aḫ-ḫu-rù /baḥḥ/ḫḫūru/* ›**junger Mann**‹

*bḥr*** = syll. *b[i]-ḫi-ru /biḥīrū/*? ›**Elite(truppen)**‹ (Pl.)

bk$_1$ ›**Krug, Pokal**‹ 1.3:I:12 | hebr. *pak* ›kleiner Krug‹; griech. *bikos*

bk$_2$ ›**Weinen**‹ 1.6:I:9, 1.14:II:7 | Verbalsubst. von √*bky* (sonst G-Inf. mit Graphie *bky*)

bkm (od. Umschrift: *b km*) ›**sodann, daraufhin**‹(?) 1.4:VII:42, 1.19:II:8-11 [zusammengesetzt aus Präp. *b* + Adverb *km*$_3$ ›so; vgl. hebr./jaram. *b*^{e}*ken* ›sodann‹; vgl. evtl. ferner sab. *b-kn* "als"] (*b km* in 1.10:III:29 dürfte anders zu deuten sein)

bkr /*bukru*/ ›**erstgeboren**‹ 1.14:III:40& | hebr. *bêko/ôr*; vgl. akk./aram. *bukru*

√*bkr* D ›**das Erstgeburtsrecht verleihen**‹ 1.15:III:16 | denominiert von *bkr* ›erstgeboren; Erstgeburt‹

bkt /*bākîtu*/ < **bākiytu* ›**weinend**‹ (√*bky* G-Ptz. f.sg.) | vs. ar. *bākiya*^{t}

√*bky* G ›**weinen**‹ 1.14:I:26& (auch Schreibung *tpky* < **tbky*, 1.107:11); N ›beweint sein, werden‹, evtl. 1.161:13 (Imp. *ibky*) | sem. √*bky*

bky ›**Weinen, Wehklage(n)**‹ 1.14:I:31 (*bkyh*), 1.16:II:41 (*l bky* ^{c}*tq*) | Verbalsubst. von √*bky*

*bkyt** /*ba/ikkīyatu*/? (alt.: Pl. zu Lexem *bkt*, d.h. /*bākiyātu*/) ›**Klagefrau**‹, Pl. *bkyt* 1.19:IV:9-10.21 | vgl. akk. *bakkītu*

bl$_1$ /*bal(î)*/ (Wortnegation sowie Satznegation in fragenden Kontexten, s. UG § 87.3) | hebr. *b*^{e}*lî*, *bal*; phön. *bl*, ^{ʾ}*(y)bl*

bl$_2$ /*balû*/ < **balayu* ›**Nichtsein**‹; *l bl* ›ohne‹ 1.96:4.5 | vgl. Negation *bl*

√*bl*^{c} G ›**verschlingen**‹ 1.161:16 | wsem. (hebr., jaram., ar., äth.) √*bl*^{c} ›verschlingen‹

*blbl** ›**Träger**‹ od. ›**Tributär**‹(?), Pl. *blblm* 4.288:1 | vgl. evtl. akk. *babbilu* ›Kornträger‹

bldn ›**Ortschaft, Stadt**‹(?) 1.91:6, 1.162:1 (*il bldn* ›Gott / Götter des Ortes‹?) | vgl. ar. *balad* ›Land, Ortschaft‹ und ar. *balda*^{t} ›Stadt, Ortschaft, Gemeinde‹

blmlk (< *bl* + *mlk*) ›**'Nicht-König'; gewöhnlicher Mensch**‹ 1.4:VII:43 | *bl*$_1$

blmt (< *bl* + *mt*) ›**'Nicht-Tod'; Unsterblichkeit**‹ 1.16:I:15; 1.16:II:37 (// *ḥym*) | *bl*$_1$

blt /*bal(V)ti*/ 1.6:I:54; Deutung unsicher: ›**nicht**‹ (Negation) od. ›**nur, (niemand) außer**‹ | amurr. *balti* ›außer‹ oder ›ohne‹; hebr. *biltî* ›nicht, außer daß/wenn, ohne (zu), damit nicht‹ (Negation und Konj.); phön. *blt* ›außer daß; nur‹ (Konj.); vgl. ferner asa. *blty*, *bltn* ›ohne‹; vgl. *bl*$_1$; s. UG § 87.4

√*blw/y* D ›**verzehren, verbrauchen**‹ 1.5:I:18 | hebr./aram. √*bly* ›verbraucht sein‹; akk. *belû* ›verlöschen‹; ar. *baliya* und äth. *balya* ›alt, verbraucht sein‹

bm siehe *b* (Präp.)

bmt /*bâmatu*/ < **bahmatu*(?) 1. ›**Rippen-, Bauch- oder Rückenstück (eines Mastrindes)**‹ 4.247:17 (zwischen *ṣlʿt* ›Rippen‹ und *nšb*); 2. ›vorderer und seitlicher Bereich der Rippen‹ = ›**(unterer) Brustkorb**‹ 1.5:VI:22 // 1.6:I:5 (// *ap lb*); 3. ›hinterer Bereich des Rippen‹ = ›**(unterer) Rücken**‹ 1.3:II:12, 1.4:IV:14.15; 4. (oder anderes Lexem, d.h. bmt_2) ›**Anhöhe, Berg**‹ 1.4:VII:34 (Pl.: *bmt arṣ*) | hebr. **bomæt* ›Brust, Rumpf, Rücken‹ (Jes 14,14 u.a.), siehe dazu Kogan – Tishchenko, UF 34, 2002, bes. 321-323.346; vgl. ferner hebr. *bāmāh* und akk. *bām/ntu*: ›Berghang, Anhöhe; Brustkorb, Thorax (vorderer Bereich); Rücken‹; vgl. EA 232:10 mit Glosse *baṭnu* ›Bauch‹ zu akk. *bāntu*; vgl. evtl. ar. *buhmat* ›Felsblock‹

bn_1 /*binu*/ ›**Sohn**‹ | sem. außer äth. **bin*: akk. *binu*, hebr. *ben*, aram. *brā*, ar. *ibn*

bn_2 /*bêna*/ < **bayna* ›**zwischen, unter**‹ | wsem.: hebr. *bên*; phön. *bn*; aram./syr. *bayn(ay)*, *baynaṯ*; ar./äth. *bayna*; vgl. √*byn*

bn siehe √*byn*

bn siehe *b* (Präp.)

bnm in 1.4:VII:16: *bnm ʿdt* ›**genau zu diesem Zeitpunkt**‹ // *bn ym* ›genau heute‹; Analyse unklar: evtl. *b* (Präp.) + *-n* + *-m* od. *bn* ›Sohn‹ + *-m* od. *b* (Präp.) + $*hn_3$ (›Frühartikel‹); vgl. UG § 82.52c.

bnš /*bu(n)nōšu*/(?) = syll. *bu-nu-šu* ›**Mensch, Person; Bediensteter, Sklave**‹ 1.86:12&, 4.40:5&; Pl. *bnšm* 1.86:30& | Kompositum aus *bn* ›Sohn‹ + **ʾnš* ›Mensch(heit)‹, vgl. hebr. *bæn-ʾænôš* und aram. *bar-(ʾ)nāšā*, ›Mensch‹; wegen der Vokalisation mit /*u*/ bzw. /*o*/ in der 2. Silbe wahrsch. aus dem Kan. entlehnt

bnt_1 ›**Erzeugnis**‹ 1.17:VI:13 | √*bnw/y*

bnt_2 ›**Tamariske**‹ 1.124:8 | akk. *bīnu*, syr. *binā*

bnt siehe *bt* ›**Tochter**‹

√*bnw/y* G ›**bauen, herstellen**‹ 1.1:III:27& | sem. außer äth.

bnwn /*bunwānu*/ ›**Gebäude**‹ 1.16:IV:13 | vgl. raram. *bnwyʾ* (Pl. emph. von **bnw*) sowie ar. *bunyān*, hebr. *binyān* und aram. *bi/enyānā*

bnwt /*bunwatu*/ od. /*binwatu*/ ›**Schöpfung**‹ 1.4:II:11& | ar. *bunyat* ›Bauwerk‹; akk. *binûtu* ›Erzeugnis, Geschöpf, Produkt‹

√*bny* siehe √*bnw/y*

bny /*bāniyu*/ ›**Erbauer, Schöpfer**‹, *bny bnwt* ›Schöpfer der Schöpfung‹ 1.4:II:11& | Ptz. von √*bnw/y*; vgl. hebr. *bo/ônæh* und akk. *bānû* ›(Haus)bauer, Maurer‹

√bq^c	G ›**spalten, aufschlitzen**‹ 1.19:III:3&, Ptz. pass. *bq*^{c} ›halbiert‹ 4.247:21.23 | hebr./jaram. *√bq*^{c}; syr. *√pq*^{c} (sic!); vgl. ferner ar. *√fq*^{c} ›platzen‹
√bqr	Dp ›**genau untersucht werden (Leber)**‹ 1.78:5 | hebr./jaram. *√bqr* D ›genau untersuchen‹
bqr	*/baqaru/* ›**Großvieh(herde)**‹ 4.691:1 | hebr. *bāqār*, phön. *bqr*, aram./syr. *baqrā*, ar. *baqar*, akk. (Mari) *buqāru*
bqr	1.14:III:9, siehe *mqr*
√bqṯ	D ›**suchen, verlangen, fordern**‹ 1.6:IV:20& | hebr. *√bqš* D ›suchen, forschen; fordern, verlangen, bitten‹, phön. *√bqš* ›suchen‹
br	›**Marmor**‹ od. ›**Zinn**‹ od. ›**Silber**‹ 1.4:I:35 (// *bẓr*) | vgl. Etym. zu *brr* ›Zinn‹
√brd	G od. D. ›**(Fleisch) zerteilen**‹ 1.3:I:6 | wsem. *√prd* (sic!), Grundbed. ›trennen, absondern‹
brḏl	›**Eisen**‹ 4.91:6 | Lw.; vgl. akk. *p/barzillu*, hebr. *barzæl*, baram. *parzæl*, sab. *przn*
√brḥ	G ›**fliehen**‹ 1.19:III:48.55 | hebr./phön./jaram. *√brḥ* ›fliehen‹; ar. *bariḥa* ›weggehen‹
brḥ	*/barīḥu/*? ›**fliehend, dahineilend**‹ 1.5:I:1.28 (*bṯn brḥ*) | hebr. *bārîaḥ*; s. besonders *liwyātān nāḥāš bārîaḥ* ›Leviatan, die flüchtige Schlange‹ Jes 27,1
√brk$_1$	D (od. G) ›**segnen**‹ 1.12:I:26& | nwsem. *√brk*, meist D-Stamm, phön. jedoch wahrsch. G-Stamm; ar./äth. *√brk* III. (*bāraka*); akk. *karābu*
√brk$_2$	G od. tD ›**sich niederknien**‹ 1.12:I:26 (*tbrkk*, G-PK 2.f.sg. od. tD-Imp. f.sg.) | wsem. *√brk*, denominiert von *brk* ›Knie‹
brk$_1$*	*/barī/ūku/* ›**gesegnet**‹ (pass. Ptz. von *√brk*$_1$), Fem. *brkt-m* 1.19:IV:32 (Lesung unsicher, // *nmrrt*) | Ptz. pass. von *√brk*$_1$
brk$_2$	*/birku/* ›**Knie**‹, Pl. *brkt*, Du. *brkm*, 1.2:I:23& | sem. **bi/urk*, baram. **birkā* (Du. pron. *birk-*) und *^{ʾ}*arkubbā* (Pl. ^{ʾ}*arkubbāt-*), ar. *rukba*^{t}; vgl. *√brk*$_2$
brkn	*/bi/urkānu/* ›**Segen**‹ 1.22:I:7 | *√brk*$_1$
brkt	*/birkatu/* ›**Teich**‹ 1.133:6 (Parallelstelle 1.5:I:15 bietet *brky*) | hebr. *b*^{e}*rekāh*, ar. *birka*^{t}
brky	›**Teich**‹ 1.5:I:15 (Parallelstelle 1.133:6 bietet *brkt*) | vgl. *brkt*
brlt	›**Seele, Leben; Gier, Appetit**‹ (// *npš*) 1.5:I:15& | Etym. unsicher; wohl nicht semitisch
brq	*/bar(a)qu/* ›**Blitz**‹ 1.3:III:26& | hebr. *bārāq*, ar. *barq*; akk. *be/irqu*

√brr G ›**frei, rein sein**‹ 2.19:3.4 | hebr. *√brr* K ›reinigen‹; jaram. *√brr* ›reinigen, auswählen‹; ar. *√brr* D ›reinigen, von Schuld freisprechen‹; äth. *√brr* G ›reinigen‹

brr$_1$ /*barī/ūru*/ ›**frei,** (von kultischen Pflichten) **entbunden**‹ 1.41:3& | Ptz. pass. von *√brr*; hebr. *bārûr* ›rein, lauter‹; jaram. *barīrā* ›rein‹

brr$_2$ ›**Zinn**‹ 4.91:12& | vgl. hebr. *bar* ›hell, rein, lauter‹; akk. *barru* ›rein, hell (Metall)‹; äth. *√brr* ›reinigen‹, äth. *bərur* ›Silber‹

brt ›**Reinheit, Lauterkeit**‹ 2.8:4 (*brt lbk*, vgl. hebr. *bar lebāb* ›lauteren Herzens‹; alt.: Adj. *br* [f.sg.] od *√brr* SK 2.sg.) | vgl. *√brr*

√bṣʿ G ›**abschneiden**‹ 1.147:13 | hebr. *√bṣʿ*

bṣql ›**(Getreide-)Spross, Schößling**‹ od. ›**Ähre**‹ 1.19:II:13& | vgl. hebr. **biṣqālôn* ›Ähre‹ (2 Kön 4,42)

√bṣr G ›**genau (nach)sehen, prüfen; lauern**‹ 1.13:5, 1.18:IV:20.31& | hebr. *√bṣr* D ›prüfen‹; ar. *√bṣr* ›sehen, wahrnehmen‹

√bšl G ›**reif werden, kochen**‹ 1.147:7 | sem. *√bšl* ›kochen‹ (intransitiv od. trans.) bzw. ›reif sein‹

√bšr G ›**sich über eine gute Nachricht freuen**‹(?) 1.10:III:33f.; D ›eine gute Nachricht bringen‹ 1.19:II:37 (Lesung *nbšrkm* od. *abšrkm*) | hebr. *√bśr*, ar. *√bšr* G (*bašira*) ›sich freuen‹, *√bšr* D ›(gute) Nachricht bringen‹, äth. *√bsr* D/K, akk. *√bšr* D

bšr < **bśr* /*bašaru*/ ›**Fleisch**‹ 1.4:II:5& | hebr. *bāśār*

bšrt ›**frohe Botschaft**‹ 1.4:V:27& | *√bšr*

bt$_1$ /*bêtu*/ < **baytu* ›**Haus**‹ (Sg. *bt*, Pl. *bhtm* /*bahatūma*/) | hebr. *bêt*

bt$_2$ /*bittu*/ < **bintu* ›**Tochter**‹ (Pl. *bnt*) | hebr. *bat(t)*, ar. *bint*

bt ḫbr siehe *ḫbr*

btlt /*batūl(a)tu*/ ›**junge Frau, Jungfrau**‹, in *btlt ʿnt* ›die junge Frau ʿAnatu‹ 1.3:III:11& | hebr. *bᵉtûlāh*, akk. *batultu*; ar. *batūl*

bṯn /*baṯ(a)nu*/ ›**Schlange**‹ 1.3:III:41&, RS 92.2014:5.6 (hier mit fem. Genus!) | vgl. ar. *baṯan*, hebr. *pæṯæn*, aram. *patnā*, akk. *bašmu*

bṯt ›**Schande**‹ 1.4:III:19 (// *dnt*, *tdmm*<*t*>) | sem. *√bwṯ/bhṯ* ›zuschanden werden‹

√bwʾ G ›**hineingehen, eintreten, kommen**‹ 1.3:V:7.9& | sem. außer aram.: hebr./phön. *√bwʾ* ›hinkommen, hineingehen‹; äth. *boʾa* ›eintreten‹; akk. *bâʾu* ›entlang gehen‹; ar. *bāʾa* ›zurückkehren‹

√bwš G ›**zögern, zaudern**‹ 1.1:III:18, 1.3:IV:33 | hebr. *√bwš* Polel ›(sich) verzögern‹

√bwṯ G (od. *√bṯṯ* G) 1.2:IV:28.29.31; Bed. unsicher: ›**zerreißen, vernichten**‹ [ar. *√bṯṯ* ›zerstreuen; aus-, verbreiten‹] od. ›**sich**

schämen‹ [sem. *√bwṯ/bhṯ* ›zuschanden werden‹]

√byn G ›**(auf-)merken, verstehen, kennen**‹ 1.3:III:27&; tD* ›achten, achtgeben, aufmerken‹ (*itbnnk*, 1.169:17) | wsem.: hebr. *√byn* ›verstehen‹; aram. *√byn* D ›verstehen lassen, klar machen; beobachten‹; ar. *√byn* ›klar sein‹; äth. *bayana* ›unterscheiden‹

√byt G ›**übernachten**‹ 2.33:14; RS 94.2406:7 | denominiert von *bt*$_1$ ›Haus‹; akk., aram., ar. und äth. *√byt* G: ›übernachten, im Haus bleiben‹

bz */ba/izzu/* ›**Raub, Plünderung**‹ (evtl. Inf. zu Wz. *√bzz* G) 1.80:4 | zsem. (phön., he., aram., ar.) *√bzz* ›rauben, plündern‹; he. *baz(z)* ›Beute, Plünderung, Raub‹

bẓr ›**Gold, Feingold**‹ 1.4:I:34 | hebr. *bæṣær* ›Gold, Golderz‹

---

d

---

d */dû/*, */dî/*, */dâ/* (Determinativ- und Relativpronomen m.sg.) = syll. *du-ú* RS 20.123+:II:23’[29’], f.sg. *dt*, pl. *dt* | hebr. *zæh*, *zû*; phön. (Byblos) *z*; aram. *zy*, *d(y)*; ar. *ḏû*, *ʾallaḏī*; äth. *za*

√dʾw G ›**fliegen**‹, Ptz. akt. *dit* */dāʾītu/* ›geflügelt‹ 1.108:8 | hebr. *√dʾy* ›fliegen‹

diy$_1$ */daʾyu/*?, ein Raubvogel, 1.18:IV:18& | vgl. hebr. *dāʾāh*, *dayyāh*

diy$_2$ ›**Flügel, Schwinge**‹ 1.19:III:2& (Pl.cs. und Du.cs.) | *√dʾw*

√dʿṣ D/G ›**die Füße (zum Sprung) heben**‹, PK *tdʿṣ* in 1.3:V:4, 1.4:V:20 und 1.17:VI:46 | ar. *√dʿṣ* D mit gleicher Bed.

dʿt$_1$ */di/aʿ(a)tu/* ›**Wissen, Gelerntes**‹ 1.2:I:16.32 | hebr. *deʿāh* u. *daʿat*; *√ydʿ*$_1$

dʿt$_2$ ›**Bekanntschaft**‹ = ›**Bekannter**‹ 1.6:VI:50 | evtl. identisch mit *dʿt*$_1$; *√ydʿ*$_1$

dʿt$_3$ */di/aʿatu/* < **ḏi/aʿatu* ›**Schweiß**‹ 1.16:VI:10 | hebr. *zēʿāh*, syr. *duʿtā*, akk. *zūtu*; *√ydʿ*$_2$

db ›**Bär**‹, evtl. belegt in 1.101:2 (*km db*; alt.: *k mdb* ›wie die Flut‹; vgl. ug. *mdb*) | hebr. *dob* (Pl. *dubbîm*), ar. *dubb*, äth. *dəb*; vgl. syr. *debbā*

dbat */dubʾatu/*? ›**Kraft**‹(?) 1.10:II:21.22 | hebr. *dobæʾ*

dbb$_1$ — ›**Getier**‹ 1.4:I:39 | ar. *dabbāb* ›Kriechtier‹, *dābba*^{t} ›Tier‹

dbb$_2$* — Pl. *dbbm* ›**Beschwörungsworte**‹(?) od. ›**Beschwörer**‹(?) 1.169:1.9, RS 92.2014:9.13 (// *kšpm*) | vgl. akk. *dabābu* ›klagen‹

√*dbḥ* — G ›**schlachten, opfern**‹; N ›geopfert werden‹ | sem. √*ḏbḥ* ›schlachten, opfern‹ (hebr./phön./äth. √*zbḥ*, aram. √*dbḥ*, akk. *zebû*)

dbḥ — = syll. *da-ab-ḫu* /*dabḥu*/ ›**Schlachtopfer, Mahl**‹ 1.4:III:17& | hebr. *zæbaḥ*; ar. *ḏabḥ*

dblt — /*dabil(a)tu*/ ›**Feige, Feigenkuchen**‹ 4.14:18& | hebr. *d*^{e}*belāh*

√*dbr*$_1$ — D ›**den Rücken zuwenden; zurückweichen, fliehen**‹ 1.16:VI:31.43 | hebr. √*dbr* D ›sich abwenden, wegtreiben‹; ar. √*dbr* ›hinten sein, den Rücken kehren‹; akk. √*dp/br* D ›sich entfernen‹

√*dbr*$_2$ — D ›**sprechen, reden**‹, evtl. 2.71:14, 2.72:18 (beide Belege unsicher; viell. zu √*dbr*$_1$ zu stellen) | hebr. √*dbr* D

dbr — ›**Steppe**‹ [vgl. *mdbr*] od. ›**Tod, Unheil, Seuche**‹ 1.5:V:18 (*arṣ dbr* // *šd šḥlmmt*), 1.5:VI:6.29& (*arṣ dbr* // *šd šḥlmmt*) | ar. *dabr*, *dabrat*; hebr. *dæbær*

dd$_1$ — /*dôdu*/ < **dawdu* ›**Liebe**‹ 1.3:III:5& (// *ahbt*) | hebr. *dodîm* (Pl.)

dd$_2$ — /*dūdu*/ ›**(tiefer) Topf; Hohlmaß (für Getreide)**‹ | akk./aram./hebr. *dūd*; vgl. äg. *dd.t* ›Schale; Topf‹

ddym — (Pl.) ›**Liebesfrüchte, -äpfel (als Opfergabe)**‹ 1.3:III:15; IV:4.9.29 | hebr. *dûdāʾîm* ›Liebesäpfel (Frucht der Alraune)‹; vgl. *dd*$_1$

dg — /*dagu*/ ›**Fisch(e)**‹ (kollektiv) 1.23:63 (// *ʿṣr*) | hebr. *dāg*

dgn ○ — /*dagānu*/, GN: Gott ›**Dagān**‹, Vater des Baʿlu

dgy — /*dagīyu*/ ›**Fischer**‹(?) 1.3:VI:10& | Nisbenbildung zu *dg* ›Fisch‹

dġṯ — ›**Weihrauchopfer**‹, Pl. *dġṯt*, 1.19:IV:23.24.30.31 | heth. Lw., vgl. heth. *tuḫḫueššar* und *tuḫḫuwāi-*/*tuḫḫui-*

√*dḥl* — (< *ḏḥl*) G ›**Angst haben**‹ 2.30:21 (*tdḥl*$^!$, geschrieben: *tdḥṣ*); weiterer möglicher Beleg in 2.16:12 (*td*$^!$*ḥln*, geschrieben: *twḥln*), siehe jedoch auch unter √*yḥl* (Lesung *twḥln*) | a/raram. √*z/dḥl* ›Angst haben, fürchten‹ (syr. *dḥel*); vgl. ar. *ḏaḥl* ›Groll‹

√*dḥṣ* — siehe √*dḥl*

dk(k) — siehe √*dwk*

dkr — = syll. *da-ka-rù* /*dakaru*/ < **ḏakaru* ›**männlich(es Wesen/Tier)**‹ | sem. außer äth. **ḏak(a)r*: hebr. *zākār*, aram. *dakrā*, ar. *ḏakar*; akk. *zakru*, *zikaru*

dkrt — ein Behälter für Wein 1.4:VI:54 (wohl Pl.; // *rḥbt* [Pl. zu *rḥb*$_2$]) | vgl. evtl. ar. *zukrat* ›(Wein-)Schlauch‹; vgl. evtl. akk. *diqāru* ›Topf‹ und ar. *dāqira*^{t} ›Tongefäß‹

dkym (Pl.), 1.6:V:3 (// *rbm*, *ṣġrm*); Wortabtrennung und Deutung umstritten: a) *dkym* ›die Schlagenden, Schlagkräftigen‹ (oder ähnlich) [vgl. hebr. **dŏkî* (*dŏkyām*) ›Klatschen (der Wellen)‹ (Ps 93,3), √*dky* ›zerschlagen, zermalmen‹]; b) *d k ym* ›die Jammu-Gleichen‹, c) *dk ym* ›die Zermalmer des Jammu‹ od. ›die Meereshämmerer‹

dl = syll. *da-al*$^{?}$*-lu* /*dallu*/ ›**klein, schwach, arm**‹, f. *dlt* 1.16:IV:48 (// *qṣr npš*), 1.82:22.24 | hebr. *dal*, pun. *dl* ›arm, mangelhaft‹; aram. *dallīl* ›dünn, fein, spärlich‹; akk. *dallu* ›kümmerlich‹; vgl. ar. *ḏalīl* ›niedrig, verächtlich‹

√*dll* D* ›**unterdrücken, unterwerfen, erniedrigen**‹ 1.103+:6.46; 1.40:21& (Ptz. pl. pron. *mdll-* // *ḫbt-*) | hebr. √*dll* ›klein, gering sein‹; syr. √*dll* K ›verkleinern, reduzieren‹; akk. *dalālu* G ›kümmerlich sein‹, D ›unterdrücken‹; vgl. ar. √*ḏll* D ›erniedrigen‹

dll /*dallālu*/ ›**Vermittler, Bote**‹ 1.4:VII:45 (// ^{c}*dd*) | ar. *dallāl*] (alt.: {*qatīl*})

√*dlp* G ›**in Unruhe geraten, schwanken (Gestalt)**‹ 1.2:IV:17.26 (// √*nġṣ*) [hebr. √*dlp* ›schlaflos sein‹; akk. √*dlp* ›schlaflos, ruhelos sein‹ D ›in Unruhe versetzen‹, N ›in Unruhe geraten‹]; alt. ›zerfließen, sich auflösen‹ [hebr./aram. √*dlp* ›tropfen, träufeln‹; ar. √*dlf* ›schwer/mühsam gehen; tropfen‹]

dlt /*daltu*/ ›**Türflügel**‹ 4.351:3.4&; evtl. auch 1.23:25 (Kontext abgebrochen) | hebr. *dælæt* ›Türflügel‹; phön. *dlt*; akk. *daltu*

√*dlw* G ›**sich anbieten; das Seinige beitragen**‹(?), 1.14:IV:26 (lies: *w ydl trḫ ḥdṯ*) | vgl. ar. √*dlw* K mit dieser Bed.

dm_1 ›**fürwahr!, gewiss!**‹ oder: ›**denn, weil**‹, meist satzeinleitend, 1.1:III:12& | Etym. unsicher; s. UG § 85.6

dm_2 /*damu*/ ›**Blut, (roter) Saft**‹ 1.3:II:31& | sem. *dam*

√*dm*^{c} G ›**Tränen vergießen, weinen**‹ 1.14:I:27& | zsem. √*dm*^{c}

dm^{c}*t** /*dim*^{c}*atu*/ ›**Träne**‹ (Sg. nicht belegt), Pl. *dm*^{c}*t* /*dima*^{c}*ātu*/ 1.19:II:33; Pl. *udm*^{c}*t* /$^{\prime}$*udma*^{c}*ātu*/ 1.6:I:10, 1.14:I:28, 1.16:I:28, 1.161:16 (vgl. UG §33.423a; DUL 273 deutet *dm*^{c}*t* gegen den Kontext als Sg.) | hebr. *dim*^{c}*āh*, syr. *dem*^{ce}*tā*, ar. *dam*^{c}*a*^{t}, akk. *dimtu*

√dmm_1 G ›**sich ruhig, bewegungslos verhalten**‹ 1.14:III:10, 1.14:V:3 | hebr. √$dmm_{(1)}$

√dmm_2 G ›**klagen, heulen**‹ 1.16:I:26.30 | akk. √*dmm*, hebr. √$dmm_{(2)}$

dmrn ○ (< **ḏmrn*) ›**der Beschützer**‹ od. ›**der Tapfere**‹, Epitheton des Gottes Ba^{c}lu, 1.4:VII:39 | √$\underline{d}mr_1$; vgl. den griech. Gott Dēmarous, Sohn des Ouranos

dn_1 /*dînu*/ ›**Recht, Gericht**‹ (// *ṯpṭ*) 1.16:VI:33& | akk./hebr./ar. *dīn*; √*dyn*

dn_2 /*dannu*/ ›**Gefäß**‹ 1.3:I:12 (alt. Lesung u. Deutung: *ridn*, d.h. ›Rhyton(?)-Gefäß‹); 2.38:18 | akk. *dannu* ›Behälter, Fass‹; ar. *dann* ›großer (bauchiger) Weinbehälter‹

dnt 1.4:III:20 (// *bṯt*, *tdmm* <*t*>); Bed. unsicher: entweder ›**Unzucht, Prostitution**‹ [wsem. √*zny* (sic!) ›huren, unzüchtig sein‹] od. ›**Minderwertigkeit**‹ [ar. *dūn* ›von niedrigem Rang, minderwertig‹]

dprn = syll. *dì-ip-ra-ni-ma* (Pl. Obl.) /*diprānu*/ ›**Wacholder**‹ 1.72:28& | vgl. akk. *da/uprānu*, syr. *daprānā*

dq /*daqqu*/ ›**dünn, klein, fein, schwach**‹ 1.6:I:50 (*dq anm* ›ein Schwächling‹) | hebr. *daq(q)*, pun. *dq*; akk. *daqqu*; ar. *diqq*

dqn /*daqanu*/ < **ḏaqanu* ›**Bart** (Backen- und Kinnbart), **Kinn**‹ 1.3:V:2.4 (*šbt dqn-* ›das graue Barthaar‹); 1.5:VI:19, 1.6:I:3 (// $lḥ_1$) | hebr. *zāqān*; phön. *zqn*; aram. *daqnā*; ar. *ḏaqn*; akk. *ziqnu*

dqt /*daqqatu*/ ›**dünnes Fladenbrot, Flachbrot (als Opfermaterie)**‹ 1.39:1& (nur in Ritualtexten); vgl. GN *dqt* in 1.39:15 und 1.102:8 (jeweils neben GN *trṯ* [›Most‹]); s. J. Tropper, UF 33, 2001, 545-565 | vgl. *dq* ›dünn‹

dr /*dôru*/ < **dawru* (alt.: /*dāru*/) ›**(Familien-)Kreis, Gemeinschaft**‹ | hebr. *dôr*, ar. *dawr*; vgl. akk. *dāru* und aram. *dārā* ›Generation, Zeitalter‹

dr(.)dr /*dôr-dôr-*/ od. /*dār-dār-*/ od. /*dār-dôr-*/ ›**Ewigkeit**‹ 1.2:IV:10& (// *^{c}lm*), siehe UG § 51.5a | vgl. hebr. *dôr dôr* bzw. *dôr wādôr*, syr. *l^{e}dārdārīn*, akk. *(ana) dāri dūri* (zwei verschiedene Lexeme); vgl. ferner ar. *dahr* ›Zeit‹

√*dr^c* < **ḏr^c* G ›**säen, aussäen**‹ 1.6:II:35, 1.6:V:19 | hebr./aram./ar. √*zr^c*, akk. *zarû*

dr^c ›**Same, Saatgut, Getreide**‹ 1.72:29, 4.243:1& (neben häufigerem *ḏr^c*) | hebr. *zæra^c*, syr. *zar^{c}ā*, ar. *zur^{c}a^t*, akk. *zēru*; √*dr^c*

√*drk* G 1. ›**treten**‹ 1.82:38, 2. ›**(Bogen) spannen**‹ 1.17:V:35-36 | hebr./aram. √*drk* ›treten‹

*drk** Pl. *drkm*, eine Berufsbezeichnung od. Bezeichnung einer sozialen Klasse, 4.688:5 | Etym. unsicher

drkt ›**Herrschaft, Macht**‹ (oft // mlk_2 ›Königtum‹) 1.1:IV:25& | vgl. evtl. hebr. *dæræk* ›Stärke, Macht‹(?) (HAL, 223: *dæræk*, Bed. 7); vgl. ferner syr. *dargā* und ar. *daraǧa^t* ›Stufe, Rang, Würde‹

√*drq* G ›**schreiten**‹ 1.45:5 (PK *tdrq* // *hlkt*) | vgl. √*drk*; deriviert: Verbalsubst. *tdrq*

drt eine Getreideart, auch Tierfutter, viell. ›**Kleie**‹, 4.243 | vgl. evtl. ar. *ḏurāwa^t* ›Spreu‹ (√*ḏrw* ›streuen, säen, worfeln‹)

√dry/w < **ḏry/w* G od. D ›**streuen, (Getreide) worfeln**‹ 1.6:II:32, 1.6:V:13; evtl. zu ergänzen in 1.6:V:16 (alt. Ergänzung: [*np*]*y* od. [*ṣp*]*y*) | hebr. *√zry*; aram. *√dry*; ar. *√ḏry/w*; äth. *√zrw*

dt_1 */dātu/* (Relativpronomen f.sg./pl.; Fem. zu *d*)

dt_2 */dūtu/* (Relativpronomen m.pl.; Pl. zu *d*)

*dw*** */dawû/* < **dawVyu* ›**krank**‹, nur 4.767:3 (Kurzalphabet-Text, wohl nicht ugaritisch) | hebr. *dāwæh*; *√dwy*

√dwk Gp ›**zerstoßen werden**‹ 1.71:10& | hebr. *√dwk*; jaram. *√dkk*; ar. *√dkk* und *√dwk*; tigr. *√dkk*; akk. *dakāku*; jeweils ›zerstoßen, zerreiben‹

√dwṯ < **dwš*! G ›**zertreten**‹ 1.18:I:19 (Inf. *dṯ*); Gp ›zertreten werden‹ 1.18:I:19 | hebr./aram. *√dwš*, ar. *√dws*, akk. *diāšum*, *dâšu*

√dwy G ›**schwach, elend, krank sein**‹ 1.16:II:20.23 | wsem. *√dwy* ›schwach, krank, elend sein‹ (hebr. *√dwy* ›menstruieren‹; *dāwæh* ›elend‹); vgl. akk. *dawû* ›taumeln‹

√dyn G ›**Recht schaffen, Gericht halten, richten**‹ 1.16:VI:33.45& (// *√ṯpṭ*) | sem. *√dyn* (aram. *√dyn* u. *√dwn*; ar./äth. *√dyn* D ›verurteilen, bestrafen, verdammen‹)

ḏ

ḏ */ḏī/* (Relativpronomen m.sg. Gen.), nur 1.24:45 | etymologisch identisch mit *d*

ḏbb ○ GN, 1.3:III:46 | vgl. evtl. ar. *ḏubāb* ›**Fliege**‹

$ḏd_1$ etwa ›**Wohnstatt**‹ od. ›**Zelt**‹ (// *qrš*, *ahl*) | Etym. unsicher

$ḏd_2$ (1.23:59.61), siehe *ṯd*

ḏhrt ›**(Traum-)Vision**‹ 1.14:I:36; Nf. *ḏrt* 1.14:III:47 1.14:VI:32 1.15:VI:8 (// *ḥlm* ›Traum‹); vgl. *hdrt* | ar. *√ẓhr* ›erscheinen, sich zeigen‹, ar. *ẓuhūr* ›Erscheinung‹

$√ḏmr_1$ G ›**bewachen, schützen**‹, G-Ptz. *ḏmr* */ḏāmiru/* ›Beschützer‹ 1.17:I:28& | amurr. *√ḏmr*, sab. *√ḏmr* ›schützen, verteidigen‹; ar. *ḏami/īr* ›tapfer‹; hebr. *zimrāh* ›Schutz‹

$√ḏmr_2$ < **zmr* G ›**singen, (ein Instrument) spielen, musizieren**‹ 1.108:3 | sem. (hebr., aram., äth., akk.) *√zmr*

ḏ

ḏmr₁	›Soldat(en)‹ 1.3:II:14.31 | √ḏmr₁
ḏmr₂	/ḏimru/ ›Stärke‹ od. ›Schutz‹ 1.108:22.24 (// ʿz, lan) | √ḏmr₁; amurr. *ḏimru; vgl. hebr. zimrāh
ḏnb	/ḏanabu/ ›Schwanz‹ 1.114:20 | hebr. zānāb, ar. ḏanab, äth. zanab; syr. dunbā; akk. zibbatu
ḏnbt*	/ḏanab(a)tu/ ›Schwanz‹, Du. ḏnbtm 1.83:7 | syr. dunbᵉtā, dᵉnubᵉtā
ḏrʿ	/ḏirāʿu/ ›(Unter-)Arm‹ 1.5:VI:20& | akan. zu-ru-uḫ, hebr. zᵉrôaʿ, ar. ḏirāʿ; syr. drāʿā
ḏrʿ	›Same, Getreide‹ 2.38:17.19&, 4.721:16 (neben seltenerem drʿ) | hebr. zæraʿ, syr. zarʿā, ar. zurʿaʾ, akk. zēru
ḏrq*	Pl. od. Du. ḏrqm ›Innereien‹(?) 1.5:I:6, 1.18:IV:3 | Etym. unsicher: vgl. sarq/katu bzw. zarq/katu ›Labmagen mit Zwölffingerdarm‹
ḏrt	siehe ḏhrt ›(Traum-)Vision‹

g

g	/gû/ ›Stimme‹, gm (adverbialer Kasus [Lok. od. Ak.] + -m) ›mit Stimme‹ = ›laut‹ 1.4:VII:52& | Etym. unklar
gan	/gaʾânu/ < *gaʾayānu ›Stolz‹ 1.17:VI:44 | hebr. gāʾôn
√gʿr	G ›anschreien, schelten, tadeln‹ 1.2:IV:24.28, 1.114:11.14; ›brüllen, laut wiehern (Pferd)‹ 1.72:27, 1.85:2, 1.97:11 | hebr./aram. √gʿr ›anschreien, schelten‹; äth. √gʿr ›schreien, lamentieren, jammern‹; vgl. ar. √ǧʾr (auch: √ǧʿr) ›brüllen, muhen‹
gʿt	/gaʿâtu/ < *gaʿayatu (√gʿy) ›Gebrüll (von Rindern)‹ (Verbalsubst. von √gʿy) 1.14:III:18 | nwsem. √gʿy ›schreien, brüllen‹; ar. ǧaʿǧaʿa ›lärmen‹
gb	/gabbu/ ›Rumpf, Körper‹ 1.114:5, 1.169:5, 1.175:13.17, RS 92.2014:14 (ganz unsicher: 1.1:V:28) | hebr. gab(b), aram. gabbā; Grundbedeutung etwa ›convex gewölbtes Gebilde‹
gbʿ	/gibʿu/ ›Hügel‹ 1.5:VI:27&, Pl. gbʿm 1.4:V:16.32.39 (// ġrm [ġr₁]) | hebr. gæbaʿ, gibʿāh; akk. gabʾu ›Gipfel‹

√gbb	N ›sich sammeln (Heer)‹ 1.14:II:32, 1.14:IV:16 | mhebr./jaram. √gbb ›sammeln‹ (alt.: √ngb Gp)
gbl	›Höhe, Zenit‹ 1.16:VI:57, 1.2:I:9(?), ›Berg(e)‹ 1.3:VI:7 (// q^cl) | hebr. $g^eb\hat{u}l$ ›Grenze, Gebiet; Anhöhe, Berg‹, ar. ğabal ›Berg‹
gbṯṯ	›Höcker‹ od. ›Körperfülle‹ 1.12:I:31 (Sg. od. Pl.) | Lw.?; vgl. mhebr./jaram. √gbš ›anhäufen‹, akk. √gpš ›massig sein‹; jaram. $g^ebušt\bar{a}$, Pl. gubšātā ›Haufen, Hügel‹; akk. gapšūtu ›Masse‹
gd_1*	/gîdu/ < *giydu ›Sehne‹, Pl. gdm 1.17:VI:21 | hebr. gîd, akk. gīdu
gd_2*	/gid(d)u/ ›Koriander‹, Pl. gdm 1.3:II:2 | hebr. gad
gd	(1.23:14), siehe auch unter gdy
gdl_1	/gadulu/ ›dick, groß, mächtig‹ 4.152:6 | hebr. gādô/ol ›groß‹
gdl_2	eine Getreidesorte, 4.14:1.7.13, 4.226:4, 4.786:2, 4.788:3, RS 94.2479:14, RS 94.2600 | eblaitisch gadalum; vgl. gdl_1
$gdlt_1$	/gadul(a)tu/ ›dickes Brot, Dickbrot (als Opfermaterie)‹ 1.39:3&; s. J. Tropper, UF 33, 2001, 545-565 [Fem. zum Adj. gdl_1]; trad. Deutung: ›Großvieh‹ bzw. ›Kuh‹
$gdlt_2$	/gadul(a)tu/ ›Dicke, Größe; Stärke, Macht‹ 1.3:V:23, 1.18:I:10 (b gdlt arkty ›mit meinem starken, langen (Arm)‹) | hebr. $g^ed\hat{u}l(l)\bar{a}h$ ›Größe‹
gdm	(1.111:7), siehe gdt
gdrt	›Mauer‹ 1.19:I:13 | hebr. $g^eder\bar{a}h$ u. ar. ġadīra^t, ›Mauer, Steinhürde, -pferch‹
gdt	›Zerschnittenes, Zerteiltes‹(?) 1.111:7 (lies: gdt klhn; alt.: gdm [Pl. zu gdy ›Böckchen‹]) | Nominalbildung zu sonst nicht bezeugtem √gdd; vgl. hebr. √gdd ›zerschneiden, zerteilen‹
gdy	/gadyu/ ›(Ziegen-)Böckchen, Zicklein‹ (gd in 1.23:14 dürfte zu gd_2 zu stellen sein) | hebr. $g^ed\hat{i}$, aram. gadyā, ar. ğady
gg	/gaggu/ ›Dach(terrasse)‹ (Pl. ggt) | hebr. gāg, Pl. gaggôt; akan. gaggu
ggn	›Inneres‹ 1.16:VI:26, 1.92:16 (Variante zu ug. gngn)
ghr*	ghrt RS 92.2014:11 (ghrt phm w špthm): entw. Adj. f.sg. od. Verb (SK 3.f.sg.); Bed. unsicher: entw. ›laut (sein)‹ [ar. √ğhr ›offenkundig sein; laut sprechen‹, ğahīr ›laut‹] od. ›schwach, dumm (sein)‹ [syr. √ghr ›stumpf, schwach, schwerfällig, dumm sein‹; ghīrā ›blind‹]
gl	/gullu/ ›Schale, Becher‹ 1.14:II:18f.& | akk. gullu, hebr. gullāh, ›Schale‹
glb*	Pl. glbm, eine Getreideart, 4.269:29& | vgl. akk. gul(lu)bū/ātu
√glgl	G ›rollen, wälzen‹(?) 1.13:33 (glgl), alt.: Nomen | sem. √gll ›rund sein, rollen‹

√*glṯ* G ›**(Wasserfluten) in Wallung versetzen**‹(?) 1.92:5 (*tglṯ*) | hebr. √*glš* ›springen‹; mhebr./jaram. √*glš* ›wallen, aufwallen, Wellen schlagen‹

glṯ /*galṯu*/ < **ṯalgu* (Metathese) ›**Schnee**‹(?) 1.4:V:7, 1.8:II:13, 1.101:7 | hebr. *šælæg*

√*gly/w* G ›**losgehen, hingehen, sich begeben**‹ 1.1:III:23& | zsem. √*gly/w* ›wegehen, fortziehen‹

gm siehe *g*

√*gmḏ* G ›**sich (vor Lachen) krümmen**‹(?) 1.12:I:13 (*ygmḏ* // *yẓḥq*) | Etym. unsicher; vgl. mhebr./jaram. √*gmd* ›zusammenziehen‹; jaram. √*gmš* ›niederbeugen‹; akk. *kamās/ṣu* ›sich beugen‹; ar. √*kmš* V. ›knittern, zusammenziehen‹

gml ›**Sichel, Mondsichel**‹(?) 1.24:42 | hebr. *maggāl*, aram. *maggᵉlā*/*maggaltā*, ar. *minǧal*, ›Sichel‹; vgl. akk. *gamlu* ›Krumholz‹

gmn 1.6:I:19-29, eine Art Totenopfer | Etym. unsicher; kaum mit akk. *kamānu* (ein Kuchen) zu verknüpfen

gmr$_1$ ›**Vollender, Vollstrecker**‹ (od. ›Zerstörer‹) (Epitheton Baᶜlus) 1.2:I:46 | sem. √*gmr* ›vollenden‹; vgl. ferner akk. *gāmiru* ›tüchtig, stark‹

gmr$_2$* Du. *gmrm*, wahrsch. Bezeichnung einer Tierspezies, 1.6:VI:16 (// *rumm*, *bṯnm*, *lsmm*) | Etym. unsicher, 1. √*gmr* ›vollenden‹(?); 2. (via Metathese) ar. *ǧarīm* ›dick, korpulent, massig (Körper)‹; zsem. *girm* ›(massiger) Körper; Knochen; Stärke‹; vgl. hebr. *ḥᵃmor gārœm* = ar. *ḥimār ǧirmin* ›starker Esel‹; ar. *fars ǧirmin* ›starkes Pferd‹; 3. äth. *gomāri* ›Nilpferd‹

gn /*gannu*/ ›**Garten, kultiviertes Land**‹ 1.5:VI:21, 1.6:I:4, 1.106:22f. | nwsem. **gann* (hebr. *gan*, Pl. *gannîm*)

gngn /*gVngVnu*/ ›**Inneres**‹ 1.4:VII:49 (vgl. ug. *ggn*) | ar. *ǧanǧan*, *ǧinǧin* ›Brustbein‹, ar. *ǧanān* ›Inneres, Herz‹; alt. (via *r*/*n*-Wechsel): hebr. **gargᵉrôt* ›Gurgel, Schlund‹

gp$_1$ ›**Ufer**‹ 1.23:30; vgl. auch *gpt* | mhebr. *gêp*, jaram. *gêpā*, ›Ufer, Küste‹; vgl. ferner hebr. *gpwt* (Pl.cs.) in Sirach 40,16

gp$_2$* Du./Pl. *gpm*, RS 94.2406:27 (neben *sp* ›Schale‹ und *išpr*): Bed. und Etym. unbekannt [vgl. evtl. ar. *ġuff* ›Hohles, Futtural, Ledereimer‹]

gpn$_1$ /*gapnu*/ ›**Weinrebe, Weinstock**‹ 1.23:9.10.11 | zsem. **ga/upn* (u.ä.), syr. *gpettā*, Pl. *gupnē*

gpn$_2$* ›**Reit- od. Zugtiergeschirr**‹, Pl. *gpnm* 1.4:IV:7& | vgl. ar. √*ǧff* D ›dem Pferd den Kriegsharnisch anlegen‹

gpn ○	GN, Teil des Doppelnamens *gpn w ugr* (wörtl.: ›Weinrebe und Acker‹), Diener des Gottes Baˁlu, 1.3:III:36&
gpr	1.19:I:11 (*tn gprm mn gprh*), Bed. und Etym. unklar (*gprm* und *gprh* sind gegen DLU 149f. wohl nicht verbal zu deuten!)
gpt	Sg. od. Pl. ›**das Innere** (eines Gebirges)‹ 1.4:VII:36 (*gpt ġr* // *yˁrm*) [vgl. ar. *ǧawf* ›Bauch, Höhlung, Inneres‹]; alt.: ›**die Abhänge** (eines Gebirges)‹ [fem. Pl. zum ug. Lexem *gp*; vgl. hebr. *gpwt* (Pl.cs.) in Sirach 40,16]
gr	*/gêru/* < **gawiru* ›**Fremder**‹ 1.19:III:47&, 1.40:18 | hebr. *ger*, ar. *ǧār*
√*grdš*	G ›**zerbrechen**‹ 1.14:I:11.23 | syr. *ˀetgardaš* ›zerbrochen, zerrissen, zerschlagen sein / werden‹
√*grgr*	G ›**als Fremder wohnen**‹ 1.23:66 | vgl. √*gwr* und *gr* ›Fremder‹
grgr	eine Waffe, evtl. ›**Wurfspeer**‹ 1.16:I:48 (*[g]rgrh bm ymn // mrḥh*) | jaram. *gîrā* ›Geschoss, Pfeil‹; syr. *gērā* ›Pfeil, Wurfspeer‹
grn	*/gurnu/*, Pl. *grnt*, ›**Dreschplatz, Tenne**‹ 1.14:III:8& | hebr. *gorœn*, ar. *ǧu/irn*, sab. *grn*, äth. *gʷərn*, *go/urn*
√*grš*	G ›**losziehen, weggehen**‹ RS 94.2284:22 (*w grš PN \ w yqḥ tˁnk*); D / G ›**vertreiben**‹ 1.1:IV:24, 1.2:IV:12&, auch belegt in RS 20.398A.11:3' (*ygrš*) | syr./aram. √*grš* G ›ziehen‹, D ›vertreiben‹; vgl. hebr. √*grš* G und D ›vertreiben‹, moab. √*grš*; im Akk. amurr. Fw. *garāšu* ›vertreiben‹
grš	›**Exorzist**‹ 1.16:V:12-21 (*grš-m zbln*) | Nominalbildung von √*grš* (viell. G-Ptz. akt. m.sg.)
gršt	›**Exorzistin**‹ 1.16:V:27 (*gršt zbln*) | Nominalbildung von √*grš* (viell. G-Ptz. akt. f.sg.)
√*gry*	D (od. G) ›**Streit erregen, zum Kampf herausforden, reizen, befehden**‹ 1.14:III:6, 1.14:IV:49, 1.119:26 (// √*šry*) [hebr. √*gry* D ›streiten‹; aram. √*gry* D ›reizen, herausfordern‹; akk. *gerû* ›befehden‹]; alt.: √*gwr* [hebr. √*gwr* ›angreifen, herausfordern‹; ähnl.: ar. √*gwr*, akk. √*gyr*]
gšm	*/ga/išmu/* ›**Regen**‹ 2.38:14 | hebr. *gœšœm*
gt	*/gittu/* < **gintu* ›**Krongut**‹ (landwirtschaftlicher Gutshof im Besitz des Königs, häufig zur Weinerzeugung) | hebr. *gat(t)*, Pl. *gittôt* ›Kelter‹; Akk. (Amarna) *gittu*, *gintu*
gṯr ○	= syll. *ga-ša-ru /gaṯaru/*, GN (wörtl.: ›**stark**‹) 1.43:11& | akk. *gašaru* ›stark‹; vgl. ar. √*ǧsr* ›mutig, kühn sein‹
√*gwl*	G ›**jauchzen, kreischen**‹: *ygl*, *ngln* (1.16:I:15&); *tgwln* (1.82:4, G- od. D-Stamm) | hebr. √*gyl* ›frohlocken‹; alt.: √*gyl*
√*gwr*	G ›**sich als Fremder aufhalten**‹ 2.34:12 | hebr. √*gwr*; vgl. √*grgr*
√*gwr*$_{(2)}$	siehe √*gry*

gzr ›**(abgeschnittenes) Stück, Happen, Bissen**‹ 1.23:63 (*gzr l* <*g*>*zr* ›Happen für Happen (stopften sie in ihre Mäuler)‹) | hebr. *gæzær* ›(abgeschnittenes) Stück‹, syr. *gezrā* ›Abgeschnittenes, Gerissenes, Beute(stück eines Raubtiers)‹

√gzz G ›**(Haar) abschneiden; (Schaf) scheren**‹ 1.80:5 (*ygz*) | sem. *√gzz*

*gzz** /*gāzizu*/ ›**(Schaf-)Scherer**‹, Pl. *gzzm* 4.213:30& | *√gzz*, G-Ptz.; vgl. akk. *gāzizu*

ġ

ġb /*ġabbu*/ = akk. (Ugarit) *ḫa-ab-bi* (Gen.) ›**Opfergrube**‹ 1.91:15& | wohl Lw.; Etym. unsicher; vgl. evtl. heth./hurr. *ap/bi* ›Opfergrube‹, akk. (nA) *apu* ›Höhle, Erdgrube‹; vgl. ferner akk. *ḫuptu* ›Loch, Höhle‹ und *ḫuppu* ›Vertiefung‹

*ġbn*** (2.46:11), siehe *rġbn*

√ġdd G od. D* ›**anschwellen**‹ 1.3.II:25& (*tġdd kbdh b ṣḥq*) | ar. *√ġdd* ›mit Beulen bedeckt sein; einen Kropf haben‹

ġdyn /*ġu/idyānu*/ ›**Speisung, Verköstigung**‹(?) 1.65:18 | *√ġdy* < **ġḏw*; ar. *√ġḏw* ›nähren‹

√ġḏḏ (alt.: *√ġḏy*) G ›**eilen, schnellen, schießen (intr.)**‹ 1.4:VII:41 (Lanze), 1.17:VI:12 (Lesung unsicher) | ar. *√ġḏḏ* K ›(den Lauf) beschleunigen, eilen‹

ġl /*ġîlu*/ ›**Dickicht**‹ 1.17:VI:23 | ar. *ġīl*

√ġll G ›**hineingehen, eindringen, eintauchen**‹; D* ›hineinstecken‹ 1.3:II:13.27&, in 1.19:III:50.52 als Teil eines ON (*mrrt tġll b nr*) | hebr. *√ᶜll* Polel ›hineinstecken‹; aram. *√ᶜll* ›eindringen, eintreten‹; ar. *√ġll* ›hineinstecken‹

√ġlm G ›**dunkel sein**‹ 1.16:I:50 (*w ġlm*: Verb [SK 3.m.sg.] od. Adj.) | hebr. *√ᶜlm* K ›verdunkelt, schwarz sein‹; vgl. ferner hebr. *√ᶜlm* ›verborgen sein‹

ġlm /*ġalmu*/ ›**junger Mann, Diener**‹, in der Epik häufig im Du. (*ġlmm*), 1.2:I:13& | hebr. *ᶜælæm*; pun. *alam* < **ᶜalm*; syr. *ᶜlaymā*, ar. *ġulām*, sab. *ġlm* *ġlmt*$_1$ — /*ġalmatu*/ ›**Mädchen**‹ 1.14:IV:41& | Fem. zu *ġlm*; hebr. *ᶜalmāh*, pun. *alma*

ġlmt$_2$ — = syll. *ḫu-ul-ma-tu*$_4$ /*ġulmatu*/ ›**Dunkelheit**‹ 1.4:VII:54, 1.8:II:7 (// *ẓlmt*) | *qutl*-Abstraktum von √*ġlm*

ġlp — 1. ›**Hülse, Fruchthülle**‹ 1.19:I:19 (*šblt b ġlph*); 2. ›Meereskapsel‹ = ›**Muschel**‹ 1.19:IV:42 (*ġlp ym*) | ar. *ġilāf* ›Scheide, Kapsel, Fruchthülle, Überzug‹; vgl. hebr. √*ᶜlp* Dp ›bedeckt sein‹, tD ›sich verhüllen‹

ġlt — /*ġalîtu*/? 1.16:VI:32.45, unsicher: entweder ›**böse Tat, Unrecht**‹ [vgl. äth. √*ᶜlw* D ›unrechtmäßig handeln, (Gesetz) brechen‹; syr. *ᶜelyā* ›Böses, Übel, Verrat‹] od. ›**Untätigkeit**‹ [vgl. √*ġlw/y*]

√*ġlw/y* — < **ṣlw*(?) G ›**sich beugen / neigen, niedersinken**‹, evtl. 1.19:III:54 (alt.: √*ġly*); D ›beugen, senken‹ 1.2:I:23.24; | vgl. sem. √*ṣlw*; aram. √*ṣly*, äth. *ṣalawa* ›(Ohr) neigen‹, ar. √*ṣlw* ›(Rücken) beugen‹

√*ġly* — < **ṣly*(?) G ›**verwelken, verdorren (Getreide)**‹ 1.19:I:31 (// √*ḫrb*) | ar. √*ṣly* ›rösten, braten, brennen‹, akk. *ṣelû* ›verbrennen‹

√*ġmʾ* — < **ẓmʾ* G ›**durstig sein**‹ (vgl. ug. √*ẓmʾ*) 1.4:IV:34 (*ġmu ġmit*) | hebr./äth. √*ṣmʾ*, ar./sab. √*ẓmʾ*, akk. *ṣamû*

ġmr — = syll. *ḫa-ma-ru-ú* mit Nf. *ḫ*[*a-a*]*m-ru-ú* /*ġamaru*/ ›**Ungelernter, Auszubildender, Rekrut**‹ 4.63:I:11.33& | ar. *ġamura* (√*ġmr*) ›unerfahren, unwissend sein‹, ar. *ġa/umr* ›unerfahren, unwissend‹

*ġnb** — /*ġinabu*/, Pl. *ġnbm* ›**Weinbeere, Weintraube(n)**‹ 1.19:I:42 | hebr. *ᶜenāb*, syr. *ᶜenbtā*, ar. *ᶜinab*; vgl. akk. *inbu* ›Frucht (Obst, Trauben)‹ und sab. *ʾᶜnb* ›Weingarten‹; man beachte den *ᶜ*/*ġ*-Wechsel!

ġr$_1$ — /*ġûru*/ < **ġuwru* < **ẓuwru* ›**Berg**‹ 1.1:III:12&, RS 94.2965:1.5, Pl. *ġrm* 1.148:6.41 (neben *thmt* ›unterirdisches Gewässer‹ [auch in Z. 6 ist gegen KTU^2 *th*[*m*]*t* zu lesen, nicht *ᶜm*[*q*]*t*]) | hebr. *ṣûr* ›Felsen‹, aram. *ṭūrā* ›Berg‹; vgl. ar. *ẓirr* ›spitzer, scharfer Stein‹

ġr$_2$ — = syll. [*ú*]*-ru* /*ġôru*/ < **ġawru* ›**Haut, Tierfell**‹ (Pl. *ú-ra-tu*) | hebr. *ᶜôr*

ġr$_3$* — /*ġêru*/? (alt.: *ġyr**), Pl. *ġyrm* /*ġayarūma*/? ›**Niederung, Senke**‹ 1.1:III:21, 1.2:III:[3], 1.3:IV:36 (jeweils // *ᶜnt arṣ*) | ar. *ġaur* ›Grund, Bodensenke‹

ġr$_4$* — Pl. *ġrm* ›**Angreifer, Räuber**‹ 1.16:VI:31.44 (// *ġzm*) | ar. √*ġwr* K ›einen Raubzug machen, jmdn. überfallen, angreifen‹

ġrm — ›**Haufen, große Menge**‹ 1.4:V:15.31.38 | hebr. *ᶜᵃremāh* und ar. *ᶜurmaᵗ*, *ᶜaramaᵗ*

ġrmn — ›**(Getreide-)Haufen**‹ 1.3:II:11 [ug. *ġrm* + Nominalbildungssuffix /*-ān*/]

ġrpl ›**Gewölk**‹ 1.107:34.37.44 | hebr. *ᶜᵃrāpæl*, aram./syr. *ᶜarpelā* ›dunkles Gewölk, dunkler Nebel, Wolkendunkel‹; vgl. *ᶜrpt* ›Wolke‹

ġṣb ›**Auswuchs, Höcker**‹ 1.109:26, 1.167:3 | ar. *ġaḍf*

√ġṣr G ›**begrenzen**‹ 1.4:VIII:4 | hebr. *√ᶜṣr* ›festhalten, verschließen‹, ar. *√ġḏr* ›zurückhalten, hindern, abschneiden‹

√ġtr$_1$ ›**bitten**‹ 1.24:28 | hebr. *√ᶜtr* ›beten‹

√ġtr$_2$ (?) 1.103+:39, unklar: ›**töten**‹(?) [vgl. ar. *√ᶜtr* ›(ein Tier) schlachten‹]; alt.: *√ġwr*$_2$ od. *√ġyr* Gt

√ġwr$_1$ G ›**niedersinken**‹ 1.2:IV:6 (*yġr*); vgl. jetzt auch *yġr*[ ] in RS 20.398A.7:1 (*ᶜz d iẖd p yġr*) | vgl. ar. *√ġwr*

√ġwr$_2$ (?) od. *√ġyr* 1.103+:39 (*yġtr*), Gt ›**angreifen**‹(?); Form *yġtr* jetzt auch belegt in RS 20.398A.1a:3 [ar. *√ġwr* ›eindringen, feindlich überfallen‹] od. Gt ›eifersüchtig sein, mit Misstrauen begegnen‹(?), [ar. *√ġyr*]; alt.: *√ġtr*$_2$

√ġwy G ›**sich vergehen, sich versündigen**‹(?) 1.82:42 | hebr. *√ᶜwy* ›verkehrt handeln, sich vergehen‹, ar. *√ġwy* ›irren‹

ġyrm siehe *ġr*$_3$

*ġz** ›**Räuber**‹, Pl. *ġzm* /*ġāzûma*/? < **ġāziyūma* 1.16:VI:[30].43 | wohl Ptz. akt. von *√ġzw*

*ġzl** /*ġāzilu*/ ›**Spinner**‹, Pl. *ġzlm* 4.358:9 | vgl. syll. PN *ẖa-zi-lu* und ar. *ġazzal*

ġzr /*ġāziru*/? ›**Held, starker, kräftiger Mann**‹ 1.3:I:20& | hebr. *ᶜozær* ›Held, Krieger‹ (unsichere Belege), hebr. **ᶜezær* ›Stärke, Kraft‹ (ebenfalls unsicher); vgl. ar. *√ġzr* ›reichlich vorhanden sein‹

√ġzw G ›**kriegerisch überfallen**‹ 1.16:VI:[30].43 (*k ġz ġzm* ›wenn Invasoren einfallen‹) | ar. *√ġzw*; vgl. das Fremdwort ›Razzia‹ (< ar. *ġazwaᵗ*)

√ġẓy/w D(?) ›**Gaben überreichen, beschenken; bedienen**‹(?) 1.4:II:11, 1.4:III:26-35 | vgl. ar. *√ᶜṭy* K ›geben‹

---

h

-h$_1$ /*-hu*/ Pronominalsuffix 3.m.sg. (syll. *-Ku-ú*), siehe UG § 41.221.5

-h$_2$ /*-ha*/, Pronominalsuffix 3.f.sg., siehe UG § 41.221.6

-h$_3$ — */-ah(V)/*, Endung des Terminativs (Richtungskasus), z.B. *arṣh* */ˀarṣah(V)/* ›zur Erde‹ 1.14:I:29; s. UG § 54.3 | vgl. das *he locale* der Hebr. Grammatik, z.B. *ˀárṣāh* ›zur Erde‹

hbn — ›**Ebenholz**‹ 4.402:6, RS 94.2392+:1.5 (gemessen in Talent-Gewichtseinheiten) | Lw.; hebr. *hŏbnîm*; vgl. ar. *ˀabnūs*

√hbr — G ›**sich (ver)neigen, sich bücken**‹ 1.1:III:3& (// *√qyl*) | Etym. unsicher: vgl. (via Metathese) ar. *√hrb* ›fliehen; in den Boden sinken (Pfahl)‹

√hbṭ — G od. D ›**niederschlagen**‹ 2.4:20& | unsicher: vgl. ar. *√hbṭ* ›herabsteigen, fallen, sich herabstürzen‹; alt.: vgl. wsem. *√ḫbṭ* (sic!) ›schlagen‹; alt.: ar. *√ḫbṭ* (sic!) ›niederschlagen, zu Boden werfen‹

*hbṭn** — Pl. *hbṭnm*, eine soziale Klasse (von königlichen Bediensteten), 4.137:6& | Etym. unklar

hd ○ — GN ›**Haddu**‹, anderer Name des Gottes Baˁlu (// *bˁl* ○), auch 1.4:VII:38 (lies *hd-n* ?)

hdm — ›**Fußschemel**‹ 1.3:II:22& | hebr. *h*^{a}*dom* (weitere Etym. unbekannt)

hdrt — ›**(Traum-)Vision**‹ 1.14:III:51 (// *ḥlm* ›Traum‹), vgl. *ḏhrt* und *ḏrt* | entw. abzuleiten von *√hdr* ›prachtvoll sein‹ (vgl. hebr. *h*^{a}*dārāh*) od. via Metathese und *ḏ/d*-Wandel abzuleiten von *ḏhrt* ›Vision‹

√hdy — G (od. D) ›**sich (als Zeichen der Trauer) Schnittwunden zufügen**‹ 1.5:VI:19, 1.6:I:3 (// *ydy*$_2$ ›zerkratzen‹) | vgl. ar. *√hḏḏ* u. *√hḏˀ*, ›schneiden, durchschneiden‹

hg — */higû/* < **higyu* ›**Nennung, Aussprechen**‹ 1.14:II:38 (*d bl hg* ›ohne Nennung‹ = ›zahllos viel‹ // *d bl spr*) | Verbalsubst. von *√hgw/y* ›aussprechen‹; wsem. *√hgw/y* ›aussprechen, reden, (nach-)sinnen‹

√hgb — evtl. belegt in 1.176:11, sofern hier *yhgb*$^?$ zu lesen ist (Lesung unsicher: *y-h-g/m-b/ṣ/y*)

√hgg — (1.82:43), siehe *√ˀgg*

hkl — */hêkalu/* ›**Palast**‹ (// *bhtm* [Pl. von *bt* ›Haus‹]; *ḥẓr*) 1.2:III:7& | sum. é.gal ›großes Haus, Palast‹; akk. *ekallu* ›Palast‹; hebr. *hêkāl*, aram. *hayklā*, ar. *haykal*, ›Palast, Tempel‹

√hkr — Š ›**in Staunen versetzen**‹(?) RS 94.2284:32a (*ašhkr*) | ar. *√hkr* G ›von großer Bewunderung ergriffen werden; in tiefem Schlaf versunken sein‹, vgl. ar. *hakr* ›Bewunderung, Staunen; Schlummer‹; evtl. auch hebr. belegt (Ijob 19,3)

hl — */hallV/* (< *hn* ›siehe!‹ + *l* ?) ›**siehe!**‹ 1.17:V:12& (od. ›siehe er!‹ vs. *hlk* ›siehe jener!‹); 1.23:32f.: *hlh . . . hlh* ›siehe sie (die eine) . . . siehe sie (die andere)‹ (*hl* + Pronominalsuffix *-h*) | akan. *allû*, raram. *hlw*; s. UG § 81.4b

√hlk G ›**gehen, fließen (Bäche)**‹ 1.1:IV:7&, viell. auch ›vergehen, schwinden‹ (*l d hlkt npšk* RS 94.2284:32b); PK *ylk*, *tlk*, etc.; Imp. *lk* (1.3:IV:32&); Gt (*ytlk*, *itlk*) ›hin- und hergehen, wandeln‹ 1.12:I:34&; Š ›überfließen lassen‹ 1.3:V:2.24; 1.18:I:11 | sem. außer äth. (akk. *alāku*; ar. *√hlk* ›zugrunde gehen‹)

hlk_1 ›**das Gehen / Schreiten**‹ 1.3:IV:39 (*// tdrq*), ›der Lauf (der Sterne)‹ 1.19:II:3 | *√hlk*, Verbalsubst.; vgl. hebr. *helæk* (›das Fließen [von Honig]‹)

hlk_2 ›**siehe!**‹ od. ›**siehe jener!**‹ 1.17:V:12 [*hl* + *-k*; s. UG § 81.4c]

hll ○ GN ›**Hilālu**‹ 1.17:II:27& | ar. *hilāl* ›Neumondsichel‹

√hlm G ›**schlagen**‹ 1.2:IV:14.16& (PK *ylm* < **yhlm*) | hebr./phön. *√hlm* ›schlagen‹, tigrinisch *√hlm* ›ohrfeigen‹

hlm /*hallu(m)ma*/? ›**sobald (als)**‹ od. ›**siehe (da)**‹

hln(-y) ›**siehe!**‹ 1.3:II:5& [*hl* + *-n*; s. UG § 81.4d-e]

$-hm_1$ /*-humu*/ (Pronominalsuffix 3.m.pl.) | hebr. *-hæm*, ar. *-hum(u)*, akk. *-šunu*

$-hm_2$ /*-humā*/ (Pronominalsuffix 3.c.du.) | ar. *-humā*

hm_1 /*him(ma)*/ (mit Nf. *im*) 1. ›**wenn, falls, ob**‹; 2. ›**oder**‹ (zumeist in Fragen, 1.5:I:16&), *hm* . . . *hm* ›sei es dass . . . oder sei es dass‹ | hebr. *ʾim*, aram. *hen*, *ʾen*, ar. *ʾin*; akk. *šumma*

hm_2 /*humâ*/ ›**sie beide**‹ (Personalpronomen, 3.c.du.) | ar. *humā*

hmlt ›**Volksmenge, Menschenmenge**‹ | hebr. *hamullāh*; vgl. akk. *aw/mīlu* ›Mensch‹, *aw/mīlūtu* ›Menschheit‹

hmry ○ ON, 1.4:VIII:12, 1.5:II:15 | vgl. *mhmr**, Pl. *mhmrt*

hmt /*humūti*/ (Personalpronomen 3.m.pl. Obliquus) | vgl. hebr. *hemmāh*, äth. *ʾəmuntu*, akk. *šunūti*

hmt /*humāti*/ (Personalpronomen 3.c.du., Obliquus) 1.17:V:20.30 | vgl. akk. *šunīti*

-hn /*-hunna*/ (Pronominalsuffix 3.f.pl.) 1.15:III:16& | ar. *-hunna*

hn_1 /*ha/inna*/ ›**siehe!**‹ | hebr. *hinneh*, *hen*; ar. *ʾinna*; s. UG § 81.4a

hn_2 /*ha/innV*/ ›**hier**‹ (in der Epik nicht belegt) | hebr. *hennāh*, ar. *hunā*; s. UG § 81.11a

hn_3 Frühform des bestimmten Artikels: ›**der da, dieser**‹, evtl. bezeugt in 1.40 (*hn ʿr*) u.ö., s. zur Diskussion UG § 42.7

hnd /*hannadī/ā*/? ›**dieser**‹ (< $hn_{3(?)}$ + *d* [Determinativpronomen]) | hebr. *hazzæh*, ar. *hāḏa*, syr. *hānā* < **hā-dnā*; s. UG § 42.1

hndh ›**hierher**‹(?) (alt.: erweiterte Form von *hnd* ›dieser‹) RS 94.2592:9' (*w štn hndh ʿmy* ›und lass (es) hierher zu mir bringen!‹) | *hnd* + Terminativendung *-h* *hndt* ›**hier**‹ 1.19:IV:62, 2.38:12 [vgl. *hn* ›hier‹]; alt.: ›**diese**‹ [Fem. zu *hnd*]

hnhmt ›**jene**‹ (Pl.), entw. im Sinne von ›folgende‹ od. ›die (oben) Erwähnten‹ (< $hn_{3(?)}$ + *hmt*) 3.3:8&, mit Nf. *hnmt* RS 94.2965:12.20; s. UG § 42.4

hnk_1 ›**jener**‹(?) (< $hn_{3(?)}$ + *k*), evtl. in 2.33:11.23 (s. UG § 42.5) | vgl. ar. *hāḏāka* ›jener‹;

hnk_2 ›**dort**‹ 2.33:11& | vgl. *hn* ›hier‹

hnkt 2.21:10, 2.46:12: entweder ›**dort**‹ (Adverb; hnk_2 + EP *-t*) od. ›**jenes, Folgendes**‹ (Demonstrativpron.; hnk_1 + EP *-t*)

hnmt siehe *hnhmt*

hnn(y) ›**hier**‹ | *hn* + *n*(*y*), s. UG § 81.11b-c

√hpk G 1. ›**wenden, umdrehen**‹ RS 92.2016:36”, 2. ›**sich (um-)wenden, umstürzen**‹ 1.2:III:17&; (?) N ›sich (ab-)wenden‹ 1.86:7(?), 1.103:52 (alt.: G ›sich wenden gegen‹) | hebr./aram. *√hpk* ›wenden, umstürzen‹; phön. *√hpk* Gt ›umgestürzt werden‹; vgl. akk. *abāku* G und D ›umwenden, umstoßen‹

hr_1* */harru/* ›**Berg**‹, Pl. *hrm* 1.107:7& | hebr. *har*, akan. *ḫa-ar-ri*

hr_2 */hirû/* ›**Empfängnis**‹ 1.13:31 (*hr-h*) | Verbalsubst. von *√hry*

hr_3* ›**Leidenschaft**‹ 1.23:51.56 (// *ḥmḥmt*), viell. auch in 1.17:I:40 zu ergänzen | mhebr. *h^arûrîm* (Pl.) ›Leidenschaft‹; vgl. baram. **harhor* ›Fantasie‹ und syr. *harhar* ›erregen(?); nachdenken, sinnen‹; alt.: = hr_2

√hrg ›**töten**‹ 1.13:5 | zsem. (einschließlich sab.) *√hrg* ›töten‹ (ar. *√hrǧ* ›wirr sein; töten‹)

hrgb ○ Name eines Vogels, 1.19:III:15-27

hrnmy ○ Gentilizium; *mt hrnmy* = Epitheton Daniʾilus, 1.17:I:18&

√hrr D* ›**heftig zittern, beben**‹ 1.12:I:39, II:9 | ar. *harhara* ›bewegen, schütteln‹; syr. *harhar* ›aufscheuchen‹; akk. (*ḫ*)*arāru* G u. N ›zittern‹, D ›aufstören, aufscheuchen‹

*hrt** ein Gerät, Du. *hrtm* 4.390:5 | vgl. evtl. akk. *arītu*, ein Schild

[*hrt*] Die angeblich in 1.17:II:41 bezeugte Wortform *hrt* ›Schwangerschaft‹ (vgl. KTU²: *ʿrš hrt*) beruht auf einer Fehllesung; es ist *yld* zu lesen: *ʿrš yld* ›Bett des Gebärens, Kindbett‹

√hry ›**empfangen, schwanger werden**‹ 1.11:5; nicht 1.5:V:22 (Lesung *w t[h]rn* ist nicht möglich; es ist ein Zeichen mehr zu ergänzen) | hebr./jaram. *√hry*, akk. *a/erû*

ht */hitta/* < **hinta*(?), *ht-m* ›**nun, jetzt**‹ 1.2:IV:8.9&; s. UG § 81.21a

hw */huwa/* ›**er**‹, auch: ›**jener**‹ = syll. *ú-wa* RS 20.123+:II:22’(28’); *hw-m* ›er selbst, er allein‹ RS 92.2016:41” | zsem. *hūʾ(a)*, *huwa*;

akk. *šū*

hwt$_1$ = syll. **hawayat* ›**Wort, Äußerung**‹ 1.2:IV:6& [akk. *awātu*] (alt.: *{qatl}*)

hwt$_2$ */huwati/* ›**ihn, von ihm**‹ (Obliquus) | phön. *hʾt*, äth. *wəʾətu*, akk. *šuāti*

hy */hiya/* ›**sie**‹ (3.f.sg.), auch: ›jene‹ | zsem. *hīʾ(a)*, *hiya*; akk. *šī*

hyn ○ */hayyānu/*? GN, Beiname des Kôṯaru-wa-Ḫasīsu | vgl. syr. *hawnā* ›**Verstand, Vernunft, Weisheit**‹

hyt */hiyati/* ›**sie, von ihr**‹ (Obliquus) | vgl. äth. *yəʾəti*, akk. *šiāti*

ḥ

ḥ (RS 94.2284:12), siehe *ḥy*

ḥbl$_1$ */ḥablu/* 1. ›**Seil, Strick**‹, 2. ›**Verband = Schwarm (Vögel), Gruppe**‹ 1.18:IV:[20].31&; vgl. auch *ḫbl* (sic!) ›Schiffstau‹ in 4.689:5 | hebr. *ḥæbæl* ›Seil, Strick; Gruppe, Schar‹; ferner aram. *ḥablā*, ar. *ḥabl*, äth. *ḥabl* und akk. *eblu*, jeweils ›Band, Seil, Strick‹

ḥbl$_2$ ›**Zins(en)**‹ 4.779:3 (... *ksp ḥbl rišym* ›93 1/2 [Schekel] Silber Zinsgeld der Leute aus Raʾšu‹) | akk. *ḫubullu* ›verzinsliche Schuld, Zinsen‹; vgl. (m)hebr. *ḥ*^{a}*bol* ›Pfand‹, ar. *ḫabl* ›ausgeborgtes Geld, Darlehen‹, syr. *ḥublā* ›Entschädigung, Vergeltung‹; Problem: man erwartet /*ḫ*/ (und nicht /*ḥ*/) als ersten Radikal (wahrsch. ist Entlehnung im Spiel)

√*ḥbq* G/D ›**den Arm um jmdn. legen, packen**‹ 1.4:IV:13; D ›(innig) umarmen‹, auch euphemistisch für ›Beischlaf haben‹ 1.17:I:40& | hebr./aram. √*ḥbq* ›umarmen, umschließen‹, soqoṭri √*ḥbq* Gt ›einander umarmen‹; vgl. ferner (mit /*p*/ statt /*b*/): jibbāli √*ḥfq* ›umarmen‹, äth. √*ḥqf* (harari jedoch √*ḥfq*) ›umarmen‹; vgl. evtl. akk. *epēqu* ›umfassen‹(?); vgl. ferner syr. √*ʿpq* ›umarmen‹

ḥbr$_1$ */ḥab(i)ru/* ›**Genosse, Freund**‹ 1.6:VI:49 | hebr. *ḥāber*, *ḥæbær*; pun. *ḥbr*; aram. *ḥabrā*; akk. *e/ibru*

ḥbr$_2$* */ḥābiru/* ›**Beschwörer, Magier**‹ 1.169:10 (*ḥbrm*) | hebr. *ḥôber*

ḥbš ›**Gurt, Gürtel**‹ od. ›**Gürteltasche**‹ 1.3:II:13 // 1.7:2 // 1.13:6; (?) 1.5:IV:22, (?) 1.17:VI:8; ferner 1.18:IV:17.28 (// *ṯʿrt*: hier legt /

stellt ᶜAnatu in der Gestalt eines Vogels ihren Diener wie einen Jagdfalken *b ḥbšh // b tᶜrth*; alternativ wir die Bed. ›Handschuh‹ erwogen, ohne etym. Begründung) | hebr. *ḥešæb* ›Bund, Gurt, Gürtel‹ < *ḥibš* ? (Metathese); akk. *abšu* eine Art Gurt; vgl. auch wsem. *√ḥbs* ›einschließen, einsperren‹

ḥdg 1.12:I:19, evtl. ›**Frauensänfte**‹ od. ›**Trage**‹ | ar. *ḥidǧ* ›Last des Kamels, Frauensattel auf dem Kamel‹

ḥdr /*ḥidru*/ ›**Kammer, Zimmer**‹ 1.3:V:11.26, 1.14:I:26 | hebr. *ḥædær*, phön. *ḥdr*; ar. *ḫidr*, sab. *ḫdr*, äth. *ḫədrat* (jeweils mit /*ḫ*/!)

√ḥdṯ G ›**neu sein**‹ 1.18:IV:9; Šp ›erneuert werden‹(?) 1.104:17 | sem. *√ḥdṯ* (hebr. *√ḥdš*, äth. *√ḥds*, akk. *edēšu*

ḥdṯ$_1$ /*ḥadaṯu*/ ›**neu**‹ 1.14:II:48, 1.14:IV:26&; auch RS 94.2284:28 (*ṯn ḫpnm ḥd<ṯ>m*) | hebr. *ḥādāš*; vgl. ar. *ḥadīṯ*, äth. *ḥadīs*, akk. *eššu*

ḥdṯ$_2$ /*ḥudṯu*/ ›**Neumond**‹, *ym ḥdṯ* ›Neumondstag‹ 1.41:48& | hebr. *ḥodæš*

√ḥdw/y G od. D ›**(Tier) antreiben, wegtreiben**‹ 1.127:31 | ar. *√ḥdw* ›antreiben‹

√ḥdy$_1$ < **ḥḏy* (?) ›**(er)spähen, genau nachsehen, inspizieren**‹ 1.19:III:4.15& (teilweise neben *√phy*) | zsem. *√ḥzy* (sic!) ›sehen, schauen‹

√ḥdy$_2$ ›**sich freuen, frohlocken**‹ 1.3:II:24, 1.7:[7] (jeweils // *√ᶜny*$_2$) | hebr./aram. *√ḥdy*, akk. *ḫadû*

*ḥḏ** ›**Pfeil(spitze)**‹, siehe *ḥẓ* ›Pfeil‹

√ḥgr G ›**umbinden, gürten, umgarnen**‹ 1.14:III:44; N/G ›sich gürten‹ 1.23:17 | hebr./jaram. *√ḥgr* ›gürten‹; vgl. syr./ar. *√ḥgr* ›festhalten, zurückhalten‹

√ḥkm G ›**weise sein**‹, SK 3.m.sg. *ḥkm* 1.3:V:30, 1.4:IV:41 (alt. Adj. *ḥkm* /*ḥakamu*/ ›weise‹) | sem. *√ḥkm* ›weise sein‹ (akk. *ḫakāmu* ›verstehen‹)

ḥkm /*ḥukmu*/ ›**(weise) Entscheidung, (weises) Urteil**‹ od. ›**Weisheit**‹ 1.3:V:30 (// *tḥm*; die Parallelstelle, 1.4:IV:41, bietet jedoch *ḥkmt*; liegt ein Textfehler vor?) | ar. *ḥukm* ›Entscheidung, Urteil‹; vgl. zsem. **ḥu/ikmatu* ›Weisheit‹

ḥkpt ○ ON ›Memphis‹ (// *kptr*), 1.3:VI:15&; Nf. *ḥqkpt* (1.3:VI:13)

ḥl$_1$ /*ḥêlu*/ od. /*ḥîlu*/ ›**Festung**‹: *ḥl* und *ḥl-m* (*ḥl* + EP *-m*), 1.16:I:7.8, 1.16:II:45-47 | hebr. *ḥêl* ›Vormauer, Umwallung‹

ḥl$_2$ /*ḥêlu*/ < **ḥaylu* ›**Kraft**‹(?), evtl. in 1.13:27 | hebr. *ḥayil*

ḥl$_3$ /*ḥullu*/ ›**profan; frei von kultischen Pflichten**‹ 1.41:47& | hebr. *ḥol*, *√ḥll*

ḥlb /*ḥalabu*/ ›**Milch**‹ 1.15:II:26, 1.23:14 (// *ḫmat*), wahrsch. auch 4.272:2.5 | hebr. *ḥālāb*, phön. *ḥlb*; aram./syr. *ḥalbā*; ar. *ḥalab*, *ḥalīb*; äth. *ḥalīb*

√*ḥll* G ›**entweiht, desakralisiert, profan sein**‹; D* ›(kultisch) reinigen‹ 1.115:6, 1.119:23 (Ptz. *mḥllm*) | sem. √*ḥll*, Grundbed. ›lösen‹: hebr. √*ḥll* D ›entweihen‹; syr. √*ḥll* D ›reinigen‹; akk. *elēlu* ›rein sein‹

ḥlm /*ḥilmu*/ od. /*ḥulmu*/ ›**Traum**‹ 1.6:III:4.10, 1.14:I:35& (// *d̲(h)rt*, *hdrt*), 1.86:1 (*spr ḥlmm*), 1.86:28 | aram. *ḥi/elmā*, ar. *ḥulm*, äth. *ḥəlm*, hebr. *ḥ*^{a}*lôm*)

ḥln /*ḥallānu*/ ›**Öffnung (in der Wand), Fenster**‹ 1.4:V:62.65& (// *urbt*) | hebr. *ḥallôn*

*ḥlq** /*ḥilqu*/, Du. *ḥlqm*, ›**Gesäß, Hintern**‹ od. ›**Taille**‹ 1.3:II:14.28 [akk. *ilku* ›Gesäß, Hintern‹]; kaum: ›Hals, Kehle‹ [vgl. ar. *ḥalq* ›Kehle, Rachen‹]

ḥm /*ḥummu*/ ›**Hitze**‹ 1.19:I:40 | hebr. *ḥom* und *ḥemāh* ›Hitze‹; syr. *ḥummā* ›Hitze‹, ar. *ḥumm* ›Mittagshitze‹, ar. *ḥummā* ›Fieber; akk. *emmūtu* ›Hitze‹

√*ḥmd* D/G ›**begehren, Lust haben**‹ 1.12:I:38 (*b*^{c}*l ḥmd-m yḥmd-m*, jeweils mit EP *-m*), 1.12:II:8 | hebr./phön./jaram. √*ḥmd* ›begehren‹

ḥmdrt ›**verdorrtes Land**‹ 1.19:II:21.23 | akk. *ḫamadī/āru* ›verdorrt‹, *ḫamadīrūtu* ›Verdorrung‹; vgl. evtl. akk. *ḫamāru* ›austrocknen‹

ḥmḥ 1.16:I:29, siehe *ḥmḥmt*; alt.: Lesung *bt* . *ṣ*$^{!}$*ḥ mḥh* \ *dnn* (Z. 29f.), d.h. Lexem *mḥ* (vgl. hebr. *miḥyāh* ›**Lebenskraft**‹ [√*ḥyy*])

ḥmḥmt ›**Hitze, Leidenschaft**‹ 1.17:I:40.41, 1.23:51.56; vgl. evtl. auch *ḥmḥh* (= *ḥmḥ*<*mt*>*h* ?) in 1.16:I:29 | vgl. √*ḥmm* ›heiß sein‹

√*ḥmm* Šp ›**erhitzt werden**‹ 1.175:7 | sem. √*ḥmm* ›warm, heiß sein‹

ḥmr$_1$ /*ḥimāru*/ ›**Esel**‹ 1.14:III:17&, *ḥmr ḥṭb* ›der / die Esel des Holzsammlers‹ 4.269:24 | hebr. *ḥ*^{a}*môr*; ar. *ḥimār*; syr. *ḥmārā*; akk. *imēru*

ḥmr$_2$ /*ḥumru*/, 1. **ein Hohlmaß** (im Umfang einer Eselslast), 4.14: 6.12.18&; 2. ›**Haufen**‹(?) 1.5:I:19 | hebr. *ḥomær*

√*ḥmṣ* G ? ›**verdorren (Korn)**‹(?), evtl. 1.19:I:17 | ar. √*ḥmṣ* D ›rösten‹

ḥmṣ ›**Essig**‹ 4.269:27.28.35, RS 94.2479:18 | hebr. *ḥomæṣ* ›Essig‹; vgl. ar. *ḥamḍ* ›Säure‹ und akk. *emṣu* ›sauer‹

ḥmt$_1$ /*ḥāmītu*/, mit Pl. *ḥmyt* /*ḥāmiyātu*/ = syll. *ḫa-me-ti* | ḫāmētu] ›**Mauer**‹, 1.14:II:22& | akan. *ḫu-mi-tu* (EA 141:44), hebr. *ḥômāh*

ḥmt$_2$ /*ḥimtu*/ ›**(Wein-)Schlauch**‹, Pl. *ḥmt-hm* 1.16:III:15 | hebr. *ḥemæt* ›Schlauch (aus Ziegenbalg)‹, akk. *ḫim/ntu*, *ḫimdu* ›Ledertasche, -flasche‹

ḥmt$_3$ ›**Gift (einer Schlange)**‹ 1.100:6& | hebr. *ḥemāh*, syr. *ḥemtā*; akk. *imtu*, jeweils ›Gift, Zorn‹

ḥmyt siehe *ḥmt*$_1$

√ḥnn G ›**gnädig, barmherzig sein**‹ 1.10:I:12(?); 2.15:3 | sem. außer äth.; hebr./phön./aram. *√ḥnn*; ar. *√ḥnn* ›sich erbarmen‹; akk. *enēnu* ›Vergünstigung gewähren‹

*ḥnṣ*** = syll. *ḫe-en-ni-ṣu* | ḫennīṣu] ›**Ferkel**‹ | vgl. syr. *ḥ*^{e}*nayṣā*

ḥnt /ḥinnatu/? ›**Güte, Barmherzigkeit**‹ 1.17:I:16; evtl. auch 1.14:II:7 (Lesung: *d* [*ḥn*]*t* ›der Gütige‹) | vgl. hebr. *ḥen* < **ḥinn*, akk. (aA) *ennanātum*; *√ḥnn*

ḥpn$_1$ 1.16:VI:58 (// *b gbl šntk* ›in der 'Grenze' / vom Berg/Gipfel deiner Jahre‹), Bed. unklar: ›**Menge, Fülle**‹ [vgl. evtl. ar. *ḥafl* (sic!) ›Fülle, Menge‹] oder ›**Rand, Grenze**‹ [ar. *ḥāffa*^{t}] oder ›**Ruchlosigkeit, Gottlosigkeit**‹ [sem. *√ḥnp* ›gottlos sein‹ (Metathese)]

ḥpn$_2$* */ḥupnu/* ›hohle Hand, Handvoll (als Maß)‹; Du. *ḥpnm* RS 94.2600:12 (*mla ḥpnm* ›zwei Handvoll‹) | hebr. *ḥopæn* (Sg.), *ḥŏpnayim* (Du.), syr. *ḥupnā* (fem.), äth. *ḥəfn*, akk. *upnu*: ›Hand(voll), geballte Hand, Faust‹; vgl. ar. *ḥafna*^{t} ›Handvoll‹

ḥpr */ḥipru/* ›**Getreideration, Verpflegung**‹ 4.243:2& | akk. *ipru* ›Gerstenration‹

ḥpšt */ḥāpiš(a)tu/* ›**Stroh auflesende Frau, Stroh-Sammlerin**‹ 1.14:III:8, IV:52 (jeweils // *ḥṭb*, jeweils erweitert durch *b grnt* ›auf dem Dreschplatz‹) | vgl. wsem. *√ḥps*^{2} (hebr. *√ḥpś*, ar. *√ḥfš*) ›sammeln, auflesen; suchen, aufspüren; prüfen‹

*ḥq*** = *ḫé-qu* */ḥêqu/* < **ḥayqu* ›**Schoß**‹ | hebr. *ḥêq*

ḥqkpt ○ siehe *ḥkpt*

ḥrb */ḥarbu/* ›**Messer, Dolch, Schwert**‹ 1.3:I:7& (*b ḥrb mlḥt* ›mit gezücktem Dolch‹) | hebr. *ḥæræb*, aram. *ḥarbā*; vgl. akk. *ḫarbu* ›Pflug(schar)‹

ḥrḥrtm (wohl f.du.) 1.2:III:13, Bed. unsicher

√ḥrk G ›**braten, rösten**‹ 1.175:7 (// *ḥmm* Š) | hebr. *√ḥrk*, ar. *√ḥrq* (sic!)

*ḥrm*** = *ḫa-ri-mu* */ḥarīmu/* ›**entweiht**‹(?) | *√ḥrm*

*ḥrnq** Pl. *ḥrnqm* ›**Obstgarten**‹(?) 1.24:23 (*ḥrnqm* // *krmm*) | Etym. unbekannt (trad. wird akk. *urnuqqu* [eine Pflanze] verwiesen)

√ḥrr G ›**brennen, rösten; verdorren**‹ 1.5:II:5, 1.23:41& | sem. *√ḥrr* ›heiß sein, glühen, brennen‹

ḥrṣ$_1$ ›(**ein zusätzliches Exemplar als) Reserve**‹(?) 4.145:8& | vgl. ar. *√ḥrs/z* ›hüten, wahren‹, ar. *(ʾi)ḥtirās/z* ›Vorsicht, Reserve‹

ḥrṣ$_2$ 1.17:VI:37 (// *spsg*), Bed. und Etym. unklar

ḥrṣ$_3$ 1.19:I:8.10, Bed. und Etym. unklar | vgl. evtl. sem. √*ḥrṣ* ›einkerben, einschneiden‹

√*ḥrš* Gt ›**handwerklich tätig sein**‹ 1.16:V:26 (*iḥtrš* // *aškn* [√*kwn Š*]) | vgl. *ḥrš*$_1$ ›Handwerker‹, viell. denominiert

ḥrš$_1$ /*ḥarrāšu*/ ›**Handwerker, Hersteller (von Geräten, Schiffen, Häusern)**‹ = syll. *ḫa-ra-šu* RS 20.189:7, RS 20.123+:III:18': *ḥrš bhtm* ›Hausbauer‹ 4.38:6; *ḥrš mrkbt* ›Wagenbauer‹ 4.98:6.8&; *ḥrš anyt* ›Schiffsbauer‹ 4.125:1 | hebr. *ḥārāš*

ḥrš$_2$ ›**geschickt**‹, 1.1:III:5, 1.3:VI:23; 17:V:19.24: *ḥrš yd[m]* ›mit geschickter/n Hand/Händen‹ | akk. *eršu* ›weise‹

ḥrš$_3$* ›**magische Formel, Beschwörung**‹(?), Pl. *ḥršm*, evtl. 1.19:IV:60 | syr. *ḥa/eršā* ›Zauberei‹; vgl. hebr. *ḥ*^{a}*rāšîm* (Pl.) ›Zauberkünstler‹

√*ḥrṯ* G ›**pflügen**‹ (1.14:III:18&), ›kultivieren‹ (1.22:I:20), G/D ›(Haut) zerfurchen, zerkratzen‹ (1.5:VI:20, 1.6:I:4) | sem. √*ḥrṯ* (hebr. √*ḥrš*, aram. √*ḥrt*, äth. √*ḥrs*, akk. *erēšu*)

ḥrṯ$_1$ /*ḥarṯu*/ ›**das Pflügen**‹: *alp ḥrṯ* ›Zug-, Arbeitsrind‹ (1.14:III:18&) | Verbalsubst. von √*ḥrṯ*; ar. *ḥarṯ*

ḥrṯ$_2$ /*ḥarrāṯu*/ od. /*ḥāriṯu*/ ›**Pflüger, Bauer**‹, Pl. *ḥrṯm*, 1.16:III:12& | ar. *ḥarrāṯ*, *ḥāriṯ*, akk. *errēšu*

√*ḥsl* D ›**vernichten, vertilgen**‹ 1.103+:36.38; N/Dp/Gp ›vernichtet werden‹ 1.103+:55 | akan. *ḫasīlu* ›zerstört (Orte)‹; mhebr./jaram./syr. √*ḥsl* ›aufhören; vertilgen‹; vgl. evtl. auch hebr. √*ḥsl* K ›abfressen (von Heuschrecken)‹ und ar. √*lḥs* ›zerfressen (von Motten), auffressen‹

ḥsn ›**Heuschrecke(n)**‹ 1.14:III:1, IV:30 | hebr. *ḥāsîl* (*l*/*n*-Wechsel)

√*ḥsp* G ›**(Wasser/Tau) abschöpfen**‹ 1.3:II:38, IV:42, 1.19:II:2.6, IV:37 | hebr. √*ḥśp* ›abschälen; oben abschöpfen‹ (unregelmäßige Sibilantenentsprechung); vgl. ar. √*š/sḥf* ›abschälen, Haut abziehen‹ (Metathese)

ḥsp ›**geschöpft(er Wein)**‹, (*yn*) *ḥsp* ›Schöpfwein‹ 1.91:29.36, 4.213:24&, 4.230:1 (lies *ḥsp*!) | Ptz. pass. von √*ḥsp*

√*ḥṣṣ* G ›**(als Anteil) nehmen**‹ oder ›(als Anteil) zuteilen‹, PK *yḥṣ* in RS 92.2016:13' (*b lḥmy yḥṣ*) | ar. √*ḥṣṣ* G ›als Anteil zufallen‹; hebr. √*ḥṣṣ* D ›(Wasser) zuteilen‹

√*ḥtk* D ›**bestimmen, entscheiden; herrschen über**‹, *tḥtk* (evtl. PK 2.f.sg.) 1.6:VI:46.47 (Deutung unsicher) [hebr./mhebr./jaram. √*ḥtk* D ›bestimmen, entscheiden‹, akk. *ḫatāku* ›entscheiden‹]; alt.: Präp. *tḥt* ›unter‹ (›unter dir sind die Rapiʾūma‹)

ḥtk$_1$ /*ḥātiku*/ (Ptz.) od. /*ḥattāku*/ ›**Herrscher, Gebieter**‹ 1.1:II:18, 1.6:IV:11, 1.10:III:34 | √*ḥtk*

ḥtk$_2$ /*ḥitku*/? ›**Herrschaft**‹ 1.14:I:10 (*ḥtk-n* // *mknt*), 1.14:I:21.22 (// *ṯbt*$_2$), 1.108:23 | √*ḥtk*

ḥtl ›**Windeln (zum Wickeln eines Säuglings)**‹, Sg./Pl. *ḥtl-k* (1.12:I:19) | hebr. *ḥittûl* ›Binde, Wickel‹, **ḥ*^{a}*tullāh* ›Windeln‹; √*ḥtl* ›wickeln‹

ḥtṯ /*ḥattuṯu*/ ›**Silber**‹ 1.14:II:18, IV:1 (// *ḫrṣ*) | entlehnt aus hattisch **ḫattuš*- ›Silber‹; vgl. ON *Ḫattuša*

ḥṭb /*ḥāṭibu*/ od. /*ḥaṭṭābu*/ ›**Holzsammler, Holzfäller**‹ 1.14:III:8 (*ḥṭb-h* [mit Sf. 3.f.sg.] // *ḥpšt*), 1.14:IV:51 (*ḥṭb* // *ḥpšt*; eine Emendation zu *ḥṭbt* ist [gegen KTU^2] nicht nötig), 3.10:12 | ar. *ḥaṭṭāb* ›Holzsammler, Holzfäller, Brennholz-Verkäufer‹ (äth. *ḥaṭābi* u. *ḥaṭṭāb* mit gleicher Bed.); vgl. hebr., ar., äth., soqoṭri √*ḥṭb* ›Brennholz sammeln‹

ḥṭṭ /*ḥiṭṭatu*/ < **ḥinṭatu* ›**Weizen**‹ 1.14:II:29&, Pl. *ḥṭm*, 4.225:9& (// *akl*) | sem. **ḥinṭatu*: hebr. *ḥiṭṭā*, syr. *ḥeṭṭā*, ar. *ḥinṭa^t*, akk. *uṭṭatu*

ḥṯb ›**Abrechnung, Rechnung**‹ 4.779:12 | syr. *ḥušābā*, ar. *ḥisāb*; Wurzel sonst wsem. √*ḥs^{1}b* (hebr./aram. √*ḥšb*, ar./äth. √*ḥsb*); im Sem. wohl entlehnt aus äg. √*ḥśb* ›zerteilen; berechnen, aufzählen, addieren‹

ḥṯbn /*ḥi/uṯbānu*/ ›**Abrechnung, Rechnung**‹ 4.158:2, 4.337:1 | hebr. *ḥæšbôn*, aram. *ḥušbānā*, ar. *ḥusbān*

*ḥw*** = syll. *ḫu-wu-ú* /*ḥuwwû*/ < **ḥuwwayu* ›**Retten**‹ | √*ḥwy* D

√*ḥwš* G ›**eilen, sich beeilen**‹ 1.1:III:27&, *ḥš-k* ›dein Eilen‹ = ›beeile dich!‹ 1.1:II:21& | hebr. √*ḥwš*, akk. *ḫiāšu*, *ḫâšu*; äth. *ḥōsa* ›(sich) bewegen‹

ḥwt = syll. *ḫu-wa-tu*$_4$ [ḥowwatu] < **ḥawwatu* ›**Land**‹ 1.4:I:42, 1.103+:1& | unsicher; vgl. evtl. akk. *ammatu*/*abbatu* ›Erde‹

√*ḥwy*$_1$ (G ›**leben**‹, siehe √*ḥyy*); D ›**am Leben erhalten, Leben gewähren, leben lassen**‹ 1.17:VI:30 | Wurzelvariante von √*ḥyy*; wsem. √*ḥwy* / √*ḥyw* / √*ḥyy* (ar. *ḥayiya*, *ḥayya*; sab. √*ḥyw*; äth. *ḥaywa*)

√*ḥwy*$_2$ Št ›**die Huldigung erweisen**‹ 1.2:I:15.31& | hebr. *hištaḥ^{a}wāh*; evtl. = √*ḥwy*$_1$ (eig. ›für sich um Leben bitten‹)

√*ḥwy*$_3$ G od. D ›**schlagen, erschlagen**‹ 1.18:IV:13, 1.19:I:16 (jeweils *l* ›fürwahr‹ + √*ḥwy* // √*mḫṣ*); evtl. auch 1.18:IV:27 [äg. *ḥwj* ›schlagen, erschlagen‹; aus dem Äg. entlehnt oder urverwandt]; alt.: √*ḥwy*$_1$ D (mit Negation *l* ›nicht‹)

ḥwy$_1$ od. *ḥzy*, 1.17:VI:30 (Lesung unsicher): ›**Lebendiger**‹ [√*ḥwy*] od. ›**Glückseliger**‹ [√*ḥzy*/*w* bzw. √*ḥzz*; vgl. *ḥzt*]

ḥwy$_2$ ›**Zeltlager, Lager**‹ 4.145:10 | vgl. hebr. *ḥawwāh*, Pl. *ḥawwôt*

ḥy /*ḥayyu*/ = syll. *ḫé*/*ḫe-yu-ma* /*ḥayyūma*/ (Pl.) ›**Leben**‹: Sg. in der Form *ḥ* /*ḥê*/ < **ḥay(y)* wahrsch. bezeugt in der Schwurformel *ḥ npšk w ḥ n[pš(y)]* ›beim Leben deiner Seele ...‹ = ›sowahr du lebst ...‹ RS 94.2284:12 (alt. Adj. *ḥy*: ›[so wahr] deine Seele lebendig ist ...‹); sonst immer Pl. *ḥy(m)*, 1.16:I:14& | hebr./aram. *ḥayyīm/n*, phön. *ḥym*; syr. *ḥayyūtā*; ar. *ḥayāt* (Wehr 198); äth. *ḥəywat*

ḥy — (1.6:III:2.8), siehe √*ḥyy*

ḥyly ○ — Epitheton in 1.22:I:9, 1.22:II:12 (›der Mächtige‹) | vgl. hebr. *ḥayil*, aaram. *ḥyl*, syr. *ḥaylā*, ar. *ḥayl*; äth. *ḫayl*, jeweils ›**Kraft, Macht**‹

√*ḥyṣ* — G ›**(aus)schwitzen**‹(?) | ar. √*ḥyḍ* ›Menstruation haben; einen blutähnlichen Saft ausschwitzen (Baum)‹

ḥyt — 1.3:V:31, 1.4:IV:42: ›**Verkündigung, Bekundung**‹(?) [vgl. aram. √*ḥwy* D ›zeigen, kundtun‹] od. ›**Leben**‹(?) [hebr. *ḥayyût*, pun. *ḥyt*, syr. *ḥayyūtā*]

√*ḥyy* — G ›**leben**‹, SK 3.m.sg. *ḥy* /*ḥayya*/ 1.6:III:2.8 (// *iṯ*) (alt.: Adj. /*ḥayyu*/ ›lebendig‹), PK^K 3.m.sg. *yḥ* /*yaḥî*/ [Wurzelvariante von √*ḥwy*$_1$]

ḥẓ — /*ḥiẓẓu*/ ›**Pfeil**‹ 1.14:III:12 (// *abn*), Pl. *ḥẓm* und *ḥḏm* (4.609:25) | sem. *ḥiẓẓu* (hebr. *ḥeṣ(ṣ)*, äth. *ḥaṣṣ*, ar. *ḥa/uẓwa*^{t}, akk. *uṣṣu*, *ūṣu*)

ḥẓr — /*ḥaẓiru*/ ›**Wohnstatt, Haus**‹ (// *bt* und *hkl*) 1.3:V:4.39& [hebr. *ḥāṣer* ›Gehöft, Dorf‹; ar. *ḥaḍr* ›bewohnter Ort, Wohnung, Haus‹]; alt.: ›Umschließung, Hof, Vorhof‹ [hebr. *ḥāṣer* ›Umzäunung, Hof‹, ar. *ḥaẓīra*^{t} und *ḥaṣr*, *ḥiṣār*, ›Einschließung‹, äth. *ḥaṣūr* ›Hecke‹, akk. *ḫaṣāru* ›Hürde‹]

ḥẓt — /*ḥi/uẓûtu*/ ›**(gutes) Schicksal**‹ 1.3:V:31, 1.4:IV:42 (alt.: Adj. *ḥẓ* ›glücklich‹ [f.]) | vgl. ar. *ḥaẓẓ*, *ḥuẓwa*^{t} ›Glück‹

ḥẓy — siehe *ḥwy*$_1$

ḫ

ḫbl$_1$ — 1.1:IV:8, Bed. unklar | vgl. hebr. *ḥæbæl* ›**Verderben, Vernichtung**‹, akk. *ḫabālu* ›Gewalttat‹; ar. *ḫabl* ›Verwirrung‹

ḫbl$_{(2)}$ — 4.689:5 (›Schiffstau‹); siehe *ḫbl*$_1$

ḫbr ○ — 1.15:IV:8&, *bt ḫbr* 1.14:II:29, IV:10, Ortsname (*bt ḫbr* ist die Residenz des Königs Krt)

ḫbrṯ — /*ḫubruṯu*/ ›**Kessel, Kochtopf**‹ 1.4:II:9 (// *ḫptr*) | < hurr.

ḫub/prušḫi ›Terrine‹

√ḫbt G ›**rauben, plündern**‹(?) od. ›**bedrücken, schlecht behandeln**‹(?) 1.40:21.30.38& (Ptz. pl. pron. *ḫbt-* // *mdll* [*√dll* D-Ptz.]); RS 94.2284:8 (*w lb aḫtk mrṣ \ ky ḫbt* ...) | Etym. unsicher: trad. verknüpft mit akk. *ḫabātu* ›rauben, plündern‹

√ḫbṯ G ›**freikommen, weglaufen, fliehen**‹(?) (alt.: D ›den *ḫupṯu*-Dienst verrichten‹) 3.3:4 (Verbalsubst.), 4.430:3, RS 94.2592:4'.7', RS 96.2039:9 | hebr. *√ḥpš* Dp ›freigelassen werden‹; Derivate: *ḫb/pṯ*$_1$, *ḫbṯ*$_2$ und *ḫpṯt*

ḫb/pṯ$_1$ Sg. *ḫpṯ* /*ḫupṯu*/ ›***Ḫupṯu*** **(Bez. einer niedrigen sozialen Klasse)**‹ 1.14:II:37, 1.15:I:6 (*bn ḫpṯ*), 1.103+:57; (?) 1.144:3 (alt.: Abstraktum ›Freilassung‹), 2.72:10, 4.382:25, RS 94.2592:12'; Pl. *ḫbṯm* /*ḫubaṯūma*/ 2.17:1 | hebr. *ḥŏpšî*, akk. *ḫupšu*; Derivat der Wz. *√ḫbṯ*

ḫbṯ$_2$ Sg. *ḫbṯ* ›***Ḫub/pṯu*** **(Bez. einer niedrigen sozialen Klasse)**‹ 4.360:8 (*aḥd ḫbṯ*; neben Lexem *bʿl*$_2$ ›Arbeiter‹); Nominalbildung unklar: entw. Ptz. von *√ḫbṯ* (passiv oder aktiv) od. um eine *qutl*-Bildung, d.h. /*ḫubṯu*/ | vgl. *ḫb/pṯ*$_1$, Derivat der Wz. *√ḫbṯ*

√ḫdy/w G ›**sich freuen**‹ 2.15:7.10 | sem. *√ḫdy/w*

ḫḏ ›**Gewittersturm**‹(?) 1.13:34 | vgl. *ḫḏḏ*

ḫḏḏ ›**Gewittersturm, Gewitterwolke(n)**‹ 1.14:II:39, IV:17 (// *yr*) | hebr. *ḥāzîz* ›Regen-, Gewitterwolke, Gewitterregen‹, ar. *ḫinḏīḏ* ›Wirbelsturm‹; vgl. *ḫḏ*

ḫḏġl ›**Pfeilhersteller**‹ 4.188:1& (hurr. Fremdwort, dem nwsem. *ḥẓ* ›Pfeil‹ zugrunde liegt)

ḫḫ$_1$ ›**Loch, Erdspalte**‹ 1.4:VIII:13, 1.5:II:16 (// *mk*$_2$) | hebr. **ḥôaḥ*$_{(2)}$, Pl. *ḥᵃwāḥîm*

ḫḫ$_2$* Pl.(?) *ḫḫm* 1.17:VI:35; unsicher: entweder ›**Schleim, Auswurf; Schlamm**‹ [akk. *ḫaḫḫu* ›Schleim, Schlamm‹] od. ›**Dornen, Dornengestrüpp**‹ [hebr. *ḥôaḥ*$_{(1)}$ u. *ḥāḥ*, akk. *ḫāḫu*, *ḫaḫīn(n)u*]

ḫl ›**Krankheit**‹ 1.124:10 (*ḫlh*) | hebr. *ḥŏlî* ›Krankheit‹ (*√ḥly*); vgl. auch hebr. *ḥîl* ›Geburtswehen; Angst, Schmerz‹

ḫllt 1.17:II:42, Lesung unsicher (alt.: *ḫlln* od. *ḫlhlt*); wahrsch. Bed.: ›**Kreißen, Gebären**‹ (// *hrt*) | Ableitung von *√ḫyl*; vgl. hebr. *ḥalḥālāh* ›Zittern‹

ḫlpn ›**Textilgewebe, Decke**‹ od. ein Gewandttyp (›**Umhang, Mantel**‹): Sg. *ḫlpn* 4.782:2, 5:10:5 (*w ḫlpn pṯtm*); Du. *ḫlpnm* 4.117:1 (*ṯn ḫlpnm pgam*), 4.385:6; Pl. *ḫlpnt* 4.192:2, 4.630:5. In 1.19:IV:44 ist gegen KTU^2 nicht *ḫ[lpn]* zu ergänzen (unmittelbar nach dem sicheren {ḫ} sind Spuren eines waagerechten Keils zu erkennen). Es ist ein Lexem mit der ungefähren Bed. ›Dolch, Messer‹ (// *ḥrb*) zu ergänzen. | vgl. akk. *ḫulāpu* ›Decke‹, *naḫlaptu*

›Mantel‹

√*ḫlq* G ›**zugrunde gehen**‹ 1.5:VI:10&; ›nicht vorhanden sein, fehlen‹ 4.611, 4.613; ›verloren sein‹ RS 94.2406:30 (*w rišk ḫlq*); D ›zugrunde richten, vernichten‹ 1.103+:15.16; 2.61:11 | hebr. √*ḥlq* D ›vertilgen‹; akk. *ḫalāqu* ›verschwinden, zugrunde gehen‹; äth. √*ḫlq* G ›verbraucht, vernichtet sein‹, K ›vernichten‹; ar. √*ḫlq* ›abgenützt sein (Kleider)‹

ḫlq ›**verdorben**‹, *yn ḫlq* ›verdorbener Wein‹ 4.213:3 | Ptz. pass. von √*ḫlq*

ḫmat /*ḫimʾatu*/ ›**Dickmilch, Butter**‹ 1.23:14 (// *ḥlb*) | hebr. *ḥæmʾāh*, akk. *ḫimētu* ›Butter‹

ḫmn ›**Kapelle, Kultraum**‹ 1.112:8; *ḫmn-h* ›zur Kapelle‹ 1.106:13.14, 1.112:8 | vgl. hebr. **ḥammān* ›Räucheraltar‹, nabatäisch/palmyrenisch *ḥmnʾ* ›incense altar or chapel with such an altar‹ (DNSI 382); vgl. ferner den phön./pun. GN *bʿl ḥmn* (KAI 24:16 u.ö.)

ḫmr /*ḫamru*/ ›**junger (schäumender, noch gärender) Wein**‹ 1.3:I:16 (// *msk*), 1.23:6 | hebr. *ḥæmær*, syr. *ḥamrā*, ar. *ḫamr*

√*ḫmš* D ›**zum fünften Mal tun**‹ 1.16:V:17 | denominiert von Kardinalzahl *ḫmš* ›fünf‹

ḫmš$_1$ /*ḫamišu*/ ›**fünf**‹, (formales) Fem. *ḫmšt* | hebr. *ḥāmeš*, ar. *ḫams*

ḫmš$_2$ /*ḫāmišu*/ ›**fünfter**‹ 1.4:VI:29&

ḫmšm /*ḫam(i)šūma*/ ›**50**‹ 1.148:20&

ḫmšt ›**Fünftelschekel**‹ 1.14:I:29 (lies *km ḫmšt*, nicht *k mḫmšt*)

ḫmt /*ḫêmatu*/ < **ḫaymatu* ›**Zelt**‹ 1.14:II:[12], III:55 | ar. *ḫaymat*

√*ḫnp* Verbalform (Imp. ?) oder Nomen *ḫnp* in 1.18:I:17 (*ḫnp lb[k]*); vgl. ferner *yḫnp* in 1.82:15 und *ḫnpm* in 1.9:15 | evtl. ar. √*ḫnf* ›**erzürnt sein**‹ und ar. *ḫunūf* ›Zorn‹; alt.: zsem. √*ḥnp* (sic!) ›gottlos, ruchlos sein‹

ḫnpt ›**Brüstung**‹(?) 1.16:IV:14; wahrscheinliche Lesung: *ln ḫnpt mšpy* (alt. mit KTU^2: *l n{.}ḫ npt*) (// *tkm bnwn* ›'Schulter' des Bauwerks‹) | Etym. unklar

ḫnzr ›**Diener, Assistent, Minister**‹, *ḫnzr-k* (// *ġlm-k*) 1.5:V:9 | akk. (< hurr.) *ḫanizarrum*, ein Funktionär

ḫp /*ḫuppu*/ ›**Ufer, Strand**‹ 1.3:II:7, 1.7:38; vgl. syll. *ḫu-up-pa-ti* (wohl Pl.) | hebr. *ḥôp*

ḫpn ›**Mantel, Umhang, Satteldecke (für Pferde)**‹ 1.148:19&, Pl. *ḫpnt* 4.152:10& | Etym. unsicher (vom Lexem *ḫlpn* zu trennen)

ḫprt /*ḫupār(a)tu*/ od. /*ḫapūr(a)tu*/ (< **ḫVrVp(a)tu*, Metathese) ›**(junges weibliches) Lamm**‹, Pl. *ḫprt* 1.4:VI:48 (// *krm*); viell. liegt ein Schreibfehler für *ḫrpt* (!) vor (vgl. den sem. Befund) | akk. *ḫurāpu*, Fem. *ḫurāptu*; jaram./syr. *ḥurpā*; ar. *ḫarūf*; jeweils

›Lamm, junges Schaf‹

ḫptr ›**Kochtopf, -gefäß**‹ 1.4:II:8 (// *ḫbrṯ*) | hurr.-akk. *ḫuppat(a)ru*, ein Gefäß

ḫpṯ siehe *ḫbṯ*$_1$

ḫpṯt ›**Freiheit, Ungebundenheit**‹, in *bt ḫpṯt arṣ* ›Haus der Freiheit‹ (1.4:VIII:7 und 1.5:V:15), einer euphemistischen Bezeichnung der Totenwelt | hebr. *ḥŏpšît* in *bêt ḥŏpšît* ›Haus der Isolation‹ (2 Kön 15,5, Chr 26,21 [= Q^{e}re, K^{e}tiḇ: *ḥŏpšût*]); hebr. *ḥupšāh* ›Freilassung (aus dem Sklavenstand)‹; Derivat der Wz. √*ḫbṯ*

ḫr /*ḫurru*/ ›**Loch, Höhle**‹ 1.103+:30 (*ḫr apm* ›Nasenlöcher‹) | hebr. *ḥor*, syr. *ḥurrā*/*ḥūrā*, akk. *ḫurru*, jeweils ›Loch‹; vgl. ar. *ḫurr* ›Loch am Mühlstein‹

ḫr (1.2:I:41), siehe *mṯḫr*

ḫr ○ ›**Hurri, (Land der) Hurriter**‹, *ʿṯtrt ḫr* ›(die Göttin) ʿAṯtarte von Hurri‹ 1.43:1&

√*ḫrʾ* G ›**den Darm entleeren; die Notdurft verrichten**‹ 1.71:8, 1.72:12, 1.85:9 (neben √*ṯyn* Gt ›urinieren‹, von Pferden) | syr. √*ḥrʾ*, ar. *ḫariʾa*

*ḫru** /*ḫurʾu*/ ›**Kot**‹, Gen. *ḫri* (Sg. od. Pl.) 1.114:21 (neben *ṯnt* ›Urin‹) | Emar-akk. *ḫu-ú-ru*, ar. *ḫurʾ*; hebr. **ḥ^{a}rāʾîm*; syr. *ḥaryā* (meist Pl. *ḥrayyā*), jeweils: ›Kot, Mist‹

√*ḫrb* G ›**vertrocknen**‹ 1.19:I:30 (// √*ġly*, √*ḫsp*) | hebr. √*ḥrb* 1. ›austrocknen, vertrocknen‹, 2. ›in Trümmern liegen, verwüstet sein‹; vgl. sem. √*ḫrb* ›öde, wüst sein; in Trümmern liegen‹

ḫrb ›**trocken, getrocknet**‹ RS 94.2600 (*ḫswn ḫrb* ›getrockneter Thymian[?]‹) | hebr. **ḥāreb* ›trocken; ge-, vertrocknet‹

ḫrd 1.103+:39.52&, Bezeichnung einer militärischen Truppe im Dienste des Königs (rekrutiert aus Dörfern) | hurr. *ḫuradi* ›**Krieger, Truppe**‹; akk. *ḫurādu* ›Wachmann, -soldat‹

ḫrk ›**Gitterfenster**‹, in: *mṣpt ḫrk* ›Mastkorb (eines Schiffes)‹ 4.689:4 | hebr. *ḥărāk* ›Gitterfenster‹

√*ḫrm* G ›**abschneiden, niedermetzeln**‹(?), evtl. bezeugt in 1.13:3 (vgl. √*ḥrg* 1.13:5) | ar. √*ḫrm* ›schneiden, zertrennen, durchbohren‹

ḫrmṯt = syll. *ḫa-ar-me-ša-tu* /*ḫarmiṯatu*/ ›**Sichel**‹ 4.625:1& | hebr. *ḥærmeš*

ḫrn /*ḫarrānu*/ ›**Karawane**‹ (// *ʿdbt*) 1.4:V:13& | akk. *ḫarrānu*

ḫrpn! /*ḫarpānu*/ ›**herbstlich**‹, *zt ḫrpn* ›Herbstoliven, frische (grüne) Oliven‹ 1.114:31 (geschrieben: *ḫrpat*; lies *ḫrpn*!, nicht *ḫrpnt*) | hebr. *ḥoræp* ›Winter‹; akk. *ḫarpū* (Pl.) ›Herbst‹

*ḫrpt** siehe *ḫprt*

√ḫrr siehe *√ḫwr*

ḫrṣ = syll. *ḫu-r[a-ṣu]* /*ḫurāṣu*/ ›**Gold**‹ 1.4:I:26.27& (// *ksp*) | akk. *ḫurāṣu*; vgl. hebr. *ḥārûṣ*, phön. *ḥrṣ*; vgl. evtl. auch syr. *√ḥrʿ* ›(gold)gelb sein‹

ḫrṣp (1.103+:27) mit Nf. *ḫrẓp*! (1.12:I:41 [Lesung unsicher; alt.: *ḫrẓʿ*], Bed. nicht ganz sicher: ›**Fußsohlen**‹ / ›Fußknöchel‹ / ›Vorderfuß‹ / ›Zehen‹ | vgl. evtl. ar. *ḫaṣf* ›Doppelsohle (von Schuhen)‹ und *√ḫṣf* ›die Sohle annähen, einen Schuh flicken‹ (via Geminatendissimilation: ug. /*ḫVrṣVp-*/ < **ḫVṣṣVp-*); sollte in 1.12:I:41 *ḫrẓʿ* oder *ḫrẓl* zu lesen sein, wäre eine andere Etym. zu erwägen: ar. *kursūʿ*, akk. *kursinnu*, hebr./mhebr. *qars/ṣol*, jaram. *qarṣullā*, syr. *qurṣᵉlā*, jeweils ›Knöchel (von Füßen od. Händen), Fußgelenk‹; kaum mit. hebr. *ḥarṣob* ›Fesseln‹ zu verbinden

ḫrt ›**Höhle, Grube, Gruft**‹ 1.5:V:5, 1.6:I:17, 1.19:III:6.20.35 | akk. *ḫirītu* ›Graben‹; Ug.-akk. É (*bītu*) : *ḫe-re-ti*; vgl. auch äg. *ḫr.t* ›Felsgrab, Grabanlage‹

√ḫrṭ G ›**(Federn) rupfen**‹ 1.23:38 | ar. *√ḫrṭ* ›abstreifen‹

ḫry ○ /*ḫurrīyu*/ ›**hurritisch; Hurriter**‹ (Gentilizium) 1.40:29&

ḫrẓʿ 1.12:I:41, siehe *ḫrẓp*

ḫrẓp 1.12:I:41: *b ḫrẓp!h* ›**auf seinen Fußsohlen / Zehenspitzen**‹(?) (// *pʿn*) (die trad. Lesung *ḫrẓʿh* ist unwahrsch.) | vgl. *ḫrṣp*

ḫsn Pl. *ḫsnm*, eine Berufsbezeichnung (genaue Bed. unsicher) 4.137:1.10& | Etym. unklar

√ḫsp G ›**niedersinken, verwelken**‹ 1.19:I:31 (// *ḫrb*, *√ġly*) | ar. *√ḫsf* ›niedersinken, abnehmen‹

√ḫsr G ›**fehlen, entbehren, Mangel haben**‹ 1.6:II:17& | wsem. *√ḥsr*: hebr. *ḥāser* ›abnehmen, entbehren‹, syr. *ḥsar* ›Mangel haben, entbehren‹, ar. *ḫasira* ›Verlust erleiden, einbüßen‹, äth. *ḫasra* ›erniedrigt, entehrt werden‹

ḫsr ›**minus, abzüglich**‹, 4.361:3&, s. UG § 69.233 (S. 413), Oppositionsbegriff zu kbd_3 ›plus‹ | vgl. hebr. *ḥæsær* u. *ḥosær* ›Mangel‹, *√ḫsr*

√ḫss G od. D* ›**sich erinnern, gedenken**‹ 1.15:III:25 | akk. *ḫasāsu* ›gedenken, sich erinnern‹; ar. *ḥassa* (sic!) ›empfinden, fühlen, merken‹

ḫss ○ GN, siehe *kṯr w ḫss*

ḫs/śwn ›**Thymian**‹(?) 4.4:9& | vgl. altass. *ḫazuannum*, eine Art Zwiebel.

√ḫṣb Gt ›**kämpfen**‹ 1.3:II:6& | hebr. *ḥṣb* ›hauen‹

ḫšt ›**Totenheiligtum**‹ 1.16:I:3.4.17.18, II:39.41, (?) 1.123:30 (lies *ḫšt* od. *ḫšm*) | Lw.; vgl. heth. *ḫi/eštā-* ›Totentempel‹ (Stätte des Totenkultes der Königsdynastie); weniger wahrsch.: Ableitung von akk. *ḫaštu* ›Grube, Loch‹

ḫt Bezeichnung des Landes Ḫatti (Hethiter)

√ḫtʾ Gp ›**zerschlagen, zermalmt werden**‹ 1.4:VIII:20, 1.6:II:23 (lies viell.: *b ṯbr nqy ḫtu hw*); N ›geschlagen werden (Heer)‹ 2.10:8.10 (*ḫti* ebd. Z. 7 könnte ein G-Inf. [›ein Schlagen‹] od. ein [anders gebildetes] Subst. im Pl.cs. sein [›Schläge‹]) | ar. √*ḫtʾ* VIII. ›zerschlagen werden‹, akk. *ḫatû* ›niederschlagen‹; hebr. √*ḫtʾ* N (em.) ›zerschlagen werden‹

ḫtn$_1$ /*ḫatanu*/ ›**Verschwägerter, Schwiegersohn**‹ 1.24:25 | hebr. *ḥātān*

ḫtn$_2$ ›**das Heiraten, die Verschwägerung**‹ 1.24:32 (*ḫtny*) | Verbalsubst. von √*ḫtn* D/G ›sich verschwägern, heiraten‹ (denominiert von *ḫtn*$_1$

√ḫtt G ›**zerbrechen (intr.); zerschlagen sein**‹ 1.16:VI:1& | hebr. *ḥtt*$_{(2)}$ ›zerbrechen (intr.), zerbröckelt sein (Boden)‹

ḫty ○ /*ḫattīyu*/ ›**hethitisch; Hethiter**‹ (Gentilizium) 1.40:29&

ḫṭ ›**Stock, Stab**‹ 1.2:III:18&, *ḫṭm* ›mit dem Stab‹ (1.114:8); auch: ›männliches Glied‹ 1.23:37&; *ḫṭ ṯkl* ›'Stab' der Kinderlosigkeit‹ 1.95:4 | akk. *ḫaṭṭu* ›Stab, Szepter‹

√ḫṭʾ G ›**sich verfehlen, sündigen**‹ 1.40:22&, 1.169:5, 2.72:33; in 1.19:III:45 lies wahrsch. *tšḫṭn.nn* (√*ḫyṭ* Š) statt *tšḫṭa.nn* | sem. (ar. *ḫaṭiʾa*)

ḫṯr ›**Worfschaufel**‹ 1.6:II:32, 4.385:2; 6.39:2 [vgl. ar. √*ḫšr* ›von den schlechteren Teilen reinigen‹] od. ›**Sieb**‹ [vgl. jaram./mhebr. √*ḥšr* ›sieben, ausstreuen‹; hebr. **ḥašrāh* bzw. **ḥ*^{a}*šārāh*, eine Art Wassersieb]

√ḫwr (alt.: √*ḫrr*) G ›**matt, schwach sein (Pferd)**‹ 1.85:5.7 | ar. √*ḫwr* ›schwach, matt sein‹; äth. *ḫəwwər* ›schwach, kränklich‹; alt.: ar. √*ḫwr* ›brüllen (Rind)‹; ar. √*ḫrr* ›zu Boden stürzen‹

√ḫws D* ›**erregen, (an-)reizen**‹ 1.4:IV:39 (nicht √*ḫss*) | äth. √*ḥws* (sic!) ›bewegen, erregen‹; vgl. hebr./aram. √*ḥws* ›Mitleid haben, sich erbaren‹

√ḫwš *tḫš*, *tḫšn* in 1.4:VII:32.38.39; die Formen sind eher von √*nḫš* (›zurückweichen‹) als von √*ḫwš* (›wegeilen, weichen‹ [hebr. √*ḥwš* ›eilen‹, auch ›weichen‹]) abzuleiten; siehe √*nḫš*

√ḫyl G ›**kreißen, sich winden**‹ 1.10:II:29, III:17, 1.12:I:25 | hebr./phön. √*ḥyl*; akk. *ḫiālu*

ḫym 1.4:I:29, Bed. unsicher: ›**Baldachin**‹ od. ›**Wohnstatt, Zelt**‹ | vgl. ar. *ḫayma*^{t}; vgl. ug. *ḫmt*

ḫyr ○ Monatsname ›**Ḫiyaru**‹, 1.105:1&

√ḫyṭ (alt.: √*ḫwṭ*, √*yḫṭ*, √*ḫṭy*) G ›**aufwachen, erwachen**‹ 1.14:III:50 (*yḫṭ*); Š ›aufwecken‹ 1.19:III:45 (bei Lesung *tšḫṭn.nn*) | Etym. unsicher; vgl. evtl. akk. *ḫiāṭu* ›überwachen, -prüfen; wägen‹

ḫzr$_1$ ›**Bediensteter (des Königs)**‹(?) 4.141:III:4& | evtl. entlehnt; vgl. akk. *ḫāzirum* ›Helfer‹

ḫzr$_2$ = syll. *ḫu-zi-rù* /*ḫuzīru*/ ›**Schwein**‹ | vgl. ar. *ḫinzīr*

k

-*k*$_1$ /-*kā*/ (Pronominalsuffix 2.m.sg.)

-*k*$_2$ /-*kī*/ (Pronominalsuffix 2.f.sg.)

k$_1$ /*kā*/ ›**so**‹ (Adverb), nur unsichere Belege: 1.15:I:5; 2.23:1 | hebr. *koh*, aram. *kʾ*, *kh* = /*kā*/ (UG § 81.3a)

k$_2$ /*ka*/ ›**wie, entsprechend**‹ (Präp.), *k* . . . *k* . . . *km* ›wie . . . wie . . . so‹ 1.6:II:6-8

k$_3$ /*kī*/ ›**denn, weil, dass; wenn, (sobald) als; falls; wie**‹ (Konj.), in Briefen häufig mit EP -*y*, d.h. *ky* | nwsem. *kī*, akk. *kī*, *kīma* (UG § 83.24)

k$_4$ /*kī*/ ›**gewiss!; fürwahr!**‹ 1.4:II:14& | nwsem. *kī* (UG § 85.7)

√*kbd* D ›**die Ehre erweisen, verehren**‹ 1.1:II:17& (neben √*ḥwy* Št oder √*sʾd*) | sem. √*kbd* G ›schwer sein‹, D ›die Ehre erweisen‹

kbd$_1$ /*kabidu*/ ›**schwer**‹, nur unsichere Belege: 1.123:16.12, 4.127:7 | hebr. *kābed*

kbd$_2$ /*kabidu*/ ›**Leber, Inneres, Zentrum**‹ (fem.) 1.3:II:25.26& | hebr. *kābed*, aram. *kabdā*, ar. *kabid*, äth. *kabd*, akk. *kabīdu*, *kabattu*

kbd$_3$ ›**plus; und**‹, nur in Wirtschaftstexten (dient zur Verknüpfung von verschieden großen Zahl- und Maßeinheiten; steht immer nach dem Bezugswort), z.B. *mitm ṯlṯm kbd aḥd kbd* ›200 plus 30 plus 1‹ = ›231‹ (4.690:13f.) | vgl. sem. √*kpt/d* ›zusammenfügen, hinzufügen, addieren‹: akk. *kupputu*, Mari-akk. *kubbutu*; aram. √*kpt*; ar./äth. √*kft*

kbkb /*kabkabu*/ ›**Stern**‹ 1.3:II:41& | sem. *kabkab-*/*kakkab-*/*kawkab-* ›Stern‹; vgl. ug. *kkb*

kbl /*ka/iblu*/ ›**Band, Gurt (für Gewänder)**‹ od. ›**Gamasche**‹ 4.182:6.23, RS 94.2284:18 (*kblm iqnum*) | hebr. *kæbæl* ›Fessel‹, syr. *keblā* ›(Fuß)fessel‹; zsem. / akk. √*kbl* ›binden, flechten, fesseln‹

kbrt ›**Sieb**‹ 1.6:V:16 | hebr. *k*^{e}*bārāh* ›Sieb‹

kbs/ś /*kābisu*/ ›**Walker, Wäscher**‹ 4.71:III:5, 4.99:7& | hebr. *kôbes*, pun. *kbs*; hebr./akk. √*kbs* ›walken, treten, waschen‹

kd_1 ›**denn; weil**‹, alt. ›wenn‹, 1.1:IV:23 und 1.3:V:3 (UG § 83.25)

kd_2 = syll. *ka-du(-ma)* /*kaddu*/ ›**Amphore, (großer) Krug**‹ zugleich Hohlmaß (Fassungsvermögen: wahrsch. ca. 11 Liter), entspricht Ug.-akk. *karpatu*, 1.3:I:16, 1.91:26& | hebr. *kad*, ar. *kadd*, akk. (spB) *kandu*

kdd /*ku/idādu*/? ›**Kind, Sohn**‹, *l kdd dnil* 1.19:IV:12.16 | akk. (j/spB) *k/qudādu* ›sehr klein, winzig‹; vgl. raram. (syll. Uruk-Text, Z. 11) [*k*]*i-da-di-e* (Pl. det.); vgl. evtl. ferner äg. *ktt* ›der Kleine, Junge‹

*kdr** /*kaddūru*/ ›**Ball, Kugel**‹, Pl. *kdrt* 1.3:II:9, 1.7:8 | hebr. *kaddûr*, jaram. *kaddūrā*, jeweils ›Knäuel, Ball‹; ar. *kadarat* ›Erdklumpen‹

kdwṯ *kndwṯ*, eine Kleidungsart, 4.4.3 (lies hier *kndwṯ*), 4.152:6.11& | Lw.; vgl. hurr. *kindabašše*

kgmn (1.6:I:19ff.), siehe *gmn*

√*k-ġ* (RS 94.2284:20: *akġ*), siehe √*nkġ*

khn /*kāhinu*/ ›**Priester**‹, Pl. *khnm*; *rb khnm* ›Ober-, Hoherpriester‹ 1.6:VI:55, 2.4:1; 4.29:1& | zsem. *kāhin*

√*khp* Bed. ganz unsicher: ›**ausgezehrt sein (Pferd)**‹(?) od. ›**husten, niesen**‹(?) 1.71:26, 1.85:30 (neben √*rʾš*) | Etym. unsicher

√*kḥd* D ›**verleugnen, abstreiten**‹(?) 2.70:13 (weniger wahrsch.: ›zurechtweisen‹) | hebr. √*kḥd* N ›verborgen sein‹, D ›verborgen halten, verhüllen‹; syr. √*kḥd* G ›scheuen‹; äth. √*kḥd* ›bestreiten, leugnen, zurückweisen‹; vgl. ar. √*ǧḥd* (sic!) G ›leugnen, negieren, verweigern‹ (ähnlicher Befund in den modernen südar. Sprachen)

kḥṯ ›**Thron, Sitz**‹ 1.1:IV:24, 1.2:I:23&, Pl. *kḥṯm* 1.4:VI:51 (// *ksu*, *ksat*) | entlehnt aus hurr. *kešḫi*; vgl. akan. *kaḫšu*

*kkb** /*kakkabu*/ < **kabkabu* od. /*kôkabu*/ < **kawkabu* < **kabkabu* ›**Stern**‹, Pl. *kkbm* 1.10:I:4, auch als PN | sem. *kabkab-/kakkab-/kawkab-* ›Stern‹; vgl. ug. *kbkb*

kknt = syll. *ku-ku-na-tu* /*kukkunatu*/ < **kunkunatu*(?) ›**(kleiner) Krug, Flasche**‹ 1.6:I:67 (wohl Pl. // *rḥbt* [Pl. zu *$rḥb_2$*]); vgl. ON *knkny* in 1.5:V:13 | mhebr. *qanqān* / jaram. *qanqannā* ›Krug, langhalsiges Gefäß‹, äth. *ko/akam* ›Flaschenkürbis, Kürbisflasche‹, ar. *qumqum* ›lange Flasche‹, vgl. akk. *kukkānītu* eine Gartenpflanze, viell. ein Flaschenkürbis

kkr = syll. *ka_4-ka_4-ra* (Du.cs.) /*kakkaru*/ ›**Talent**‹, eine Gewichtseinheit, ca. 28,2 kg (= 3000 Schekel [*ṯql*] à ca. 9,4 g; = 60 Minen [*mn_3*] à ca. 470g), 2.32:5.6& | hebr. *kikkār*, akk. *kakkaru*, pun. *kkr*, raram. *kkrʾ*, syr. *kak(k^e)rā*; sab. *krkr*

*kkrdn** Pl. *kkrdnm*, eine Berufsbezeichnung, wohl ›**Bäcker (von Brotlaiben)**‹ 4.126:27 | hurro-akk. *kakardinnu*

kl /*kullu*/ ›**Gesamtheit; alle(s); jeder**‹ (vgl. UG § 45.2); zu *klny-n* ›wir alle‹ 1.4:IV:45.46 und *klny-y* ›wir alle‹ 1.3:V:33.34 siehe UG S. 225 und 228 (Pronominalsuffix 1.c.pl. *-ny*) | sem. *kull*

√*klʾ* G ›**(Türen) verschließen**‹(?) 1.3:II:3, 1.7:36 | sem. √*klʾ* ›zurückhalten‹; syr. √*klʾ* auch ›verschließen‹; vgl. dagegen ar. √*klʾ* ›behüten, bewachen, beschützen‹

klat /*kilʾatā*/ (Du. cs., Fem.) ›**beide**‹, *klat* ›beide (Frauen)‹ 1.23:57, *b klat ydh* ›mit seinen beiden Händen‹ (›Hand‹ hat fem. Genus) 1.1:IV:10, 1.3:I:11, 1.5:I:19 (das Mask. ist nicht bezeugt; s. UG § 67.11) | hebr. *kilʾayim*, ar. *kilā*, f. *kiltā*; äth. *kəlʾe*, f. *kəlʾettu*, akk. *kilallān*, f. *kilattān*

klatn-m (**kla*, fem. Du. im Lokativ; statt **klatm-m* [Dissimilation]) ›(nehmen) **in / mit beide(n) (Händen)**‹ 1.14:II:15, III:57 | siehe *klat*

klb = syll. *ka-a[l?-bu?]* /*kalbu*/ ›**Hund**‹ 1.14:III:19& | sem. *kalb*

klbt /*kalbatu*/ ›**Hündin**‹ 1.3:III:45 (Epitheton des fem. GN *išt*) | sem. *kalbat*

klkl /*kulkullu*/ ›**jedwede(r/s); alles mögliche**‹ 3.5:10&, RS 94.2965:18 | vgl. *kl* ›Gesamtheit‹

kll /*kalīlu*/ ›**Ganzheit; vollkommen, vollständig; ein jeglicher(?)**‹ 1.115:10&, *kll* (*mid* / *midm*) *šlm* ›(bei mir / uns) . . . herrscht in vollkommener Weise Wohlbefinden‹ 2.11:11& (häufig in Briefen); RS 94.2479:21 (*kll-m štnt* [√*ytn* Š]) | hebr. *kālîl*

√*kll* D* ›**vollkommen machen, vollenden**‹ 1.4:V:10 (// √*ʿms* ›aufschichten‹) | hebr. √*kll* ›vollkommen machen‹; akk. √*kll* Š (*šuklulu*) und aram. √*kll* Š ›vollenden, fertigstellen‹; vgl. *kl* ›Gesamtheit‹

klny- siehe *kl* ›**Gesamtheit**‹

klt$_1$ /*kullatu*/ ›**Gesamtheit, Alles**‹ 1.14:II:16, III:58 | akk. *kullatu*

klt$_2$ /*kallatu*/ ›**Braut, Verlobte, Schwiegertochter**‹ 1.4:I:15, IV:54, 4.80:4.13.19 | hebr. *kallāh*, akk. *kallātu*, syr. *kalltā*

√*kly* G ›**zu Ende sein/gehen**‹ 1.16:III:13-15&; Gp ›aufgebraucht werden‹, evtl. in 4.361:1 und 4.362:1; D 1. ›ein Ende bereiten, vernichten‹ 1.2:IV:27& (oft // √*mḫṣ* ›erschlagen‹), 2. ›verzehren, aufessen‹ 1.127:8 (*kl ykly* \ *dbḥ* ›jeder darf das Opfer verzehren‹ 1.127:8f.); N ›verbraucht, benutzt werden‹ 4.213:24& | nwsem. √*kly* G ›aufhören, zu Ende gehen, vergehen‹, D ›beenden‹

klyt- — */ki/ulyāt-/* (Pl. pron.) ›**Eingeweide, Niere**‹ 1.82:3 (*klyth*) | hebr. *k^{e}lāyôt* (St. cs./pron. *kilyôt*); ar. *kulya^{t}* (Sg.)

-km_1 — */-kumu/* (Pronominalsuffix 2.m.pl.) | hebr. *-kæm*, ar. *-kum(u)*, akk. *-kunu*

-km_2 — */-kumā/* (Pronominalsuffix 2.c.du.) | ar. *-kumā*

km_1 — ›**wie, entsprechend**‹ (Präp.; = Präp. *k* + enklitisches *-m*) | hebr. *k^{e}mô*, akk. *kīma*, ar. *kamā*, äth. *kama*

km_2 — */kīma/* ›**wenn, als**‹ (Konj.; siehe UG § 83.24) | akk. *kimā*

km_3 — ›**so, auf diese Weise**‹ (Adverb) 1.6:II:8.29 | vgl. *bkm* ›daraufhin‹

kmm — (< *km_3* + *-m*) ›**in gleicher Weise, ebenso, desgleichen, ditto**‹ 1.27:3, 1.41:33& (UG § 81.3e)

kmn — */kumānu/*, ein Flächen- bzw. Längenmaß, 1.2:III:11, 1.3:IV:38& (// *šd*) | akk. *kumānu*, ein Flächenmaß

kmn — ›Kümmel‹ 4.14:9 | Lw., vgl. ar. *kammūn* ›Kümmel‹

kmr — 1.19:I:12 (Zeichenfolge: *kmr. kmrm*); Deutung unsicher; evtl. zu *mr_2* zu stellen

√kms — tD ›**niederknien**‹ 1.12:II:54: *w ktms /wa-tkammVsa/* (SK, neben *√npl* u. *√rṣṣ*[?]) | akk. *kamāsu* Gt ›niedersinken‹, Dt ›sich beugen, knien‹

kmsk — (Maßeinheit) ›**zwei Drittel**‹(?) 4.282:2.4& | Etym. unklar

kmt — ›**so, auf diese Weise**‹ 2.19:3 | *km* ›so‹ + EP *-t*

-kn — */-kun(n)a/* (Pronominalsuffix 2.f.pl.)

kn — 1.12:II:53: entweder Adverb ›**so, auf diese Weise**‹ oder (wahrscheinlicher) Affirmationspartikel *k_4* ›fürwahr‹ + EP *-n*

*kn** — ›**fest (stehend); fest verankert**‹ 1.23:54 (*kbkbm knm$^{?}$* ›Fixsterne‹) | hebr. *ken* ›recht, aufrichtig‹; akk. *kē/īnu* ›dauerhaft, wahr, treu‹ (Verbaladj. von *√kwn*)

kndwṯ — siehe *kdwṯ*

knp — */kanapu/* ›**Flügel**‹ | ar. *kanaf* ›Flügel, Schutz‹, aram. *kenpā*, *kanpā* ›Flügel, Seite, Rand‹; vgl. auch ug. *mknpt*

knr — = syll. *ki-na-rù /kinnāru/* ›**Leier**‹ 1.19:I:8(?); 1.101:16, 1.108:4& (// *rimt*) | sem. außer äth. (hebr. *kinnôr*, akk. *kinnāru*)

knyt — ›**verehrt, gehegt, betreut**‹ 1.3:I:27, IV:53; 1.4:I:15, IV:54: *klt knyt* ›verehrte Bräute‹, ein Epitheton der Töchter Ba^{c}lus (Ptz. pass. f.pl. von *√kny*) | akk. *kunnû* ›gepflegt, gehegt‹, *kanūtu* ›die Verehrte, Gehegte‹

kp — */kappu/* ›**Handfläche, Hand**‹ 1.3:II:10.11&, Pl. *kpt* 1.3:II:13, fem. Genus | sem. *kapp* *kpr* /*kupru*/ ›**Henna**‹ 1.3:II:2 (// *rḥ gdm*, *anhbm*), 1.7:15.35 | hebr. *kopær*, syr. *kuprā*: ›Henna-Pflanze, Henna‹

kptr ○ /*kaptur-*/ ON (= Kreta) (// *ḥ(q)kpt*) | vgl. hebr. *kāptôr*

kpṯ < **kbṯ* ›**Landungssteg (als Schiffszubehör)**‹ 4.689:6 | wohl Lw.; vgl. akk. *kibsu* ›(eine Art) Leiter‹ und mhebr. *kæbæš* ›Landungssteg, Rampe‹ (*b*/*p*-Wechsel!)

*kr**$_1$ /*karru*/ ›**(junger) Widder**‹, Pl. *krm* 1.4:VI:47 (// *ḫprt*) | hebr. *kar*, Mari-akk. *karru*, akk. (sonst) *kerru*

kr$_2$ ›**Festmahl**‹(?), evtl. in 1.114:14 | vgl. hebr. √*kry*$_{(3)}$ ›ein Festmahl geben‹

kr^c /*ku/irā*^{c}*u*/ ›**Unterschenkel, Unterarm**‹ 1.103+:15.27.28 (*kr*^{c}*ydh*) | hebr. *k*^{e}*rā*^{c} (Du. *k*^{e}*rā*^{c}*ayim*) ›Unterschenkel, Wadenbein‹, syr./aram. *k*^{e}*rā*^{c}*ā* ›Unterschenkel, Fuß, Bein‹, ar. *kurā*^{c} ›Unterschenkel‹, äth. *k*^{w}*ərnā*^{c} ›Ellenbogen, Arm‹, akk. *kurītu* ›Wade‹

√*kr*^{c} G ›**niederknien**‹ 1.10:II:18 (neben √*qyl*) | vgl. *kr*^{c} ›Unterschenkel‹; hebr. √*kr*^{c} ›niederknien, -gehen‹, mhebr./jaram. √*kr*^{c} ›sich beugen, knien‹, vgl. ar. √*rk*^{c} ›niederknien‹ (Metathese)

krk = syll. *ku-re-ku* (u.ä.) /*kurêku*/, ein Gerät (viell. ›**Spitzhacke, Haue**‹), 4.625:2&, Du. *krkm* 4.184:3, fem. Genus (siehe *krk aḥt* 4.625:6) | vgl. äg. *grg* ›Haue, Hacke‹

√*krkr* vierradikalig bzw. Reduplationsstamm von √*kr(r)*, ›**(die Finger) drehen, tanzen lassen**‹ 1.4:IV:29 | vgl. √*krr*; hebr. √*krr*, Pilp. ›tanzen‹, äth. *ank*^{w}*ark*^{w}*ara* ›rollen‹; vgl. ar. *karkara* ›zerquetschen, mahlen‹

krm /*karmu*/ ›**Weingarten**‹ 1.92:23.24&, Pl. *krmm* 1.24:22 | hebr. *kæræm*

krpn /*karpānu*/? ›**Trinkgefäß, Becher, Kelch**‹ 1.1:IV:10& (// *ks*), Pl. *krpnm* 1.4:III:43&, in 1.3:I:11 lies Sg. *krpn*! (und nicht *krpnm*) | vgl. akk. *karp(at)u* ›Tongefäß, Topf‹, akk. (Nuzi) *kapparnu*, eine Kupferkanne

√*krr* G ›**sich zurückziehen**‹(?) 1.100:62 (alt.: √*nkr*) | ar. √*krr* ›sich zurückziehen, zurückkehren‹

krs ›**Bauch, Eingeweide**‹, viell. belegt in 1.5:I:4 (alt.: Emendation *k r*<*k*>*s*) | hebr. **kāreś*; ar. *kariš*, *kirš*, *kuruš*; äth. *karś*; akk. *karšu*

krs/šu ein Flüssigkeitsmaß (für Öl), größer als die Maßeinheit *ṯ*^{c}*t*, 4.225:16.17& | Etym. unsicher; siehe UG, S. 46

*krsn** ›**(Leder-)Schlauch (für Flüssigkeiten)**‹, Du. *krsnm* 4.123:13, 4.279:3 | akk. (aA) *gursā/ēnum*, ein Ledersack

√*kry/w* G ›**graben, aushöhlen**‹ 1.12:I:23 | wsem. √*krw/y* ›graben‹

ks /*kāsu*/ ›**Becher**‹ 1.1:IV:9&, Du. *ksm* (4.385:2), Pl. *kst* und *kšt* (1.86:24), fem. Genus (// *krpn*) | akk. *kāsu*, hebr. *kôs*, aram./syr.

kāsā; ar. *ka'š*

ks ○ in *ġr ks*, 1.1:III:12, ON (Berggipfel, Wohnort Baʿlus) = syll. ḪUR.SAG *Ḫa-zi* = (lateinisch) ›Mons Casius‹

ksan /*kussiʾānu*/? ›**Hocker, Schemel**‹ 1.12:I:18 | vgl. *ksu* ›Sessel, Thron‹

ksu *kṡu* /*kussiʾu*/ (Nom.), *ksi* (Gen.), *ksa* (Ak.) ›**Thron**‹ (Pl. *ksat*) | Lw.; sum. GU.ZA; assyrisch-akk. *kussī(ʾ)u*, hebr. *kisseʾ*

ksd Pl. *ksdm*, eine Berufsbezeichnung im Zusammenhang mit der Herstellung von Textilien (nicht: ›Müller‹ entsprechend akk. *kaṣṣ/zzidakku* ›Müller‹), 4.125:8& | Etym. unklar

ksl /*ki/aslu*/ 1. ›**Lende**‹ 1.3:III:33&, 2. ›**(Bogen-)Sehne**‹ 1.3:II:16 (*ksl qšth*), *pnt ksl* ›Ecke(n) der Lende‹ (= ›Rückgrat‹?) 1.3:III:34f.& (// *anš dt ẓr*), fem. Genus | hebr. *kæsæl*, akk. *kislu*: ›Lende‹

ksm_1 ›**Anteil, Portion**‹, Pl. od. Sg. pron. *ksmh*, *ksmk* und *ksmy* in 1.17:I:31, II:4.21 (// *mnt-*) | vgl. hebr. √*ksm* ›(Haar) stutzen‹, akk. *kasāmu* ›abschneiden‹

ksm_2 ›**Grenze, Ende**‹, in *ksm mhyt* ›Grenze(n) des Gewässers(?)‹ 1.5:VI:5, 1.16:III:4 (// *qṣm arṣ* ›Grenzen der Erde‹) | verwandt mit ksm_1; vgl. hebr. √*ksm* ›(Haar) stutzen‹, akk. *kasāmu* ›abschneiden‹

ks/ṡm_3 = syll. *ku-sú-m[u(-ma)]* /*kus(s)umu*/ ›**Emmer**‹ (eine Getreideart), 1.16:III:4&, Pl. *ksmm* und *kṡmn* (4.269:20.30) | hebr. *kussæmæt* mit Pl. *kussᵉmîm*

ksp = syll. *kàs-pu* bzw. *ka-as-pu* /*kaspu*/ ›**Silber**‹ 1.3:III:46& (oft // *ḫrṣ* ›Gold‹; synonym: *ḥṯṯ*); 1.14:IV:42: *ṯnh k'sp-m atn* ›ihr Doppeltes (d.h. das Doppelte ihres Gewichtes) werde ich in Form von Silber geben‹; (*ṯql*) *ksp* ›(ein Schekel) Silber‹ ist die gewöhnliche Zahlungseinheit in Wirtschaftstexten; *nsk ksp* ›Silberschmied(e)‹ 4.47:6& | hebr. *kæsæp*, aram. *kaspā*, akk. *kaspu*

kst /*ki/usûtu*/ ›**Bedeckung, (Ober-)Gewand**‹ 1.19:I:36.47& | hebr. *kᵉsût*, pun./raram. *kst*, ar. *kiswaᵗ* und *kisāʾ*; sab. *ʾks¹t* ›Gewand‹, *ks³wy* ›militärische Bekleidung, Rüstung‹; akk. *kusītu*; √*ksy/w*; vgl. auch *mks* ›Bedeckung

√*ksy/w* G ›**sich bedecken mit; (Kleider) anziehen**‹ 1.5:VI:16.31; D ›bedecken‹ 1.10:III:24 | hebr./aram. √*ksy* ›bedecken‹, akk. *kasû* ›zudecken‹

kš ›**Gurke**‹(?) 1.22:I:15 (// *zt*) | akk. *qiššû* ›Gurke‹, hebr. **qiššuʾāh* ›(ägyptische) Gurke‹, ar. *qiṯṯāʾ* ›Gurke‹; vgl. auch ar. *kūsā* ›Zucchini‹

√*kšd* G ›**anlocken, anziehen**‹(?) od. ›**hinstreben**‹(?) 1.5:I:16 | akk. *kašādu* ›erreichen, eintreffen; erobern‹

*kšp** /*kišpu*/ ›**Zauberei**‹ od. /*kaššāpu*/ ›Zauberer‹: Pl. *kšpm* 1.169:9, RS 92.2014:9.13 (// *dbbm*, s. dbb_2) | vgl. hebr. *k*[e]*šāpîm* ›Zauberei‹, akk. *kišpū* ›Zauberei‹; alt.: akk. *kaššāpu* ›Zauberer‹

kt_1 1.4:I:30.31, Bed. unsicher: ›**Sockel, (Thron-)Podest**‹ | vgl. hebr. *ken* ›Gestell‹; vgl. akk. *kannu*, ein Ständer; alt.: = kt_2

kt_2 /*kûtu*/(?) ›**(große) Kanne**‹, zugleich ein Flüssigkeitsmaß, 4.663:13.14, 4.786:13.14, 7.142:1.2.8, (?) 1.147:8; Du.(?) cs. *kwt* 4.691:6 (*ṯt kwt yn*) | akk. *kūtu* ›eine große Kanne‹; Emar-Akk. *ku-a-ta* (Ak.), daneben mask. Lexem *ku-ʾu-u*, jeweils: ein Gefäß und Flüssigkeitsmaß (Pentiuc 105f.)

√*ktb* G ›**schreiben**‹ 2.19:9 | zsem. √*ktb* ›schreiben‹

ktmsm Zeichenfolge in 1.6:I:52; Abtrennung der Worteinheiten und Interpretation unklar: a) *ktm sm*, b) *kt msm*, c) *k tmsm* (√*mss* ?)

ktn /*kut(t)ānu*/? ›**Leinen; Leinenstoff, -gewand**‹ 1.43:4&, Du. *ktnm*, Pl. *ktnt* | vgl. hebr. *kuttonæt*, raram. *kt*(*w*)*n* ›Tunika‹, akk. *kitû*, *kitītu* / *kitittu* / *kitintu* und *kitinnû*, jeweils ›Leinengewand‹

ktp /*katipu*/ ›**Schulter, Schulterblatt**‹ 1.2:IV:14& | ar. *katif*, hebr. *kātep*

ktt /*katītu*/? ›**klein, in Stücke geschlagen**‹(?), als Qualifikation des Materials Kupfer, 4.203:14, 4.288:8, 4.721:4 | Ptz. pass. von √*ktt*; vgl. hebr. *kātît* ›zerschlagen, (im Mörser) zerstoßen‹ (hebr. √*ktt* G ›klein schlagen‹, D ›in Stücke schlagen‹); vgl. auch syr./mand. *kettā* ›Klumpen‹

kṯ ein kleines Behältnis, zugleich Hohlmaß (für Honig [*nbt*], wohlriechendes Harz [*ẓrw*], Kümmel [*kmn*, *sbbyn*] u.a.), 1.148:22&, auch RS 94.2600:10.11 (*kṯ kmn*, *kṯ sbbyn*); Du. *kṯm* 4.60:6, 4.707:8); Pl. *kṯt* 4.60:4& | Etym. unsicher; äg. (spät.) *kṯ*, ein Metallkrug; die in DUL 470 erwogene Verknüpfung mit akk. *kīsu* (und wsem. Entsprechungen, z.B. hebr. *kîs*) ›Geldbeutel, Geld‹ ist unwahrscheinlich

kṯr ›**guter Zustand, Gesundheit**‹ bzw. ›**Erfolg**‹ 1.14:I:16 (*kṯr-m* ›bei (guter) Gesundheit‹ // *zblnm* ›in Krankheit‹), evtl. auch 1.2:III:20 | syr. *kušārā* ›Gedeihen, Erfolg‹, akk. *kušīru* ›Erfolg‹; vgl. ar. *kuṯr*, *kaṯraᶜ* ›große Menge, Fülle‹, vgl. hebr. *kišrôn* ›Gelingen, Gewinn‹

kṯr w ḫss ○ GN ›**Kôṯaru-wa-Ḫasīsu**‹ (Gottheit des Handwerks)

kṯrt ○ /*kôṯarātu*/, fem. GN (immer im Pl.); Göttinnen, zuständig für Geburt, 1.17:II:26&

kṯy ›**kassitisch**‹ 1.39:19, 1.102:14, 1.123:7 | akk. *kaššû*

√*kwn* G ›**sein; bereitstehen, fest sein**‹ 1.5:III:6&; D* ›erschaffen‹ 1.4:V:48&; Š ›schaffen, bereitstellen, bestimmen‹ (Abgrenzung von √*škn* G teilweise umstritten) 1.16:V:26f.&, RS 94.2168:18

(*km lbh yškn lhm* ›nach seinem freien Willen darf er für sie Bestimmungen treffen‹); Šp ›bereitgestellt werden‹ 4.280:14; Št ›für sich selbst bestimmen; beanspruchen‹ 1.4:VII:44 (*yštkn*) | sem. √*kwn* G ›sein, werden; fest sein, fest sehen‹, D u. K ›bestimmen, festsetzen‹, teilw. auch: ›(er)schaffen‹; vgl. auch akk. *šakānu* ›stellen legen; festsetzen, bewirken, schaffen‹

√*kwr* — G ›**zornig, wütend werden; ergrimmen**‹(?), 1.6:V:9 (lies wahrsch. *w kr* statt *w rk* [so KTU^2]) | syrisch √*kwr* tD ›heiß, zornig werden‹

kwt — (4.691:6), siehe kt_2

ky — siehe *k*

*kzy** — Pl. *kzym*, eine Berufsgruppe, viell.: ›**Pferdeknecht**‹ od. ›**Streitwagenfahrer**‹, 4.68:62&, *rb kzym* 4.222:3, = syll. ^{lú}*ka-zi-i-e* | akk. *kizû*, ein Diener; alt.: Amarna-akk. $ku_{(8)}$*-sí* (*ša*) anše.kur.ra

---

l

---

l_1 — = syll. *le-e* = /*li*/ (bzw. /*lê*/) ›**für, zu; gegen; von ... weg**‹ (Präp.); in Briefen häufig mit EP *-y*, d.h. *ly*, 2.30:5&; in der Epik häufig mit EP *-m* oder *-n*, d.h. *lm* bzw. *ln* | hebr. *l*^{e} (daneben auch *l*^{e}*mô*); ar. *li* und *la-* (vor Pronominalsuffix). — Mit l_1 zusammengesetzte Präpositionen: *l bl* /*li balî*/ ›ohne‹; *l p* /*li pî*/ ›entsprechend, gemäß‹; *l p*^{c}*n* /*li pa*^{c}*nê*/ ›zu Füßen von‹; *l pn* /*li panî*/ ›vor‹; *l pnm* /*li panîma*/ ›vorne‹ 1.4:IV:17 (Gegensatz: *aṯr* ›hinten‹); *l ẓr* /*li ẓâri*/ ›auf (dem Rücken von)‹

l_2 — /*lā*/ ›**nicht**‹ (Negation; s. UG § 87.1) | sem. außer äth.

l_3 — /*lV*/ ›**o!**‹ (Vokativpartikel; s. UG S. 318f. und 804) | (r)aram. *l*$^{\circ}$

l_4 — /*la*/ od. /*lū*/ ›**fürwahr, gewiss**‹ (s. UG § 85.8) | hebr. *l*^{e} (Lamed emphaticum), ar. *la*, *li*; vgl. Prekativpartikel *lV* (vor Jussiv) in diversen sem. Sprachen

√*l*$^{\circ}$*k* — G ›**schicken, senden**‹ (PK, Typ *ylak* /*yil*$^{\circ}$*ak-*/, SK Typ *lik* /*la*$^{\circ}$*ik-*/) 1.4:V:43&; D ›(mehrere / immer wieder) Boten schicken‹ (PK, Typ *ylik* /*yula*$^{\circ\circ}$*ik-*/) 2.26:4& | ar. √*l*$^{\circ}$*k* K ›als Boten aussenden‹; äth. √*l*$^{\circ}$*k* ›senden‹; nwsem. nur nominale Derivate; vgl. *mlak* ›Bote‹

√lʾw$_1$ G ›**überwältigen, siegreich sein**‹, Imp. f.sg. *li* 1.16:VI:2, PK 3.f.sg. *tlun!n* /*talʾû-nVnnū*/ ›(Schlaf) überwältigte ihn‹ 1.14:I:33 | akk. *leʾû*; vgl. *lan*, *aliy*, *aliyn*

√lʾw$_2$ (od. *√lʾy*) G ›**kraftlos, schwach sein**‹ PK 3.f.sg. *tlu* /*talʾû*/ 1.100:68 | zsem. *√lʾy* ›schwach sein; sich abmühen‹

√lʾy G ›**beschmutzt sein**‹ SK 3.m.sg. *la* /*laʾâ*/ (Subjekt: *šmm* ›Himmel‹) 1.3:V:18, 1.4:VIII:22, 1.6:II:25 (jeweils // *√ṣḥrr*) | akk. *luʾʾu* (D) ›beschmutzen‹ (vgl. bes. *mulaʾʾitum ša šamê* ›Beschmutzerin des Himmels‹ Maqlû III 48); alt.: = *√lʾw*$_2$ (›der Himmel ist schwach‹)

lan /*laʾânu*/ < **laʾawānu* 1. ›**Kraft, Macht**‹ 1.107:37(?), 1.108:21f., 23f.; 2. ›**mächtig, siegreich**‹ 1.16:VI:14 (// *ʿz*, *ḏmr*) | *QTLān*-Bildung von *√lʾw*$_1$

lim /*liʾmu*/ ›**Volk**‹ 1.3:II:7, 1.5:VI:23, 1.6:I:6, 1.7:38; vgl. evtl. auch *lumm* in 1.113:2 | akan. *li-me-ma* (Pl.), EA 195:13; hebr. *lᵉʾom*; akk. *liʾmu*, *līmu*

limm in *ybmt limm* / *ymmt limm* (Epitheton der Göttin ʿAnatu): 1.3:II:33, III:12 (*ymmt*); 1.3:IV:22; 1.4:II:16; 1.7:20; 1.101:16; 1.17:VI:19.25; Bed. unklar: entweder ›**Schwägerin der Völker / Nationen**‹ (*limm* als Pl. von *lim*) oder ›Schwägerin des Gottes *Liʾmu*‹ (*lim-m* als GN); vgl. ferner *limm* in 1.6:VI:6

lb /*libbu*/ ›**Herz; Sinn, Absicht**‹ (als Sitz des Gemütes und des Verstandes) 1.3:II:26&, *ap lb* ›Angesicht des Herzens‹ = ›Brustkorb‹ 1.5:VI:21, 1.6:I:5 (neben *bmt*); ›Zuneigung, Verlangen‹ 1.6:II:6-8.28f.; ›Absicht, Wille‹ RS 94.2168:19.22 | sem. *libb*

lbu /*labʾu*/ ›**Löwe**‹, Gen. *lbi-m* 1.5:I:14, 1.133:3, 1.169:4; Wortfolge *lbu* in 1.24:30 unsicher gelesen (lies evtl. *lbb*) | hebr. **læbæʾ*, aAK *labʾ*, ar. *labʾat* ›Löwin‹

lbdm /*li-baddi/u(m)ma*/? ›**allein**‹ 1.2:III:20 (?) | hebr. *bad* < **badd* ›Alleinsein‹, *lᵉbādād* ›allein‹

√lbn D ›**Ziegel streichen, formen**‹ 1.4:IV:61 | hebr./akk. *√lbn* G, ar. *√lbn* D; denominiert von *lbnt* ›Ziegel‹

lbn$_1$ = syll. *la-ba-nu*, /*labanu*/, Adj. ›**weiß**‹ 1.5:III:6 (?), 4.182:4 | hebr. *lābān*

lbn$_2$ Subst.(?) ›**weiße Farbe**‹, evtl. 1.5:III:7 (*dt lbn-k*) | vgl. *lbn*$_1$

lbn$_3$** = syll. *la-ba-nu*, /*labbānu*/ ›**Ziegelhersteller**‹ | ar. *labbān*

lbnn ○ ›**Libanon(gebirge)**‹ 1.4:VI:18.20 (// *šryn*)

lbnt /*labinātu*/ (Pl. zu nicht bezeugtem Sg. **lbt* /*labittu*/ < **labintu* bzw. **lbnt* /*labin(a)tu*/) ›**Ziegel**‹ 1.4:IV:62& | akan. *labittu*, hebr. *lᵉbenāh*, syr. *lᵉben/ttā*, akk. *libittu*

√*lbš* G ›**sich bekleiden**‹ 1.12:II:46, 1.19:IV:44.46&; Š ›bekleiden‹ 1.5:V:23 | sem. √*lbš*; vgl. *lbš*/*lpš* und *mlbš*

lbš /*labūšu*/ 1.43:4, 4.146:1& ›**Kleidung, Gewand**‹, Du. *lbšm* 4.146:6, Pl. *lbšm*, häufig in Wirtschaftstexten | hebr. *l*^{e}*bûš*, aram. *l*^{e}*būšā*; akk. *lubūšu*; ar. *labūs*; vgl. auch ug. *lpš*

ldt (2.34:33), siehe √*yld*

lg /*luggu*/, ein kleines Flüssigkeitsmaß (›**Log**‹) 1.23:75, 1.148:21& | hebr. *log(g)*, Pl. *lôggîm*; raram. *lg*, syr. *lagg*^{e}*tā*

*lḥ**$_1$ ›**Wange, Backe**‹, Du. *lḥm* 1.5:VI:19, 1.6:I:3 (neben *dqn* ›Bart‹) | hebr. *l*^{e}*ḥî* ›Kinn, Kinnlade, Backe‹, ar. *laḥy* ›Kinnlade‹, akk. *laḫû* ›Kinnbacken, Kinnlade‹

*lḥ**$_2$ /*lûḥu*/ (alt.: /*lôḥu*/) ›**(Brief-)Tafel**‹; Sg. nicht belegt; Pl.(?) *lḥt* mit Sg.-Bedeutung: ›Brief(botschaft), Nachricht, Botschaft‹ 1.2:I:26 (hier: ›Botschaft‹), 2.39:17&, RS 94.2284:18; *lḥt spr* ›beschriftete Tafel‹ = ›Brieftafel‹ 2.14:6 | hebr. *lûaḥ* (Pl. *lûḥot*, Du. *lûḥotayim*), aram. *lūḥā* (fem. Genus); vgl. ar. *lawḥ*, äth. *lawḥ*

√*lḥḥ* Š ›**flüssig machen, verflüssigen**‹ 1.4:I:25f. (*yšlḥ*, // √*yṣq*) | mhebr./jaram. √*lḥlḥ* ›feucht, nass machen; fließen lassen‹; äth. *laḥləḥa* ›weich sein‹; hebr. *laḥ* ›feucht, frisch‹

√*lḥk* G ›**lecken, kahl fressen**‹, *tlḥk* 1.83:5 | hebr./aram. √*lḥk* ›auflecken, auffressen, verzehren‹

√*lḥm*$_1$ G ›**essen, aufessen, fressen**‹ 1.4:III:40& (// *šty*); G od. D ›zu essen geben‹ 1.17:I:2-21 (// *šqy*), vgl. auch *mlḥm-y* (D-Ptz. ?) in 1.5:II:23; Inf. *lḥm* (emendiere viell. zu *l* <*l*>*ḥm*) 1.2:I:21; Š ›zu Essen geben, füttern‹ 1.17:II:30& (// *šqy* Š) | wohl denominiert von *lḥm* ›Speise‹; hebr. √*lḥm* ›speisen, kosten‹; akk. *laḫāmu*, *leḫēmu*, *lêmu* ›zu sich nehmen, essen‹; vgl. auch ar. √*lhm* ›verschlingen, verzehren‹

√*lḥm*$_2$ G ›kämpfen‹(?), evtl. in 2.82:9; Gt ›**kämpfen**‹ 2.49:10 (*iltḥm*); N ›(mit jmdm.) kämpfen‹ 2.82:20 | moabitisch √*lḥm* Gt, hebr./phön. √*lḥm* N, ar. √*lḥm* VI. Stamm: ›kämpfen‹

lḥm /*laḥmu*/ ›**Brot, Speise**‹ 1.4:IV:36& (oft // *yn*); 1.14:II:30, IV:11: *yip lḥm* ›Brot backen‹ (√*ʾpy*); auch in 1.114:7 eher ›Speise, Brot‹ als ›Fleisch‹ (d.h. die Bed. ›Fleisch‹ ist ug. nicht nachweisbar); 4.34:3: *ʿšr lḥm* ›zehn (Laibe) Brot‹ (vgl. 1 Sam 17,17) | hebr. *læḥæm* ›Brot‹, pun. *lḥm*, aram. *laḥmā* ›Brot‹; ar. *laḥm* ›Fleisch‹

lḥmd (1.4:V:39), siehe *mḥmd*

√*lḥn* Form *ylḥn* 1.6:I:48 (Lesung des 3. Zeichens als {ḥ} unsicher; lies evtl. *yltn*); Bed. ganz unsicher: ›**verständig sein**‹(?) [ar. *laḥina* ›klug, verständig sein‹] od. ›**eng, nahe verwandt sein**‹ [ar. √*lḥḥ*; ar. *laḥḥ* ›nächster Verwandtschaftsgrad‹]

lḥt /*la/iḥîtu*/ ›**Kinnlade**‹ 1.17:I:28.[47], II:3 (vgl. *lḥ*$^*_1$) | akk. *lētu* ›Backe, Wange‹; vgl. hebr. *l*^{e}*ḥî* ›Kinnlade‹

lḥt siehe auch unter *lḥ*$^*_2$

√lḫš siehe *mlḫš*

lk siehe *√hlk*

lkt /*liktu*/ ›**Gehen**‹ | *√hlk* Verbalsubst.; vgl. hebr. *lækæt*

ll /*lêlu*/ < **laylu* ›**Nacht**‹ 1.39:12& | sem. (hebr. *laylāh*, *layil*; syr. *lēlyā*; ar. *layl*, *layla*^{t}; äth. *lēlit*; akk. *līliātum* / *līlâtu* ›Abend‹)

llu /*laliʾu*/ (Nom.), *lli* (Gen.), *lla* (Ak.) ›**Zicklein**‹ | akk. *lali(ʾ)u*

lm$_1$ /*li/amā*/ ›**warum?**‹ 1.2:I:24& (UG § 81.64a) | Präp. *l* /*li*/ + Fragepronomen *m(h)* ›was?‹; hebr. *lām(m)āh*, syr. *lmā*, arab. *li-mā*

lm$_2$ siehe *l*$_1$ (Präp.)

√lmd D ›**lehren, unterweisen**‹ 1.18:I:29 (*almd-k*), RS 92.2016:42” (*w in d ylmd-nn*) | hebr., akk. *√lmd* D ›lehren, unterrichten‹; syr. *talmed* ›lehren‹, äth. *√lmd* G ›gewohnt, trainiert sein; lernen‹

lmd /*lu/immūdu*/? ›**Lehrling, Schüler; instruierte / geübte Person**‹ 1.6:VI:55&; Pl. *lmdm* 4.125:8&, RS 94.2592:2’ | hebr. *limmu/ûd* und *l*^{e}*mûd* (*√lmd* G-Ptz. pass.); akk. *lummudu* ›instruiert, gelehrt‹

lmdt /*lu/immūdatu*/? ›**Schülerin**‹ 4.175:12 | Fem. zu *lmd*

ln siehe *l*$_1$ (Präp.)

lp (›gemäß‹), siehe *l*$_1$ und *p*

lpn (›vor‹), siehe *l*$_1$ und *pn*

lpš Sg. *lpš* /*lu/ipšu*/ < **lu/ibšu* ›**Kleidung, Gewand**‹ 1.5:VI:16.31, 1.6:II:10& (oft // *all*); evtl. mit Pl. *lbšm* = /*lu/ibašūma*/ (Abgrenzung zu Pl. des Subst. *lbš* /*labūšu*/ unsicher) | vgl. ar. *libs*, *labūs*; äth. *ləbs*; akk. *lubšu*; vgl. ug. *lbš* und *√lbš*

√lqḥ G ›**nehmen, wegnehmen**‹ (PK *iqḥ*, *tqḥ*; Imp. *qḥ*) 1.2:IV:10&; N ›(weg)genommen werden‹ 4.659:1 (SK *nlqḥt*) | nwsem. *√lḥq*, akk. *leqû*, *laqû*; im Ar. und Asa. und Äth. mit anderen Bedeutungen

lqẓ 1.19:III:40, Lesung und Deutung unsicher | trad. mit sem. *√lqṭ* ›sammeln, auflesen‹ verknüpft

*lrmn** /*lurmānu*/ ›**Granatapfel**‹, Pl. *lrmnm* 1.23:50, 4.751:11 | vgl. akk. *lurmû*, *nurmû*, *nurmānu*; hebr. *rimmôn*; aram./syr. *rummānā*; ar. *rummān*; äth. *romān*: ›Granatapfel(baum)‹

√lsm G ›**laufen**‹ 1.3:III:19& | akk. *lasāmu*

*lsm** Du. *lsmm*, eine Tierspezies(?) 1.6:VI:21 | vgl. *√lsm* *lsmt* ›**Hast, Schnelligkeit**‹ 1.22:I:6 | vgl. akk. *lismu*

lṣb ungefähre Bed.: ›**Schläfe**‹ bzw. ›**Stirn**‹ (nicht: ›Mund‹), *yprq lṣb w yṣḥq* (1.4:IV:28, 1.6:III:16, 1.17:II:10), *b lṣbh* (1.103+:49.57), *l lṣbh* (1.114:29) | Etym. unklar; vgl. evtl. akk. *balāṣu* ›hervortreten, herausragen‹ (via Metathese)

lšn = syll. *la-ša-nu* /*lašānu*/ ›**Zunge**‹ (fem. Genus) 1.2:I:33, 1.5:II:3& | sem.: hebr. *lāšôn*, syr. *leššānā*, ar. *lisān*, äth. *ləsān*, akk. *lišānu*

√lšn D ›**Gehässiges sagen, geifern, verleumden**‹ 1.17:VI:51, 1.114:20 (hier alt.: *√lwš* ›kneten‹) | denominiert von *lšn* ›Zunge, Rede‹; hebr. *√lšn* K ›verleumden‹; ar. *√lsn* ›mit Worten verletzen‹

lṯḥ /*liṯḥu*/ < **litku*, ein Hohlmaß, 4.14:4& | Lw.; vgl. hebr. *letæk* (ein halbes 'Kor'), akk. *litiktu* (jeweils mit /k/!)

ltn ○ /*lôtānu*/, Name eines Meeresungeheuers (›**Leviatan**‹) 1.5:I:1 | hebr. *liwyātān*, syr. *lewyātān*

lṭpn /*laṭ(a)pānu*/ ›**scharfsinnig, verständig**‹, ›der Scharfsinnige, Verständige‹ als Epitheton des Gottes Ilu (trad.: ›der Freundliche, Gütige‹), Nf. *lẓpn* 1.24:44&; *lṭpn il d pid* ›der Scharfsinnige, Ilu, der Verständige‹ bzw. ›der scharfsinnige, der verständige Gott (Ilu)‹ 1.1:IV:13&, *ṯr lṭpn* 1.16:IV:2 | vgl. ar. *laṭīf* mit Grundbed. ›scharfsinnig‹; amurr. Namenselement *la-ṭà-pa-an* (u.ä.); s. J. Tropper – H. Hayajneh, Orientalia 72 (2003), 159-182

lṭš /*laṭī/ūšu*/ ›**geschärft (Messer/Schwert)**‹, *ḥrb lṭšt* ›ein geschärftes Schwert‹ 1.2:I:32 (G-Ptz. pass.) | nwsem. *√lṭš* ›schärfen, schleifen‹, ar. *√lṭs/š* ›schlagen, hämmern‹

√lwy Š ›**umgeben, umhüllen**‹(?) 1.14:III:45 (bei Lesung *t!šlw* statt *ašlw*) | hebr./aram. *√lwy* ›umgeben, begleiten‹, ar./äth. *√lwy* ›winden, wenden‹, akk. *lawû* ›umgeben, belagern‹

√lyn G ›**die Nacht verbringen, übernachten**‹ 1.17:I:5 (*ynl*, Schreibfehler für *yln*), I:15 (*yln*) (jeweils // *√škb*) | hebr. *√lyn*; vgl. akk. *niālu* ›sich hinlegen‹

lyt /*lâyāti*/? < **lawayāti* (Pl. Obl.) ›**Kranz**‹ 1.6:IV:19 (alt.: ›Gefolge‹) | hebr. **liwyāh* ›Kranz‹; mhebr. *liwyāh* u. syr. *lwītā* ›Geleit, Gefolge‹; *√lwy*

lẓpn siehe *lṭpn*

lẓr siehe *ẓr*

m

-m — */-ma/*, enklitische Partikel zur Betonung und Emphase (s. UG § 89.2)

mab — siehe *mid*$_2$

√mʾd — D ›**viel, zahlreich machen**‹ 1.14:II:5 (*amid*), 6.43:1 (*ymid*) | akk. *maʾādu* ›viel, zahlreich sein, werden‹

mad — */maʾadu/*? = syll. *ma-a-du-ma* (Pl.) ›**viel, zahlreich**‹ 1.14:II:35 (*ul mad* ›eine große (Heeres-)Macht‹) | akk. *maʾdu*, *mādu*

madt — Pl. *madt* */mVʾadātu/* ›**Menge(n) / Masse (an Menschen)**‹ 1.103+:1 (*madt-n*) | vgl. hebr. *m*^{e}*ʾod* ›Kraft‹, auch Adv. ›sehr‹; vgl. ferner akk. *maʾdû* ›Menge, Fülle‹ und akk. *mādūtu* ›Menge‹

mašmn — siehe *mišmn*

mat — */maʾati/* < **mahati* (?) ›**was?**‹ 1.14:I:38 (UG § 44.23) | < **mh* ›was?‹ + EP *-t*

mid$_1$ — */muʾdu/* od. */maʾdu/* ›**Menge**‹, 1.4:V:15.32.38&; Nf.(?) *mud* 1.5:III:16-24 | akk. *maʾdû*, *mādû* und *muʾ(ud)dû*

mid$_2$ — */maʾdu/* ›**viel, groß**‹ 2.46:11 (*mid-y rġbn-y* ›groß ist die Hungersnot‹); */maʾda/* (Ak.) ›**in hohem Maße, (gar) sehr**‹ 1.3:II:23&, evtl. Nf. *mad*$^!$ (geschrieben: *mab*) 2.16:11 (alt.: PN *mab*) | akk. *maʾdu/mādu* ›viel, zahlreich‹; hebr. *m*^{e}*ʾod*, akk. *maʾda* (und *mādiš*): ›sehr‹

miḫd — = syll. *ma-aḫ-ḫa-[du]* */maʾḫadu/* < **maʾḫaḏu* ›**Hafen**‹ 4.81:1& (vgl. ON **maḫd*) | akk. *māḫāzu*

minš — ›**Areal, Kreis**‹(?): *minš šdm* 1.19:IV:48, ungefähr: ›(sie betrat) das Areal / den Kreis der Felder (rund um dem Wohnort)‹ | Etym. unklar; die traditionelle Verknüpfung mit ar. *maʾnūs*, ›vertraut, gewohnt; Vertrauter; Ort der Vertraulichkeit‹ (u.ä.), ist semantisch unpassend

*mispt** — */ma/iʾsap(a)tu/*, Pl. *mispt*, ›**Ballen (Flachs)**‹ od. ›**Container**‹ 4.166:4 | pun. *mʾspt*; akk. *nēseptu*

mišmn — (2.19:6&), *mašmn* (6.17:1), *mšmn* (6.66:1, 6,69:1-2) ›**Siegel**‹ | *√ʾšm* < **wšm*; vgl. ar. *√wsm* ›markieren, mit Brandzeichen versehen‹; akk. *šimtu* ›Kennzeichen, Farbe, Marke‹

mit /*miˀtu*/ = syll. *me-te* (Du. cs. Obl.) ›**hundert**‹ 1.49:10&, Pl. *mat* /*miˀātu*/, Du. *mitm* /*miˀtâmV*/ | sem. **miˀ(a)t* (äth. *məˀət*)

miyt /*māˀīyatu*/? mit Nf. (alt.: Schreibfehler) *mhyt* /*māhīyatu*/? ›**Wassertiefe, (Ur-)Ozean, Abyssus**‹, Sg. od. Pl., Belege: 1.5:VI:5 (*mhyt* // *arṣ*), 1.16:III:4 (lies *miyt* oder *mhyt* [Befund unklar] // *arṣ*), 1.169:8 (*miyt*: *b miyt* ›in den Wassertiefen‹ [alt.: ›in den wasserreichen Tälern‹] // *b mrmt* ›auf den Höhen‹) | wohl Nisenbildung zu *my*, *mh* ›Wasser‹, vgl. ar. *māˀī* ›Wasser-; flüssig‹; evtl. identisch mit Emar-akk. *maˀītu* (*ma-i-tu*$_4$: *ma-ak-ri-it-tu*$_4$), mutmaßlich mit der Bed. ›bewässertes Feld‹

*mizrt** Du. *mizrtm* /*ma/iˀzartāmi*/?, eine Art **Lendenschurz** bzw. eine kurze (zweiteilige) Beinbekleidung, 1.5:VI:17.31 (St. abs. *mizrtm*), 1.17:I:[5].15 (St. pron. *mizrth*) | vgl. ar. *miˀzar* ›Schurz, Hülle‹; √*ˀzr* (›umhüllen, umgeben‹)

mud siehe *mid*$_1$

muid 1.5:III:24: unklar; lies viell. *mu*<*d.*> *i*[*lm* ?], d.h. ›eine **Vielzahl** von Wid[dern]‹; siehe *mid*$_1$

*m*ᶜ$_1$ Adj. ›**stark, groß**‹(?) od. Subst. ›Stärke, Größe‹(?), 1.14:II:34; 1.14:IV:14 | vgl. äth. *maᶜa/āt* ›Zorn; Menge, große Zahl‹, √*m*ᶜᶜ; s. UG § 85.9

*m*ᶜ$_2$ /*ma*ᶜᶜ*a*/? ›**doch!, bitte!**‹ 1.4:VI:4& | vgl. *m*ᶜ$_1$ ›stark, groß‹

*m*ᶜ*br* (vgl. ON *gt m*ᶜ*br*) = syll. *ma-ba-ri* (Gen.) /*ma*ᶜ*baru*/ ›**Furt, Pass**‹ | ar. *ma*ᶜ*bar*

*m*ᶜ*lt*** = syll. *ma-a-al-tu*$_4$: /*ma*ᶜᶜ*altu*/ < **man*ᶜ*altu* ›**Band, Türschloss(?)**‹

*m*ᶜ*n* /*ma*ᶜ*nû*/ < **ma*ᶜ*nayu* ›**Antwort**‹ 1.3:IV:5 (wahrsch. Lesung: *m*ᶜ*n ġlmm y*ᶜ*nyn*; KTU² liest das erste Wort als *y*ᶜ*n*), 2.10:15& | hebr. *ma*ᶜᵃ*næh* ›Antwort‹, syr. *ma*ᶜ*nītā* ›Antwortgesang, Antiphon‹; *maqtal*-Nominalbildung von √ᶜ*ny*$_1$

*m*ᶜ*qb* siehe √ᶜ*qb* D

*m*ᶜ*rb* /*ma*ᶜ*rabu*/ ›**(Sonnen-)Untergang**‹ 1.19:IV:48 | hebr. *ma*ᶜᵃ*rāb*

*m*ᶜ*ṣd* = syll. *ma-ṣa-du*, *ma-ṣa-du-ma* (Pl.) /*ma*ᶜ*ṣadu*/ ›**Hackmesser, Handbeil**‹ 4.625:3& | (m)hebr. *ma*ᶜᵃ*ṣād* ›Gertel, kleines Beil‹, ar. *mi*ᶜ*ḍad* ›Schneideinstrument (zum Beschneiden von Bäumen‹, äth. *mā*ᶜ*ḍad* ›Sense, Sichel‹

*m*ᶜ*šr*** = syll. *ma-ˀ-ša-ri-ša* (Gen.), *ma-ša-ra* (Ak.) /*ma*ᶜ*šaru*/ ›**Zehntel, Zehnt**‹ | hebr. *ma*ᶜᵃ*śer*

*m*ᶜ*t* ›**(Samen-)Korn**‹ 4.14:10, RS 94:2276:10'.22' | hebr. *mā*ᶜ*āh* ›(Sand-)Korn, Körnchen‹

mbk /*mabbaku*/ < **manbaku* ›**Quelle, Quellort**‹ 1.4:IV:21& (vgl. *npk* ›Quelle‹) | hebr. *mabbāk*

md$_1$ /*maddu*/ ›**(Ober-)Gewand**‹ 1.4:II:6& (*mdh* // *npynh*); Pl. *mdt* (?): *mdt-h* 4.182:55 | hebr. *mad* und **mādû* / *madwœh*, pun./aaram. *md*, akk. *mudûm*: jeweils: ›Gewand, Decke‹

*md**$_2$ /*mudû*/? = syll. *mu-du-ú*, Pl. *mu-du-ma*; Bez. einer sozialen Klasse, alph. nur im Pl. (*mdm*) und Du. (*mdm*) bezeugt, 4.38:4& | viell. akk. Lehnwort: akk. *mūdû* ›wissend, klug‹ (√*yd*^{c}, Ptz.)

md$_3$ /*ma/uddu*/? ›**Periode, Länge**‹, evtl. bezeugt in 1.111:1 (*l md* \ *t̲lt̲ ymm* ›über einen Zeitraum von drei Tagen‹) | ar. *madd* ›Ausdehnung‹; ar. *mudda*^{t} ›Zeitspanne, Dauer‹; vgl. he. *middāh* ›Messstrecke‹

md^{c} ›**warum?**‹(?), evtl. in 1.107:10 | hebr. *maddûa*^{c}

mdb ›**Strom, Flut**‹ 1.23:34.35 (*k mdb*, // *k ym* ›wie das Meer‹), evtl. ferner 1.101:2 (*k mdb*; alt.: *km db* ›wie ein Bär‹) | vgl. sem. (außer äth.) √*d̲wb* ›fließen‹

mdbḥ /*madbiḥu*/ < **mad̲biḥu* ›**Altar**‹ 1.39:20&, Pl. *mdbḥt* 1.13:16& | hebr. *mizbeaḥ*, phön. *mzbḥ*, aram. *madbḥā*, jeweils ›Altar‹; vgl. ar. *mad̲baḥ* ›Schlachthaus‹; vgl. ug. √*dbḥ*

mdbr /*ma/idbaru*/ ›**Steppe**‹ 1.12:I:35, 1.14:III:1& | nwsem. *ma/idbar*

mdd /*môdādu*/ < **mawdādu* ›**Liebling**‹, *mdd il-m* ›Liebling Ilus‹ 1.1:IV:20& | hebr. PN *mêdād*; aaram. *mwdd* ›Freund‹; akk. *mūdādu* ›Geliebter‹; vgl. ug. √*ydd*

mddt /*môdādatu*/ < **mawdādatu* ›**Geliebte**‹ 1.14:II:50, IV:28 (// *at̲t*), Pl. *mddt* 1.17:II:41 | Fem. zu *mdd*

mdgl (1.119:12), siehe *mgdl*

√*mdl* G ›**anschirren**‹ 1.4:IV:[4].9; 1.19:II:3.8 (jeweils // √*ṣmd*) | viell. denominiert von *mdl*$_1$; vgl. evtl. ar. √*mdl* tD (*tamaddala*) ›sich mit einem Schleier bedecken‹

mdl$_1$ ›**Zaumzeug, Zugtiergeschirr**‹ 1.86:12.13 (alt.: Ptz. pass. von √*mdl*) | Etym. unbekannt; vgl. evtl. akk. *nattullu*, Teil eines Zugtiergeschirrs

mdl$_2$ ›**Donnerkeil**‹ (o.ä.), Pl. pron. *mdl-h* 1.3:IV:26, *mdl-k* 1.5:V:7 | Etym. unsicher

mdll siehe √*dll*

mdnt /*madnîtu*/ bzw. /*madnûtu*/ ›**Unterwerfung**‹ = ›die sich unterwerfenden (Feinde)‹ 1.3:II:16 (// *šbm* ›Gefangene‹) | aram. √*dny* G ›sich niederwerfen, sich beugen‹, syr. √*dny* K + *napšeh* ›to submit oneself‹; vgl. ar./äth. √*dnn* ›sich niederbeugen‹

mdr^{c} = syll. *mi-dá-ar-ú*! /*midar*^{c}*u*/ < **midra*^{c}*u* < **mad̲ra*^{c}*u* ›**Saatland**‹ 1.23:69.73& | hebr. **mizra*^{c}, ar. *mazra/u*^{c}*a*^{t}, tigrē *mäzrä*^{ɔ}*at*

mdw /*madwû*/ < **madwayu* ›**Krankheit**‹ 1.16:VI:35.51 (^{c}*rš mdw* ›Krankenbett‹, // ^{c}*rš zbln*) | hebr. **madwœh*

mdrġl Berufsbezeichnung (Militärwesen), etwa Wachmann, 4.33:1& | hurr. bzw. hurro-akk. Lw.: Lexem (viell. akk. *maṣṣāru* ›Wächter‹) mit hurr. berufsbezeichnendem Suffix *-uḫ(u)li*

mgdl */ma/igdalu/* ›**hohes, mächtiges Bauwerk; Turm**‹ 1.14:II:20&, wahrsch. auch 1.119:12 (emendiere *mdgl* zu *mgdl*) (// *ḥmt*) | zsem. *ma/igdal* (hebr. *migdāl*)

√*mgn* D ›**beschenken**‹ 1.4:III:30 | hebr. √*mgn* D ›beschenken, geben, ausliefern; vgl. akk. *magannu* ›Geschenk‹

mgṯ ›**Schlachttier**‹ 1.16:VI:18.21 (// *imr*) | vgl. ar. √*gṯṯ* ›abschneiden, umhauen‹, akk. *gašāšu*, ›abschneiden‹

mġd */ma/iġdû/* ›**Nahrung, Verpflegung**‹ 1.14:II:31, IV:12 (jeweils // *lḥm*) | √*ġdy* < * √*ġḏy*; vgl. ar. √*ġḏy* ›ernähren, füttern‹

√*mġy* G ›**an-, hinkommen, eintreffen**‹ 1.1:V:16&, (?) 1.4:IV:33 (lies *tġt* od. *m!ġt*); ›(hin)reichen bis‹ 1.6:I:59.60 | jibbali *míẓi* ›reichen bis‹; ar. √*mḍy* ›vorübergehen, weggehen‹; vgl. aram. √*mṭʾ* < **mẓy* ? ›erreichen, ankommen‹

mġẓ */ma/iġẓû/* < **maġẓayu* ›**Geschenk**‹ 1.4:I:22, 1.8:II:2 (jeweils // *mgn*), 1.5:V:24 | vgl. √*ġẓy*

mh */mah(a)/* ›**was?**‹ (Fragepronomen) 1.3:V:28& | zsem. *mā(h)*; siehe auch *mhy*, *mhk* und *mat*

mh siehe my_1 ›**Wasser**‹

mhk */mahaka-/* ›**was auch immer, irgendetwas**‹ 2.30:22 (*mhk-m*), 2.38:26, 2.71:14 (*mhk-m*), RS 94.2406:40 | *mh* ›was?‹ + EP *-k* (+ EP *-m*); vgl. ug. mnk_2

*mhmr(t)** ›**Tiefe, Abgrund, Grube, Loch**‹, Pl. *mhmrt* 1.5:I:7 | hebr. **mah^amorôt* ›Gruben, Abgrund‹ od. ›Regenlöcher‹; mhebr. *mah^amor* ›Tiefe, Grund, Grube, Grab‹; vgl. auch den ug. ON *hmry*

mhr_1 ›**(Elite-)Kämpfer, Krieger, Soldat**‹, Pl. *mhrm*, 1.3:II:11.15.21.35& | vgl. hebr. *māhîr*, syr. *mhīr*, ar. *māhir*, jeweils: ›geschickt, erfahren‹; vgl. ferner Element *mhr* in amurr. und phön.-pun. PNN (z.B. *Maharbal*) und den ug. PN *mhrn* 4.727:8

mhr_2 1.18:IV:26 (*mh!rh* od. *mprh*), 1.18:IV:38 (*mhrh*); Deutung unsicher (vgl. mhr_1); alt.: Lexem *mpr*

mhr_3 ›**Brautgeld, Hochzeitsgabe**‹ 1.24:19, 1.100:74.75 (// *itnn*) | hebr. *mohar*, syr. *mahrā*, ar. *mahr*

mhy ›**was?**‹ 2.14:9 | *mh* + EP *-y*

mhyt siehe *miyt*

mḥmd */maḥmadu/* ›**Begehrenswertes, Kostbarkeit**‹ 1.4:V:16.32, 1.4:V:39: *lḥmd* (dissimilierte Form?), 1.4:VI:19.21 | hebr. **maḥmād*, **maḥmod* ›Kostbarkeit‹; vgl. akan. *ḫa-mu-du*, raram.

ḥmd ›Kostbares‹ und ar. *ḥamīd, ḥamūd* ›lobenswert‹

mḥrṯt$_1$ /*maḥraṯ(a)tu*/ ›**Ackerland, kultiviertes Land**‹ 1.6:IV:3.14 (Sg. od. Pl.) | ar. *maḥraṯ* ›Ackerland‹; akk. *mēreštu* ›Anpflanzung, Anbau‹, *mērešu* ›bestelltes Feld‹

mḥrṯt$_2$ /*maḥriṯ(a)tu*/ ›**Pflug**‹ 6.14:3 (*[a]lp b mḥrṯt* ›Pflugochse‹; alt.: ›Ackerland‹ [= *mḥrṯt*$_1$]) | hebr. **maḥ^{a}rešāh* / **maḥ^{a}ræšæt* ›Pflugschar‹; vgl. ar. *miḥrāṯ* ›Pflug‹

√*mḥt* evtl. bezeugt in RS 94.2284:30 (*amḥt*); Bed. und Kontext (*w ks pa amḥt akydnt*) unklar | vgl. evtl. ar. √*mḥt* G ›heiß / zornig / schwierig sein‹, K ›mit Zorn erfüllen, jmdn. erzürnen‹

√*mḥy* G ›**tilgen, abwischen, entfernen**‹ 1.124:14, 1.41:7&; Gp ›weggewischt, entfernt werden‹ 1.3:II:30 | phön., hebr./jaram. √*mḥy*, ar. √*mḥw*: ›abwischen, wegwischen, vertilgen‹

mḫ$_1$ /*muḫḫu*/ ›**Mark, Gehirn**‹ 1.16:I:27 (Emendation zu *my*$_1$ ›Wasser‹ unnötig) | hebr. *moaḥ* ›Schädel, Mark‹; ar. *muḫḫ* ›Gehirn, Mark‹

mḫ$_2$ 1.17:I:38, 1.19:IV:39; unklar (Kontext abgebrochen)

mḫlpt /*maḫlap(a)tu*/ ›**Haarflechte, Haarsträhne**‹ 1.19:II:33& (Sg. od. Pl.) | hebr. *maḥl^{e}pôt* (Pl.)

mḫmšt /*muḫammaš(a)tu*/ ›**Fünftfrau**‹ 1.14:I:18 | √*ḫmš* Dp-Ptz.

mḫmšt (1.14:I:29), siehe *ḫmšt*

mḫr$_1$ /*maḫīru*/ ›**Gegenwert, Kaufpreis**‹ 2.32:9, 4.338:18, 4.625:2 | akk. *maḫīru*, hebr. *m^{e}ḥîr*; wahrsch. akk. Lw.

mḫr$_2$ 1.96:7.10.11, ein Beruf: ›**Kaufmann**‹ od. ›**Käufer**‹ od. ›**Zöllner**‹ | vgl. neuäg. *mḫr* ›Käufer, Kunde‹; vgl. aber auch akk. *māḫiru* ›Gegner, Rivale; Empfänger‹

mḫsrn /*maḫsirānu*/? ›**Mangel; Fehlbetrag, fehlendes Material (Kupfer)**‹ 4.300:1, 4.310:1.3 | √*ḫsr*; vgl. hebr. *maḥsôr*, pun. *mḥsr*, akan. *maḫsir-*

√*mḫṣ* G ›**schlagen; weben**‹, PK 1.c.sg. *imḫṣ* 1.2:II:8&, SK 1.c.sg. *mḫšt* < **mḫṣt* 1.3:III:38& (Deaffrizierung von /*ṣ*/ vor /*t*/); Gp ›erschlagen werden‹ 1.19:III:52, IV:4; Gt ›sich schlagen‹ = ›kämpfen‹ 1.3:II:5-6.23, III:46; D ›(wiederholt) zuschlagen; prügeln‹, PK 1.c.sg. *amḫṣ* 1.3:V:23; zu *tmtḫṣ* (Gt-Verbalsubst.) siehe unten | sem. √*mḫḍ* ›schlagen, schütteln‹ (hebr./äth. √*mḥṣ*, ar. √*mḫḍ*, akk. √*mḫṣ*, aram. √*mḥʾ* < **mḥᶜ*)

mḫṣ$_1$ /*māḫiṣu*/ ›**Weber**‹, Pl. *mḫṣm*, 4.99:15& | akk. *māḫiṣu*

mḫṣ$_2$ = syll. *me-ḫi-[ṣ]ú-ma* (Pl.) /*miḫīṣu*/, ›**Keule**‹ (od. ähnliche Schlagwaffe) 1.2:I:39 (// *mšḫṭ*) | √*mḫṣ*

mḫšt (1.3:III:38.41.43.45), siehe √*mḫṣ*

mk$_1$ ›**dann, schließlich**‹ (od. ›**siehe!**‹) 1.4:VI:31& (s. UG S. 745f.)

| akk. *ammaka(m)* / *ma(k)ka* ›dort‹; *amma* ›da (ist)‹

mk$_2$ ›**Grube, Senke, Erdloch**‹ 1.4:VIII:12; 1.5:II:15 (jeweils // *ḫḫ*$_1$) | vgl. √*mkk*

√*mkk* (alt.: √*mwk*) G ›**niedersinken, zu Boden gehen**‹, PK *ymk* 1.2:IV:17 | hebr. √*mkk* ›sinken‹; aram. √*mkk* ›sich niederwerfen‹

mknt /*makânatu*/ ›**Stellung**‹ 1.14:I:11 (// *ḥtk-n* = *ḥtk*$_2$) | sab. *mknt* ›(Grund-)Besitz, Rechtsstatus‹; vgl. hebr. *m*^{e}*kônāh* und ar. *makān*(*a*^{t}), jeweils ›Ort, Stelle‹

mknpt (Sg. od. Pl.), Grundbed. ›**Flügel**‹ = ›Ausdehnung‹ od. (eher) ›**Verteidigungsanlage(n)**‹ bzw. ›**Schutzwälle**‹, 1.16:I:9, II:47: *rḥb mknpt* ›(Festung) mit ausgedehnten Verteidigungsanlagen‹ (// *adr* ›mächtig‹) | vgl. ug. *knp* ›Flügel‹; syr. *kenpā* ›Flügel, Seite, Rand‹; mand. *kanpa*, auch: ›Schutz, Wehr‹; ar. *kanaf*, auch: ›umzäunter Raum vor dem Haus‹; vgl. ferner ar. √*knf* ›umgeben, einschließen, mit einer Umzäunung versehen‹

√*mkr* N od. Gp / Dp ›**verkauft werden**‹ 3.8:16 | hebr. √*mkr* G ›verkaufen‹, N ›verkauft werden‹; aram. √*mkr* ›kaufen‹, ar. √*mkr* D ›(Getreide) aufkaufen‹; akk. *makāru* G ›Handel treiben‹, D ›kaufen‹(?)

mkr$_1$ /*makkāru*/ ›**Händler, Kaufmann**‹ 2.21:8 (*mkry*), 2.42:25, 4.36:4& (in Wirtschaftstexten meist Pl. *mkrm*) | √*mkr*; akk. *makkāru* / *mākiru*; hebr. **makkār*; sab. *mkr* ›Händler‹

mkr$_2$ /*ma/ikru*/? ›**Verkauf**‹ od. ›**Verkaufsware**‹ RS 94.2392+:1: *d mkr* ›zum Verkauf / als Verkaufsware‹ (Gegensatz: *d mnḥt* ›als Geschenk / Tribut‹, Z. 6) | hebr. *mækær* ›käufliche Ware‹; mhebr. *mækær* ›Verkauf‹

mks /*ma/iksû*/ < **maksawu* ›**Bedeckung**‹ 1.4:II:5 | hebr. *miksæh*; √*ksy/w*; vgl. *kst* ›Gewand‹

√*mlʾ* G ›**voll sein, sich füllen**‹ 1.3:II:25&; D ›voll machen; etwas anfüllen mit; erfüllen, einlösen‹, Ptz. f.pl. *mmlat* /*mumalliʾātu*/ ›die Wasser füllenden (Frauen)‹ 1.14:III:10, V:2 (// *šibt*) | sem. √*mlʾ*

mlak /*malʾaku*/ ›**Bote**‹ 1.2:I:11&, 1.2:I:22.26 (// *tʿdt*), in der Epik meist Dual (›zwei Boten‹), St.abs. *mlakm*, St.cs./pron. *mlak-* | zsem. *malʾāk* (hebr. *malʾāk*), s. √*lʾk*

mlakt /*malʾak(a)tu*/ ›**Gesandtschaft, Gesandter (mit Eskorte)**‹ 2.17:[4].7& | vgl. hebr. *m*^{e}*lā(ʾ)kāh* ›Sendung; Geschäft; Arbeit, Dienst; Ware, Sache‹

mlat /*maliʾatu*/ ›**Fülle**‹, *ym mlat* ›Vollmondstag‹ 1.46:11, 1.109:3 | hebr. *m*^{e}*leʾāh*

mlit ›**voll**‹ (Adj. f.sg.) od. ›**Fülle**‹ (Subst.), 2.2:7 (Kontext abgebrochen) | vgl. hebr. *māleʾ*

mlu /*milʾu*/ od. /*milāʾu*/ ›**Fülle, volle Menge**‹ RS 94.2600:12 (*mla ḥpnm* ›zwei Handvoll‹ [*mla* ist wahrsch. Sg., nicht Du.]), 1.87:20 (*mlu[ ]*); evtl. auch 1.39:10 (unklare Form *mlun*) | hebr. *m*^{e}*lo/ôʾ* (*m*^{e}*lôʾ ḥŏpnayim* ›zwei Handvoll‹); ar. *milʾ* (*milʾ al-yad* ›eine Handvoll‹); akk. *mīlu*

mlbš /*malbašu*/ ›**Kleidung; Gewand, Mantel**‹ 4.168:5.7; 4.182:3.61.62.63, 4.257:5 | akan. *ma-al-ba-ši*, akk. *nalbašu* ›Mantel‹; hebr. *malbûš*; vgl. ug. *lbš*

mlḥ$_1$* ›**gezogen, gezückt (Messer)**‹, Pl.f. *mlḥt* 1.3:I:7& (*b ḥrb mlḥt*) | ar./äth. √*mlḫ* ›herausziehen; (Schwert / Messer) ziehen / zücken‹ (*ḫ*/*ḥ*-Wechsel)

mlḥ$_2$ /*malīḥu*/ ›**gesalzen, eingesalzen (haltbar gemachtes Fleisch)**‹ 4.17:17(?); 4.247:20 (*uz mrat mlḥt*) | √*mlḥ* ›salzen‹, G-Ptz. pass.; mhebr. *mālîaḥ* ›eingesalzen; Eingesalzenes (Fleisch)‹, ar. *malīḥ* ›salzig, gesalzen‹

mlḥm 1.5:II:23 (*mlḥm-y*), Subst. oder D-Ptz. von √*lḥm* (+ Suff. 1.c.sg.)

mlḥmt (Pl.) ›**Speise-, Brotopfer**‹ od. ›**Krieg**‹ 1.1:II:19; 1.3:III:15& (jeweils // *ddym*) | vgl. √*lḥm* ›essen‹; alt.: vgl. hebr. *milḥāmāh* ›Krieg‹

mlḥ(t)$_1$ ›**Salz**‹ 4.344:22, 4.720:1; viell. jeweils fem. Pl. zu Sg. **mlḥ* /*milḥ*/, zumal das Lexem in anderen sem. Sprachen keine Fem.-Endung aufweist | vgl. sem. *mi/alḥ* ›Salz‹ (hebr. *mælaḥ*, syr. *melḥā*, ar. *milḥ*, äth. *malḥ*); fem. Genus im Aram. und Neuhebr.

mlḥt$_2$ ›**Saline**‹, evtl. in 6.48:5 (*bʿl mlḥt*) | hebr. *m*^{e}*leḥāh* ›salzhaltiges, unfruchtbares Land; syr. *mālaḥtā* ›salziges Land, Saline‹; ar. *mallāḥa*^{t} ›Saline‹; akk. *mallaḫtu* ›salziges Gras‹

mlḫš ›**Beschwörer**‹ 1.100:5& (√*lḫš* D-Ptz.) | vgl. hebr. *m*^{e}*laḥ*^{a}*šîm* (Pl.) ›Beschwörer‹

√*mlk* G ›**König sein, als König regieren**‹ 1.2:III:22, 1.4:III:9&; D ›zum König machen; als König einsetzen‹ 1.6:I:46.48.54.55 | sem. außer akk. √*mlk*

mlk$_1$ = syll. *ma-al-ku* /*malku*/ < **maliku*(?) ›**König**‹ 1.2:III:5& | zsem. *mal(i)k* ›König‹ (hebr. *mælæk*; ar. *malik*); vgl. GN ^{d}*ma-lik*.MEŠ

mlk$_2$ /*mulku*/ ›**Königtum, Königsherrschaft**‹ 1.2:IV:10& (oft // *drkt*) | ar. *mulk*; in anderen sem. Sprachen stattdessen Bildung **mal(i/a)kūt* od. **mamlakat*

mlkt /*malkatu*/ ›**Königin, Königsfrau**‹ 1.23:7, 1.119:25& | Fem. zu *mlk*$_1$; vgl. hebr. *malkāh*, aram. *malk*^{e}*tā*, ar. *malika*^{t}

√*mll* G od. D* ›**(mit den Fingern) reiben, kneten**‹, 1.16:V:28 (Lesung *ymll*$^{!}$), 1.101:6 | vgl. mhebr./jaram. √*mll* *mltḥ* /*ma/iltaḥu*/ ›**Hälfte**‹(?) od. kleinere Teilmenge, 4.282:14&; *mltḥm* ›die Hälfte davon‹ od. ›zwei *m.*-Teilmengen‹ 4.778:7 // 4.782:12 (vgl. dazu UG § 64.21) | √*ltḥ* ›spalten, halbieren‹(?); vgl. akk. *letû* ›spalten, zerschlagen‹

mm belegt im Ausdruck *zt mm*, 4.91:14, 4.786:13, RS 94.2479:19; Deutung unsicher: entw. ›'flüssige' Oliven‹ = ›Olivenöl‹ od. ›Winteroliven‹ = ›gereifte Oliven‹ | entw. Plural von *my*$_1$ ›Wasser‹ od. Lexem *mm* ›Winter, Frost‹; vgl. akk. *māmū* ›Wasser‹ bzw. akk. *mammû* ›Frost, Eis‹

mm^c ›**Eingeweide; Körperflüssigkeit**‹, Numerus unklar: Pl. od. Sg. (mit EP *-m*): *mm*^{c} (St.cs.) 1.3:II:14.28.35, *mm*^{c}*-m* (Lokativ: ›ich werde dein graues Haar von Blut // Körperflüssigkeit überfließen lassen‹) 1.3:V:[3].25; 1.18:I:12; jeweils // *dm* ›Blut‹ | hebr. *me*^{c}*ayin* (Du. zu Sg. **me*^{c}*æh*), mhebr. Pl. *me*^{c}*îm* und Du. *m*$^{e\,c}$*ayim*; aram. *ma*^{c}*yā*; ar. *mi*^{c}*an*; jeweils: ›Innereien, Eingeweide‹

mmlat siche √*ml*ʾ D

mmskn /*ma/imsakānu*/ ›**Mischkrug**‹ 4.123:18 | vgl. hebr. *mimsāk*

*mmṣr*** = syll. *ma-am-ṣa-ar* /*mamṣaru*/ ›**Schwert**‹ | vgl. akk. *namṣaru*

mn$_1$ /*mānu*/ (alt.: /*mīnu*/), 1. ›**was?, warum?**‹ 1.5:IV:23&, 2. ›**wieviel**‹ 1.16:II:19f. (UG § 44.24) | hebr. *mān*, syr. *mānā*; akk. *mīnu*, äth. *mənt*; vgl. ug. *mnm*$_1$

mn$_2$ /*mannu*/ ›**wer?, welcher?**‹ 1.3:III:37& (UG § 44.12) | sem. außer kan. *man(nu)*; vgl. ug. *mnm*$_2$

mn$_3$ /*manû*/ < **manayu*, Gewichtseinheit (›Mine‹), ca. 470 g (= 50 Schekel [*ṯql*] à 9,4 g; 1/60 Teil eines Talents [*kkr*]), nur in 3.1:19.20 belegt | Lw.; akk. *manāʾum, manû(m)*; hebr. *mānæh*

mn$_4$ /*mînu*/ ›**Art, Species (von Tieren)**‹, Pl. *mnm* 1.4:I:39 (// *dbbm*) | hebr. *mîn* ›Art‹; vgl. ar. √*myn* ›spalten‹

mnd^c /*mVn(nV)da*^{c}/ ›**vielleicht, gegebenenfalls**‹, 1.16:II:24; 2.34:10.11 (*mnd*^{c} ... *mnd*^{c}, hier viell. im Sinne von ›entweder ... oder‹); evtl. ferner 2.45:31 (teilweise ergänzt) | *mnd*^{c} könnte aus **mī/ānu* ʾ*ida*^{c} ›was weiß ich?‹ oder aus **man(nu) yida*^{c} ›wer weiß?‹ entstanden sein; vgl. akk. *minde/a*, *manda* bzw. *midde* ›vielleicht‹; vgl. ferner *m(n)d*^{c}*m* in älteren aram. Sprachen und syr. *meddem*, jeweils ›irgendetwas‹

mnḥ /*minḥu*/ ›**Gabe(n), Tribut**‹ (kollektiv), 1.2:I:38 (*mnḥy-k* // *argmn-k*; das Graphem {y} in *mnḥyk* könnte eine *mater lectionis* sein (s. UG S. 53; alt.: fem. Lexem *mnḥy* [so DUL]), 4.91:1 (*mnḥ bd* PN), 3.10:1 (*sprn mnḥ*) | √*mnḥ*, vgl. ar./tigre √*mnḥ* ›geben, leihen, schenken‹; vgl. *mnḥt*

mnḥt /*minḥatu*/ ›**(einzelne) Gabe, Geschenk, Tribut**‹ 4.709:6, 4.771:9 (KTU^2 liest hier fälschlich {mnḥ [.]}), RS 94.2392+:6: jeweils *d mnḥt* ›als Geschenk / Tribut‹ (Gegensatz: *d mkr* ›zum Verkauf‹ RS 94.2392+:1 [*mkr*$_2$]) | hebr. *minḥāh* ›Gabe, Geschenk, Tribut; Opfer‹; phön. *mnḥt* und raram. *mnḥh*, ›Opfer‹; ar. *minḥa*^{t} ›Geschenk, Gabe‹; vgl. ug. *mnḥ*

mnḫ ›**Rastplatz, Ruhestätte**‹(?) 1.2:IV:3 | hebr. *mānôaḥ*$_{(1)}$ u. *m*^{e}*nûḥāh*

mnk(-m)$_1$ ›**irgendjemand**‹, mit Negation ›niemand‹ 2.19:12, 3.2:12f. (*mnk mnkm*) | *mn*$_1$ + EP *-k* (+ EP *-m*)

mnk$_2$ ›**was auch immer, irgendetwas**‹ RS 94.2406:22 | *mn*$_2$ + EP *-k*; vgl ug. *mhk*

mnm$_1$ ›**was auch immer**‹ 2.10:16, 2.41:19, 2.70:29&; vgl. UG § 45.122 | *mn*$_1$ + EP *-m*

mnm$_2$ ›**wer auch immer**‹ RS 94.2592:13'; vgl. UG § 45.114 | *mn*$_2$ + EP *-m*

mnmn /*manman(n)u*/ ›**wer auch immer, irgendjemand**‹ 1.123:22 | akk. *mammana(ma)*; wohl akk. Lw.

mnn ›**wer auch immer, irgendjemand**‹ 5.9:I:2 (unsicher) | *mn*$_1$ + EP *-n* ?

√*mnn* D, Bed. ungewiss, trad. ›**nach unten richten, senken**‹, *ymnn* 1.23:37, *mmnn-m* (wohl Vokativ) 1.23:40.44.47, jeweils zusammen mit *mṭ yd-* ›Stab der Hand‹ = ›Penis‹ (jeweils // √*nḥt* D) | ar. √*mnn* G ›vermindern, schwächen‹, K ›ermüden, schwächen‹; äth. √*mnn* ›schwach, unfertig, unvollständig sein‹; alt.: √*ymnn* bzw. √*ymn* R-Stamm: ›mit der rechten Hand nehmen‹

mnt$_1$ /*manâtu*/ < **manayatu*, 1. ›**Teil, Anteil, Portion (am Opfermahl)**‹ 1.17:I:32, II:[4].21 (Sg. od. Pl. pron. *mnth*, *mntk*, *mnty* // *ksm-*); 2. ›**Körperteil**‹ 1.6:II:36 (// *šir*) | hebr. *mānāh*, Pl. *mānôt* und **m*^{e}*nāt* ›Teil, Anteil, Portion‹; aram. **ma/ənātā*; vgl. hebr. √*mny* D ›zuteilen (< auszählen)‹

mnt$_2$ 1. ›**Aufzählung**‹ 1.24:46-47 (*mnthn* // *sprhn*); 2. ›**Rezitation, Beschwörungsformel**‹(?) 1.100:4& | akk. *minûtu* ›Zählung, Rechnung; Rezitation einer Beschwörung‹; sem. (außer ar./äth.) √*mny/w* ›zählen, rezitieren‹

*mpḫ** /*mappūḫu*/ ›**Blasebalg**‹, Du. *mpḫm* 1.4:I:23 | hebr. *mappuaḥ*; vgl. ar. *minfa/āḫ*; akk. *munappiḫ(t)um*, ein Blasebalg?; √*npḫ* D ›blasen‹

mpḫrt /*ma/ipḫar(a)tu*/ ›**Versammlung**‹ 1.40:8& | akk. *napḫar(t)u*; √*pḫr*, vgl. ug. *pḫr*

mpr (1.18:IV:26), siehe *mhr*$_2$

mqb *mqp* = syll. *ma-qa-b/pu(-ma)* /*maqqabu*/ < **manqabu* ›**Hammer**‹(?) 4.625:5& (*mqb-*); 3.6:5, 4.127:2, 4.390:6 (jeweils *mqp-*) | hebr. *maqqæbæt*; vgl. *ma-qí-bu* in EA 120:11; *b*/*p*-Wechsel

mqd_1 = syll. *ma-aq-qa-du* /*maqqadu*/ < **manqadu* ›**Weidegebühr, -recht**‹(?), evtl. 4.775:1 (Lesung *spr mqd b*[ ] od. *spr mtdb*[*m*]) | √*nqd*, vgl. ug. *nqd*

mqd_2 4.158:19 (*ḫmš mqdm*), Bed. unsicher (neben Hölzern, Schilfrohr, Wolle u.a.)

mqdšt /*ma/iqdaš(a)tu*/ ›**Heiligtum**‹, Sg. od. Pl.: 4.609:15 (*šib mqdšt*), 6.25:3 (Z. 2-3: *šab mq*[*dšt*] ?) | vgl. hebr. *miqdāš*, syr. *maqd*ᵉ*šā*, ar. *maqdis*

mqḥm (Du.) = syll. *ma-qa-ḫa* (Du.) /*maqqaḥā(mi)*/ < **malqaḥ-* ›**Zange**‹ (Du.) 4.123:21, 4.127:4, 4.385:3 | hebr. *milqāḥayim*; pun. *mlqḥ* ›Zange‹(?)

mqm /*maqâmu*/ ›**Ort, (Fund-)Stelle, Mine(?)**‹ 1.14:II:1, III:23.35, V:35; VI:19 | hebr. *māqôm*, phön. *mqm*, ar. *maqām*; √*qwm*

mqp siehe *mqb*

mqr /*maqâru*/ ›**Quellort**‹: *b mqr* 1.14:V:2 // *b bqr* 1.14:III:9 (*bqr* ist Schreibfehler oder phonet. Variante zu *mqr*) | hebr. *māqôr*

mqrt /*maqartu*/?, ein Gefäß, Du. *mqrtm* 4.123:19 (*ṯt mqrtm*) | akk. (spB) *maqartu*, ein Gefäß

mr_1 /*murru*/ ›**Myrrhe**‹ 1.124:5.7; *šmn mr* ›Myrrhenöl‹ 1.41:20& | sem. *murr* (hebr. *mor*), akan. *mu-ur-ra*

mr_2 /*marru*/ ›**bitter; Bitterkeit, Leid**‹ 1.124:16; vgl. evtl. auch 1.19:I:12 (Zeichenfolge: *kmr* . *kmrm*) | hebr. *mar*, akk. *marru*; vgl. ar. *murr* (1. ›Myrrhe‹, 2. ›bitter‹) und *marīr* (›bitter‹)

mr_3 Deutung umstritten; Pl. *mrm* 1.12:I:11: *ṯdn km mrm tqrṣn* ›unsere Brüste kneifen uns wie ...(?)‹ (// *k iš* bzw. *k iš*<*t*> ›wie Feuer‹) | trad. gleichgesetzt mit sem. *rimmat-* (hebr. *rimmāh*) ›Made, Wurm, Ungeziefer‹ (via Metathese)

mr_4 ›**Sohn**‹, *mr mnmn* 1.123:22 | Lw.; = akk. *māru*; vgl. akk. *mār mammānāma* ›Sohn von irgendjemand‹

√*mr*ʾ D od. G ›**fett machen, mästen**‹ 1.4:VII:50 (*ymru* // *yšb*ʿ) | hebr. √*mr*ʾ G ›sich mästen, weiden‹, akk. *marû* G ›mästen‹, ar. √*mr*ʾ ›bekömmlich sein (Speise)‹

mria siehe mru_1

mru_1* /*marīʾu*/ ›**Masttier, Mastvieh**‹; Schreibungen: *mri* (Gen.), *mra* und *mria* = /*marīʾa*/ (Ak. mit besonderer Orthographie, s. UG S. 38): 1.3:I:8&; RS 94.2284:10 (*alp mru* ›Mastrind‹) | hebr. *m*ᵉ*rîʾ*; vgl. akk. *mīru* ›Zuchtstier‹

mru_2 /*marīʾu*/ od. /*marūʾu*/ ›**gemästet**‹ (wohl morphologisch identisch mit mru_1); Mask. *mri*, *mrim* 4.247:16.17&; Fem. (Sg. und Pl.)

mrat 4.128:2, 4.247:20.21, ferner RS 86.2247:10’ (*ṣin mrat*) | √*mrʾ*, G-Ptz. pass.

mru$_3$ = syll. *mur-ú*, *mur-u* = /*murʾu*/; Sg. *mru, mri*; Pl. *mrum, mru, mri*; eine Berufsbezeichnung (genaue Bed. umstritten)

mrʿ /*marʿû*/ ›**Weide(land)**‹, Pl.pron. *mrʿ-h* RS 94.2168:15 (nach *bht-h* und *šd-h*) | hebr. *mirʿæh*

mrbʿ ›**Viertel**‹ 4.751 (mehrfach), ferner *mrbʿ*[ ] in 4.362:6; in 1.19:II:33-34 lies *km rbʿt* (nicht: *k mrbʿt*); s. UG S. 374 | Zahlwurzel √*rbʿ*

mrbʿt /*murabbaʿ(a)tu*/ ›**Viertfrau**‹ 1.14:I:17 (// *mṯlṯt, mḫmšt* etc.) | Zahlwurzel √*rbʿ*, Dp-Ptz.

mrbd /*marbadu*/ ›**Decke**‹(?), 4.385:9; Pl. *mrbdt* 4.270:11 | akan. *ma-ar-ba-du*

*mrdmt*** = syll. *mar-de*$_4$*-em-tu* (Syria 12, 231ff.:6) /*mardimtu*/ ›**Weg**‹(?)

√*mrg* siehe √*mrḫ*

mrġt 1.13:24 (// *bir*), unklar.

mrġṯ /*muraġġiṯu*/ ›**(Milch) saugendes Tier**‹ 1.4:III:41, VI:56, 1.5:IV:13 (// *mri*) | wahrsch. Ptz. von √*rġṯ* D ›saugen‹; vgl. ar. √*rġṯ* G ›saugen‹

mrḥ /*murḥu*/ < **rumḥu* ›**Lanze, Speer**‹ 1.6:I:51, 1.16:I:47.51&; *mrḥy mlk* ›die Lanzen des Königs‹ 1.103+:6(7).47, 1.140:10 | nwsem. in äg. Transkription **murḥ*; zsem. *rumḥ*, äth. *ramḥ* (Metathese im Ug.)

*mrḥq** /*marḥaqu*/, Pl.(?) *mrḥqm* ›**Ferne**‹, *mrḥqm* ›in die Ferne‹ 1.127:31 (alt.: ›die Zukunft‹) | hebr. *mærḥāq*

mrḥqtm ›**aus / in der Ferne**‹ bwz. ›**von ferne**‹ 2.11:6&, in 2.33+:3 lies *mrḥq*<*t*>*m*, entspricht der Fügung *ištu rūqiš* ›von ferne‹ in akk. Briefen aus Ugarit | entw. Subst. **mrḥqt* ›Ferne‹ + EP *-m* (siehe UG S. 762f.) od. zusammengesetzt aus */*min*/ ›von‹ + Adj. *rḥqt* (Adj. im fem. Pl.) + EP *-m* (›von ferne‹) [die Fügung könnte aus dem Kan. entlehnt sein]

√*mrḫ* Šp ›**bestrichen sein / werden**‹: *šmrḫt* 1.4:I:32 [hebr. √*mrḥ*, ar. √*mrḫ*, jeweils ›einsalben, aufstreichen, einreiben‹]; alt. Lesung: *šmrgt* [√*mrg* ›verputzen‹; vgl. äth. √*mrg* ›zusammenkitten, zementieren, verputzen‹]

mrkbt = syll. *mar-kab-te* (Du. od. Sg.) /*markabtu*/ ›**Streitwagen**‹ 1.14:II:3& | hebr. *mærkābāh*, syr. *markbā*, ar. *markaba*^{t}, akk. *narkabtu*: ›(Streit-)Wagen‹

mrm Zeichenfolge in 1.46:5; lies jedoch eher *tmrm* ›Datteln‹ (*b ṯlṯ tmrm*)

√*mrmr* — G (bzw. √*mrr*$_1$ R) ›**(das heilige Holz) hin- und herbewegen, schütteln**‹ RS 92.2014:2 (*amrmrn*) | vgl. ar. √*mrmr* II. (*tamarmara*) ›beben, zittern (Körper)‹; vgl. ug. √*mrr*$_1$

mrmt — (Pl.?) /*marâmatu*/ ›**Höhe(n)**‹ 1.169:7 | √*rwm*

*mrqd** — Pl. *mrqdm* ›**Kastagnetten**‹ 1.19:IV:27, 1.108:4-5 (*mrqdm d šn* ›K. aus Elfenbein‹) | vgl. nwsem./akk. √*rqd* G / D ›umherhüpfen, hopsen, tanzen‹

√*mrr*$_1$ — G ›**vertreiben, wegtreiben**‹ 1.2:IV:19 (2x Imp. *mr*), evtl. auch 1.4:VII:12; siehe auch *šmrr* ›Vertreibung‹ 1.100:4& und GN *aymr* 1.2:IV:19 (< *ay* + *mr*) | akk. (Amarna, Ugarit) *marāru* ›fortgehen, fliehen‹, Š ›verjagen‹ (*yú-ša-am-ri-ir* EA 103:30); ar. √*mrr* I. und VIII. ›vorübergehen, vorbeigehen, weggehen‹; tigre *marra* ›laufen, gehen‹; tigrinisch *mārara* ›fortgehen‹; vgl. auch sab. √*mrr* ›eintreten, geschehen‹; vgl. √*mrmr*

√*mrr*$_2$ — G ›**stärken, segnen**‹ 1.13:26, 1.15:II:15.20&; N ›gesegnet werden‹, f. Ptz. *nmrt* /*namarratu*/ 1.19:IV:33 (lies eher *nmrt* als *nmrrt*, s. UG § 74.35) (immer // √*brk* D) | vgl. ar. *marīr* ›stark, fest‹, *mirra*^{t} ›Stärke, Kraft‹, *marīra*^{t} ›Festigkeit, Zähigkeit, Kraft‹; vgl. sem. √*mrr* ›bitter, streng, scharf sein‹. — Etym. jedoch unsicher (viell. sind die ug. Formen von einer Wz. √*my/wr* abzuleiten; vgl. etwa ar. √*myr* ›mit Proviant versorgen, sorgen‹, ähnlich syr. √*mwr*)

mrrt ○ — Bestandtteil des ON *mrrt tġll b nr* (Deutung umstritten), 1.19:III:50.51

√*mrṣ* — G ›**krank sein**‹ 1.16:II:19.22, vgl. 1.16:I:56.59 (hierher od. zu *mrṣ* ›Krankheit‹); RS 94.2284:7 (*w lb aḫtk mrṣ*), ähnl. Z. 14, Z. 27 und Z. 34 | sem. außer äth.: hebr. √*mrṣ* N ›schmerzhaft sein‹; aram./syr. √*mr*^{c}; ar./sab. √*mrḍ*; akk. √*mrṣ*

mrṣ — ›**Krankheit**‹ 1.16:V:15.18.21.27.49 (// *zbln*) | ar. *maraḍ*; akk. *murṣu*

mrṯ — /*mêrāṯu*/ < **mayrāṯu*(?), etwa ›**Weinsaft, (Trauben-)Most**‹ 1.22:I:18.20; 2.34:32 | verwandt mit *trṯ* ›Most‹

*mrym** — (Pl. cs.) /*marya/āmū*/ ›**Höhen**‹, *mrym ṣpn* 1.3:IV:1, 1.100:9; *mrym lbnt* 1.83:10 | vs. hebr. *mārôm* und pun. *mrm*, ›Höhe‹; zur Bildung s. UG S. 191

mryn — Bezeichnung einer sozialen Klasse, Pl. *mrynm* 4.137:2& | < hurr. *mariyanni-*; vgl. akk. *mari(y)annu*

mrz^{c} — /*marzi*^{c}*u*/ < **marziḥu*, siehe *mrzḥ*

mrzḥ — (mit Nf. *mrz*^{c}) = syll. *ma-ar-zi-ḫi*, *mar-zi-i* (Gen.) /*marziḥu*/, eine Kultfeier bzw. ein Club; *mrzḥ* 1.114:15&, *mrz*^{c} 1.21:II:1.5 | hebr. *marzeaḥ*

msdt (Pl.) /*môsadātu*/ < **mawsadātu* ›**Fundament(e)**‹, *msdt ʾrṣ* 1.4:I:40 | hebr. *môsād* ›Fundament‹ (meist Pl., z.B. *môsᵉdê ʾāræṣ*), *mô/ûsādāh* ›Fundament‹ (meist Pl.); √*ysd* < **wsd* ›gründen‹

√*msk* G ›**(Wein mit Zusätzen, z.B. Gewürzen und Süßstoffen) mischen**‹ 1.3:I:17, 1.5:I:21, 1.133:9-10 | hebr. √*msk* ›(Wein) mischen‹

msk /*misku*/ od. /*masku*/ ›**Würzzusatz (für Wein), Mischung**‹ 1.3:I:17, 1.19:IV:61; (?) 1.16:II:16 | hebr. *mæsæk*; vgl. √*msk*

mskt ›**Mischung, flüssige Lösung (für Drogen)**‹ 1.85:3 | vgl. √*msk* und *msk*

mslmt ›**Rampe, Stiege**‹ 1.10:III:28 (// *yrk*) | hebr. *sullām* ›Stufenrampe, Stiege‹; ar. *sullam* ›Leiter, Treppe‹, *sullamaᵗ* ›Stufe‹; vgl. evtl. auch hebr. √*sll* ›aufschütten, aufhäufen‹

mspr /*ma/isparu*/ ›**Erzählung, Rezitation**‹ 1.4:V:42, 1.19:IV:62, 1.40:35, 1.107:14; auch RS 92.2016:41" | hebr. *mispār*

msrr 1.14:II:17, III:59: *msrr ʿṣr dbḥ* (// *lḥm- d nzl*); Deutung unsicher; Möglichkeiten: 1. ›**fliegend(es Tier), Vogel, Geflügel**‹ [äth. √*srr* ›fliegen‹; vgl. auch akk. *sâru* ›kreisen, tanzen‹]; 2. ›Ort des Fliegens‹ = ›**Vogelkäfig**‹ [äth. √*srr* ›fliegen‹]; 3. ›**Eingeweide**‹(?) [ar. *sirr* ›Geheimnis, Inneres‹]

√*mss* √*msś*, √*mśś* Gp ›**in einer Flüssigkeit aufgelöst werden**‹ 1.71:3, 1.72:13, 1.85:3.10 | hebr. √*mss* N ›flüssig werden, zerfließen‹, ar. *mšš* ›im Wasser auflösen‹; vgl. auch wsem. (hebr., aram., ar., äth.) √*msy/w* ›schmelzen, auflösen‹

mswn /*mVswānu*/? ›**Nachtquartier**‹(?) 1.14:III:21& | vgl. ar. √*msw* ›zur Nachtzeit geschehen, kommen; Nacht sein‹

*mswt*** = syll. *ma-ás-wa-tu*, *ma-sa-wa-tu* /*mas(a)watu*/ ›**Zypresse**‹(?) RS 19.26:5& | vgl. syr. *mᵉsūtā*

mṣb$_1$ /*maṣṣabu*/ < **manṣabu* ›**Ständer, Gestell (einer Waage)**‹ 1.24:34 (// *kp*) | hebr. *maṣṣāb* ›Standort, Posten‹; ar. *manṣib* ›Posten, Stellung‹

mṣb$_2$ (*yn*) *mṣb*, eine Weinsorte, 1.91:29& | √*nṣb*

*mṣbṭ** /*maṣbaṭu*/ ›**Griff**‹, Du. *mṣbṭm* 1.4:I:24 (// *mpḫm*) | sem. √*ḍbṭ* (akk. *ṣabātu*, hebr. √*ṣbṭ*) ›anfassen, ergreifen‹

mṣd$_1$ ›**Speise, Speisung, Proviant(ierung)**‹ 1.14:II:26, IV:8 (lies *b mṣd-* und nicht *bm ṣd-*); 1.114:1 [√*ṣyd* ›zu essen geben, verproviantieren‹]; alt. ›**Jagdbeute**‹ [√*ṣwd* ›jagen‹; hebr. *mᵉṣûdāh* ›Jagdbeute‹]

mṣd$_2$ ›**Festung**‹(?), *mṣdh* ›hin zur Festung‹ 1.112:19, 1.100:58 (Wohnort des Gottes Hôrānu) | hebr. *māṣôd* und *mᵉṣûdāh*

›Bergfeste‹; jaram. *m^{e}ṣādtā* ›Festung‹

√mṣḫ D ›**zu Boden reißen**‹ 1.3:V:1, 1.6:V:4; N ›aneinander zerren‹ 1.6:VI:20 | ar. *√mṣḫ* G ›herausziehen, wegnehmen‹

mṣl = syll. *ma-ṣi-lu /maṣillu/* ›**Zimbelspieler**‹, Pl. *mṣlm* 4.126:30 | vgl. hebr. *m^{e}ṣillôt* ›Schelle‹

mṣlt ›**Geklirre**‹ 1.12:II:61 (// *qr*) | hebr. *√ṣll* ›gellen, klingen‹; ar. *ṣalla, ṣalṣala* ›klirren, klimpern, rasseln‹

*mṣlt** */maṣillatu/*, Du. *mṣltm* ›**Zimbeln**‹ 1.3:I:19; 1.19:IV:26-27; 1.108:4 | hebr. *m^{e}ṣiltayim* ›Zimbeln‹, hebr. *m^{e}ṣillāh* ›Schelle‹; *√ṣll*

mṣmt */maṣVmmat/*? ›**Vertrag, Pakt**‹ 3.1:17, 6.27:1 [vgl. ar. *√ṣmm* D ›beschließen‹, mhebr. *√ṣmm* ›zusammenbinden‹]; alt.: Ableitung von *√ṣmd* (< **ḍmd*) ›zusammenbinden, verbinden‹: */maṣmattu/* < **maṣmadtu*

mṣpt ›**Aussichtswarte**‹, in: *mṣpt ḫrk* ›Mastkorb (eines Schiffes)‹ 4.689:4 | hebr. *miṣpæh* ›Aussichtswarte‹

mṣqt */maṣûqatu/* ›**Not, Drangsal, Bedrängung** (durch Feinde)‹ 1.103+:19, 2.72:21 | hebr. *maṣûqāh*; ar. *muḍāyaqa^t*; *√ṣw/yq*

mṣr 1.3:V:8, siehe *ṣr* ({m} gehört zum vorherigen Wort)

mṣrm ○ (Du.) */miṣrâmi/* (Nom.), */miṣrêma/* (Obl.) ›**Ägypten**‹ 2.38:11&

mṣrrt (Pl.cs.), evtl. ein Gefäß, 4.270:9 | Etym. unsicher: vgl. akk. *muṣarrirtu* ›a flat dish‹ (CAD M/2, 241f.)

mṣrt siehe *mṣry*

mṣry */mi/uṣrīyu/* ›**ägyptisch, Ägypter**‹, m.sg. 4.642:2, 4.775:13 (ferner auch als PN); f.sg. *mṣrt /mi/uṣrîtu/* 4.721:14; m.pl. *mṣrym* 4.230:7 (KTU$_2$ bietet fälschlich *mṣrm*) | hebr. *miṣrî*, f.sg. *miṣrît*

√mṣṣ G ›**schlürfen, saugen**‹ 1.15:II:27 | zsem. *√mṣṣ*

*mšb^{c}t** */mušabba^c(a)tu/* ›**Siebtfrau**‹ 1.14:I:20 | *√šb$^c_2$* Dp-Ptz.

mšdpt siehe *√ndp* Š

√mšḫ G ›**salben**‹ 1.10:II:22-23 | sem. *√mšḫ* (akk. *mašāḫu*)

mšḫṭ eine Waffe, wahrsch. ›**Streitaxt**‹ 1.2:I:39, 4.167:12.15 | vgl. *šḫṭ*; *√šḫṭ* ›schlachten, töten‹

mškb */ma/iškabu/* ›**Bett, Liege(statt)**‹, Sg. 4.195:6; Pl. *mškbt* (alt.: Sg. *mškbt*) 4.275:4, 4.385:10 | akk. (wsem. Lw.) *maškabu*; hebr. *miškāb* mit Pl. **miškābôt*

mšknt */ma/iškan(ā)tu/* ›**Wohnstatt**‹, Sg. od. fem. Pl. (zu Sg. **mškn*), 1.15:III:19, 1.17:V:32-33 (// *ahl*) | hebr. *miškān* mit Pl. *mišk^{e}nôt* ›Wohnstatt‹; ar. *maska/in* ›Wohnung‹; vgl. akk. *maškanu* ›Ort, Stätte‹

mšm^{c}t */ma/išma^c(a)tu/* ›**Gehorsamspflichtiger, Höriger, Untertan**‹ 2.72:11.14 | hebr. **mišma^{c}at* ›Leibwache, Untertanen‹

mšmn siehe *mišmn*

mšpy 1.16:IV:14, Lesung und Deutung unsicher: *ḫnpt mšpy* ›die Brüstung(?) der **Terrasse**(?)‹ (// *ṯkm bnwn* ›'Schulter' des Gebäudes‹) | vgl. evtl. hebr. *šᵉpî* ›Hochfläche‹(?) od. ›kahler Hügel‹(?)

mšq */ma/išqû/* < **mašqayu* ›**Tränk-, Libationsgefäß**‹ 4.265:1 | akk. *mašqû*, ein Tränk- u. Besprenggefäß; vgl. hebr. *mašqæh* ›Getränk‹; *√šqy*

√mšr Š ›**(den Wagen) ziehen lassen; (mit dem Wagen) fahren**‹ 1.3:VI:9 (// *√mġy*, *√ᶜbr*) | akk. *mašāru* ›(mit dem Wagen) umherfahren‹

*mšrr** */mušarrir/*, Pl. *mšrrm* ›**Zünglein / Stabilisatoren (der Waage)**‹ 1.24:36 | vgl. aram. *√šrr* D/K ›stabilisieren, festigen‹

mšspdt siehe *√spd* Š

mšṣṣ siehe *√nṣṣ* Š

mšt */ma/ištû/* < **maštayu* ›**Trinkgelage, Gastmahl**‹, evtl. 1.108:9 | hebr. *mištæh*, syr. *maštyā*: ›Trinken, Getränk, Gastmahl‹

mštᶜltm */muštaᶜlîtêma/*, Št-Ptz. f.du. (Obl.) ›**zwei Dirnen(?)**‹ 1.23, Z. 31.35.36 (eig.: ›zwei (Frauen), die sich 'besteigen' lassen, d.h. sich zum Geschlechtsverkehr anbieten‹, s. UG S. 609) | *√ᶜly/w* Št

mštt */maštîtu/* < **maštiytu* ›**Getränkeration**‹ 4.216:3 (?), 4.230:5.8 (*mštt mlk / mlkt*) | akk. *maštītu* ›Getränk(eration)‹

mt_1 */môtu/* < **mawtu* ›**Tod**‹ 1.17:VI:38&, *bl-mt* ›Unsterblichkeit‹ 1.16:I:15& | hebr. *mawæt*, cs. *môt*; aram. *mawtā*, ar. *mawt*; akk. *mūtu*

mt_2 */mêtu/* < **mawitu* ›**tot; Toter**‹, Pl. *mtm* */mêtûma/*, 1.15:V:14& | hebr. *met*; akk. *mītu*; vgl. ar. *mayyit* < **mayīt*

mt_3 */mutu/* ›**Mann, Mensch**‹, Pl. *mtm*, 1.16:I:3.17, 1.16:II:40, 1.17:VI:35.36& | akk. *mutu*; hebr. *mᵉtîm* (Pl.); äth. *mət*

mt_4 */mitta/* < **ʾimitta*(?) ›**wahrlich!**‹ 1.133:9 | samʾalisch *mt* ›wahrlich!‹; siehe *imt*; *√ʾmn*

mt ○ */môtu/* GN: Gott ›**Môtu**‹ (= Tod), 1.3:V:18, 1.4:VIII:17&; Beinamen: *bn ilm* ›Sohn Ilus‹, *ydd/mdd ilm* ›Liebling Ilus‹; vgl. auch GN *mt w šr* 1.23:8 | = *mt_1*

*mtdb** */muttadibu/* < **muntadibu* ›**Spender**‹(?), Pl. *mtdbm* evtl. in 4.775:1 (Lesung *spr mtdb*[*m*] od. *spr mqd b*[ ], d.h. Lexem *mqd_1*) | *√ndb* Gt-Ptz.

mtḥ */mitḥu/*(?), wörtl.: ›**Länge, Strecke, Spanne**‹, ein Längenmaß, 1.3:IV:36, 1.1:III:[20], 1.2:III:[3] (// *mtpdm*) | syr. *metḥā* ›Länge, Strecke, Distanz‹; vgl. hebr./aram. *√mtḥ* ›ausstrecken, ausspannen, lang machen‹

mtk /*mattaku*/ < **mantaku* ›**Libation**‹ 1.119:25 | √*ntk*; vgl. jaram. *mattakā* ›gegossenes Standbild‹

mtn$^*_1$ Du. *mtnm* /*matnāmi*/ ›**Hüfte, Lende; Sehnen (der unteren Rückenmuskulatur)**‹: Sg. nicht bezeugt; Du. ›Lende‹ 1.12:II:38, Du.(?) *mtnm* ›Sehnen‹ 1.17:VI:22 (// *qrnt*) | hebr. *mŏtnayim* (Du.) ›Hüfte, Lende‹, ar. *matn* ›unterer Rücken‹ (mask. und fem. Genus); vgl. akk. *matnu* ›Sehne‹ und äth. *matn* ›Sehne‹; vgl. ug. *mtnt* (s. dazu UG § 53.222)

mtn$_2$ /*mâtanu*/ ›**Geschenk**‹, evtl. in 1.1:V:12.14.25 (alt.: *mtn*$_1$) | √*ytn*; hebr. *mattān*; phön. *mtt*, *mtn*; akk. *madattu* ›Abgabe‹

√*mtn* G/D ›**warten**‹(?) 1.16:I:36 (*tmtn*) | Etym. unsicher

mtnt ›**Lenden(stück als Opfergabe)**‹ 1.87:23 // 1.41:21; Du. *mtntm* ›zwei Lenden(stücke)‹ 1.39:2 (lies *mtntm w kbd*), 1.109:7, wahrsch. auch 1.130:4(19) (Form *mttm*, zu *mt*<*n*>*tm* zu emendieren) | syr. *matantā* mit Pl. *matnātā* ›Lende, Seite‹; vgl. *mtn*$^*_1$ (s. dazu UG § 53.222)

mtq /*matuqu*/ ›**süß**‹, f.du. *mtqtm* 1.23:50.55; evtl. auch *mtqt* 4.707:22 (*ipdm mtqt*) | hebr. *mātôq*, äth. *mətuq*, akk. *matqu*

√*mtr* Š, siehe *šmtr*

mtrḫt /*matrVḫ(a)tu*/ od. /*mutarraḫ(a)tu*/ ›**Ehefrau, Gattin**‹ 1.14:I:13 (*mtrḫt yšrh* ›eine für ihn angemessene Gattin‹ // *aṯt ṣdqh*), 1.24:10 | vgl. √*trḫ* ›heiraten‹; entw. *maqtVl*-Bildung (vgl. zur Bildung akk. *marḫītu* ›Gattin‹) oder Dp-Ptz. von √*trḫ* (›eine, für die der Brautpreis bezahlt wird‹ bzw. ›eine zur Heirat Gegebene‹)

mtrn /*môtrānu*/ < **mawtrānu* ›**Überschuß; Rest**‹ 1.162:22 | vgl. hebr. *môtār* ›Rest, Gewinn‹

mtt ›du bist tot‹ 1.5:V:17, siehe √*mwt* G-SK

mṭ /*maṭṭû*/ < **manṭawu*(?) ›**Stock, Stab**‹ 1.2:I:9.41&, *mṭ-m* ›mit einem Stock‹ 1.3:II:25; *uḫry mṭh* ›das Ende seines (Spazier)stockes (stellte er hin [und ging los])‹ 1.19:III:56 | hebr. *maṭṭæh*; vgl. akk. *miṭṭu*, eine Götterwaffe

mṭᶜt /*maṭṭaᶜ(a)tu*/ < **manṭaᶜatu* ›**Pflanzung**‹ 1.20:II:7& (Sg. od. Pl.) | hebr. *maṭṭāᶜ*, mhebr. *maṭṭāᶜāh*; √*nṭᶜ*

mṭḫr 1.2:I:41 (lies *mṭḫr* od. *mṭ ḫr*), Bed. und Etym. unklar

mṭr /*maṭaru*/ ›**Regen**‹ 1.4:V:6, 1.16:III:5&; Pl. *mṭrt* 1.5:V:8 (*mṭrtk*) | ar. *maṭar*, hebr. *māṭār*

√*mṭr* G ›**regnen**‹ 1.6:III:6.12 (// √*hlk*), 1.19:I:41 (// √*ṭll*); Š ›regnen lassen, Regen spenden‹, Ptz. *mšmṭr* 1.174:9 | zsem. √*mṭr* ›regnen‹

mṭt /ma/iṭṭâtu/ < *manṭawatu ›**Bett, Lager**‹, 1.14:I:30 (*mṭt-h* ›auf das Bett‹ // *arṣh*) | hebr. *miṭṭāh*

mṯ ›**Junge**‹ 1.5:V:22 | vgl. evtl. äg. *mś(w)* ›Kind‹

mṯb = syll. *mu-ša-bu* /môṯabu/ < *mawṯabu ›**(Wohn-)Sitz, Wohnort**‹ 1.3:V:39&, Pl. *mṯbt* ›Sitze‹ 1.16:V:24& | hebr. *môšāb*, aram./syr. *mawtḇā*, sab. *mwṯb*; akk. *mūšabu*

mṯdṯt /muṯaddaṯ(a)tu/ ›**Sechstfrau**‹ 1.14:I:19 | √*ṯdṯ* Dp-Ptz.

*mṯḫṭ** Pl. *mṯḫṭm* (evtl. in 4.689:2 *mṯ<ḫ>ṭm*; alt.: Lexem *mṯṭ*) = syll. *ma-áš-ḫa-ṭu-ma* = /maṯḫaṭūma/, Teil einer Schiffsausrüstung

√*mṯk* G ›**(fest) an der Hand nehmen, fassen, halten**‹ 1.15:I:1.2 | hebr./jaram. √*mšk* ›packen, ziehen‹, ar. √*msk* ›ergreifen, fassen‹

mṯlṯ /maṯli/aṯu/ ›**Drittel**‹ RS 94.2472:14'.15', Du. *mṯlṯm* RS 94.2600:2.6 | √*ṯlṯ*

mṯlṯt /muṯallaṯ(a)tu/ ›**Drittfrau**‹ (d.h. ›die als dritte Geehelichte‹) 1.14:I:16 (// *mrb*^{c}*t* etc.) | √*ṯlṯ* Dp-Ptz.

mṯn /maṯnû/ < *maṯnayu ›**(ein) Zweites, Weiteres; Wiederholung**‹ 1.3:IV:31&; Lexem im Ak. = syll. *ma-aš-na* /maṯnâ/ ›zweitens‹ RS 16.207:4 | hebr. *mišnæh* ›Zweitstellung, Zweiter, Zweifaches, Kopie‹, mhebr. *mišnæh* ›Wiederholung, Kopie‹

mṯnn ›**'Wiederholer' (d.h. Briefbote, der die Worte des Absenders vorträgt)**‹(?) 2.3:21 | D-Ptz. von √*ṯnn* (Wurzelvariante von √*ṯny*)

mṯpd wörtl. etwa ›**Schritt(länge)**‹, ein Längenmaß: Du. (*ṯn*) *mṯpdm* 1.1:III:20, 1.2:III:[3], 1.3:IV:35 (// *ṯlṯ mtḥ* ›Spanne, Strecke‹) | vgl. √*ṯpd* ›(Fuß) aufsetzen, ablegen‹

mṯt ›**Mädchen**‹ 1.14:III:39& | Fem. zu *mṯ* ›Junge‹

*mṯṭ** ›**Ruder**‹, Pl. *mṯṭm* 4.689:2 (*tš*^{c} *mṯṭm*) [hebr. *māšôṭ* ›Ruder‹; ar. *miswaṭ* ›Stock (zum Umrühren)‹]; alt.: Lexem *mṯḫṭ* (bei Emendation)

mṯyn ›**Schal**‹ 4.146:5 | Lw.; heth. *maššiya-* + hurr. Endung *-nni*

√*mwt* G ›**tot sein, sterben**‹ 1.5:VI:9&, SK-Formen 1./2.sg. lauten *mtt* /mâtātV/ (UG § 75.521c) | sem. √*mwt*

my$_1$ /māyi/ (Sg. Gen.) ›**Wasser**‹ 1.19:II:1.6; Sg. Ak. *mh* = /māha/ 1.3:II:38, 1.3:IV:42, Pl. Obl. *mym* = /mayīma/ 1.19:III:45.46, 1.19:IV 28.37; daneben offenbar auch kontrahierte Nf. *mm* /mêma/: RS 92.2014:12 (*yšpk kmm arṣ*); vgl. UG § 33.154a | hebr. *mayim* (= Pl.; St.cs. *mê* und *mêmê*), syr./aram. *mayyā* (= Pl.); akk. *māʾu* / *mû*, ar. *māʾ*

my$_2$ /miya/? ›**wer?**‹ (Fragepronomen) 1.16:V:10&; auch mit anderen Bedeutungen: *my lim* // *my hmlt* ›was wird (jetzt) aus dem Volk . . . aus der Menschenmenge?‹ 1.5:VI:23f. // 1.6:I:6f. (UG §

44.11) | kan. *mī(ya)* (hebr. *mî*)

√*myᶜ/mwᶜ* — Gt ›**in Wasser einweichen; waschen**‹ 1.4:II:6 (*tmtᶜ*) | ar. *my/wᶜ* G ›fließen‹, D/K ›flüssig machen‹; vgl. äth. *mᶜw* ›feucht, nass sein‹

√*mzᶜ* — tD ›**zerreißen (intr.), zerrissen sein**‹ 1.19:I:36& (SK *tmzᶜ*) | ar. √*mzᶜ* II. "zerreißen" (trans.)

√*mzl* — < **zml* G ›**hinken, hinterhergehen, auf der Spur folgen**‹ 1.14:II:46-47, IV:25 (*mzl ymzl*) | ar. √*zml* ›hinken; hinter jmdm. herlaufen, auf den Fersen folgen‹

mzn — Sg. ›**Gewicht**‹ 1.43:5&; Du. *mznm* ›Waage‹ 1.24:34.35.37 | hebr. *moʾznayim*; ar. *mīzān* (›Waage, Maß, Menge‹), äth. *mizān*

√*mẓʾ* — G ›**antreffen, finden**‹, 1.12:I:37 (*ymẓa* // *ymġy* [√*mġy*]), *mẓa-h* 1.12:II:50.51 | hebr. √*mṣʾ* ›erreichen; finden, erlangen‹; äth. √*mṣʾ* ›kommen, antreffen‹; sab. √*mẓʾ* ›gehen, marschieren‹; vgl. syr. √*mṣʾ* G ›können, vermögen‹, tG ›überragen, überholen‹

mẓll — /*ma/iẓlālu*/ ›**Obdach, Bedachung, Behausung**‹ 1.3:V:40& (jeweils // *mṯb*) | √*ẓll*; vgl. palmyrenisch *mṭlh* ›bedachte Kollonade, Porticus‹, aram./syr. *maṭallᵉṯā* ›überdachter Ort, Hütte‹, ar. *miẓallaᵗ* ›Schutzdach‹

mẓma — (1.15:I:2), siehe √*ẓmʾ* (D-Ptz.)

---

n

$-n_1$ — /*-nī*/ (Objektsuffix 1.c.sg.)

$-n_2$ — /*-na*/ (Pronominalsuffix 1.c.pl.)

$-n_3$ — /*-an(na)*/ (Energikusendung, s. UG § 73.6)

$-n_4$ — /*-na*/? (enklitische, hervorhebende Partikel, s. UG § 89.1)

√*nʾṣ* — G ›**verachten**‹ 1.17:I:29& | hebr. √*nʾṣ* ›verschmähen‹; akk. *naʾāṣu* ›geringschätzig ansehen‹

nad — ›**(Wasser-)Schlauch**‹ 1.124:5 (*nad mr* [*mr*$_1$ ›Myrrhe‹]; Lesung allerdings unsicher) | hebr. *noʾd* (< **naʾd*), akk. *nādu*

nat — ›**lieblich**‹(?) 1.4:V:5 (Adj. f.sg.; Lesung: *rḫ nat* ›der liebliche Geist‹?; KTU^2 liest jedoch *rḫnt*) | hebr. *nāʾwæh*, f. *nāʾwāh* ›schön, lieblich, passend‹

nit = syll. *ni-*$^{\circ}$*-tu* /*ni*$^{\circ}$*tu*/?, ein Gerät, viell. ›**Hacke**‹, Du. *nitm*, fem. Genus, 1.65:13, 4.625, 4.632 | Etym. unklar: vgl. akk. *nētu*, ein Gegenstand/Gerät

$n^{c}l$ ›**Sandale(n)**‹(?) od. **ein Möbelstück**, 1.4:I:36 ($n^{c}l$ *il*); ferner (?) 1.107:2.21 (zerstörter Kontext) | zsem. *na*^{c}*l* (hebr. *na*^{c}*al*)

$n^{c}m_1$ /*na*^{c}*īmu*/ ›**gut, angenehm, lieblich**‹ 1.16:III:7.9&; f. $n^{c}mt$ 1.14:III:40&, 1.10:II:16, III:10; m.pl. $n^{c}mm$; $n^{c}m$ *rṯ* ›der beste Lehm‹(?) 1.16:V:29; substantiviert: ›der Liebliche‹ 1.3:I:19 (vgl. $n^{c}mn$) | hebr. *nā*^{c}*îm*, phön. $n^{c}m$; ar. *na*^{c}*īm* ›sanft, friedlich‹; vgl. ar. *nā*^{c}*im* ›weich, zart, fein‹

$n^{c}m_2$ /*nu*^{c}*mu*/ ›**Lieblichkeit, Liebreiz, Schönheit**‹ 1.3:III:31, 1.14:III:4, VI:26.27& (// *tsm*), 1.96:2 (// tp_2, vor *k ysmsm* [Z. 3]) | hebr. *no*^{c}*am*

$n^{c}mn$ /*na*^{c}*mānu*/ ›**lieblich; der Liebliche**‹ 1.14:I:40, 1.17:VI:32, 1.18:IV:14& | vgl. nwsem. PN **na*^{c}*mānu* (amurr. **na*^{c}*mānu*, hebr. *na*^{ca}*mān*)

$n^{c}mt$ /*ni*^{c}*matu*/? ›**Lieblichkeit, Huld**‹ 1.23:27, 1.108:27 | ar. *ni*^{c}*ma*^{t} ›Huld, Gnade, Güte‹, ähnl. ar. *na*^{c}*ma*^{t}; vgl. hebr. PN *na*^{ca}*māh*

$n^{c}my$ /*nu*^{c}*māyu*/ ›**die (überaus) Liebliche**‹ (möglw. Fem. zum Steigerungsadj. [›Elativ‹] */$^{\circ}$*an*^{c}*amu*/?, s. UG § 52.4) od. ›**Lieblichkeit**‹ (Subst.), 1.17:II:41 (// *ysmsmt*), 1.5:VI:6.28 und 1.6:II:19 (// *ysmt*; vgl. UG § 91.242a) | vgl. ar. *na*^{c}*mā*$^{\circ}$ ›Gunst, Gnade‹

$\sqrt{n^{c}r}$ D ›**abschütteln**‹ 1.100:65; Dp ›ausgeschüttelt werden‹ 1.132:25 | hebr. $\sqrt{n^{c}r}$ G u. D ›ab-, aussschütteln‹

$n^{c}r_1$ /*na*^{c}*ru*/ 1. ›**Junge, Kind**‹ 4.102:8& (Gegensatz: *ġzr* ›Jüngling‹), 2. ›**Bursche, Diener**‹ 1.14:II:5 (lies [*w n*]^{c}*rm*, nicht: [ ]*šrm*; // *bnm*), 1.107:37&, 4.360:5 (neben $b^{c}l$) | hebr. *na*^{c}*ar*

$n^{c}r_2$ eine Mehl- oder Getreidesorte, 4.362:3&; RS 94.2479:15, RS 94.2600:6 | Etym. unsicher

$n^{c}rt$ /*na*^{c}*ratu*/ ›**(junges) Mädchen**‹, Pl. $n^{c}rt$ 4.102:17 (Gegensatz: *pġt* ›junge Frau‹, *aṯṯ adrt* ›ältere Frau‹) | hebr. *na*^{ca}*rāh*

nbk *npk* = syll. *nab/p-ku* /*nab/pku*/ ›**Brunnen, Quelle**‹: *nbk* 1.87:35; *npk* 1.14:V:1& | vgl. hebr. **nebæk*; vgl. ug. *mbk* ›Quelle‹

nblu ›**Flamme, Feuerstrahl**‹ 1.45:4 (*nbluh*), fem. Pl. *nblat* 1.4:VI:23.25.28.30.33 (// *išt*); s. UG S. 50 | vgl. akk. *nablu* ›Flamme‹, äth. *nabal*/*nabalbāl* ›Flamme‹

nbt /*nubtu*/ ›**Honig**‹, *nḫlm tlk nbtm* ›die Bäche sollen fließen / flossen von Honig‹ 1.6:III:7.13, 1.14:II:19, IV:2 (jeweils // *šmn*), 1.41:21& | (m)hebr. *nopæt* ›Honigseim, Schleuderhonig‹; *p*/*b*-Wechsel

√nbṭ G ›**offensichtlich werden, sich zeigen**‹ 1.4:III:21 | hebr. *√nbṭ* D / K ›blicken auf, anschauen‹; mhebr. *√nbṭ* K ›blicken, sichtbar machen‹, jaram. *√nbṭ* ›emporkommen‹; ar. *√nbṭ* ›hervorquellen‹; akk. *nabāṭu* ›aufleuchten‹

√ndb G ›**freigebig sein**‹(?), evtl. in 1.102:17.21 und 1.106:3.28; Gt ›spenden‹(?) (evtl. bezeugt als Ptz., siehe *mtdb*) | hebr. *√ndb* tD ›sich freiwillig entschließen, freiwillig spenden‹

√ndd$_1$ G ›**fliehen**‹ 1.4:VI:10, 1.18:I:26 | zsem. *√ndd* G ›fliehen, flüchten, umherirren‹, K ›verjagen, verscheuchen‹

√ndd$_2$ < **nḏd* (alt.: *√dwd* N), G ›**hintreten, sich hinstellen**‹ 1.20:II:2&, 1.91:14, 3.9:12 (PK *ydd*, *tdd*); N (alt.: G mit ›starker‹ Bildung) ›sich hinstellen, dastehen‹ 1.3:I:8 (SK *ndd*), 1.23:63 (SK *ndd*) | vgl. akk. *izuzzu* ›sich hinstellen‹; vgl. evtl. auch ar. *√ndd* III. ›feindlich entgegentreten‹

√ndp Š ›**werfen, schleudern**‹, Ptz. *mšdpt* 1.14:III:14 (*abn ydk mšdpt* ›die Steine deiner 'Schleuderhand' [= deines Katapultes]‹) | äth. *√ndf* ›werfen‹, hebr. *√ndp* ›zerstreuen‹

√ndr < **nḏr* G ›**ein Gelübde ablegen, geloben, versprechen**‹ 1.14:IV:37; Gp ›versprochen werden‹ 1.15:III:23 | vgl. hebr./phön. *√ndr* (!); aram. *√ndr*; ar./sab. *√nḏr*

ndr /*nidru*/ ›**Gelübde, Eid**‹ 1.15:III:26.29 | hebr. *nedær*, syr. *nedrā*; *√ndr*

√ndy siehe *ydy*$_4$

√ngb Gp ›**ausgerüstet werden (Heer)**‹ 1.14:II:32.33, IV:13.14 [akk. (Mari) *nagāp/bum* ›ausrüsten (mit Proviant)‹(?)]; alt.: *√gbb* N [mhebr./jaram. *√gbb* ›sammeln, zusammentragen, auflesen; Geld erheben‹]

√ngḥ D ›**niederstoßen**‹ 1.172:8; N ›sich gegenseitig stoßen‹ 1.6:VI:17 (// *√nw*^{c} Gt) | hebr. *√ngḥ* G u. D ›(nieder)stoßen‹

ngr /*nāgiru*/ ›**Herold**‹ 1.16:IV:3.10.11 | Lw.; < akk. *nāgiru*

ngrt /*nāgir(a)tu*/ ›**Heroldin**‹ 1.16:IV:4.8.12 | Fem. zu *ngr*

√ngš G ›**herantreten, sich nähern**‹ und / oder ›**bedrängen**‹ 1.6:II:21, 1.23:68, 1.114:19 | hebr. *√ngš* und akk. *nagāšu*: ›hinzutreten, sich nähern‹; vgl. ferner hebr. *√ngś* ›(be)drängen‹

√ngṯ G od. D ›**suchen**‹ 1.1:V:4.27, 1.6:II:6.27; die Form *ngṯhm* in 1.12:I:40 (Text mit teilweise abnormer Orthographie) ist trotz <ṯ>-Graphie viell. mit *√ngš* zu verknüpfen | ar. *√nǧṯ* ›untersuchen, nachforschen‹

√ngw/y G ›**sich entfernen, abziehen**‹ 1.14:III:27& | ar. *√nǧw* ›entkommen, abhäuten, abstreifen‹

√*nġr* — < **nẓr* (s. UG S. 94-96) G ›**beschützen**‹ 1.6:IV:23.24&; Imp. m.du. *nġr* ›gebt Acht!‹ (G- od. N-Stamm) 1.4:VIII:14; Gt ›sich hüten, sich in Acht nehmen‹ 1.92:33 (*ttġr*) | sem. (außer äth.) √*nẓr*: akk./hebr. √*nṣr*, aram. √*nṭr*, ar./asa √*nẓr*

nġr$_1$** — = syll. *ni-iḫ-rù* /*niġru*/ ›**Bewachung**‹ | √*nġr*, Verbalsubst.

nġr$_2$ — /*nāġiru*/ = syll. [lú]*na-ḫi-ru*[-*ma*] ›**Wächter**‹ 1.23:68& | √*nġr* G-Ptz.

√*nġṣ* — (< **nġḏ*) G ›**schwanken, wanken, zittern**‹, *tnġṣn* (G-PK 3.f.pl. ohne Assimilation von /*n*/, s. UG S. 145, alt.: N od. D) 1.2:IV:17.26 (// √*dlp*); *tġṣ* 1.3:III:34, 1.4:II:19 | ar. √*nġḏ* ›schwanken, zittern‹

-nh — /*-anna-hū*/ bzw. /*-anna-hā*/ (Energikusmorphem + Objektsuffix 3.sg.)

nhmmt — /*nahamâmatu*/? ›**Schlaf, Schlummer**‹ 1.14:I:32.34 (// *šnt*) | wohl *qataltāl*-Ableitung von √*nwm* (UG S. 276); vgl. hebr. *t*[e]*nûmāh* ›Schlummer‹

nhqt — /*nahaqatu*/ ›**Eselsgeschrei**‹ 1.14:III:16& | vgl. ar. √*nhq*

nhr — /*nah(a)ru*/ ›**Fluss, Strom**‹, Du. od. Pl. *nhrm* 1.2:III:4& (// *thmtm*) | hebr. *nāhār*; ar. *nahr*, *nahar*; akk. *nāru*

nhr ○ — /*nah(a)ru*/ GN ›**Naharu**‹ (zweiter Name des Gottes Jammu [*ym*])

nḥ — in: *šmn nḥ*, evtl. ›**Schweineschmalz**‹, 4.91:4 (vor *šmn rqḥ* ›Parfumöl‹), RS 92.2057:4 (vor *ztm* ›Oliven‹) | vgl. evtl. akk. *nāḫu* ›(Schweine-)Schmalz‹

nḥl — /*naḥḥālu*/ od. /*nāḥilu*/ ›**Erbe, Erb(sohn)**‹ 4.12:2& | Mari-akk. *naḫ(ḫ)ālum*; sem. √*nḥl*

nḥlt — /*ni/aḥlatu*/ ›**Erbteil**‹ 1.3:III:27& | hebr. *naḥ*[a]*lāh*; ar. *niḥla*[t] ›Gabe, Geschenk‹

nḥš — /*naḥašu*/ ›**Schlange**‹ 1.100:4& | hebr. *nāḥāš*

√*nḥt*$_1$ — D ›**etwas aus Holz od. Stein herausarbeiten, behauen, schnitzen, formen**‹ 1.2:IV:11.18 | ar. √*nḥt* D, akk. *nuḫḫutu*

√*nḥt*$_2$ — D ›**nach unten bringen, hinabführen, senken; tief eindringen**‹, evtl. belegt in 1.17:VI:13 ([*y*]*nḥtn*) und 1.23:40.43.47 (// √*mnn*, sexuelle Nuance); alt.: = √*nḥt*$_1$ | hebr. √*nḥt* G ›hinabziehen, hinabfahren, tief eindringen‹, D ›senken, (Bogen) spannen‹; aram. √*nḥt* G ›herabsteigen, sinken‹, D u. K ›herabbringen, -senden, -werfen‹

√*nḥw/y* — G ›**sich wenden, sich begeben zu**‹ 1.12:I:35 (// √*mġy*) | ar. *naḥā* ›sich nach einer Seite od. Richtung wenden und dorthin bewegen, begeben‹

nḫl$_1$ /naḫlu/ ›**Bachtal**‹, Sg. *nḫl* 1.100:68, RS 94.2965:4.8; Pl. *nḫlm* 1.6:III:7.13 (// *šmm*) | hebr. *naḥal*, aram. *naḥlā*, akk. *naḫ(al)lu*

nḫl ○ ON 4.243:24, 4.348:11, ON *gt nḫl* 4.296:9 = syll. *na-ḫa-li* (Gen.) = [naḫ^{a}l̩-] < *naḫli | vgl. ug. *nḫl*$_1$

√*nḫš* G ›**zurückweichen**‹ 1.4:VII:32.38.39 | vgl. akk. *naḫāšu* ›zurückweichen‹ (alt.: √*ḫwš*)

nḫt /nûḫatu/ < *nuwḫatu ›**Ruheplatz, Sessel**‹ 1.1:IV:24, 1.4:I:33, 1.6:VI:24.34, evtl. auch 1.22:II:18 (*nḫ!t*) (// *ksu*, *kḫṯ*) | akk. *nūḫtu* ›Ruhe‹ (Mari), sonst akk. *nēḫtu*; √*nwḫ*; vgl. hebr. *m*^{e}*nûḥāh* ›Ruhe, Ruheplatz, Rastplatz‹

√*nkġ* G ›**rot färben**‹(?), evtl. belegt in RS 94.2284:20 (PK *akġ*) | vgl. evtl. ar. √*nk*^{c} (*naki*^{c}*a*) ›rötlich sein, eine rote Nase haben‹, ar. *nuka*^{c} ›rote Baumfrucht, rote Farbe‹

nkl ○ Göttin ›**Nikkalu**‹, Gattin des Mondgottes, 1.24:1& (hier Doppelname *nkl w ib*) | < sum. NIN.GAL

√*nkr* (?) G ›**sich entfernen**‹(?) 1.100:62 (alt.: √*krr*) | vgl. sem. √*nkr* ›anders, fremd sein‹

nkr /nukrî/? < *nukrīyi (Sg. Gen.) od. /nakaru/ ›**Fremder**‹ 1.14:II:49, IV 28 (jeweils Sg. Gen. // *ṯn*) | Emar (wohl wsem. Lexem) *nikaru* < *nakaru(?) ›Fremder‹; vgl. auch hebr. *n*^{o}*krî* und syr. *nukrāyā*, ›Fremder‹; vgl. ferner ar./äth. *nakir* ›fremd, unbekannt‹ und akk. *nak(a)ru* ›fremd, Feind‹

√*nkt* G ›**niederschlagen, schlachten, ein Schlachtopfer darbringen**‹ 1.40:24.33.41& | ar. √*nkt* ›niederschlagen‹

nkt ›**Schlachtung**‹ 1.40:24.33& (// *ṯ*^{c}) | √*nkt*

nliym (1.19:II:35), siehe *aliy*

nmr /namurru/? ›**(heller) Glanz, Pracht**‹(?), evtl. bezeugt in 2.42:9 (*nmr-y* [*nmr* + EP *-y*]; alt.: Lexem *nmry*) | vgl. akk. *namurru* ›furchterregend glänzend‹ (Adj.); viell. ein Synonym zu ug. *nmrt*

nmrt /namurratu/ ›**(heller) Glanz, Pracht**‹ 1.108:23.25 | akk. *namurratu* ›furchterregender Glanz‹; wohl akk. Lw.

nmrt (alt. Lesung: *nmrrt*) 1.19:IV:33, siehe √*mrr*$_2$ N

-nn /-ana/innu/ bzw. /-ana/innā/ (Energikusmorphem + Objektsuffix 3.m./f.sg.; s. UG § 73.62)

np /nôpu/ < *nawpu ›**Höhe**‹ 1.3:VI:9 (*np šmm*) | hebr. *nôp*, ar. *nawf*

√*npd* evtl. in 1.5:I:5: *ipdk* [vgl. ar. √*nfḏ* ›durchbohren, durchdringen‹; alt.: ar. √*nf/d* I. ›erschöpft, verbraucht sein, schwinden‹, IV. u. X. ›verbrauchen, verzehren‹]; alt.: Deutung von *ipd* als Nomen

npk siehe *nbk*

√npl G ›**fallen**‹ 1.2:I:9&; Gt ›fallen, sterben‹ 1.14:I:21; Š ›fallen lassen, zu Fall bringen, hinabstoßen‹ 1.92:14 | nwsem. *√npl* ›fallen‹

√npp Gt ›**sich besprengen**‹, PK *ttpp* 1.3:I:1, 1.3:IV:45

√npr G ›**fliehen, davonfliegen (Vögel)**‹ 1.2:I:12 (?), 1.19:III:14.28 | syr. *√npr* und ar. *√nfr* ›fliehen, scheu werden‹, tigre *√nfr* ›springen, fliegen‹

npr ›**Vogel**‹ 1.6:II:37: Pl. *npr*[*m*] (// *ᶜṣrm*) | *√npr*

npṣ ›**Ausstattung, Ausrüstung, Kleidung**‹ 1.17:I:33, II:8.23 (an den genannten Stellen // *gg* ›Dach‹), 4.92:1, 4.107:1& | Etym. unklar; vgl. aus semantischer Sicht syr. *mā(ʾ)nā* ›Gerät, Gefäß, Waffe; Kleidung; Mobiliar, Gepäck‹

npš$_1$ /*napšu*/ 1. ›**Kehle, Rachen; Gier, Appetit; Seele, Leben**‹ (fem. Genus) 1.5:I:7&; 2. ›**Person(en), Bedienstete(r)**‹ (immer Singular-Form) 2.38:20, 4.228:1& | wsem. *napš* (fem.), akk. *napištu*

npš$_2$ /*napāšu*/ ›**rote Wolle**‹ 4.91:13 (*ᶜšrm npš* ›20 [Schekel] rote Wolle‹) | Lw.; vgl. akk. *nab/pāsu* ›rote Wolle‹

√npw/y G ›**weichen, verschwinden**‹ od. Gp ›vertrieben, verbannt werden‹ 1.103+:19 (*w tp mṣqt* ›und die Bedrängnis wird weichen / gebannt sein‹, nach *rġb* ›Hunger‹) | ar. *√nfy/w* ›vertreiben‹

√npy ›**(Getreide) sieben**‹, evtl. zu ergänzen in 1.6:V:16: *ᶜ*[*lk*] *pht* [*np*]*y* ›deinet[wegen] musste ich ein [Sieb]en (durch das Sieb) erfahren‹ [vgl. mhebr./jaram. *√npy*, akk. *napû*, äth. *√nfy*, jeweils ›sieben‹], alt. Ergänzungen: [*dr*]*y* (siehe *√dry*) od. [*ṣp*]*y* [vgl. ar. *ṣaffā* D ›seihen, filtern‹]

npy /*nôpāyu*/ < **nawpāyu* ›**Befriedigung**‹(?) 1.40:2&, 1.84:2& | *√ypy*, N-Verbalsubst.

npyn ›**Kleid(ung)**‹ 1.4:II:5.7 | vgl. phön./pun. *mph*, lateinisch *mappa*; *√npy* ›weben‹

nq ›**Spalte, Riss**‹(?); *b ṯbr nqy* (1.6:II:23; vgl. 1.4:VIII:19-20 [bei Lesung *nqh* anstatt *qnh*), wörtl. ›mit den Brechern meiner Spalte‹ = ›mit den Zähnen meines Mundes‹; alt.: ›durch das Zerbrechen meiner Spalte‹ = ›durch das Kauen meines Mundes‹ [vgl. hebr. *nāqîq*, äth. *nəqāq*: ›Öffnung, Spalte, Riss‹]; alt.: *qn* ›Rohr‹ = ›Schlund‹ (bei Lesung: *ṯbrn qn-*), siehe M. Dietrich – O. Loretz, UF 34 (2002), 109-118

*nqbn** ›**Strick, Sattelriemen**‹, Pl. *nqbnm* 1.4:IV:[6].11, 1.19:II:5 (jeweils // *gpn*, Pl.) | vgl. hebr. *niqpāh* ›Strick (um den Leib)‹ (*p/b*-Wechsel!); vgl. äth. *nəqbat* ›kurzes Gewand‹, ar. *nuqbaᵗ* ›Gewand, Hosen‹

nqd /*nāqidu*/, wörtl. ›**Hirte**‹ (ein politischer od. religiöser Titel) 1.6:VI:56, 4.68:71& (das gewöhnliche ug. Wort für ›Hirt‹ lautet dagegen *rᶜy*) | akk. *nāqidu* ›Hirt‹, hebr. *noqed* ›Schafhirt, -züchter‹; vgl. ar. *naqqād*

√nqh G ›**sich erheben**‹(?) od. ›**aufmerksam/wachsam sein**‹ 1.169:5 (// *√qrb*) | äth. *√nqh* G ›aufwachen, genesen‹, K ›aufwecken, aufstehen lassen‹

nqpnt (Pl.) ›**Kreis(lauf), Zyklus**‹ 1.12:II:45 (*ṯmn nqpnt* ^{c}*d* // *šb*^{c} *šnt*) | vgl. hebr. *√nqp* ›kreisen (Feste des Jahres), umzingeln‹, vgl. hebr. *t*^{e}*qûpāh* ›Umlauf, Kreislauf‹

nqpt (Pl.) ›**Kreis(lauf), Zyklus**‹ 1.23:67 (viell. zu *nqp<n>t* zu emendieren, siehe *nqpnt*), (*ṯmn nqpt* ^{c}*d* // *šb*^{c} *šnt*) | vgl. *nqpnt*

nr /*nûru*/ < **nuwru* (alt.: /*nêru*/ < **nawiru*?) ›**Licht; Leuchte, (Öl-)Lampe**‹ 4.284:6, 5.22:4.18; *šmn nr* ›Lampenöl‹ 4.786:8, RS 94.2479:17 | akk./ar. *nūr*, vgl. syr. *nuhrā* (Sekundärwz. *√nhr* < **nwr*); vgl. hebr. *ner* (< **nawir* ?) und *nîr*

nrt$_1$ /*nûratu*/? ›**Lampe, (Himmels-)Leuchte**‹ 1.2:III:15 | vgl. *nr*

nrt$_2$ /*nîratu*/ 1.16:III:10, viell. Pl. zu Sg. *nr*$_2$* ›**Neubruch, neues Ackerland**‹ | hebr. *nîr*

√ns$^{c}_{1}$ G ›**herausziehen**‹ 1.2:III:17, 1.6:VI:27, 1.19:III:54 | hebr., phön., raram. *√ns*^{c}; vgl. ar. *naša*^{c}*a* ›ausreißen, wegreißen‹ und akk. *nasāḫu* ›ausreißen‹

√ns$^{c}_{2}$ / *nš*^{c} G ›**bezahlen**‹ 3.8:12.14, 3.9:10.17, Š ›bezahlen‹ od. ›zahlen lassen, zur Zahlung zwingen‹ 2.81:24 | viell. identisch mit *√ns*$^{c}_{1}$; Grundbed.: ›herausziehen‹(?)

√nsḫ G ›**herausreißen, beseitigen, tilgen**‹, evtl. belegt in 1.100:66, sofern *ysynh* zu *ysḫ*$^{!}$*nh* zu korrigieren ist (alt.: *√nsy/w*) | sem. (außer äth.) *√nsḫ*

√nsk G ›**ausgießen**‹ 1.1:II:20, 1.3:II:40.41& (Imp. f.sg. *sk* /*sakī*/ 1.3:III:16&); Gp ›ausgegossen werden‹ 1.17:VI:36; D ›(Trankopfer) ausgießen‹ 1.82:1 | zsem. *√nsk* ›gießen, (Trankopfer) opfern‹; akk. *nasāku* ›flach hinwerfen‹

nsk /*nāsiku*/ = syll. *na-sí-ku* ›**Metallgießer, -arbeiter; Schmied**‹ 4.35:II:8, 4.43:4& | *√nsk*

√nsy/w G ›**entfernen**‹, *ysynh* 1.100:66 (alt.: Emendation *ysḫ*$^{!}$*nh*, *√nsḫ*); vgl. auch *ysy* in 1.9:14 | vgl. akk. *nesû* D ›entfernen‹

nṣ /*niṣṣu*/ ›**Falke**‹ 1.117:10 | syr. *neṣṣā*, hebr. *neṣ(ṣ)*

√nṣb G ›**aufstellen, aufrichten**‹ 1.17:I:26, II:16 | zsem. *√nṣb* (hebr. *nṣb* N ›sich hinstellen‹, K ›hinstellen, aufrichten‹, mit Wurzelvariante *√yṣb*)

nṣḥ(y) 1.19:II:36 (*nṣḥy* // *tliym/t* [Lesung unsicher, KTU^{2}: *nliym*]), unklar | vgl. hebr. *neṣaḥ* ›Glanz, Ruhm (Gottes), Dauer‹ *neṣaḥ n*^{e}*ṣāḥîm* ›alle Ewigkeit‹; jaram. *niṣḥānā* ›Sieg‹; aram./syr. *√nṣḥ* ›überwältigen, siegen, glänzen‹

√nṣl N ›**sich lossagen, sich zurückziehen**‹ 1.90:22 | zsem. *√nṣl* ›wegnehmen, befreien, retten‹: hebr. *√nṣl* N ›sich retten, in Sicherheit sein‹, K ›entreißen, retten, befreien‹; aram. *√nṣl* K ›(weg)nehmen, retten‹; ar. *√nṣl* I. ›abfallen, loskommen, sich befreien‹, V. ›sich lossagen‹

nṣp */niṣpu/*, Maßeinheit ›**Halbschekel**‹ 4.34:4& | ar. *ni/uṣf* ›Hälfte‹; epigr.-hebr. *nṣp*, eine Gewichtseinheit

√nṣr G ›**kreischen, laut klagen**‹, fem. Ptz. *nṣrt* 1.16:VI:5 (// *bkt*), evtl. auch 1.16:II:25.26.34 (jeweils *tṣr*) | vgl. syr. *√nṣr* ›zirpen, summen, grunzen; kreischen, singen; schrill schreien (von Magiern)‹

√nṣṣ G ›**wegfliegen**‹(?) 1.117:10; Š ›verscheuchen‹ 1.3:IV:1 (Š-Ptz. *mšṣṣ* // *√ṭrd, √grš*) | hebr. *√nwṣ* ›sich entfernen‹

*nš** = syll. *⌈na⌉-[š]u-ma /nāšūma/* (Pl.) < **ˀunāšūma*(?) ›**Menschen**‹, nur Pl. *nšm* bezeugt, 1.1:III:15, 1.3:III:27& (Gegenbegriff zu *ilm*) | ar. *nās* und *ˀunās*, akk. *nišū*; hebr. *ᵓænôš*, aaram. *ˀnš*, sab. *ˀns*; evtl. entlehntes Lexem; vgl. auch ug. *bnš*

√nšˀ < **nśˀ* G ›**(Stimme) erheben**‹ (PK *yšu, tšu, tša*; Imp. *ša, šu*; oft in der Formel *√nšˀ gh(m)* ›seine / ihre Stimme(n) erheben‹, z.B. *yšu gh w yṣḥ*); Gt und N ›sich erheben‹ | hebr. *√nśˀ*, phön./aaram./ar./äth. *√nšˀ*, akk. *našû*

nšb ein bestimmtes, schmackhaftes Fleischstück eines Tieres: 1.114:10.13 (// *ktp* ›Schulter‹), 4.247:18 (nach *ṣlʿt* ›Rippen‹ und *bmt*); vgl. auch *nšb* in 1.1:V:6 (ohne Kontext) | Etym. unklar

nšg 1.19:IV:45 (*b nšgh // tʿrt*$_1$ bzw. *tʿr* ›Schwertscheide‹), Bed. unsicher: ›**Gewebe, Futtural**‹ [ar. *nasǧ* ›Gewebe, Geflecht‹] od. ›**Scheide (eines Dolches)**‹ [vgl. ar. *našaǧ* ›Kanal, Wasserleitung‹]

√nšq$_1$ G ›**küssen**‹ 1.17:I:39, 1.23:49&, D ›liebkosen, (innig) küssen‹ 1.19:II:15.22, 1.22:I:4 | hebr./aram. *√nšq* (G und D), akk. *našāqu*

√nšq$_2$ < **nśq* G/D ›**in Brand setzen, verbrennen**‹ 1.2:IV:4 (*anšq [b]htm*) | hebr. *√nśq* N ›sich entzünden‹, K ›anzünden; in Brand setzen, versengen‹; raram./mhebr. *√nśq* K ›verbrennen‹

nšr */našru/* ›**Raubvogel, Adler, Falke(?)**‹ 1.2:IV:21& | hebr. *næšær*, ar. *nasr*, akk. *našru*

√nšy G ›**vergessen**‹ 1.5:I:26; Š ›vergessen lassen‹ 1.82:5 | wsem. *√ns¹y*; akk. *mašû*

ntb */natību/* ›**Pfad, Weg**‹ 1.17:VI:43.44 | hebr. *nātîb*

ntbt */natībatu/* ›**Pfad, Weg**‹ 1.119:33&, Pl. *ntbt* ›(Pachtrecht für die) Wege (d.h. die Landzugänge nach Ugarit)‹ 4.336:7; 4.388:10 (vgl. 4.172 und 4.266: ähnliche Formulierung im Zusammenhang mit *miḫd* ›Hafen‹ = ›Hafenpacht‹) | hebr. *nᵉtîbāh*

√ntk G ›**ausgießen, vergießen**‹ 1.19:II:33, 1.107:17; Gp ›vergossen werden‹ 1.41:12, 1.87:13; N ›sich ergießen, tropfen (Tränen)‹ 1.14:I:28; Š ›begießen‹(?) 1.6:IV:2.13 (*yštk*) | hebr. *√ntk* G ›sich ergießen‹, N ›sich ergießen‹, K ›hingießen‹; samʾalisch *√ntk* K ›ausgießen‹; akk. *natāku* ›tropfen‹

ntn 1.16:I:4.18 (*l ntn ʿtq*; vgl. *l bky ʿtq* 1.16:II:41), Verbalsubst. mit unklarer Bed. | evtl. abzuleiten von *√ytn* ›**geben**‹

√ntr G ›**davonspringen, auffahren**‹ 1.4:V:21&, 1.10:II:11.28.29; Š ›aufscheuchen‹ 1.22:I:11 | vgl. hebr. *√ntr* K

√nts ›**niederreißen, zerschlagen**‹(?), PK *its* 1.2:IV:4 | vgl. hebr. *√ntṣ* ›niederreißen, zerschlagen‹; vgl. auch hebr. *√nts/ś* ›herausreißen‹

√nṭṭ G ›**wanken, zittern**‹ 1.3:III:33&; D* ›in Schrecken versetzen, zum Zittern bringen‹ 1.82:9 (alt.: Ableitung von Wurzelvariante *√nwṭ*) | ar./soq. *√nṭṭ*; vgl. hebr. *√nwṭ*

√nṯk G ›**beißen**‹ 1.107:4; N ›sich gegenseitig beißen‹ 1.6:VI:19 | hebr., akk. *√nšk*; aram. *nkš/t*, ar. *√nkṯ* (Metathese)

nṯk₁ ›**Beißer**‹ 1.107:35.45 | wohl G-Ptz. von *√nṯk*

nṯk₂ ›**Beißen, Biss**‹ 1.100:4& | Verbalsubst. von *√nṯk*

nṯq eine Wurfwaffe 1.4:VII:39 (?), 4.169:3 | Zusammenhang mit hebr. *næšæq* ›**Rüstzeug, Waffen**‹ unsicher; vgl. evtl. akk. *nasāku* ›werfen, schießen‹

√nwʿ Gt ›**aneinander rütteln**‹ 1.6:VI:16 (*ytʿn* = /*yittâʿāni*/ < **yintâʿāni*; // *√ngḥ* N) [wsem. *√nwʿ* ›sich bewegen, schwanken, baumeln‹]; alt.: *√tʿʿ* N ›schütteln, stoßen‹ [ar. *taʿtaʿa* ›stecken bleiben; schütteln, stoßen, verwirren‹]

√nw/yb G/Gp ›**bedeckt sein, überzogen sein**‹(?), 1.4:I:31 (*nbt* // *šmrḫ/gt*) [ar. *√nwb* ›über jmnd. kommen, betreffen, befallen‹]; alt. *√nby* ›leuchten, strahlen‹ [vgl. akk. *nebû* ›leuchten, strahlen‹]

√nwḥ G ›**klagen, weinen, seufzen**‹ 1.15:I:7 | hebr. *√nwḥ* ›seufzen‹, ar. *√nwḥ* ›klagen‹

√nwḫ G ›**zur Ruhe kommen, sich ausruhen**‹ 1.6:III:18.19 | sem. *√nwḫ*

√nwp Šp ›**als ‘Erhebungsopfer’ dargebracht werden**‹ 1.50:6 (vgl. den Opferbegriff *šnpt*) | hebr. *√nwp* K ›hin und her bewegen, schwingen‹; ar. *√nwf* ›hervorragen, übersteigen‹

√nwq siehe *tnqt*

√nwr G ›**hell sein, leuchten**‹ 2.13:18, 2.16:9 | akk. *nawāru*; ar. *√nwr* D, syr. *√nhr* < **nwr*

√nws G ›**fliehen, zurückweichen**‹ 2.40:15, evtl. 1.4:III:5 | hebr. *√nws*; vgl. ar. *√nws* ›antreiben‹

√nwy *šnwt* (Š-SK 3.f.sg.), 1.96:1; Interpretation unsicher: entweder ›**preisen**‹ [hebr. *√nwy* G / K ›preisen, schmücken‹] od. ›**weg-**

gehen‹ [ar. √*nwy* ›sich entfernen, auswandern‹]; alt.: √*šny/w* G ›weggehen‹(?)

-ny /*-nayâ*/ (Pronominalsuffix 1.c.du.)

-ny- /*-nay-*/ (Pronominalsuffix 1.c.pl. vor EP), belegt in *kl-ny-y* und *kl-ny-n*, ›**wir alle**‹, 1.3:V:33.34; 1.4:IV:45.46

nyr /*nayyāru*/ od. /*nay(y)īru*/ ›**Leuchte, Himmelsleuchte (Sonne od. Mond)**‹ 1.16:I:37, 1.24:16.31, 1.161:19 | √*nwr*; vgl. ar. *nayyir* ›leuchtend, strahlend‹, *an-nayyirān^i* ›die beiden Leuchten‹ = ›Sonne und Mond‹; vgl. auch akk. *nannāru* ›Himmelsleuchte‹

nzl ›**Brot-, Speisevorräte, Proviant**‹(?), 1.14:II:16, III:58: *klt lḥm-k/h d nzl* ›dein/sein gesamtes Vorratsbrot‹ (// *msrr ʿṣr dbḥ*) [ar. *nuzl* ›Speisevorräte, Proviant‹]; alt.: (unbekannter) Opferterminus

---

p

---

p_1 /*pa*/ ›**und dann**‹; auch andere Nuancen wie ›**aber**‹, ›**etwa?**‹ (in Fragen) 1.4:IV:59.60& | samʾalisch/raram. *p* ›und‹; ar. *fa-*; sab. *f-* ›denn‹

p_2 /*pû*/ ›**Mund**‹ 1.4:VIII:18& [ar. *fū*, hebr. *pæh*]; *lp* /*li pî*/ (< Präp. *l* + *p* ›Mund‹) ›gemäß, nach Art von‹ (mehrfach als Wortfolge *u lp* belegt in 1.40 // 1.84) [hebr. *lᵉpî*, pun. *lpy*; vgl. akk. *ana pî*]

p_3 ›**hier**‹, evtl. belegt in 2.10:12 | hebr. *poh*

palt siehe *pilt**

pamt (Pl.) ›**Mal(e)**‹ 1.23:20& (vgl. *pʿn* ›Fuß‹), überwiegend vor der Kardinalzahl, z.B. *pamt ṯlṯm* ›dreißigmal‹ (1.39:20) | wohl entlehnt aus phön. *pʿm* ›Fuß, Mal‹, mit fem. Pl. *pʿmʾt* (vgl. hebr. *paʿam* mit Pl. *pᵉʿāmîm*), deshalb ‘Verlust’ des /ʿ/.

pat /*piʾatu*/ ›**Rand, Seite, Saum**‹, Sg. *pat* 4.136:4; Sg. od. Pl. *pat*: 1.12:I:35, 1.14:III:1& | hebr. *peʾāh*, akk. *pātu*; syr. *pa(ʾ)tā* (Pl. *patātā*) 1. ›Ecke, Seite‹, 2. ›Vorderkopf, Gesicht‹

pid ›**Herz, Sinn**‹, *d pid* ›der mit dem Herzen‹ = ›der Verständige‹ als Epitheton des Gottes Ilu (trad.: ›der Gütige‹), in den Formeln *lṭpn il d pid* (1.1:III:21f.&; 1.24:44-45: *lẓpn il ḏ pid*) bzw. *ṯr il d pid* (1.4:II:10&) | vgl. ar. *fuʾād* ›Herz‹

*pilt** /*paʾlatu*/ ›**Gezweig, Gestrüpp**‹, Pl. *palt* 1.19:II:12& | vgl. hebr. **poʾrāh* (*r*/*l*-Wechsel)

pit /*puʾtu*/? ›**Stirn**‹ 1.17:II:9&, 1.103+:11.54 | akk. *pūtu*; nach anderer Auffassung etym. identisch mit *pat*: ›Rand‹ = ›Stirn‹

*pʿl** siehe √*bʿl* und *bʿl*₂

pʿn /*paʿnu*/ < **paʿmu* ›**Fuß**‹ (fem. Genus), Sg. *pʿn* 1.103+:39; Pl. *pʿnt* 1.103+:52; Du. *pʿnm* 1.1:II:1.22&, *pʿnm* ›zu Fuß‹ od. ›barfuß‹ 1.43:24.25 | vgl. hebr. *paʿam*, phön. *pʿm*; akk. *pēmu*, *pēnu* ›Oberschenkel‹

√*pʿr* ›**(laut) ausrufen, verkünden, proklamieren**‹ 1.2:IV:11& | hebr. √*pʿr*, syr. √*pʿr*, ar. √*fġr*: ›den Mund aufsperren‹

pd /*pôdu*/ < **pawdu* ›**Locke(n)**‹ 1.19:II:32 | ar. *fawd*

pdd (*ypdd*), siehe √*pwd*

pdr ›**(befestigte) Stadt**‹ (// *ʿr*) 1.4:VII:8.10, 1.14:III:7& | hurr./urartäisches Lw.; vgl. urartäisch *pāturi*

pdry ○ = syll. ᵈ*pí-id-ra-i* (RS 17.116:3'), fem. GN ›**Pidray**‹ (Tochter Baʿlus), 1.3:I:23, 1.3:III:6&

√*pdy* G ›**loskaufen, auslösen**‹ 3.4:2.12 | sem. außer aram.: hebr. √*pdy*; ar. √*fdy*; sab. √*pdy* ›kaufen‹; äth. √*fdy* ›zurückzahlen‹; akk. *padû* ›verschonen, loslassen‹

pḏ Deutung nicht sicher: evtl. /*piḏḏu*/ ›**Feingold**‹ 1.2:I:19.35 | hebr. *paz*, jaram. *bizzā*; evtl. entlehnt

pġt ›**Mädchen**‹ 4.102:2& | Fem. Pendent zu *pġy*; vgl. evtl. den hebr. fem. PN *pûʿāh*

pġt ○ fem. PN (Schwester Aqhatus), 1.19:I:34& | = *pġt* ›Mädchen‹

pġy ›**Junge**‹ 4.349:4 | Mask. Pendant zu *pġt*; vgl. PN *pu-ḫi-ya-nu* = *pġyn* (4.63:III:29&; siehe DUL 666f.)

√*phy/w* G ›**sehen, erblicken, erfahren**‹ 1.2:I:22, 1.3:I:14&; N ›sichtbar sein, erscheinen‹ 1.163:12'(5) (*ynphy* = /*yinpahiyu*/, ohne Assimilation von /*n*/) | Etym. unsicher; vgl. evtl. ar. √*fhm* ›erfahren, erkennen, verstehen‹

pḥl /*paḥlu*/? ›**Hengst**‹ 1.4:IV:5&, 1.19:I:4& (// *ʿr*), 1.100:1 | ar. *faḥl* und akk. *puḫā/īlu*: ›Zuchthengst, -stier, -widder‹

pḥlt ›**Stute**‹ 1.100:1 | Fem. zu *pḥl*

pḥm /*paḥmu*/ 1. ›**(glühende) Holzkohle(n)**‹ 1.4:II:9, 1.23:41&, 2. ›**rotbraun (Farbton)**‹ 1.163:2.6(12.16), 3. ›**rotbraun (gefärbte Wolle)**‹ 3.1:22.27& (oft neben *iqnu* ›Lapislazuli, blauer Farbstoff‹) | sem. **paḥm* (äth. *fəḥm*, akk. *pēmtu*)

pḫd /*puḫādu*/? ›**Kleinviehherde, Lämmer**‹ (Kollektivum) 1.17:V:17.23 (*imr b pḫd*) | akk. *puḫādu* ›Lamm‹

pḫr /*puḫru*/ = syll. *pu-ḫur* (St.cs.) [puḫ^{u}r] ›**Versammlung**‹ 1.2:I:14& | akk. *puḫru*, syr. *puḥrā*

√pky < **bky* (G-PK *tpky*), siehe *√bky*

pld ein Gewandtyp, 4.4:4, 4.152:7.8& | Lw.; vgl. akk. *palādu*; vgl. evtl. auch hebr. *p*^{e}*lādôt* (Pl.) Nah 2,4

√plg N ›**sich (zer)teilen**‹ 1.100:69 | hebr. *√plg* D ›teilen, spalten‹, N ›geteilt werden‹; aram. G / D *√plg* ›teilen‹; ar. *√flǧ*, *√flq* ›spalten‹

plg /*palgu*/ ›**Kanal**‹ 1.100:69 (// *nḫl*) | sem. *pal(a)g*; *√plg*

plk = syll. *pí-lak-ku* /*pilakku*/ ›**Spindel**‹ 1.4:II:3.4 | wohl entlehnt; vgl. akk. *pilakku* u. hebr. *pælæk* ›Spindel‹

√pll G ›**schartig, rissig, vertrocknet sein (Boden)**‹ 1.16:IV:1 | ar. *√fll* ›schartig, rissig sein (Schwert)‹

√plṭ D ›**in Sicherheit bringen, befreien, erretten**‹ 1.18:I:13 (// *√ʿḏr*); N ›sich in Sicherheit bringen‹ od. ›gerettet werden‹ 2.82:4.12 | hebr./aram. *√plṭ* D ›in Sicherheit bringen, entreißen, retten‹; ar. *√flṭ* ›entkommen‹; äth. *√flṭ* ›entfernen‹

√ply 1.101:5 (*tply*), Bed. unsicher, viell. ›**lausen, (Kopfhaar) nach Läusen absuchen**‹ | ar. *√fly* ›untersuchen, den Kopf nach Läusen absuchen, lausen‹

*plṭ*** = syll. *pu-la-ṭu* /*pullaṭu*/ ›**Retten**‹ | *√plṭ* D-Verbalsubst.

pn$_1$* /*panû*/ < **panawu*, nur Pl. bezeugt (St.abs. *pnm*): ›**Vorderseite, Gesicht**‹ [hebr. **pānæh*, Pl. *pānîm*]; *√ytn* + *pnm* ›das Gesicht ‘geben’‹ = ›eine bestimmte Richtung einschlagen (und losgehen)‹ 1.2:III:4&; *l pn* /*li panî*/ ›vor‹ (Präp. *l* + *pn*) 1.132:16&; *l pnwh* ›vor ihm‹ 1.3:I:6 (UG S. 778); *l pnnh* ›vor ihm‹ 1.3:IV:40, 1.10:II:17 (UG S. 778f.); *l pnm* ›vorne‹ (Adv.) 1.4:IV:17 | hebr. *lipnê*, phön./moab. *lpn*; vgl. akk. *lapān* und *ana*/*ina pān*

pn$_2$ /*pan-*/ ›**im Angesicht von, vor**‹ 1.132:25, 1.82:38 | vgl. *l pn* ›vor‹ und *pnm* ›Gesicht‹; siehe *pn*$_1$*

pn$_3$ ›**nicht doch!**‹ (eig.: ›wende dich ab!‹, Imp. von *√pny*) 1.114:12 (›Nicht doch! Wollt ihr einem Hund ein *nšb*-Fleischstück reichen . . .?); alt.: ›**damit nicht**‹ (›. . . auf dass sie nicht einem Hund ein *nšb* reichten . . .‹) | vgl. hebr. *pæn-* ›damit nicht‹

pnm /*panîmâ*/ ›**hinein**‹ 1.16:VI:5 (vgl. *pnm* ›Gesicht‹ [*pn*$_2$]); siehe auch unter *l pnm*

pnt /*pinnatu*/ ›**Ecke**‹, Sg. *pnt kslh* ›die Ecke ihrer Lende(n)‹ 1.3:III:34, Pl. *pnth* ›Rückgrat‹ 1.2:IV:17.26 (// *tmn*) | hebr. *pinnāh*

√pny G ›**sich wenden, sich abkehren**‹ 1.12:I:33, 1.96:5.6; Dp ›weggeschafft, weggebracht werden‹(?) 1.104:16 (*tpnn*) | sem. *√pny*/*w*

(nsem. *√pny* ›sich wenden‹, ar. *faniya* ›weggehen, vergehen‹; akk. *panû* ›voran-, vorausgehen‹; äth. *√fnw* D ›schicken‹

√pqd G ›**einen Befehl erteilen**‹ 1.16:VI:14 | hebr. *√pqd* ›prüfend ansehen, prüfen, befehlen‹, akk. *paqādu* ›übergeben, anvertrauen‹

pqq ›**Frosch**‹(?) 1.114:30 | neu-aram. *piqqā* ›Frosch‹

pr$_1$ */pirû/* ›**(Baum-)Frucht, Obst**‹ 1.5:II:5& | hebr. *p^{e}rî* (vor Suffixen *pæry-*), phön. *pr*; syr. *pērā*, äth. *fəre*

pr$_2$ */parru/* ›**Jungtier, Jungstier**‹ 1.49:9, 1.86:3, 1.105:13, 4.142:1 | hebr. *par(r)* ›Jungstier‹, syr. *parrā* / *pārā* ›Jungtier‹, ar. *furār* ›Junges vom Kleinvieh‹, akk. *parru* ›Lamm, Jungschaf‹

√pr^c G ›**lösen (von Krankheit)**‹ 1.124:9; Gt ›(einen) Wasser(behälter) über sich ausleeren, sich duschen‹ 1.13:19 (// *√rḥṣ* Gt) | nwsem. *√pr*^{c} G ›frei lassen, lösen, entblößen‹; ar. *√frġ* D u. K ›Wasser ausgießen‹, Gt ›Wasser über sich gießen‹

pr^c ›**der/das erste, Beste**‹ 1.19:I:18; 1.22:I:23-24; vgl. auch 2.31:15& | ar. *fāri*^{c} ›hoch aufragend (Berg)‹; vgl. auch hebr. *pæra*^{c} ›Führer, Fürst‹

pr^c*t* wohl Fem. zu *pr*^{c}, 1.4:VII:56, 1.8:II:9: genaue Bed. umstritten

prln ein Priestertitel, 1.6:VI:55, 1.17:VI:56, 6.47:1 | Fw.: hurr. **f/pur(u)linni*; Grundlexem wohl hurr. *pur(u)li* ›Tempel‹

√prq G ›**auseinanderreißen, trennen, lösen, befreien**‹ 1.4:IV:28, 1.6:III:16, 1.17:II:10 (jeweils: *yprq lṣb w yṣḥq*) | sem. *√prq* ›abreißen, trennen, teilen‹: hebr. *prq* ›abreißen, herausreißen, befreien‹, aram./syr. *√prq* ›entfernen, absondern‹, ar. *faraqa* ›teilen, trennen‹, asa./äth. *√frq* ›retten, befreien‹, akk. *parāqu* ›abtrennen‹

*prq** */parīqu/*? ›**aufgetrennt**‹(?), Fem. *prqt* 4.205:3.4 | Adj./pass. Ptz. von *√prq*; vgl. *prqt*

prqt eine Maßangabe, RS 94.2600:9 (*ṯlṯm prqt tyt* ›30 *prqt* der *tyt*-Pflanze/Droge‹) | Etym. unklar; vgl. *prq**

√prr G ›**brechen, zerbrechen**‹ 1.15:III:28.30 | (m)hebr./jaram. *√prr* K ›brechen, ungültig machen‹; vgl. akk. *√prr* D ›auflösen, zerstreuen‹

prs/ś */parīsu/*, Hohlmaß für Getreide (Halbkor), 1.41:23, 1.87:25, 4.225:9&; auch 4.392:1 dürfte hierher zu stellen sein (nicht: ›**Pferde**‹) | Lw., vgl. akk. *parīsu*

√prsḥ G ›**niederfallen**‹ 1.2:IV:22.25 (// *√qyl*) | ar. *√fršḥ/ḫ* ›die Beine spreizen‹; akk. *napalsuḫu* ›niederfallen, sich hinhocken‹

√prš Gp/N ›**zerstreut/aufgelöst werden**‹ od. ›**sich ausbreiten**‹ 1.103+:53 (*ḥwtn tprš*) | hebr. *√prś* G ›ausbreiten‹, N ›zerstreut werden‹, ar. *√frš*: ›ausbreiten, bedecken‹

√prš(ʾ) Form *prša* od. *pršt*! (1.4:I:35) mit unsicherer Bed.: ›**bedeckt (sein)**‹ [= *√prš*] od. ›**reichlich ausgestattet (sein)**‹ [vgl. akk. *šup/barzuḫu* ›überreichlich machen / ausstatten‹]

prt */parratu/* ›**junge Kuh, Färse**‹ 1.5:V:18& (*ʿglt*) | Fem. zu pr_2; hebr. *pārāh*, akk. *parratu*

prṯt ›**Geheimnis**‹(?), RS 92.2016:16'.20'.21' | entlehnt aus akk. *pirištu* < **piristu*?

psl */pāsilu/* ›**(Holz-)Schnitzer**‹ (Bed. ›Steinmetz‹ bisher nicht nachweisbar) 4.68:65&, belegt in den Fügungen *psl qšt* ›Bogenschnitzer‹ (4.141:III:18) und *psl ḥẓm* ›Pfeilschnitzer‹ (4.141:III:19) | *√psl* vgl. hebr./aram. *√psl* ›(Stein) behauen‹; vgl. akk. *pasālu* ›sich drehen‹

pslt ›**behauener Stein**‹ od. ›**Holzbildnis**‹, RS 92.2016:31" (*abn l abn w pslt l pslt*) | vgl. hebr. *pæsæl* und *pāsîl*: ›Schnitzbild, Gottesbild (aus Holz od. Stein)‹

pšʿ */pa/išʿu/* ›**Verbrechen, Verfehlung, Unrecht**‹ 1.17:VI:43 | hebr. *pæšaʿ*

√ptḥ G ›**öffnen**‹ 1.23:69-70, RS 94.2965:2; Gp ›geöffnet werden‹ 1.4:VII:17.19 | sem. *√ptḥ* (akk. *petû*)

ptḥ */patḥu/* ›**Tür, Öffnung**‹, Pl. *ptḥm*, 4.195:5& | hebr. *pætaḥ*, syr. *ptāḥā*, ar. *fatḥ*

√pty G od. D ›**verlangen, begehren**‹ od. ›**verführen**‹ 1.23:39 (*k ypt*) | hebr./mhebr. *√pty* D ›überreden, verlocken, betören‹, äth. *fat(a)wa* ›begehren, verlangen‹

ptr_1 1.16:VI:8, unsicher: ›**Spalte, Riss**‹(?) od. ›**Lösung, Tilgung**‹ | vgl. ar. *faṭr* ›Spalte, Riss‹ und akk. *paṭāru* ›(Übel, Sünde, Krankheit) lösen‹

ptr_2* = syll. *pí-iṭ-r*[*ù*] */piṭru/* ›**Lösen, Lösung, Trennung, Spaltung**‹ | Verbalsubst. von *√pṭr*; vgl. akk. *piṭru*

ptt */pittu/* ›**Flachs, Leinen(gewebe)**‹ 4.152:8.9& | hebr. **pešæt*, pun. *pšt*

√pwd/pyd (alt.: *√pdd*) Dp* ›**verbraucht, abgenutzt, verschlissen sein (Kleidung)**‹ 4.182:61.63 | ar. *√fwd* ›sterben, schwinden‹; syr. *√pwd* u. *√pdd* ›schwinden, weggehen‹

√pwq G ›**finden, erlangen; sich (etwas) nehmen**‹ 1.4:VI:56, 1.5:IV:13, 1.103+:29, 1.107:6; Gt ›erhalten, erlangen‹, evtl. 1.1:V:27 (*tptq*); Š ›darreichen‹ 1.4:VI:47& | hebr. *√pwq* K ›erreichen, erlangen; darreichen‹

pwt — */puwwatu/* ›**Krapp, Färberröte**‹ 4.182:10 = syll. *pu-wa-tu*$_4$ RS 23.368:14’ (siehe W. van Soldt, UF 22, 348.350), *pu-wa-ti* (Gen.) RS 16.110:3’ | ar. *fuwwa*^{t}

pẓġ — in *pẓġm ġr* ›**Hautritzer**‹, G-Ptz. von √*pẓġ* ›sich Hautritzungen zufügen, sich verletzen‹ 1.19:IV:11.22 | hebr. √*pṣ*^{c} ›verwunden, verletzen‹; jaram. √*pṣ*^{c} ›spalten, trennen‹; ar. √*fṣ*^{c} ›reiben, quetschen‹; vgl. hebr. *pæṣa*^{c} ›Wunde‹

√*pẓl* — N ›**sich zurückziehen**‹(?) 1.169:15 | ar. √*fṣl* ›(ab)trennen, abschneiden; weggehen‹

---

q

---

q^{c}*l* — ›**Gebirge**‹ 1.3:VI:7 (// *gbl*) | ar. *qā*^{c}*ila*^{t} ›hohes Gebirge‹

√*qb*$^{\circ}$ — Gp ›**herbeigerufen werden**‹ 1.161:3& (// √*qr*$^{\circ}$ Gp) | akk. *qabû*

qb^{c}*t* — ›**Trinkbecher, Kelch**‹ 1.6:IV:18 (*qb* <^{c}>*t*), 1.19:IV:54.56 (// *ks*) | hebr. *qubba*^{c}*at*, ar. *qub*^{c}*a*^{t}, akk. (nA) *qabūtu*; phön. *qb*^{c}, raram. *qb*$^{c\circ}$, syr. *qub*^{c}*ā*

√*qbb* — G ›**biegen, krümmen; (Bogen) spannen**‹ 1.17:V:35.36 | ar. √*qbb* II. ›gewölbt, konvex machen‹

qblbl — 1.4:I:36, unsicher: entw. ›**beriemt, mit (vielen) Riemen / Schnüren versehen**‹ [vgl. ar. *qibāl* ›Sandalenriemen (zwischen den Zehen)‹ und ar. √*qbl* I./III./IV. ›die Sandale mit einem Riemen (*qibāl*) versehen‹] od. ›**(höchst) angenehm**‹ [vgl. zsem. √*qbl* D ›(freundlich) empfangen, aufnehmen‹]

√*qbr* — G ›**begraben**‹; Form *yqbr* jetzt auch belegt in RS 20.398A.1b:1

qbṣ — ›**Versammlung; Clan**‹ 1.161:3&, Nf. *qbẓ* 1.133:13 | vgl. hebr. √*qbṣ* ›sammeln‹, mhebr. *qibbûṣ* ›Versammlung‹

qbẓ — siehe *qbṣ*

√*qdm* — G ›**hinzutreten, vorrücken**‹ 1.15:IV:23; D ›präsentieren, (Opfer) darbringen‹, RS 92.2016:37” (*tqdmn-nn*); Dp ›(als Opfer) dargebracht werden‹ 1.161:30 | wsem. √*qdm* ›vorangehen, vorher tun‹

qdm$_1$ — */qadmu/* ›**Osten**‹ od. ›**Vorzeit**‹ 1.12:I:8 | hebr. *qædæm*, *qādîm*

qdm$_2$ — */qudāma/*? ›**vor**‹ 1.3:IV:41& | aram. *qudām* *qdqd* /*qudqudu*/ od. /*qadqadu*/ ›**Scheitel, Schädel**‹ | hebr. *qŏdqod*, akk. *qaqqadu*

√qdš Š ›**weihen, (als Opfer) darbringen, opfern**‹ 1.119:30.31 | sem. *√qdš* ›heilig sein‹, D / K ›heiligen, weihen, opfern‹

qdš$_1$ ›**heilig**‹ 1.3:I:13& | hebr. *qādô/uš*, phön. *qdš*; vgl. ar. *qa/uddūs*, äth. *qəddus*, akk. *qaššu*, *qašdu*, *quddušu*

qdš$_2$ /*qidšu*/ (od. /*qudšu*/) ›**Heiligtum**‹ 1.3:III:30& = syll. *qi-id-šu* ›Heiligtum‹ RS 20.123+:III:29'' | vs. zsem. *qudš*

qdš$_3$ /*qadišu*/? ›**Geweihter**‹, Mitglied des Kultpersonals (wahrsch. zuständig für Divination u.a.), 1.112:21 (*w qdš yšr* ›und 'der Geweihte' wird singen‹); Pl. *qdšm* 4.38:2& | hebr. *qādeš* ›Geweihter, Kultprostituierter; vgl. auch den Titel *qí-da-šu* in Emar

qdš$_1$ ○ GN: ›der Heilige‹ (Beiname des Gottes Ilu) | = *qdš*$_1$

qdš$_2$ ○ /*qudšu*/, GN 1.4:IV:16, meist Teil des Doppelnamens *qdš w amrr* ○ ›Qudšu-wa-Amruru‹ (Diener Aṯiratus) 1.3:VI:11, 1.4:IV:8.13, 1.123:26

qdšt$_1$ /*qadiš(a)tu*/ ›**Geweihte, Priesterin**‹ 1.81:17 | Fem. zu *qdš*$_4$*; akk. *qadištu*, hebr. *q*^{e}*dešāh*

qdšt$_2$** = syll. *qa-ad-šu-ut-ti* (Gen.) /*qadšūtu*/ < **qadišūtu* ›**Priesterstatus**‹ | akk. Lw. (?)

√qġw/y G ›**neigen; (das Ohr) zuneigen, aufmerksam sein**‹ 1.16:VI:30.42 (*tqġ*) [ar. *√ṣġw* K ›Ohr zuneigen; aufmerksam sein‹, s. UG S. 95]; weniger wahrsch.: *√yqġ* ›wachsam sein‹

qḥ siehe *√lqḥ* (G-Imp.)

ql$_1$ /*qâlu*/? < **qawalu* (alt.: /*qôlu*/ < **qawlu*) ›**Stimme, Laut, Klang**‹ 1.3:I:20& | hebr. *qôl*, phön. *ql*, aram. *qālā*, äth. *qāl*; vgl. ar. *qawl* ›Wort, Rede‹

ql$_2$ /*qallu*/ ›**Sklave, Bote**‹ 4.213:27& | akk. *qallu* ›leicht, gering, klein‹, auch: ›Sklave‹, akk. *qallatu* ›Sklavin‹; vgl. hebr. *qal(l)* ›der Schnelle, der Renner‹ (HAL 1029a)

ql^{c} /*qil*^{c}*u*/? ›**Schild**‹ 1.162:2, 4.63:I:4& | nwsem. in äg. Transkription /*qil*^{c}*a*/; nicht mit hebr. *qæla*^{c} ›Schleuder‹ zu verbinden

qlql eine Pflanzenspezies (Heilpflanze), 1.71:9& | vgl. akk. *qulqullânu*, eine Pflanze/Droge

√qlṣ D od. G ›**schmähen, verhöhnen**‹ 1.4:III:12 (// *√wpṯ* D), 1.4:VI:13 | vgl. hebr. *√qls* (sic!) D u. tD ›verspotten‹; vgl. evtl. auch ar. *√qrṣ* ›zwicken, verleumderisch sein‹, D ›durch (böse) Witze verletzen‹

qlṣ 1.3:V:28 u. 1.18:I:17: *in b ilht qlṣ-k*, trad.: ›**Verhöhnung, Geringschätzung**‹; Lesung bzw. Ergänzung nicht ganz sicher (1.3:V:28: *qṣ/l*[ ]x; 1.18:I:17: *qlṣ*x [Zeichenreste nach {ṣ} unklar]) | vgl.

√*qlṣ* und hebr. *qælæs* ›Spott‹

qlt ›**Verdorbenes, Minderwertiges**‹(?) 1.4:III:15, ›Erniedrigung, Schmach‹ 1.6:V:12 | hebr. *q*^{e}*lālāh* ›Fluch‹, syr. *qulqālā* ›Schmach, Schande‹, ar. *qilla*^{t} ›Wenigkeit, Minderheit, Mangel‹; vgl. ferner mhebr./jaram. *qilqûl* ›Verderbnis, Verdorbenes‹ und akk. *qulālu* ›Nichtachtungsbezeugung‹

qmḥ /*qamḥu*/ ›**Weizen(mehl)**‹ 4.328:1&, ›**Gemahlenes, Pulver**‹ 1.71:25, 1.85:32 | sem. *qamḥ*: hebr. *qæmaḥ* 1. ›(Weizen-)mehl‹, 2. ›die zu mahlende Brotfrucht, noch nicht das fertige Mehl‹, aram. *qamḥā* ›Mehl‹, akk. *qēmu* ›Mehl‹; ar. *qamḥ* ›Getreide, Weizen‹; vgl. äth. *qamḥ* ›Frucht, Produkt‹ u. *qamḥa* ›Getreide essen‹

√*qmṣ* G ›**niedersinken**‹ 1.14:I:35 (// √*škb*) | akk. *kamās/ṣu* ›sich niederknien‹

qn /*qanû*/ < **qanayu* ›**Schilfrohr, Rohr**‹ 1.17:VI:23, 4.91:10&, ›Pfeilrohr‹ 1.17:VI:9.13, ›Rohr, Schaft‹ 1.5:VI:20, 1.6:I:4 (*qn ḏr*^{c}*h* ›die ‘Rohre’ seiner/ihrer Arme‹); evtl. auch 1.4:VIII:20 und 1.6:II:23 (Lesung *ṯbrn qn-*; siehe aber auch unter *nq*) | sem.: hebr. *qānæh*, aram. *qanyā*, ar. *qanā*(*t*), äth. *qanot*, akk. *qanû*

qn siehe √*qwn*/*qyn* (RS 92.2014:7)

qnim (2.36+:29), siehe *iqnu*

qnuym ›**Lapislazuli-Handwerker / -Färber**‹(?) 2.36+:39 | wahrsch. Nisbenbildung zu *(i)qnu* ›Lapislazuli, blauber Farbstoff‹

√*qnn* siehe √*qwn*/*qyn* (RS 92.2014:5.7)

√*qnṣ* Gt ›**Geburtswehen haben, kreißen**‹ 1.23:51.58 | Etym. unklar; viell. < √*qlṣ*: vgl. akk. *kalāṣu* ›sich zusammenziehen‹ und ar. √*qlṣ* ›zusammenziehen‹; vgl. auch syr. √*glṣ* ›(Stirn) runzeln, (Zähne) fletschen‹

√*qny* G ›**erwerben; erzeugen, erschaffen, hervorbringen**‹ 1.10:III:5, 1.14:II:4, 1.17:VI:41, 1.19:IV:58, 1.141:1, 3.9:2 | sem. √*qny* ›erwerben, erlangen, kaufen‹; hebr. √*qny* u. ar. √*qnw*/*y* daneben auch ›erschaffen‹

qr ›**Lärm; (Vieh-)Geschrei**‹ 1.12:II:60 (// *mṣlt*) | hebr. **qir* ›Lärm‹; zsem. √*qrqr* ›gackern, schreien‹ (mhebr.), ›krähen, brüllen‹ (jaram.), ›knurren; brüllen, gurren‹ (ar.)

√*qr*ʾ G ›**rufen**‹ 1.4:VII:47; Gp ›gerufen werden‹ 1.161:2& (// √*qb*ʾ Gp) | hebr./ar. √*qr*ʾ, akk. *qarāʾu* / *qerû*

qrat /*qarīʾatu*/ ›**Einladung, Gastmahl**‹ 1.116:2 | akk. *qerītu*, hebr. *q*^{e}*rîʾāh*

√*qrb* G ›**nahe sein, sich nähern**‹ 1.14:I:37&; D ›nahe heranbringen, -führen‹ 1.24:27; Š ›(als Geschenk) darbieten, (als Opfer) darbringen‹ 1.16:I:44, 1.40:[9].26, 1.87:56 | sem. √*qrb*

qrb /*qarbu*/ ›**Inneres**‹, Ak. *qrb* /*qarba*/ ›im Innern von, inmitten‹ 1.3:V:6, 1.4:IV:22&, *b qrb* ›im Innern / in das Innere von, inmitten‹ 1.4:V:14.30.37& | hebr. *qæræb*, akk. *qerbu*

qrd /*qarrādu*/? ›**Krieger, Held**‹ 1.119:26.29; *aliy qrdm* ›Mächtigster der Krieger‹ (Beiname Ba^clus) 1.3:III:14& | Lw.?; akk./eblaitisch *qarrādu*, *qurādu*

qrht /*qarahātu*/, siehe *qrt* ›Stadt‹

qrn /*qarnu*/ ›**Horn**‹, Du. *qrnm*, Pl. *qrnt*, 1.3:IV:27&; ›Füllhorn (für Salböl)‹ 2.72:27; übertragen: ›'Horn' aus Fleisch‹ 1.103+:11 | sem. *qarn*

√*qrṣ* G ›**(Ton) abkneifen, kneifen**‹ 1.12:I:11, 1.16:V:29 | wsem. √*qrṣ*, akk. √*krṣ*

qrš etwa ›**Wohnstatt**‹ od. ›**Lager**‹ (// *ḏd*) 1.4:IV:24& | vgl. evtl. akk. *karāšu* ›Feldlager‹

qrt, *qryt* = syll. *qa-ri-t*[u_4] /*qarîtu*/ bzw. /*qar(i)yatu*/ ›**Stadt**‹, Sg. *qryt* 1.14:II:28, IV:9 (hier evtl. Eigenname // *bt ḫbr*), sonst Sg. *qrt* 1.14:III:13&; Du *qrytm* u. *qrtm* 1.3:II:7.20; Pl. *qrht* 4.95:1, 4.235:1 (zu *qryt* und *qrt* vgl. bes. UG § 33.444 [S. 204]; viell. zwei verschiedene Lexeme!) | hebr. *qiryāh*, aram. *qryh* = /*qiryā*/ u. *qrītā*, ar. *qarya*^t; vgl. hebr. *qæræt* und phön. *qrt* = /*qart*/

√*qry* G ›**begegnen, treffen**‹ 1.3:II:4&; D ›begegnen lassen, darreichen, (Opfer) darbringen‹ 1.19:IV:29 | hebr./raram. √*qry*, äth. √*qry* K ›entgegenbringen‹

qryt siehe *qrt*

$qṣ_1$ ›**Ende, Rand, Gewandzipfel**‹ 1.6:II:11 (// *sin*), *qṣ-m arṣ* ›die Enden / das Ende der Erde‹ 1.16:III:3 (// *ksm mhyt*) | hebr. *qeṣ(ṣ)* od. hebr. *qāṣæh*

$qṣ_2$ ›**Abgeschnittenes, Stück (Fleisch)**‹ *qṣ mri* ›(Fleisch-)stücke des Masttieres‹ 1.3:I:8& | Derivat von √*qṣṣ* bzw. √*qṣy*, ›abschneiden‹, vgl. ar. *qaṣṣ* ›Schnitzel, Scheibe‹

$qṣ_3$ ›**Abschneiden (von Fleischstücken)**‹ (Verbalsubst.), *ṣḥ l qṣ ilm* 1.114:2 u. 1.147:12 [√*qṣṣ*, vgl. $qṣ_2$]; alt.: ›Verzehr, Essen‹ [Verbalsubst. zu einer Wz. √*qṣ*ʾ entsprechend ar. √*qḏ*ʾ ›aufessen, verzehren‹]

qṣ^c*t* (Sg. od. Pl.), eine Waffe, 1.10:II:7, 1.17:V:3& (// *qšt* ›Bogen‹); Bed. unsicher; Vorschläge: 1. ›Pfeile‹ (Pl.) [vgl. evtl. hebr. / mhebr. √*qṣ*^c, ar. √*qṭ*^c ›abhauen, beschneiden‹]; 2. ›Köcher‹ [vgl. ar. *qaṣ*^c*a*^t ›Schale, Holzschüssel, Trog‹]; 3. ›'Krummholz'‹ = ›Bogen‹ [vgl. ar. √*q*^c*ḍ* ›(Holz) biegen, krümmen‹]; 4. ›Rundschild‹ [vgl. ar. *qaṣ*^c*a*^t ›Schale, Holzschüssel‹]. – Für 1. spricht die Erwähnung von Schilfrohr in 1.17:VI:24, für 4. evtl. das Nebeneinander von Bogen (*qšt*) und Schild (*ql*^c) in Text 4.63

(vgl. auch 4.624:9: Bogen, Köcher und Schild).

*qṣḥ** eine Kümmelart, Pl. *qṣḥm* 4.751:8 (*mrbᶜ qṣḥm*), RS 92.2016:5 (*[ ]šk qṣḥm ᶜpᶜpk*) | hebr. *qæṣaḥ* ›Schwarzkümmel‹

√qṣr G ›**kurz sein**‹ 1.103+:33 | zsem. *√qṣr* ›kurz sein‹

qṣr */qaṣīr/*? ›**kurz**‹, 1.16:VI:34.47 (*qṣr npš* ›mit 'kurzer' Seele‹ = ›verzagt, notleidend, unglücklich‹), Fem. *qṣrt* 1.103+:39 | hebr. **qāṣûr* u. **qāṣer*, aram. *qṣūrā/qṣīra*, ar. *qaṣīr*; vgl. hebr. *√qṣr* + *næpæš/rûaḥ*

qṣrl/n nur 1.103+:10: *qṣr[l/n]*, ›**Fußknöchel**‹ | Metathese < **qrṣl/n*: vgl. (m)hebr. *qars/ṣol*, aram. *qars/ṣullā* u. *qurṣᵉlā* (syr.), akk. *kursinnu*: ›Knöchel, Fußgelenk‹

qṣrt */quṣratu/*? ›**Kürze, Ungeduld**‹ 1.40:22& (*qṣrt npškm/n* ›eure Ungeduld, euer Jähzorn‹; neben *apkm/n* ›euer Zorn‹) [vgl. *√qṣr* u. Adj. *qṣr*; vgl. hebr. *qoṣær rûaḥ* ›Kürze des Geistes‹ (Gegensatz: *ᵓoræk rûaḥ* ›Gelassenheit‹]; weniger wahrsch.: ›Verdickung, Verstockung‹ [sem. *√qẓr* ›knoten, binden, zusammenballen‹, akk. *kiṣirtu* ›Verdickung‹]

√qṣṣ Š ›**beschneiden, stutzen**‹ od. ›**abbrechen, abhauen**‹ 1.23:10 (lies eher *yšqṣ* als *yšql*) | hebr. *√qṣṣ* (ähnl. hebr. *√qṣy*), aram. *√qṣṣ* (›verkürzen, scheren‹ u.a.), ar. *√qṣṣ*; vgl. akk. *kaṣāṣu* ›abschleifen‹

√qṣy G ›**aufessen, verzehren**‹(?) (Verbalsubst. *qṣ* 1.114:2) (alt.: *√qṣṣ*)

qš */qašû/* < **qaśwu* ›**Kanne, Schale**‹ 1.3:V:33, 1.4:IV:45 (Ak. *qašâ*) | vgl. hebr. **qaśwāh*; vgl. auch äth. *qaśut* ›(Wasser-)Gefäß‹

qšt = syll. *qa-aš-tu*$_4$ */qaštu/* ›**Bogen**‹, 1.3:II:16 (*ksl qšt-* ›Bogensehne), 1.10:II:6, 1.17:V:12& (oft // *qṣᶜt*) | akk. *qaštu*, hebr. *qæšæt*, äth. *qast*; vgl. ar. *qaws*

qṭ */qiṭû/* < **qiṭawu* ›**Flachs**‹(?) 1.71:14, 1.72:26, 1.85:18, 4.166:5[vgl. akk. *kitû*, syr. *qe(t)ṭaw*: ›Flachs, Leinen‹

qṭr */quṭru/* ›**Rauch**‹ 1.17:I:27 (hier: ›Totengeist‹?), 1.18:IV:26.37 | akk. *qutru* ›Rauch‹; vgl. ar. *quṭ(u)r* ›Räucherholz, Aloe‹, äth. *qəttāre* ›Räucherwerk‹; vgl. hebr. *qᵉṭoræt* ›Räucherwerk‹

√qṭṭ D* ›**Lügen hervorbringen**‹(?) 1.40:31& [vgl. ar. *√qtt* (sic!) ›lügen, verleumden‹, amhar. *√qtt* K ›verändern‹]; alt.: ›etwas moralisch Verwerfliches machen‹ [vgl. syr. *√qṭᵓ* K ›(ver)drehen, auf den Kopf stellen‹]

qṭn */qaṭūnu/* ›**dünn, fein**‹ od. ›**klein**‹, in *ḥrš qṭn* (4.47:9) und *nsk qṭn* (4.44:20&) ›Hersteller / Schmied (eig.: Gießer) von 'feinen / kleinen Dingen'‹, d.h. etwa ›Feinhandwerker‹ bzw. ›Goldschmied‹; die syll. Entsprechung von *ḥrš qṭn* lautet $^{\text{lú.meš}}$NA-GAR.SIG (RS 94.2519:6.19) | he. *qāṭān*, *qāṭon*; sem. *√qṭn* ›fein, dünn, klein sein‹

√qṯqṯ G ›**Knochen abnagen**‹ 1.114:5 (*yqṯqṯ*) [ar. *√qsqs*, *√qss*; s. Tropper, Aula Orientalis 20, 2002, 225-229] od. ›**zerren, reißen**‹ [ar. *√qṯqṯ*; vgl. evtl. auch mhebr./jaram. *qšqš* ›schütteln, behacken‹]

√qṯṯ G ›**(er)streben, (ver)suchen**‹ [ar. *√qss*] od. ›**zerren, reißen**‹, 1.2:IV:27 [ar. *√qṯṯ*; vgl. ug. *√qṯqṯ*]

√qwm G ›**aufstehen**‹ 1.2:I:21& | wsem. *√qwm*

√qwn/qyn (alt.: *√qnn*) D* ›**sich aufrichten (Skorpion)**‹ RS 92.2014, Z. 5 (*l tqnn*), Z. 7 (*qn l tqnn* [Paronomasie]) [vgl. ar. *√qnn* VIII. ›aufrecht stehen‹ (wohl denominiert von *qunna*^{t} ›Bergspitze‹)] od. ›**sich einrollen (Skorpion)**‹ [akk. *√k/qnn*; mhebr. *√knn* D ›winden‹]

√qyl G ›**niederfallen**‹ 1.1:III:3& (neben *√hbr*, // *√ḥwy* Št); Š ›niederschlagen, schlachten‹ 1.4:VI:41, 1.17:VI:44, 1.22:I:12, 1.107:4 (dagegen ist *šqlt* in 1.16:VI:32.44 eher von *√šql* abzuleiten; in 1.23:10 ist anstelle von *yšql* eher *yšqṣ* zu lesen) | vgl. akk. *qiālu* ›fallen‹

qym */qayyāmu/* ›**Assistent, Helfer**‹ 1.22:I:5 | ar. *qayyām*

qẓ */qêẓu/* < **qayẓu* ›**Sommer; Sommerernte, -frucht**‹ 1.19:I:41& | zsem. *qayẓ* (hebr. *qayiṣ*, aaram. *kyṣʾ*, ar. *qayẓ*)

---

r

√rʾš Bed. unsicher (beschreibt eine Pferdekrankheit; PK *yraš*), 1.71:26, 1.72:36, 1.85:30, 1.97:6 (neben *√khp*)

rašm, rašt siehe *riš*

ri siehe *ru**

rib */riʾbu/*? ›**Ersatz**‹ od. ›**Preis, Wert**‹ 4.386:13, (?) 7.217:4 | akk. *rību* ›Ersatz‹, akk. *riābu* ›ersetzen, vergelten‹, vgl. ar. *√rʾb* ›flicken, aussöhnen, ausbessern‹; alt.: ar. *rāb* ›Wert, Preis‹

riš */raʾšu/* ›**Kopf, Haupt; Oberhaupt, Anfang**‹, Sg. 1.2:IV:38&; Pl. *rišt* (1.2:I:23&), *rašt* (1.2:I:27.29) und *rašm* (1.3:III:42, 1.5:I:3) | sem. *raʾs*: hebr. *ro(ʾ)š*, ar. *raʾs*, syr. *rēšā*, äth. *rəʾəs*, akk. *rēšu*; vgl. akan. *ru-šu-nu* */rōšu-/* < **raʾšu-* ›unser Kopf‹

riš yn ○ Monatsname (wörtl. ›Beginn des Weines‹) 1.41:1& [ug. *riš* ›Kopf, Anfang‹ + *yn* ›Wein‹]

rišyt /*rVʾšīyatu*/ ›**Anfang**‹ 1.119:25 (gemeint: Anfang der Rezitation) [hebr. *reʾšît*]; alt.: ›**bestes (Öl)**‹ [Nisbenbildung zu *riš* ›Kopf, Anfang, Spitze‹]

*ru** /*ruʾû*/ ›**Aussehen, Erscheinung**‹, Gen. *ri* /*ruʾî*/ < **ruʾyi* 1.3:I:12 | hebr. *r^{o}ʾî*: √*rʾy* ›sehen‹

rum /*ru^{ʾu}mu*/ od. /*rûmu*/ < **riʾmu* ›**Wildstier**‹ 1.5:I:17& | vgl. ug. PN *ru-$^{ʾ?}$-mu*; vgl. akk. *rīmu*

rʿ /*riʿû*/? ›**Genosse, Gefährte, Freund**‹, 2.15:5&, auch 4.391:1& sowie RS 86.2248:2-5 (jeweils PN *w rʿh*) | hebr. *reʿæh*, raram. *rʿ*; vgl. akk. *rūʿu*

rʿt ›**Donner**‹ 1.101:4 (*ṯmnt iṣr rʿt* ›acht Donnerbündel‹(?) // *šbʿt brqm*) | hebr. *reaʿ* ›Donnerstimme‹; hebr. √*rwʿ* ›lärmen, schreien‹

rʿy /*rāʿiyu*/ ›**Hirte**‹, Sg. 4.75:IV:9&, Du.cs. *rʿy-* 4.129:1 (*ṯn rʿy uzm* ›zwei Gänsehirten‹), 4.129:1, Pl. *rʿym* 4.125:4& | hebr. *roʿæh*, raram. *rʿyʾ* /*rāʾ(i)yā*/, akk. *rēʾû*

rb = syll. *ra-bu*, GAL-*bu* /*rabbu*/, 1. ›**groß**‹ 1.3:I:12&, 2. ›**Vorsteher, Chef, Ober-**‹ 1.6:VI:55 (*rb khnm* ›Hoherpriester‹), 1.6:VI:56& | sem. *rabb*; vgl. ug. *rbt*$_1$

rb ○ GN(?) 1.3:I:25, 1.3:III:7& (in der Titulatur des fem. GN Ṭly: *ṭly bt rb*) | etymologisch viell. identisch mit *rbb* ›**Tauregen**‹

√*rbʿ*$_1$ D ›**zum vierten Mal tun**‹ 1.16:V:16 | denominiert von der Zahlwurzel √*rbʿ*

√*rbʿ*$_2$ Š ›**hoch erhoben tragen**‹(?) 1.17:V:3.12-13 (// √*ybl* ›tragen‹) [ar. √*rbʾ* (Wurzel III-ʾ !) G ›hochsteigen (auf eine Aussichtswarte) und spähen; aufheben, erheben; hoch, erhaben sein‹]; alt.: ›als Geschenk bringen‹ [vgl. ar. √*brʿ* V. ›freimütig geben, schenken‹] od. ›vervierfachen‹ [= √*rbʿ*$_1$]

rbʿ /*rābiʿu*/ ›**vierter**‹ (Ordinalzahl), 1.14:III:2.11&; *b rbʿ* ›am vierten (Tag)‹ 1.14:IV:46, 1.119:20, 4.279:4 | √*rbʿ*$_1$

rbʿt ›**Viertelschekel**‹ 1.19:II:34 (lies in Z. 33-34: *km rbʿt*; nicht: *k mrbʿt*), 4.707:3.12, *mltḫ rbʿt* ›die Hälfte(?) eines Viertelschekels‹, d.h. ›ein Achtelschekel‹(?) 4.707:3 | √*rbʿ*$_1$

√*rbb* siehe √*rby*

rbb ›**Tauregen**‹ 1.3:II:39.41& (// *ṭl*) | hebr. *r^{e}bîbîm* (Pl.) ›Tauregen, Frühlingsregen‹

rbbt siehe *rbt*$_2$

√*rbd* Gp ›**ausgebreitet/bereitet werden (Bett)**‹ 1.132:2 | hebr./pun. √*rbd*

√*rbṣ* ›**sich niederlegen, liegen, lagern, ruhen**‹ 1.13:9 | sem. (außer äth.) √*rbḍ*

rbṣ /*rābiṣu*/ ›**Sachwalter**‹ 4.382:4 | akk. *rābiṣu* ›Sachwalter, Kommissär‹

rbt_1 = syll. *ra-ba-ti* (Gen.) /*rabbatu*/ ›**Herrin, Gebieterin, Fürstin**‹ (wörtl. ›die Große‹), häufig als Titel der Göttin Aṯiratu (*rbt aṯrt ym*), 1.3:V:40&; ferner als Titel der Göttin Šapšu, 1.16:I:36& (Fem. zu ug. *rb*) | hebr. *rabbāh*

rbt_2 /*rabbatu*/ < **rababatu* ›**zehntausend, Myriade**‹, Pl. *rbt* /*rabbātu*/ 1.14:II:36& und *rbbt* /*rababātu*/ 1.4:I:28&; *rbtm* in 1.4:I:30 ist ebenfalls eher Pl. als Du. | hebr. *rᵉbābāh*, akk. (Syrien) *ribbatu*

√*rby* ›**groß sein**‹ (alt.: √*rbb*), SK *rbt* 1.4:V:3 (›du bist groß‹) | sem. √*rby* u. √*rbb*

rgbt ›**Erdscholle, Erde, Lehm**‹(?) 1.92:31, 1.133:19, 1.112:4 (*ṣᶜ rgbt* ›eine Schale voll Erde[?]‹) | jaram. *rigbā* ›Erdscholle‹, syr. *rgābā* ›Schlamm‹, hebr. *rᵉgābîm* (Pl.) ›Erdschollen‹(?)

*rgl*** = syll. *ri-[i]g-lu* /*riglu*/ ›**Fuß, Bein**‹ | ar. *riǧl*

√*rgm* G ›**sprechen, sagen, reden**‹ 1.2:I:33& (oft // √*ṯny*); Gp ›gesagt / mitgeteilt / genannt werden‹ 1.4:V:12, 1.16:I:20, 1.23:12 | akk. *ragāmu* ›rufen; gerichtlich klagen‹; ar./äth. √*rgm* ›verfluchen, verwünschen‹

rgm = syll. *ri-gi-mu* /*rigimu*/ ›**Ausspruch, Nachricht, Bescheid**‹ 1.2:I:42& (oft // *hwt*), auch ›Gebrüll (von Tieren)‹ 1.15:VI:7.13, *rgm ᶜṣ* ›‘Wort’ von Bäumen‹ 1.3:III:22 | akk. *rigmu* ›Ruf, Geschrei‹

√*rġb* G ›**hungrig sein, hungern**‹ 1.4:IV:33, Ptz. *rġb* 1.15:I:1 (// *mẓma*) | hebr. √*rᶜb*, äth. *rəḫ̮əba*; vgl. ar. *raġiba* ›wünschen, begehren‹; fehlt im Aram. und Akk.

rġb /*raġabu*/ ›**Hunger(snot)**‹ 1.103+:19 (neben *mṣqt*); mit EP *-n* (›Nun apodoseos‹): *rġb-n* 1.103+:3(?).5.12 (weniger wahrsch.: Lexem *rġbn*) | hebr. *rāᶜāb*, äth. *raḫ̮a*/*āb*; vgl. *rġbn*

rġbn /*raġabānu*/ ›**Hunger(snot)**‹ 2.46:11 (lies *mid-y rġbn-y* ›groß ist die Hungersnot‹, nicht *mid-y w ġbn-y* [so KTU²]) | hebr. *rᵉᶜābôn*; vgl. *rġb*

√*rġn* G ›**traurig, bedrückt, entsetzt sein**‹(?) 1.100:61 (lies *trġnw*, PK 3.m.pl. mit Pleneschreibung ?) | < √*rġm*; vgl. hebr. √*rᶜm* ›traurig, verstört sein‹, bes. Ez 27,35: *rāᶜᵃmû pānîm* ›die Gesichter sind traurig / entsetzt (vor Schreck)‹

$rḥ_1$ /*rūḥu*/ ›**Wind(hauch)**‹ 1.5:V:7, 1.18:IV:25.36, 1.19:II:38.43 | hebr. *rûaḥ*, aram. *rūḥā*; vgl. ar. *rīḥ*

$rḥ_2$ /*rīḥu*/ ›**Geruch, Duft, Parfüm**‹ 1.3:II:2 | hebr. *rêaḥ*; vgl. ar. *rīḥat* und äth. *rəḥe*

rḥ$_3$* — Du. *rḥm* /*riḥêmi*/ < **riḥayêmi*(?) ›**Mühle (in Form von zwei Mühlsteinen)**‹ 1.6:II:34, 1.6:V:15-16 | hebr. *r*^{e}*ḥayim* (Du.), aram. *ri/aḥyā*, ar. *raḥā*, akk. *erû* < **ḥary* (Metathese)

rḥb$_1$ — ›**weit, breit**‹ 1.16:I:9, II:47 (*rḥb mknpt*, siehe *mknpt*); (?) 1.5:III:2 | hebr. *rāḥāb*; ar. *raḥb*, *raḥīb*; äth. *rəḥub*

rḥb$_2$* — (alt.: *rḥbt**) ›**(Wein-)Amphore**‹, nur Pl. *rḥbt* 1.4:VI:53&, 1.15:IV:5& (manchmal // *dkrt* od. *kknt*) | akk. *rību*, ein Gefäß

rḥbn ○ — 4.143:1 (*b gt mlkt b rḥbn*), RS 92.2016:18' = syll. *ra-aḫ-ba/bá-ni/na* = /*raḫbān-*/ (Gen.): Bez. des Flusses *Raḫbānu* (wörtl. etwa ›der Weite‹) | vgl. ug. *rḥb*$_1$

rḥbt — siehe *rḥb*$_2$

√rḥm — G ›**barmherzig, empfindsam sein**‹ 1.16:I:33 | sem.: wsem. *√rḥm*, akk. *rêmu*, äth. *maḥara* (Metathese): ›sich erbarmen, barmherzig sein, lieben‹

rḥm — /*raḥ(i)mu*/ ›**Mutterinstinkt, Mitgefühl**‹ 1.6:II:5.27: *rḥm* ^{c}*nt tngṯh* ›^{c}Anatus Mutterinstinkt suchte ihn‹ [hebr. *ræḥæm* ›Mutterleib‹; ar. *raḥim* ›Mutterleib‹, *raḥma*^{t} ›Erbarmen, Mitleid‹]; alt.: ›**Mädchen**‹ (›das Mädchen ^{c}Anatu‹) [vgl. hebr. *raḥam* in *raḥam raḥ*^{a}*mātayim* (Ri 5,30)]

rḥmy ○ — auch *rḥm* ○ (1.23:13): fem. GN ›**Raḥmā(ya)**‹, wohl ein Beiname Aṯiratus 1.23:13.16.24.28, (?) 1.15:II:6 | *√rḥm*

√rḥq — G ›**fern sein, sich entfernen**‹ 1.14:III:28, 1.14:VI:14, (?) 1.4:VII:5; D ›entfernen‹ RS 92.2016:31"f.; Š ›fortschicken‹ 1.3:IV:40 | sem. *√rḥq* (akk. *rêqu*)

rḥq — wohl Adj. ›**fern**‹ = /*raḥuqu*/?: 1.1:III:19, 1.2:III:2, 1.3:IV:34.35: *l rḥq ilm* (1.3:IV:35 // *l rḥq ilnym*), unklar: ›zu den fernsten Göttern‹(?); Pl. *rḥqm* 1.1:IV:3; vgl. auch die Wortform *mrḥqtm* [hebr. *rāḥôq*, aram. *raḥ(ḥ)īq*, ar. *raḥīq*, äth. *rəḥuq*, akk. *rêqu*, *rûqu*: ›fern‹] alt.: Subst. ›Ferne‹ [vgl. syr. *ruḥqā* ›Ferne‹]

√rḥṣ — G ›**(sich) waschen**‹ 1.3:II:32&; Gt ›sich waschen‹ 1.13:18, 1.14:II:9&, auch RS 92.2016:12'; D ›waschen‹(?) RS 94.2406:20 (*mrḥṣm* ›Wäscher‹ [wahrsch. D-Ptz.; alt.: *maqtal*-Bildung, d.h. ›Waschräume‹]) | hebr. *√rḥṣ*, ar. *√rḥḏ*: ›spülen, waschen‹; akk. *raḫāṣu* ›überschwemmen, spülen‹

*rḥt** — /*raḥtu*/? ›**Handfläche**‹ (Du./Pl. *rḥtm*) 1.4:VIII:6& | hebr. *raḥat*, ar. *rāḥa*^{t}, akk. *rittu*

rḫ — = *rḥ* (?) ›**Geist, Gesinnung**‹(?), 1.4:V:5 (vorgeschlagene Lesung: *rḫ nat* [*rḫ* mit fem. Genus]; KTU liest *rḫnt*) | hebr. *rûaḥ* (fem. Genus)

rḫnat — (1.4:V:5), siehe *rḫ* und *nat*

√rḫp G ›**fliegen**‹, nur fem. Ptz. *rḫpt /rāḫip(a)tu/* 1.108:8; D ›(hin und her) fliegen, schweben‹ 1.18:IV:20.21& (oft // *√bṣr*) | hebr. *√rḥp* D ›fliegen, schweben‹; syr. *√rḥp* D ›schweben, (Hand) schwenken‹

rk (1.6:V:9), siehe *√kwr* (lies *w kr* statt *w rk* [so KTU²])

√rkb G ›**besteigen, (mit einem Wagen) fahren, reiten**‹ 1.14:II:21, 1.14:IV:3 (// *√ʿlw/y*) | sem. *√rkb* (äth. *√rkb* jedoch: ›finden, erreichen‹)

rkb$_1$ */rākibu/* in *rkb ʿrpt* ›**Wolkenfahrer**‹ (Epitheton des Gottes Baʿlu), 1.2:IV:8&, auch 1.92:37.40 | G-Ptz. akt. von *√rkb*; vgl. hebr. *rokeb bāʿarābôt* Ps 68,5; *√rkb*

rkb$_2$ */rakbu/* ›**Wagen; Wagenladung**(?)‹ 1.148:20, (?) 5.22:15 | hebr. *rækæb*, aaram. *rkb*; vgl. ar. *rakb* ›Reiterzug, Karawane‹

√rks G ›**binden**‹ 1.1:V:10& | hebr./aram./akk. *√rks*

rmm */rāmim/*, siehe *√rym* ›**hoch sein**‹ (D*-Imp.)

rmṣt ›**Röstopfer**‹ 1.39:9 (*lb rmṣt* ›ein Herz als Röstopfer‹) | ar. *√rmḍ* ›glühend, heiß sein; rösten‹, äth. *√rmḍ* ›rösten, verbrennen‹; mhebr. *ræmæṣ* u. jaram. *ramṣā* ›glühende Asche‹

√rnn D* ›**laut schreien, jauchzen**‹ 1.82:6 | hebr. *√rnn*

√rpʾ G ›**heilen**‹, PK *trpa* 1.114:28 | zsem. *√rpʾ* ›ausbessern, flicken, heilen‹

rpu (Nom.) */rāpiʾu/* ›**der Heiler**‹ od. */rapīʾu/* ›**der ‘Heile’**‹ (Bezeichnung der verstorbenen Ahnen des Königshauses), 1.22:I:8&, Pl. *rpum* / *rpim* 1.22:I:21, *rpim qdmym* ›uralte R.‹ 1.161:8; auch als Element von PNN, z.B. *ʿmrpi /ʿAmmu-rapiʾ/* (ug. Königsname) | *√rpʾ*

√rps G ›**niedertreten, zertreten**‹ 1.103+:50, (?) 1.176:7 | aram. *√rps* ›niedertreten, stampfen‹, ar. *√rfs* ›treten‹; hebr. *√rps* tD ›niedertreten‹(?); akk. *√rps* ›schlagen, dreschen‹

rq$_1$ */raqqu/* ›**dünn, fein**‹ 4.205:2.5 | akk. *raqqu*; hebr. **raq(q)*

rq$_2$ ›**(dünngewalzte) Platte, Blech**‹ od. ›**Barren**‹, Pl. *rqm* 1.4:VI:34 (// *lbnt*) [vgl. *rq*$_1$; vgl. ar. *raqīqaᵗ* ›dünnes Blättchen, Folie‹ und akk. *raqqatu* ›Schmuckplättchen‹]; man beachte jedoch, dass das {q} von *rqm* nicht ganz sicher gelesen ist.

rqḥ$_1$ */riqḥu/* od. */ruqḥu/* ›**Parfüm**‹ 1.41:21, 1.148:21, 4.91:5 (jeweils: *šmn rqḥ* ›Duftöl‹; alternativ zu *rqḥ*$_2$ zu stellen, vgl. hebr. *šæmæn roqeaḥ* Koh 10,1), ferner: 5.10:8, (?) 4.60:6 | hebr. *ræqaḥ* ›Gewürzmischung‹, hebr. *roqaḥ* ›Mischung von Salben‹, raram. *rqḥʾ*; akk. *rīqu* ›Duftstoff, Duftöl‹

rqḥ$_2$ */rāqiḥu/* od. */raqqāḥu/* ›**Salbenmischer**‹, zu möglichen Belegen siehe *rqḥ*$_1$ | hebr. *roqeaḥ* und **raqqāḥ*; phön. *rqḥ* und *mrqḥ*

(G/D-Ptz.)

√rqṣ Gt ›**sich schwingen, tanzen**‹ 1.2:IV:13.15.20.23 | vgl. ar. *√rqṣ* I. ›tänzeln‹, V. ›schwingen, beben‹, VI. ›tänzeln‹

√ršʿ G ›**fevelhaft/ungerecht handeln**‹ 1.169:6 | hebr. *√ršʿ* ›schuldig sein‹, syr. *√ršʿ* G / K ›verbrecherisch handeln‹, äth. *√rsʿ* ›vergessen, einen Irrtum begehen‹

ršʿ /*rašaʿu*/? ›**Frevler**‹ RS 92.2014:10 | hebr. *rāšāʿ* ›schuldig, Frevler‹

ršp ○ GN ›**Rašapu**‹ 1.14:I:18&, 1.39:4&

√rtq SK 3.f.sg. od. G-Ptz. f.sg. *rtqt* 1.13:24 (// *lbšt*), unklar: viell. ›**stechen, durchbohren**‹ [syr. *√rtq* K] od. ›**zusammenbinden, fesseln**‹ [hebr. *√rtq*; vgl. ar. *√rtq* ›zusammennähen, flicken, ausbessern‹]

rṯ ›**Schmutz, Schlamm**‹ 1.17:I:33, II:8.23 (jeweils // *ṯiṭ*) | akk. *rūšu* ›Schmutz‹; vgl. akk. *rušumtu* ›Schlamm‹; vgl. aber auch ar. *√rṯṯ* ›abgetragen, abgenutzt sein (Kleidung)‹ und *raṯīṯ* ›alt schäbig, abgenutzt‹

√rṯm evtl. in 1.2:I:19.35 (*arṯm pḏh*): viell. ›**schlagen**‹ [vgl. ar. *√rṯm* ›Nase oder Mund blutig schlagen‹ od. ar. *√rms* ›nach jmdm. werfen, schießen‹ (via Metathese)]; alt.: Ableitung von *√yrṯ* (Analyse *arṯ-m*)

rṯt /*riṯṯu*/? ›**(Fischer-)Netz**‹ 1.4:II:32 | hebr. *ræšæt* ›Fangnetz‹

√rṯy G ›**bekommen, erhalten, besitzen**‹(?) 1.92:29 [vgl. akk. *rašû* ›bekommen, erwerben‹ und syr. *√ršy* D / K ›schenken‹]; alt.: Subst. *yrṯ*

√rwm siehe *√rym*

√rwẓ G ›**laufen**‹ 1.6:I:50 | hebr./äth./akk. *√rwṣ*, aram. *√rhṭ* (sic!)

√rym G ›**hoch, erhaben, erhoben sein**‹ 1.15:III:13&; D* ›aufrichten, errichten (Gebäude)‹ 1.2:III:10&, wohl auch: ›als Weihegabe darbringen‹ (siehe Derivat *trmmt*) | wsem.: nwsem. *√rwm*, asa./äth. *√rym*, jeweils ›hoch sein‹; vgl. ar. *√rym* ›weggehen‹ (< ›sich erheben‹). – Vgl. Derivat *mrym* (II-*y* !)

s / s̀

√sʾd — G ›**bedienen**‹ 1.3:I:3 (SK *sid* /*saʾida*/ [// *√ʿbd*]), 1.17:V:20.30 (Imp. *sad*, PK *tsad* /*tisʾad-*/ [// *√kbd* D]) | vgl. wsem. *√sʿd* ›stützen, stärken, helfen; speisen‹ (mit /ʿ/!); ug. *√sʾd* könnte aufgrund der Lautgestalt (II-ʾ) und der spezifischen Bedeutung aus dem Kan. entlehnt sein

sin — /*suʾnu*/ ›**Saum, Kleidersaum**‹ 1.6:II:10 (// *qṣ*), wahrsch. gleichzusetzen mit syll. ^{túg}TÙN$^{?}$: *su-nu* RS 19.28:2 (siehe UV 155) | akk. *sūnu*, ›a piece of clothing or part thereof‹ (CAD S, 388b); vgl. auch akk. (spB) *sunû* ›ein Bronzebeschlag‹ (AHw. 1059b)

√sʿy — G ›**losstürmen, angreifen**‹ 1.14:III:7.9, IV:51, V:1 (jeweils *sʿt*: Verbalsubst. od. Gp-SK 3.f.sg.) | hebr. *√sʿy* ›dahinfegen, -stürmen‹, ar. *√sʿy* ›laufen, eilen‹, akk. *šaʾû* ›laufen‹, syr. *√sʿy* ›plötzlich über jmdn. herfallen, jmdn. angreifen‹

√sbb — G ›**sich wenden, umhergehen; sich verändern**‹ 1.4:VI:34, 1.16:III:3, 1.19:II:12.19; N ›sich verwandeln, werden zu‹ 1.4:VI:35 | hebr./phön. *√sbb* ›sich wenden, herumgehen, umhergehen‹; aaram. *√sbb* ›umgeben‹

sbbyn — ›**Schwarzkümmel**‹ 4.14:4.9.16, 4.707:8 | Fw.; vgl. akk. *zibibiānu*

sbrdn — /*sabardinnu*/? ›**Bronzeschmied, Metallhandwerker**‹, 4.337:1, 4.352:6 | Lw.; vgl. akk. *z/sab/pardinnu*, bestehend aus den Elementen *siparru* ›Bronze‹ + hurr. (berufsbezeichnendes) Suffix *-tenn-*.

sglt — /*sugul(la)tu*/? ›**Eigentum**‹ 2.39:7.12 | hebr. *s*^{e}*gullāh*; jaram. *s*^{e}*gull*^{e}*tā*; vgl. akk. akk. *sikiltu* ›(heimlicher) Erwerb‹ (Verb *sakālu* ›[heimlich] erwerben‹) und akk. *sug/kullu* ›Herde‹; viell. akk. Lehnwort

√sgr — G ›**verschließen**‹ 1.14:II:43, 1.14:IV:21, 1.100:70 | hebr./aram. *√sgr* ›verschließen, einschließen, absondern‹; akk. *sekēru* ›abschließen, absperren‹

sgr — 1. ›**Verschluss, Schloss, Riegel**‹ 4.195:4 (*sgrm*, Pl. ?), 2. ›**Gewandfibel**‹ 4.166:6, 4.205:2 | hebr. *s*^{e}*gôr* ›Verschluss‹, mhebr. *sægær* ›Schloss‹; vgl. akk. *sikkūru* (u.ä.) ›Riegel‹

sgrt etwa ›**(abgeschlossener) Raum, Kammer, Zelle**‹ (genaue Bed. unklar), Pl. od. Sg., 1.3:V:12.27 (*ap sgrt* // *ḥdrm* ›Zimmer (Pl.), Kammern‹; *sgrt* ist sicher kein Adjektiv) | √*sgr*

s/śġr ›**Diener, Gehilfe**‹, *sġr* 4.129:2&, *śġr* 4.277:13& | wahrsch. Lw.; vgl. akk. *ṣuḫāru* ›Knabe, Diener, Gehilfe‹; viell. über das Hurritische ins Ugaritische gelangt

sk$_1$ ein Kleidungstyp, 1.148:19& | vgl. hebr. √*skk* G u. K ›verhüllen, (mit dem Gewand) bedecken‹

sk$_2$ ›**Dickicht**‹ 1.169:4 | vgl. hebr. *sok* u. *sukkāh* ›Dickicht (Lager des Löwen)‹

sk$_{(3)}$ siehe √*nsk* ›gießen‹ (G-Imp.)

√*skn* G ›sich um etwas kümmern‹(??), evtl. in 1.73:9 (*tskn*); Š ›**jmdn. mit etwas versorgen; etwas für jmdn. besorgen**‹ 1.4:I:20 (alt.: √*nsk* Š) | hebr. √*skn* G ›nützen‹, K ›die Gewohnheit haben, vertraut sein‹; Amarna-Akk. ›sorgen für‹

skn$_1$ *škn* (4.36:3) /*sakinu*/ ›**(hoher) Verwaltungsbeamter, Präfekt**‹ 2.21:8, 3.1:38, 4.36:3, 4.102:17& | hebr. *soken*, akan. ZU-*ki-ni/a*, phön. *skn*, aaram. *skn*

skn$_2$ ›**Kultstele**‹ 1.17:I:25.44, II:16 (// *ztr*); 6.13:1 | akk. *sikkannu(m)* (Mari, Emar)

skn$_3$ ›**Gefahr**‹ 1.12:II:52 (*b skn sknm* ›in höchster Gefahr‹(?) // *b ᶜdn ᶜdnm*) 1.78:6 | hebr. √*skn* N ›in Gefahr kommen‹; jaram. u. mhebr. √*skn* G ›in Gefahr geraten‹, D ›gefährden‹

sknt 1.4:I:42, Deutung unsicher: ›**Form, Gestalt**‹ od. ›**Kelch, Trinkgefäß**‹

*sm** Pl. *smm* /*sammūma*/ ›**Spezereien, Räucherwerk**‹ 1.16:III:10 (// *ᶜṭrṭrt* ›Bekränzung‹) | hebr. *sam* mit Pl. *sammîm*

smd 1.22:I:19 (*smd lbnn* // *mrṯ*), wohl ›**Wein**‹ [Etym. unklar]; alt.: *sm d lbnn* (d.h. Lexem *sm*)

snnt ›Schwalbe‹, Pl. *snnt* 1.17:II:27& (Epitheton der *kṯrt*-Göttinnen) | syr. *snunīṯā*, ar. *sinūnū*, akk. *sinuntu*

sp /*si/appu*/ ›**(halbkugelförmige) Schale**‹ 1.14:III:44, VI:30, 4.34:3&, RS 94.2284:6 (*w arbᶜ spm*) | hebr. *sap* (Pl. *sippîm* u. *sippôt*) ›Schale, Becken‹; akk. *sappu*, ein Metallgefäß

√*spʾ* G ›**Essen zuteilen, darreichen, füttern**‹, evtl. 1.20:II:10; N(?) ›essen‹ 1.5:I:5, 1.6:V:20, 1.96:3, 1.103+:51 (s. dazu UG S. 538) | mhebr./jaram. √*spʾ* ›darreichen, zu essen geben‹; vgl. auch syr. √*spʾ* ›aufhäufen, sammeln‹

√*spd* Š ›**klagen**‹, Ptz. f.pl. *mšspdt* ›Klagefrauen‹ 1.19:IV:10.21 (// *bkyt*) | hebr. √*spd* ›klagen‹; akk. *sapādu* ›trauern‹

spl — */sa/iplu/* ›**(große) Schale (aus Bronze)**‹ 4.123:17& | aram. *siplā*, hebr. *sepæl*, ar. *sifl*: akk. *saplu* (auch Ugarit)

√*spr* — G ›**zählen**‹ 1.17:II:43, ›rezitieren‹ 1.23:57, ›aufschreiben‹(?) 2.26:18; Š ›zählen lassen‹ 1.17:VI:28; N ›gezählt, gerechnet werden‹ 1.4:VIII:8, 1.5:V:15 | hebr. √*spr* ›zählen, aufzählen, aufschreiben‹; äth. √*sfr* ›messen, darmessen, zuteilen‹

spr$_1$ — ›**Aufzählung, Zahl**‹ 1.14:II:37 (*d bl spr* ›zahllos‹ // *d bl hg*), 1.24:45-46 (*sprhn* // *mnthn*) | Verbalsubst. von √*spr*

spr$_2$ — */sipru/* (viell. identisch mit *spr*$_1$) ›**Schriftstück, Liste, Urkunde**‹ 1.85:1& | zsem. *sipr*

spr$_3$ — */sāpiru/* ›**Schreiber**‹ 1.6:VI:54& | hebr. *soper*, syr. *sāprā*

spr$_4$ — */siparru/*? ›**Bronze**‹(?) 2.39:32, 2.39:33 (*spr-n*) [akk. *siparru*]; alt.: *spr*$_3$

sprn — ›**Schriftstück, Liste, Urkunde**‹(?), nur 3.10:1 (*sprn mnḥ*) [vgl. *spr*$_2$]; liegt ein Schreibfehler vor? (evtl. *spr d*[!] *mnḥ* od. *sprt*[!] *mnḥ*)

sprt — ›**Schrift(stück), Vorschrift**‹, Pl. (od. Sg.) 1.127:9 (*k sprt* ›entsprechend den Schriften‹) | √*spr* vgl. hebr. *siprāh* und *sopærœt*; samaritanisch-hebr. *sprwt* ›(Heilige) Schrift‹

spsg/*śpśg* — *spsg* (1.17:VI:36, 4.459:4), *śpśg* (4.182:8), *sbsg* (4.205:14), ein glasartiges Material | Lw., vgl. heth. *zapzagai-*, *zapza/iki-*; vgl. ferner akk. *zabzabgû* und hebr. **sapsîg* ›Glasur‹

*sr*** — = syll. *sar-rù* */sarru/* ›**falsch**‹ | akk. *sarru*

√*srr* — Gt ›**anvertrauen**‹(?), evtl. 1.4:VII:48 (*ystrn*) | ar. √*srr* III./IV. ›jmdm. ein Geheimnis anvertrauen, vertraulich mitteilen‹

srr — ›**Untergang (Sonne)**‹(?) 1.24:3 (*b srr špš*) | Verbalsubst. von √*sw/yr* (›weggehen‹) D* (vgl. hebr. √*swr*) od. Wurzelvariante √*srr*

ssn — */sissinnu/* < **sinsinnu* ›**Dattelrispe**‹ 1.100:66 (*ssn-m* ›mittels der Dattelsrispe‹ [Lokativ-Kasus + EP *-m*] // *ᶜrᶜr-m* // *yblt-m*) | akk. *sissinnu*; hebr. **sansinnāh* (nur Pl.)

ssw / *śśw* — */sus(s)uw-/*? ›**Pferd**‹ 1.14:II:3, III:24.36& (Pl. *sswm*), 1.71:2& (*śśw*) | nicht-sem. Lw.; vgl. hebr. *sûs*, syr. *susyā*, akk. *sisû*

sswt — ›**Pferdewesen, -zucht**‹, 6.63:3 *rp sswt* (wohl für *rb sswt*) ›Pferdemeister‹ | vgl. *ssw* ›Pferd‹; vgl. akk. (aA) *rabi sisî* ›Pferdemeister‹

√*sw/yr* — G ›**sich entfernen, weichen**‹ od. ›**aufbrechen, losgehen**‹, Ptz.(?) *syr* 2.40:14, evtl. auch D* (1.24:3: *b srr špš*) | hebr. √*swr* ›abbiegen, weggehen, weichen‹; ar. √*syr* ›aufbrechen, gehen, reisen‹

Ṣ

ṣat — */ṣiʾatu/* ›**Herausgehen, Aufgang (Sonne)**‹ 1.3:II:8 (*ṣat špš* ›Sonnenaufgang‹ = ›Osten‹; Gegensatz: *ḫp ym* ›Meeresstrand‹); ›Äußerung, Ausspruch‹ 1.4:VII:30, 1.16:I:35 (*ṣat špt*) | √*yṣʾ*, G-Verbalsubst.; vgl. hebr. *ṣe(ʾ)t*, äth. *ḍaʾat*, akk. *ṣītu*

ṣin — */ṣaʾnu/* < **ṣ̌aʾnu* ›**Kleinvieh(herde)**‹ (d.h. Herde von Schafen und Ziegen) (fem.) 1.4:VI:41& | hebr. *ṣo(ʾ)n*, akan. *ZU-ú-nu*, syr./aram. *ʿānā*, ar. *ḍaʾn*, akk. *ṣēnu*

ṣʿ — */ṣāʿu/*? ›**Schale**‹ 1.3:II:32, 1.4:I:41&; *ṣʿ rgbt* ›eine Schale voll Erde(?)‹ 1.112:4 | jaram. *ṣāʿā* ›Schüssel‹, äth. *ṣəwwāʿ* ›Becher, Pokal‹; arab. *ṣāʿ*, ein Hohlmaß

ṣbia — */ṣabīʾa/* (Ak. [besondere Orthographie]), siehe *ṣbu*$_1$

ṣbu$_1$ — */ṣabīʾu/*, immer in der Fügung *ṣbu špš* ›**Sonnenaufgang**‹; Schreibungen: *ṣbu* (1.41:47&), *ṣbi* (1.19:IV:47), *ṣba* (1.16:I:36&) und *ṣbia* (1.15:V:19, hier neben *ʿrb špš* ›Sonnenuntergang‹) [√*ṣbʾ*; vgl. ar. √*ṣbʾ* ›aufgehen (Stern)‹]; alt.: ›Sonnenuntergang‹ (so die traditionelle Deutung) [vgl. ar. √*ḍbʾ* ›sich ducken, sich verstecken‹ und äth. √*ṣbʾ* ›aufhören, enden, verschwinden‹]

ṣbu$_2$ — */ṣabaʾu/* (Nom.) ›**Heer, Soldat(en)**‹ 1.3:II:22 (// *ġzr*), 1.14:II:33 (*ṣbu ṣbi* ›ein überaus großes Heer‹), 4.40:1& | hebr. *ṣābāʾ* ›Heer‹, akk. *ṣābu* ›Leute, Person(en), Soldat(en)‹; vgl. asa. √*ḍbʾ* u. äth. √*ṣ/ḍbʾ* ›kämpfen‹

ṣbr — = syll. *ṣí(-ib)-bi-ri* (Gen.) */ṣibbīru/*, eine Flurbezeichnung, 4.375:3&, 4.375:1 | akk. *ṣipp/bbiru*; s. UV 169f.

ṣbrt — ›**Schar, Gemeinde**‹ 1.3:V:37, 1.4:I:8& | jaram. *ṣibbûrāʾ*, hebr. *ṣibburîm* (Pl.); ar. *ṣubra*ᵗ ›Haufen‹; vgl. akk. (aA) *ṣubrum* ›Gesinde, Sklaven‹

√*ṣby/w* — ›**wünschen, sich sehnen nach**‹, evtl. in 1.17:VI:13 (*tṣb*) | aram. √*ṣby* u. akk. *ṣabû* ›wollen, wünschen, verlagen‹, ar. √*ṣbw* ›verliebt sein‹

ṣd — */ṣêdu/* < **ṣaydu* ›**Jagdbeute, Wildbret**‹ 1.17:V:37-39, 1.22:I:11 (in 1.14:II:26, IV:8 lies *b mṣd-*, nicht *bm ṣd-*) | hebr. *ṣayid* ›Jagd, Erjagtes, Wild‹, aram. *ṣaydā* ›Jagd, Jagdbeute‹, ar. *ṣayd* ›Beute‹

ṣdq$_1$ — /*ṣidqu*/ ›**Gerechtigkeit, Rechtschaffenheit**‹ 1.14:I:12 (// *yšr*) | wsem. *ṣidq* (aram. *zi/edqā*)

ṣdq$_2$ — /*ṣaddīqu*/ od. /*ṣadu/ūqu*/ ›**gerecht, rechtmäßig**‹ 2.8:5, 2.81:2& (*mlk ṣdq*) [hebr. *ṣaddîq*, phön.-pun. *ṣd(y)q*; amurr. *ṣadu/ūq*]; alt.: *ṣdq*$_1$

ṣdynm ○ — ON ›**Sidon**‹ 1.14:IV:36.39 (*ilt ṣdynm* // *atṯrt ṣrm*); viell. Dual = /*ṣidiyānāmi*/ (›die beiden Sidon-Stadtteile‹); alt.: *ṣdynm* als Gent. (Pl.) ›Sidonier, Bewohner von Sidon‹

√*ṣġd* — G ›**schreiten**‹(?) 1.10:III:7, 1.23:30 | hebr. √*ṣʿd* ›schreiten‹, ar. √*ṣʿd* ›emporsteigen‹; alt.: ar. √*ḍġd* ›würgen, drücken‹

ṣġr — /*ṣaġīru*/? ›**klein**‹ 1.9:18&, f. *ṣġrt* ›die Kleine‹ = ›die Jüngste‹ 1.15:III:16, 1.24:50; m. Pl. *ṣġrm* ›die Kleinen‹ 1.6:V:4 | hebr. *ṣaʿîr*, pun. *ṣʿr*, ar. *ṣaġīr*, akk. *ṣeḫru*

ṣġrt — ›**Kindheit**‹ 1.10:III:26 [hebr. *ṣᵉʿîrāh*; vgl. *ṣġr*]; alt.: fem. Adj.

√*ṣhl* — G ›**leuchten, glänzen, strahlen**‹ 1.17:II:9 (// √*šmḫ*) | hebr., mhebr., jaram. √*ṣhl*

√*ṣḥq* — G ›**lachen; lustig sein**‹ 1.4:V:25&; Š ›sich lustig machen; scherzen, spotten‹ 2.25:5 | hebr. √*ṣḥq* u. √*śḥq*, ar. √*ḍḥk*, syr. √*gḥk*

√*ṣḥrr* — G ›**rötlich, braun sein**‹ 1.3:V:17&, 1.23:41.45.48 | zsem. √*ṣḥr* ›rötlich sein‹ (ar. XI. *ʾiṣḥārra* ›weißlich rot werden‹ [z.B. verdorrende Pflanze]) mit Adj.-Derivaten im Hebr. (*ṣᵉḥorôt*), Aram., und Ar. (*ʾaṣḥar*)

√*ṣḥy* — (od.: √*ṣḥḥ* / √*ṣwḥ* / √*nṣḥ*), ›**verzehren**‹(?); anzusetzen für 1.6:II:37: *šir l šir yṣḥ* ›Fleisch(stück) um(?) Fleisch(stück) *wurde verzehrt*‹(?); wohl nicht von √*ṣyḥ* ›rufen‹ abzuleiten | vgl. evtl. ar. √*ḍḥy/w* D ›opfern, als Opfer darbringen‹

*ṣlʿ** — /*ṣilaʿu*/ ›**Rippe**‹, Pl.cs. *ṣlʿt* 4.247:16 | ar. *ḍil(a)ʿ*, hebr. *ṣelāʿ*, akk. *ṣēlu*

ṣlm — /*ṣalmu*/ ›**(Götter-)Bild, Statue**‹ 1.13:18&, Pl. *ṣlmm* 1.23:57 | (m)hebr. *ṣælæm*, phön. *ṣlm*, aram. *ṣalmā*; sab. *ṣlm*, akk. *ṣalmu*; ar. *ṣanam* ›Götzenbild, Idol‹

ṣlt — /*ṣalâtu*/? ›**Gebet**‹ 1.119:34 | syr. *ṣlotā*, ar. *ṣalāh*, sab. *ṣlt*, äth. *ṣalot*; √*ṣlw/y*

√*ṣlw/y* — D ›**(beschwörend) anrufen, anflehen; beschwören**‹ 1.19:I:39 (*yṣly*) | aram. √*ṣly* D ›beten‹, ar. √*ṣlw* D ›beten‹, äth. √*ṣly* D ›beten‹, akk. *ṣullû* ›anrufen, anflehen‹

ṣly — /*ṣilyu*/? ›**Beschwörung, Gebet**‹ 1.27:6; vgl. syll. *ṣi-il-yu*? (od. *ṣi-il-ya-[tu$_4$]*) ›Fluch‹ | akk. *ṣul(l)û* ›Flehen, Gebet‹

ṣm — /*ṣômu*/ ›**Fasten**‹, evtl. in 1.111:2 (nicht gesicherte Lesung: *ṯlṯ ymm l ṣʾmʾ yʿrb* . . .; alt. Lesung: *l lġz yʿrb*) [hebr. *ṣôm*]; viell.

identisch mit *ẓm* (1.169:7 *lḥm ẓm*) | hebr. *ṣôm*, syr. *ṣawmā*, äth. *ṣom*

√*ṣmd* G ›**anbinden; (Zugtier) anspannen, anschirren**‹ 1.4:IV:5.9, 1.19:II:4.9 (// √*mdl*), 1.20:II:3 (// √*ʾsr*), 1.23:10 (// √*ẓbr*) | sem. √*ḍmd* (aram. √*ṣmd* !) ›zusammenbinden, anschirren‹; Derivat: *ṣmd*$_1$

ṣmd$_1$ /*ṣimdu*/ ›**Zugtiergespann**‹ 4.367:10&, ›**Paar** (Räder u.a.)‹ 4.88:1& | hebr. *ṣæmæd* < **ṣimd*, syr. *ṣemdā*, äth. *ḍəmd*, akk. *ṣimdu*: ›Binde, Verband, Zugtiergespann‹

ṣmd$_2$ ›**Keule**‹ 1.2:IV:15.23, 1.6:V:3& | wohl von *ṣmd*$_1$ zu trennen

*ṣmq** /*ṣu/immūqu*/ ›**Rosinen**‹, Pl. *ṣmqm* 1.71:24& | hebr. *ṣimmûqîm* ›getrocknete Weintrauben, Rosinen‹

√*ṣmt* D ›**zum Schweigen bringen; vernichten**‹ 1.2:IV:9& | aram./ar. √*ṣmt* D ›zum Schweigen bringen‹ und hebr. √*ṣmt* D/K ›vernichten / zum Schweigen bringen‹ (alt.: zwei verschiedene Wurzeln: √*ṣmt*$_1$ ›schweigen‹; √*ṣmt*$_2$ ›zugrunde gehen/richten‹)

ṣnr ›**Wasserrinne, -leitung (aus Stein)**‹ 4.370:45 (*pslm ṣnr* ›Hersteller von Wasserkanälen‹(?); alt.: PN) | hebr. *ṣinnôr* ›Wasserkanal‹; baram. *ṣinnôrā* ›Rinne, Rohr‹

ṣp /*ṣapû*/ < **ṣapw/yu* (bezeugt: Gen. /*ṣapî*/) ›**Blick (der Augen)**‹ od. ›**Reinheit, Klarheit, Glanz (der Augen)**‹ 1.14:III:45 (*b ṣp ʿnh*) | hebr. √*ṣpy* ›spähen, schauen‹; alt.: ar. *ṣafw* ›Reinheit, Klarheit‹, ar. √*ṣfw* ›rein, klar, hell sein‹

ṣpn ○ /*ṣapānu*/ ›**(Berg) Ṣapānu**‹ (*Mons Casius*, Wohnort des Gottes Baʿlu) | hebr. *ṣāpôn*

ṣpr in: *klb ṣpr* ›**Wachhunde**‹(?) 1.14:III:19, 1.14:V:12; genaue Deutung unklar | ar. √*ṣfr* ›pfeifen, heulen (Sirene)‹ (d.h. ›Hunde des Pfeifens‹ = ›Hunde, die der Pfeife gehorchen‹ od. ›Heulhunde‹); alt.: ar. √*ṣbr* ›binden, geduldig sein‹ (d.h. ›angebundene Hunde‹ = ›Haushunde‹)

√*ṣpy* Gp (alt.: G mit stativischer Bed.) ›**(mit Edelmetall) überzogen, beschlagen sein**‹ 4.167:2.6 (SK 3.m.pl. *ṣpy*) | hebr. √*ṣpy* D ›überziehen‹

*ṣpy** /*ṣapī/ūyu*/ ›**überzogen, beschlagen**‹, m.Pl. *ṣpym* 4.167:4, f.Pl. *ṣpyt* 4.167:2 | G-Ptz. pass. von √*ṣpy*

ṣr 1.3:V:8 (traditionelle Lesung: *mṣr*; das {m} dürfte jedoch zum vorherigen Wort gehören, d.h. es ist das letzte Zeichen von *šnm*); Deutung unsicher: entweder ›**Bedrücktheit, Bangigkeit**‹ [hebr. *ṣar*; vgl. √*ṣrr*$_1$] od. ›**Feindschaft**‹ [vgl. √*ṣrr*$_2$]: *ṣr* [*t*]*bu* (1.3:V:8f.) ›bedrückt (?) / in feindlicher Gesinnung (?) [tr]at sie ein‹

ṣr ○ ON ›**Tyrus**‹ = /*ṣurru*/ 2.38:3& | vgl. *ṣrm*

ṣrdt ›**Frau/Gattin von freier Geburt**‹, Pl. pron. *ṣrdth* RS 94.2168:9.26 (*bn ṣrdth* neben *bn amhth*) | vgl. ar. √*ṣrd* ›ledig, frei sein‹

√ṣrk G ›**fehlen, abwesend sein**‹ od. ›**schwach sein**‹(?) 1.19:I:43 (*šbʿ šnt yṣrk bʿl*) | mhebr./jaram. √*ṣrk* ›nötig haben, bedürfen‹, syr. √*ṣrk* ›entbehren‹, hebr. *ṣorœk** ›Bedarf‹; ar. √*ḍrk*, auch: ›arm sein‹; akk. (aB) *ṣarākum* ›brüchig sein o.ä.‹

ṣrm ○ ON ›**Tyros**‹ 1.14:IV:35.38 (*aṯrt ṣrm // ilt ṣdynm*); viell. Dual /*ṣurrāmi*/ (›die beiden Tyros-Stadtteile‹); alt.: Gent. (Pl.) ›Tyrer, Bewohner von Tyrus‹ | vgl. *ṣr* ○

ṣrp ›**rote Farbe**‹, in: *abn ṣrp* ›**Alaun**‹ (d.h. Schwefeldoppelsalz als roter Farbstoff) 4.182:10& | akk. *ṣerpu* ›rote Farbe, rote Wolle‹

√ṣrr G ›**eng sein; einschließen, belagern**‹ 1.14:III:29& | sem. √*ṣrr* (hebr. √*ṣrr*$_{(1)}$)

ṣrrt (wohl Pl.), etwa ›**Gipfel / Höhen / Festung (des Berges Ṣapānu)**‹ 1.3:I:21& | vgl. √*ṣrr*$_1$; vgl. hebr. *māṣôr(āh)* ›Befestigung, feste Stadt‹

ṣrry 1.16:I:5.19, 1.16:II:42 (jeweils *bd aṯt ab ṣrry*); unklar, vielleicht ›**Höhe**‹ | vgl. *ṣrrt*

ṣrt /*ṣarratu*/ ›**Feindschaft; Feind**‹ 1.2:IV:9, 1.3:III:37, 1.3:IV:4.6 (// *ib*) | √*ṣrr*$_2$; hebr. *ṣārāh*; sem. √*ḍrr* (hebr. √*ṣrr*$_{(2)}$, ar. √*ḍrr*)

ṣṣ = syll. *ZI-ṣú-(ú-)ma* (Pl.) /*ṣîṣu*/? ›**Salzfeld, Saline**‹ 4.340:1& | hebr. *ṣîṣ*

ṣt ein Gewandtyp, 1.17:I:13.14 (*yd ṣth* ›er legte sein Gewand ab‹ // *yd mizrth*) | unsicher; vgl. evtl. phön. *swt*, hebr. *sût* ›Gewand‹

√ṣw/yd G ›**umherstreifen, jagen**‹ 1.5:VI:26, 1.6:II:15, 1.17:VI:40& (oft // √*hlk* Gt) | hebr. √*ṣwd*, aram./syr. *ṣwd*, ar. √*ṣyd*, akk. *ṣâdu*

ṣwdt /*ṣawwādatu*/? ›**Jägerin**‹ 1.92:2 (*ʿṯtrt ṣwd*[*t*]) | vgl. akk./zsem. *ṣayyād* ›Jäger‹

√ṣw/yq Š ›**in die Enge treiben, bedrängen; packen**‹ 1.6:II:10 | hebr. √*ṣwq*, ar. √*ḍyq*, aram. √*ʿwq*, akk. *ṣiāqu*, jeweils ›eng sein‹

√ṣyd G ›**zu essen geben, verproviantieren**‹ 1.114:1 | hebr. √*ṣyd*; vgl. ar./aram. √*zwd* D; vgl. evtl. akk. *ṣadû* D ›verproviantieren‹

√ṣy/wḥ G ›**rufen, schreien**‹ 1.1:II:17, 1.4:IV:30&; oft nach √*nšʾ g-* ›(seine) Stimme erheben‹ in der Formel *y/tšu gh w y/tṣḥ* (mehrfach // √*qrʾ*, z.B. 1.5:I:22f.) | ar. √*ṣyḥ*; hebr. √*ṣwḥ* (PK *yiṣwāḥû* Jes 42,11) ›laut schreien‹; syr. √*ṣwḥ* G (SK *ṣwaḥ*) ›(gellend) schreien‹, D ›laut aufschreien‹

Š

š	*/šû/* < **śuwu*(?) ›**Schaf**‹, Du. / Pl. *šm* 1.39:2& | hebr. *śæh*, akk. *šû* (*šuʾu*); ar. *šāʾ* (koll.; Nomen unitatis *šāt*, Pl. *šiw/yāh*)
√*šʾb*	G ›**(Wasser) schöpfen**‹, Ptz. *šib* /*šāʾibu*/ ›Wasserschöpfer‹ 4.609:15 (*šib mqdšt* ›Wasserschöpfer der Heiligtümer‹), f. *šibt* 1.12:II:60, 1.14:V:1, 1.14:III:9. (In 6.25:2 lies ist eher *šal* als *šab* zu lesen; siehe *ša/il*$_2$) | hebr. √*šʾb*; akk. (bab.) *sâbu* (sic!); vgl. ug. *šab* und *šib*
√*šʾl*	G ›**fragen**‹ 1.14:I:38 (Inf. *šal*), RS 94.2284:9 (SK *šil-n*); Gp ›gefragt werden‹ RS 94.2284:8 (PK 1.c.sg. *ušal* /*ʾušʾalu*/); Gt ›(genau) ausfragen, sich erkundigen‹ 2.17:17 (*tštil*), 2.42:23, 2.70:10.12 (jeweils *yštal*, alt.: tD-Stamm); Š ›gewähren‹ od. ›leihen‹ 2.18:5 | sem. √*s*^{1}*ʾl*
√*šʾr*	Gt ›**übrig bleiben, (noch) ausstehen**‹ 1.18:IV:15, 2.72:33, 4.290:3, RS 94.2284:19 (jeweils SK *ištir*) | hebr. √*šʾr* G ›übrig sein‹, N ›übrig bleiben‹, (r)aram. √*šʾr* G ›übrig sein, ausstehen‹, tG ›übrig bleiben‹, ar. *saʾira* ›übrig sein‹
ša	siehe √*nšʾ* (G-Imp.)
šal$_1$	/*šaʾālu*/ ›**Fragen**‹ 1.14:I:38 | √*šʾl* G-Inf.
ša/il$_2$*	Pl. *šalm* 3.3:5: entw. /*šiʾa/ālūma*/ ›**(rechtliche) Forderungen**‹ (zu Sg. *šil* /*šiʾlu*/ od. *šal* /*šiʾālu*/ [vgl. ar. *suʾāl* ›Frage, Forderung‹]) od. /*šaʾʾālūma*/ ›**Forderer**‹ (d.h. Personen, die Rechtsansprüche stellen); möglicher weiterer Beleg: 6.25:2: *spr šal*$^?$ *mqdšt* (Z. 1-3) ›Dokument (bezüglich) der Inspekteure(?) der Heiligtümer‹ (alt. Lesung: *spr šab mqdšt* ›... Wasserschöpfer der Heiligtümer‹) | Nomen actionis / agentis von √*šʾl*
šib	/*šiʾbu*/ ›**Wasser-Schöpfen**‹ 1.16:I:51 | √*šʾb* G-Verbalsubst.
šib$_{(2)}$	und Fem. *šibt*, siehe √*šʾb* (Ptz.)
*šil**	/*šiʾlu*/ ›**Fragen**‹ (Verbalsubst.) 2.63:8 (vgl. auch Pl. *šalm* in 3.3:5, siehe *ša/il*$_2$) | vgl. mhebr. *šeʾêlāh*, syr. *šeltā*, äth. *səʾlat*
*šin**	Du. *šinm* ›**Schuhe, Sandalen**‹ 1.86:27, 1.164:2; vgl. *ša*$^?$*n* 1.48:5 (viell. Fehler für Pl. *šant*); *šant* in 4.392:2 dürfte anders zu deuten sein | akk. *šēnu* ›(hoher) Schnürschuh, Stiefel‹; vgl. hebr. s^{e}ʾôn ›Stiefel‹ und syr. *sʾūnā* ›Sandale‹ (jeweils /*s*/!)

šir$_1$ = syll. *ši-i-ru* /*šiʾru*/ ›**Fleisch**‹ 1.6:II:35.37 (// *mnt*), 1.96:3, (?) 1.82:9, 1.103+:11 | hebr. *šᵉʾer*, pun. *šʾr*, akk. *šīru*

šir$_2$ ein Flächenmaß (für Felder), 4.282:5& | Etym. unklar

šiy ›**Mörder**‹(?) 1.18:IV:23.35 (// *šḫṭ*: *špk km šiy dm*(*h*) // *km šḫṭ l brkh*) | evtl. Nominalform zu einer Wz. √*šʾy** (alt.: Nisbenbildung zu einer Wz. √*šwʾ*); vgl. viell. ar. √*swʾ* (*sāʾa*) ›böse, schlecht sein‹, *sayyiʾ* ›Übeltäter‹ (via Metathese ?)

šu siehe √*nšʾ* (G-Imp. m.pl.)

šʿr /*šaʿru*/ < **śaʿru* ›**Haar, Vlies, Schafsfell**‹ 1.19:II:2.6 (Abschöpfen des Tauwassers vom Vlies) [ar. *šaʿr*, hebr. *śeʿār*; vgl. ug. *šʿrt*] alt.: *šʿr* ›Gerste‹ (vgl. *šʿrm*)

šʿrm (Pl.) /*šuʿāru*/? < **suʿāru*(?) ›**Gerste**‹ 4.14:1.7.13& | hebr. *śᵉʿorāh* (Pl. *śᵉʿorîm*), syr. *sʿārṯā* (Pl. *sʿārê*), ar. *šaʿīr*

šʿrt = syll. *šá-ḫar-tu* [šaʿᵃṛtu] < **śaʿratu* ›**Haar, Schurwolle**‹, 4.46:4& | ar. *šaʿraᵗ*, hebr. *śaʿᵃrāh*; vgl. ug. *šʿr*

šʿtqt ○ fem. GN, 1.16:VI:1.2.13 | Ableitung von √*ʿtq* Š ›erhöhen‹ (vgl. akk. *šūtuqu* ›im Rang erhöht‹ und ug. *šʿtq* 2.82:5) od. ›(Krankheit) vorübergehen lassen, abwenden‹

šb /*ši/abû*/? < **ši/ab(ī)yu* ›**Gefangener**‹, Sg.pron. *šby-*: *šbyn* ›unser Gefangener‹ 1.2:IV:29.30, Pl. *šbm* 1.3:II:16 (// *mdnt* ›die Sich-Ergebenden‹) | hebr. *šᵉbî*, aram. *še/ibyā*

√*šbʿ*$_1$ (< **śbʿ*) G ›**satt / gesättigt sein, genug haben**‹ 1.3:II:19.29, 1.17:I:31&; D ›satt machen, sättigen‹ 1.4:VII:51-52 | vgl. akk. *šebû* D, ar. *šabiʿa* D und hebr. √*śbʿ* D/K

√*šbʿ*$_2$ D ›**zum siebten Mal tun**‹ 1.16:V:20 (√*ṯdṯ* D) | denominiert von *šbʿ*$_2$ ›sieben‹

šbʿ$_1$ /*šubʿu*/ < **śubʿu* ›**Sättigung**‹ 1.114:3.16 (// *škr*$_2$) | hebr. *śobaʿ*; √*šbʿ*$_1$

šbʿ$_2$ /*šabʿu*/ ›**sieben**‹ | vgl. √*šbʿ*$_2$

šbʿ$_3$ /*šābiʿu*/ ›**siebter**‹ 1.14:III:4, Fem. *šbʿt* ›siebte‹ 1.19:IV:15

šbʿ$_4$ /*šabūʿu*/ ›**Siebenzahl**‹ 1.4:VI:32& (*b šbʿ ymm*; hier alt.: *šbʿ*$_3$ ›am siebten der Tage‹), 1.6:V:8, 1.19:IV:17 (*b šbʿ šnt* ›bei der Siebenzahl von Jahren‹ = ›im siebten Jahr‹) | hebr. *šābûaʿ*, ar. *usbūʿ*

šbʿid (2.12:9&), mit Nf. *šbʿd* (1.23:12.14&) ›**siebenmal**‹

šbʿd siehe *šbʿid*

šbʿm /*šabʿūma*/ ›**70**‹ 1.4:VII:10&

šbʿr ›**Leitseil, Leitriemen (eines Reittieres)**‹(?) 1.4:IV:16 [√*bʿr*$_3$, Š-Verbalsubst.]; alt.: ›Fackel‹ (vgl. √*bʿr*$_1$)

šbḥ siehe *špḥ*

šblt /*šub(b)ul(a)tu*/ ›**Ähre**‹ 1.19:II:20& (// *bṣql*) | akk. *šubultu*; vgl. ar. *sunbulat* < **subbulat* und hebr. *šibbolæt*

√šbm Gt ›**knebeln**‹(?) 1.3:III:40 (*ištbm*) | ar. *√šbm* ›einem Zicklein einen Knebel in den Mund stecken; knebeln‹

šbm ›**Knebel**‹(?) 1.82:8 | *√šbm*

šbt /*šêbatu*/ < **śaybatu* (alt.: /*šîbatu*/) ›**graues Haar; Alter**‹ 1.3:V:2& (*šbt dqn-*) | hebr. *śêbāh*, aram. *saybūtā/sêbūtā* (*qatlat*-Bildung); vgl. akk. *šībtu* und äth. *śibat* (*qitlat*-Bildung)

*šby** (*šbyn* 1.2:IV:29.30), siehe *šb*

šd$_1$ = syll. *ša-du-ú* /*šadû*/ < **śadawu* ›**Feld, Gefilde**‹ 1.6:II:34&, Pl. *šdm* 1.3:III:17& | hebr. *śādæh* (meist mit Pl. *śādôt*); akk. *šadû* ›Berg‹; sab. *s*^{2}*dw* ›Berg‹(?)

šd$_2$ /*šiddu*/, ein Längenmaß | akk. *šiddu*

√šdd D* ›**zerstören, verheeren**‹ 1.103+:37.35; N ›wegholen, entnehmen‹(?) 4.272:1 | hebr. *√šdd*, äth. *√sdd*

šdmt ›**kultiviertes Feld, (Weinbau-)Terrasse**‹ 1.2:I:43, 1.23:10 | hebr. *š*^{e}*demāh*

√šdy/w G ›**ausgießen**‹ 1.6:IV:18, Gt ›ausgegossen werden‹ od. ›sich ergießen‹(?) 1.6:IV:25 | aram. *√šdy*

šgr ›**Wurf, Nachwuchs (von Kleinvieh)**‹(?) 1.5:III:16.17 | hebr. *šægær*

*šhr*** = syll. *ši-a-ru*? /*šiharu*/ ›**(Neumond-)Sichel**‹(?)

šḥlmmt (< *šḥl* + *mmt* od. *šḥl-m* + *mt* ?) ›**Todesstrand**‹(?) 1.5:V:19, 1.5:VI:7.30& (*šd šḥlmmt* // *(arṣ) dbr*) | Etym. unsicher; vgl. ar. *sāḥil* ›Ufer, Strand‹ und *mamāt* ›Tod‹

šḥr ○ GN, Doppelgottheit *šḥr w šlm*: 1.23:52.53, 1.100:52, 1.107:43, 1.123:11

šḥt ›**Strauch**‹ 1.100:65 (// *ʿṣ*) | hebr. *śîaḥ*, pun. *šḥ*, ar. *šīḥ*

√šḥy Št ›**sich niederbücken**‹(?) 1.82:11 | hebr. *√šḥy* ›sich bücken, sich beugen‹

√šḫn G ›**warm, heiß sein**‹ od. N (›sich erwärmen‹): 1.12:II:38 (PK *yšḫn*), 1.161:18 (2x G- od. N-Imp. *išḫn*; s. UG S. 426f.) | sem. *s*^{1}*ḫn*

šḫṭ /*šāḫiṭu*/? ›**Schlächter, Mörder**‹(?) 1.18:IV:24.35 (// *šiy*) [Ptz. zu einer Wz. *√šḫṭ**; vgl. hebr. *√šḥṭ* ›schlachten, töten‹ u. akk. *šaḫāṭu* ›weg-, ab-, herunterreißen‹]; alt.: ›**Schlachtung**‹

√škb G ›**sich niederlegen, liegen; mit jmdm. sexuell verkehren**‹ 1.5:V:19& | sem. *√s*^{1}*kb*

√škḥ G ›**finden**‹(?) 2.74:13; N ›(auf-)gefunden werden‹ 2.38:15 | (r)aram. *√škḥ* ›finden‹

škllt ›**Vollendung**‹(?) 1.16:II:28 | vgl. akk. *šuklultu* ›Vollendung, Vollkommenheit‹, jaram. *šaklûlā*, mhebr. *šiklûl*

√škn G ›**sich niederlassen, wohnen**‹ 1.14:II:51, 1.14:IV:29& | zsem. *√s¹kn*; vgl. akk. *šakānu* ›(hin)stellen, setzen‹

√škr < **śkr* G ›**einen Mietling/Lohnarbeiter nehmen, dingen, mieten**‹ 1.14:II:45, IV:23 | (m)hebr. *√śkr*, phön. *√škr* ›um Lohn dingen, mieten‹

$škr_1$ /*šakīru*/ < **śakīru* ›**Lohnarbeiter, Tagelöhner**‹ 1.14:II:44, IV:22 | (m)hebr. *śākîr*] (alt.: *√škr*, G-Inf. abs.)

$škr_2$ /*šukru*/ ›**Trunkenheit**‹ 1.114:4.16 (// *$šb^c_1$*) | ar. *sukr*; vgl. sem. *√s¹kr* ›sich berauschen, betrunken sein‹

škrn /*šakarānu*/ ›**Trunkenheit**‹ 1.17:I:30, II:19-20 (// *$√šb^c_1$* + *yn*) | hebr. *šikkārôn*; vgl. *$škr_2$*

√šlḥ G ›**Hand ausstrecken; schicken**‹ 1.15:IV:24; D ›aushändigen, übergeben, schicken‹ 1.17:VI:28 | kan. *√šlḥ*; vgl. akk. *šalû* ›werfen, schleudern‹

šlḥ 1.14:I:20, unsicher: ›**Wurfgeschoss, Speer**‹(?) [hebr. *$šælaḥ_{(1)}$*, wahrsch. eine Waffe; vgl. *√šlḥ*] od. ›**Kanal, Wasserrinne**‹ [(m)hebr. *$šælaḥ_{(3)}$*, akk. *šiliḫtu*, ein Seitenkanal]

√šll G ›**Beute machen, rauben, plündern**‹ 2.61:6 (*šl hw*) | hebr./akk. *√šll*; vgl. ar./sab. *√ṯll* (sic!)

√šlm G ›**vollständig, heil sein; in Frieden sein**‹ 2.4:4&; D ›vollständig machen, Ersatz leisten, zurückzahlen, vergelten‹ 4.398:6.7, ›Heil schenken; in heilem Zustand erhalten‹ 1.111:23, 2.11:9&, ›mit jmdm. Frieden schließen‹ 1.103+:54 (od.: ›Vergeltung üben‹); Š ›(in Form von Fronarbeit) Ersatz leisten‹ 4.95:1; N ›(vollständig) erhalten bleiben‹ 4.328:2& | sem. *√s¹lm*

$šlm_1$ /*šalāmu*/ oder/und /*šulmu*/ ›**Frieden, Heil**‹ 1.23:7, 1.161:31-34&; *šlm* in der Briefformel *$^c m(n)$* . . . *kll* (*mid* / *midm*) *šlm* (2.11:11&) kann als Subst. (*$šlm_1$*) oder als stativische Verbform (*√šlm* SK) gedeutet werden | hebr. *šālôm*, ar./äth. *salām*; akk. *šulmu*

$šlm_2$ ein Opferbegriff, 1.3:III:16& (// *arbdd*), sonst Pl. *šlmm* 1.39:4& (sehr häufig in Ritualtexten); ferner evtl. in *šmn šlm* ›Öl des *šlm*-Opfers‹: 1.3:II:32, 1.7:21, 1.101:14, 1.119:24 (alt.: *$šlm_1$* od. *$šlm_5$*) | hebr. *šælæm*, meist Pl. *$š^e lāmîm$*

*$šlm_3$** Pl. *šlmm* ›**Tributgaben, Geschenke**‹ 1.14:III:26-27& | etymologisch vielleicht identisch mit *$šlm_2$*; vgl. akk. *šulmānu* ›Begrüßung, Geschenk‹

$šlm_4$ /*šu/illūmu*/ ›**Vergeltung, Bezahlung**‹, evtl. in 4.342:5 | *√šlm* D-Verbalsubst.; vgl. hebr. *šillûm*

šlm$_5$ — */šalimu/*(?) ›**(vollständig) bezahlt, abgegolten**‹ 4.226:1-9, Du. *šlmm* 4.226:10 | hebr. *šālem*

šlm ○ — GN */šalimu/* = syll. ^{d}*Sa-li-mu*, 1.39:8&; vgl. ferner die Doppelgottheit *šḥr w šlm* (siehe *šḥr*): 1.23:52.53, 1.100:52, 1.107:43, 1.123:11

√šlw — ›**ruhig, sorglos sein, Ruhe finden**‹(?), evtl. belegt in 1.14:III:45 (*ašlw*) | hebr. *√šly* ›Ruhe haben‹ (und Adj. *šālew* ›ungestört, sorglos‹); syr. *√šly* ›Ruhe habe, zur Ruhe kommen‹ [vgl. ar. *√slw* ›vergessen‹]; jedoch eher von *√lwy* Š abzuleiten (bei Emendation: *t*$^!$*šlw*)

šlyṭ ○ — GN, Name eines siebenköpfigen Ungeheuers: 1.3:III:42 (// *bṯn*), 1.5:I:3.29 (// *ltn*) | Etym. unsicher

šm — */šu/imu/* ›**Name**‹ 1.1:IV:14&, Pl. *šmt* 1.2:IV:11& | sem.: hebr. *šem*, aram. *šmā*, ar. *ʾism*, äth. *səm*, akk. *šumu*

šmal — */ša/imʾalu/* ›**linke Seite, links**‹ 1.103+:11, ›die linke (Hand)‹ 1.2:I:40 (*šmal-h* // *ymn*) | hebr. *ś^{e}m(ʾ)ôl*, syr. *semālā*, ar. *šimāl*, akk. *šumēlu*

√šm^c — G ›**hören**‹ 1.2:I:46&, Gt ›aufhorchen, Acht geben‹ 1.16:VI:29& (*ištm*^{c}) | sem. *√s*^{1}*m*^{c} (hebr. *√šm*^{c}, ar. *sami*^{c}*a*, äth. *sam*^{c}*a*)

šm^c*(.)rgm* — < **šāmi*^{c}*u* + **rigmu* ›**'Hörer des Wortes'**‹ (ein Beamtentitel), 4.128:3&, RS 92.2010:18 (*šm*^{c} *rgmk* \ *n*^{c}*m* ›der Hörer deines guten Wortes‹), ferner 4.609:11 (*šm*^{c}; Fehler od. Abkürzung für *šm*^{c} *rgm*)

√šmd — Gt ›**(völlig) vernichten**‹(?) 1.3:III:40 (unsichere Lesung *ištmdh*; alternativ: *ištm ph*, d.h. *√štm*)

√šmḫ — G ›**sich freuen**‹ 1.3:V:20&; Š ›fröhlich sein lassen; erfreuen, beglücken‹ 2.36+:32 | hebr. *√śmḥ*; vgl. ar. *√šmḫ* ›hoch, stolz sein‹, akk. *šamāḫu* ›stattlich sein, gedeihen‹

šmḫt — ›**Freude**‹ 1.3:II:26 (// *tšyt*) | hebr. *śimḥāh*

šmm — = syll. *ša-mu-ma* */šamûma/* (Pl.) < **šamayūma* ›**Himmel**‹ 1.1:III:14& | hebr. *šāmayim*, akk. *šamû*, ar. *samāʾ*

šmn$_1$ — */šamnu/* ›**Öl, (tierisches) Fett**‹ 1.3:II:3&; wichtige Zusammensetzungen: *šmn mr* ›Myrrhenöl‹ 1.41:21&, RS 94.2479:16; *šmn nr* ›Lampenöl‹ 4.786:8, RS 94.2479:17; *šmn rqḥ* ›Duftöl, Parfum‹ 1.41:21& | sem. außer äth. *s*^{1}*amn-*: hebr. *šæmæn*, ar. *samn*, akk. *šamnu*

šmn$_2$ — */šamnu/*, eine Baumart, 4.158:3 | hebr. *šæmæn*

šmn$_3$ — */šaminu/* od. */šam(m)īnu/* ›**fett**‹ 1.15:IV:4& (*šmn mrik* ›deine fettesten Masttiere‹) | hebr. šāmen, syr. *šammīn*, ar. *samīn*

šmrḫt — (alt. Lesung: *šmrgt*), 1.4:I:32, siehe *√mrḫ* Šp

šmrr ›**Vertreibung, (magische) Bannung**‹(?) 1.100:4&; s. UG S. 601 | Š-Verbalsubst. von √*mrr*$_1$?

šmt$_1$ ›**rote Farbe, roter Stein; rote Wolle**‹ 4.168:1& | akk. *sāmtu* ›Röte, Karneol(?); rote Wolle‹

šmt$_2$ /*šamittu*/? (< **šamintu*) ›**Fettiges, Fett**‹ 1.19:III:4& (vgl. *šmn*) | vgl. hebr. *šāmen* ›fett‹

šmtr ›**Abschneiden**‹ 1.41:2, 1.87:2 (alt.: *šm tr* ›zwei Schafe, eine Turteltaube‹) | Verbalsubst. von √*mtr* Š; vgl. ar./äth. √*mtr* ›abschneiden, abreißen‹

√*šn*ʾ G ›**hassen**‹ 1.4:III:17 | hebr. √*śn*ʾ; ar. √*šn*ʾ

*šnu** /*šāniʾu*/? ›**Feind**‹, Pl.cs. *šnu* 1.4:VII:36 | √*śn*ʾ G-Ptz.; vgl. hebr. *śône*ʾ

šn /*šinnu*/ ›**Zahn**‹, ›Elfenbein‹ 1.19:IV:27, Pl. *šnt* ›Zähne‹ 1.19:I:9, 1.82:4, fem. Genus | sem. *s*^{1}*inn-* (überwiegend fem. Genus): hebr. *šen*, aram. *šinnā*, ar. *sinn*, äth. *sənn*, akk. *šinnu*

šnm siehe *šnt*$_1$

√*šnn* D* ›**mit den Zähnen knirschen**‹ 1.16:I:13, II:35 (// √*bky*) | denominiert von *šn* ›Zahn‹

šnpt ein Opferbegriff (wörtlich ›Erhöhung‹, also: ›Erhebungsopfer‹), 1.39:10& | vgl. ug. √*nwp* Š; vgl. hebr. *t*^{e}*nûpāh* ›Weihegabe‹

√*šns* D ›**an den Gürtel binden, festbinden**‹ 1.3:II:12, 1.13:6 (// √*ʿtk*) | hebr. √*šns* D ›gürten, sich umgürten‹; vgl. mhebr./jaram. √*šnṣ* D ›zusammenziehen‹

šnt$_1$ = syll. *ša-an-tu*$_4$ (unsicher) /*šan(a)tu*/ ›**Jahr**‹ 1.4:VI:43&; Pl. *šnt* 1.6:V:8&, wohl auch 1.16:VI:58 (*gbl šntk*, alt.: *šnt*$_3$); daneben evtl. auch *šnm* (1.1:III:24&: *mlk ab šnm*), sofern *šnm* nicht ein GN ist | sem. außer äth.: hebr. *šānāh*, aram. *šattā* (u.ä.), ar. *sana*^{t}, akk. *šattu*

šnt$_2$ /*šinatu*/ ›**Schlaf, Todesschlaf**‹ 1.14:I:33 (// *nhmmt*), 1.19:III:45 | hebr. *šenāh*, baram. *šintā*, syr. *šentā*, ar. *sina*^{t}, sab. *s*^{1}*nt*, akk. *šittu*; √*yšn*

šnt$_3$ ›**Erhabenheit, Hochmut**‹(?), evtl. in 1.16:VI:58 (*gbl šntk*) [vgl. ar. *sanā*ʾ (= syr. *šanā*ʾ) ›Erhabenheit, Majestät‹; vgl. hebr. √*šny*$_3$ G ›hoch sein (im Rang) sein‹, D ›erhöhen‹]; alt.: *šnt*$_1$

√*šny/w* G ›**weggehen**‹(?) 1.1:III:[18], 1.3:IV:33 (*atm bštm w an šnt*); evtl. auch 1.96:1 (*šnwt*; alternativ von √*nwy* abzuleiten; s. UG S. 597f.) | hebr. √*šny*$_{(1)}$ D ›ändern, wechseln‹; syr. √*šny* ›ändern, (den Platz) ändern, weggehen, losgehen‹; vgl. auch akk. *šanû*$_{(5)}$, ein Verb der Bewegung, etwa ›traben, laufen‹

šph̩ (1.14:I:24, 1.14:III:40.48&), mit Nf. *šbḥ* (1.14:VI:25) = syll. *šap-hu* /*šaphu*/ ›**(Groß-)Familie, Sippe; Nachkomme(n)**‹ | pun. *šph̩*;

vgl. hebr. *mišpāḥāh*

√špk G ›**(aus)gießen, vergießen**‹ 1.18:IV:23 | sem. *√s*^{1}*pk*

√špl G ›**niedrig sein, sich senken, nach unten gehen**‹ 1.23:32, 1.161:22 | hebr. *√špl*, ar. *√sfl*

špq siehe *√pwq* Š

špš = syll. *ša-ap-šu /šapšu/* < **šampšu* < **šamšu* ›**Sonne**‹ 1.3:II:8&, (*aḫr*) *špšm* (wohl Sg. Lokativ + EP *-m*; alt.: Dual) ›nach / mit der Sonne‹ = ›nach / bei Sonnenuntergang‹ (alt.: ›Sonnenaufgang‹ od. ›Mittag‹) 1.14:III:3, IV:32-33.46; zugleich Titel des hethitischen Großkönigs (2.16:8.9&) und des Pharao (2.23:1&) | sem. außer äth.: hebr. *šœmœš*, ar. *šams*, sab. *s*^{2}*ms*^{1}, akk. *šamšu*

špš ○ fem. GN ›**Šapšu**‹ (Sonnengöttin [fem.]), 1.2:III:15& | = *špš*$_1$

špt */šap(a)tu/* < **śap(a)tu* ›**Lippe**‹, Sg. abs. *špt* 1.5:II:2, 1.23:61; Du. pron. *špt-* 1.2:IV:6&, auch in 1.23:49-55 Dual und nicht Plural (siehe *špthm mtqtm*) | hebr. *śāpāh*, aram. *š/si/eptā*, ar. *šafaᵗ*, sab. *śft*, akk. *šaptu*; äg. *śp.t*

šq */šāqu/* ›**(Ober-)Schenkel, Bein, Hinterlauf (eines Tieres)**‹ 1.103+:9.26 | hebr. *šôq*, syr. *šāqā*, ar. *sāq*, akk. *sāqu* (bab.) u. *sīqu* (assyr.)

√šql Gt ›**sich wegbewegen, sich hinbegeben**‹ 1.3:II:18& (// *√mġy*, *√hlk*, *√bwʾ*) [syr. *√šql* G u. K ›(hochheben >) starten, losgehen, marschieren, reisen‹]; weniger wahrsch.: *√qyl* Št (so DUL)

√šqp G ›**betrüben, quälen**‹(?) 2.82:7 | mandäisch *√šqp* ›strike, make pale, afflict‹; alt.: (m)hebr. *√šqp* ›schauen, betrachten, herabblicken‹

√šqy G/D ›**zu trinken geben**‹ 1.1:IV:9&; Š ›zu trinken geben‹ 1.17:II:31& | sem. *√šqy*

šqy$_1$* ›**Mundschenk**‹; Pl. *šqym* 1.86:24 (*kšt šqym/t*), evtl. auch 4.246:8 (Kontext abgebrochen) | ar. *sāqⁱⁿ*, akk. *šāqû* (jeweils G-Ptz. akt. von *√š/sqy* ›zu trinken geben‹)

šqy$_2$* ›**Libation**‹; Pl. *šqym* 1.115:11, evtl. auch 4.246:8 (Kontext abgebrochen; alt.: *šqy*$_1$) | vgl. hebr. *šiqqûy* ›Getränk‹, ar. *saqy* ›Tränkung, Bewässerung‹

šr$_1$ */šîru/* = syll. *ši-i-ru*: ›**Gesang, Lied**‹ 1.106:15, (?) 1.151:10.12 | hebr. *šîr*, akk. *šēru*$_{(3)}$ ›Gesang‹

šr$_2$ */šâru/* ›**Sänger**‹(?) 1.19:I:7, 4.103:64&; Du. *ṯn šrm* 1.23:22; Pl. *šrm* 4.35:I:10& | G-Ptz. von *√šyr*; vgl. hebr. *šār* (G-Ptz.)

šr$_3$ */šarru/* ›**Leiter, Anführer, Vorsteher**‹ 1.12:II:50.51 | hebr. *śar*, phön. *šr*: ›Anführer, Fürst‹; akk. *šarru* ›König‹

šr$_4$ */širru/*? ›**Nabel(strang)**‹, (?) 1.114:30 (*šr-h*) | hebr. *šer*; syr. *šerrā*, *šurrā*; ar. *surr(at)* *šr*$_5$ 1.107:8.10 (√*npl* ›fallen‹ + *b šr*), Bed. unklar | mögliche etym. Ansätze: ar. *sawra*^{t} ›Ungestüm, Heftigkeit, Stärke‹; ar. √*swr* III. ›anspringen, angreifen, anstürmen‹; akk. *šurru* ›sich hinabbeugen, sich neigen‹

šrm traditionelle Lesung in 1.14:II:5 ([ ]*šrm*, mit Verweis auf akk. *šerru* ›Kleinkind, Kind‹); diese Lesung ist abzulehnen; siehe *n*^{c}*r* ›Knabe‹

šr^c ›**Sich-Erheben, Anschwellen (der Fluten)**‹(?) 1.19:I:45 (*bl šr*^{c} *thmtm*) | Verbalsubst. von √*šr*^{c}; vgl. ar. √*šr*^{c} ›emporheben, aufpflanzen, in die Höhe recken, ausstrecken‹, hebr. √*śr*^{c} G ›stark entwickelt sein (Körperteil)‹, tD ›sich dehnen, ausstrecken‹, syr. √*sr*^{c} ›ausdehnen, ausstrecken‹; trad. vergleichen mit hebr. **śā*^{c}*îr* ›Regen‹ oder ar. *šarī*^{c}*a*^{t} ›(Weg zur) Wasserstelle‹

√*šrd* D ›**(kultisch) dienen**‹ 1.14:II:24, IV:6 | hebr. *šrt* (sic!); nicht von √*yrd* (Š) abzuleiten

√*šrg* G/D ›**verstricken, verführen, belügen**‹ 1.17:VI:34 | zsem. √*s*^{2}*rg* ›flechten, verstricken, zusammenbinden‹; ar. *šrǧ*, auch: ›lügen‹; vgl. äth. *sargawa* ›flechten‹

*šrg** ›**Verstrickung, Lüge, Täuschung**‹, Pl. cs. *šrgk* 1.17:VI:35 | Derivat von √*šrǧ*

šrh 1.4:V:9, siehe √*šry/w*$_2$

√*šrp* < **śrp* G ›**verbrennen**‹ 1.6:II:33, 1.6:V:14 | hebr. √*śrp*, raram. *šrp*, jaram. √*śrp*, akk. *šarāpu*

šrp /*šurpu*/? < **śurpu* ›**Brandopfer**‹ 1.39:4& (häufig in Ritualtexten, oft neben Opferbegriff *šlmm*), auch 1.119:21 (KTU^2: *ššrt*; lies *š šrp*) | vgl. hebr. *ś*^{e}*repāh* ›Verbrennung, Brand‹, akk. *šurpu* ›Verbrennung‹

šrr Zeichenfolge in 1.2:IV:33.35.37, 1.16:VI:7 und 1.19:II:36; unklar

šrš /*šuršu*/ ›**Wurzel, Nachkomme**‹ 1.17:I:25& | sem.; Grundform wohl *s*^{1}*u/irs*^{1} (hebr. *šorœš*, ar. *širš*, sab. *s*^{2}*rs*^{1})

šrt ›**Pfeil, Pfeilspitze**‹(?) (nicht: ›Sängerin‹), Du. *šrtm*, Pl. *šrt*: (nur) 4.410 | vgl. hebr. *širyāh* ›Pfeil, Pfeilspitze‹, ar. *sirwa*^{t}; evtl. Derivat von √*šry/w*$_2$

√*šrw/y*$_{(1)}$ G ›**loslassen, schleudern, werfen**‹ 2.46:14 (*yšrn*); Verbalsubst. *šr-* 1.4:V:9 (*šr-h*: *šr* + Sf. 3.m.sg.: ›sein Schleudern‹ + *brqm*) | hebr. √*šry* ›loslassen‹, syr. √*šry* G ›lösen, loslassen‹, D ›beginnen‹; ar. √*srw* ›wegwerfen, entfernen, ausziehen (Kleid)‹; äth. √*sry* ›entlassen, erlassen‹; akk. *šurrû* ›anfangen, beginnen‹

√*šry*$_{(2)}$ < **śry* G ›**streiten**‹ (// √*gry*) 1.14:III:6, 1.14:IV:50 | hebr. √*śry*, ar. √*šry* I. ›aufgeregt sein‹, III. ›streiten, widersprechen‹

šryn ○ Širion-Gebirge (= Antelibanon), 1.4:VI:19.21 (// *lbnn* ›Libanon‹)

ššlmt eine Textil- od. Stoffbezeichnung, 4.46:1-3& (oft neben *š*^{c}*rt* ›Schurwolle‹) | Lw., vgl. Nuzi-akk. *sa(s)sullu* (eine Textilbezeichnung)

ššmn ›**Sesam**‹ 4.14:4.10& | Lw.; vgl. akk. *šamaššammū*, phön. *ššmn*, mhebr. *šumšôm*, ar. *simsim*

ššrt /*šaššar(a)tu*/ ›**Kette**‹ 4.341:1, (?) 1.5:V:3 (alt.: Verbalform) (in 1.119:21 lies *š šrp* statt *ššrt*, d.h. ›ein Schaf als Brandopfer‹) | akk. *šaršarratu*, hebr. **šaršæræt*; vgl. (*r*/*l*-Wechsel): jaram. *šilšæltā*, ar. *silsila*^{t}, äth. *sansal*

št$_1$ ›**Fuß, Basis (eines Berges)**‹ 1.3:II:5 (*št ġr*) | hebr. *šet* ›Gesäß, Grundlage, Fundament‹; syr. *ʾeštā* ›Gesäß, Boden‹; ar. *ʾist* ›Gesäß‹

št$_2$ ›**Dame**‹ 1.18:IV:6.27&, 1.23:61 | ar. *sitt* ›Dame‹; vgl. auch ar. *sayyidat* ›Herrin, Dame‹

št$_3$ /*šūtu*/, ein Hohlmaß (für Pflanzen[bestandteile]), 1.71:9& (nur in den hippiatrischen Texten) | akk. Lw.(?): akk. *sūtu*, ein Hohlmaß; vgl. ferner hebr. *s*^{e}*ʾāh* (mit /*s*/!), mit Du. *sā(ʾ)tayim* und Pl. *s*^{e}*ʾîm*: ›Sea‹ (ein Hohlmaß für Getreide)

√*štk* G ›**aufhören, innehalten**‹ 1.12:II:58-60; Gt ›niedersinken‹(?) 1.12:II:56 (Schreibung *ittk* für *išttk*), II:57 (*išttk*) | syr. √*škt* ›still sein, ruhig sein, aufhören‹, tD ›zur Ruhe gebracht werden‹; vgl. ferner: hebr. √*štq* (sic!) ›zur Ruhe kommen‹; hebr. √*šqṭ* ›Ruhe haben‹; akk. *sakātu* ›schweigen‹; akk. *šaqātu* ›zu Fall bringen‹

√*štm*(?) ›**verschließen**‹ 1.3:III:40 (*ištm*: unsichere Lesung *ištm ph*; wahrscheinlicher aber: *ištmdh*, d.h. √*šmd*) | vgl. hebr. √*s/štm* ›verstopfen, verschließen‹

štn *štnt* (2.36+:6.13, 5.10:4.9), siehe √*ytn* Š

√*štt* (< **śtt*) G ›**zerreißen**‹ 1.2:IV:27 | vgl. ar. √*štt* ›trennen, zerstreuen‹

√*šty* G ›**trinken**‹ 1.4:III:16 (PK *ištynh*), 1.4:III:40& | sem. außer ar.: √*s*^{1}*ty*

√*šyr* G ›**singen**‹ 1.3:I:18& | hebr. √*šyr*; Derivate: *šr*$_{1-2}$

√*šyt* G ›**stellen, legen, setzen; festsetzen**‹ 1.4:II:8&, ›(Öffnung / Fenster) installieren, anbringen‹ 1.4:V:61& (mit *urbt* // *ḥln*), SK-Formen 1./2.sg. lauten *štt* /*šâtātV*/ (UG § 75.521c); Gp ›gelegt/gesetzt werden‹ 1.4:VI:22, 1.114:29.31, 2.47:15 | sonst nur amurr. und kan. (hebr./phön.) belegt: √*šyt*

t

-t (enklitische Partikel als Erweiterungselement bestimmter Partikeln, siehe UG S. 836)

tant etwa ›**Seufzen, Stöhnen**‹(?), 1.3:III:24, mit Nf. *tunt* 1.1:III:14 (jeweils // *rgm* und *lḫšt*); ferner 1.3:IV:16 (abgebrochen) [vgl. hebr. *taʾᵃniyyāh* ›Seufzer, Schluchzen‹ od. ›Traurigkeit‹; hebr. √*ʾny*$_{(1)}$ ›in Trauer klagen‹; vgl. ferner (Wzz. II-gem.): hebr. √*ʾnn* tD* ›sich beklagen‹, ar. √*ʾnn* ›stöhnen, seufzen‹, tigr. √*ʾnn* ›klagend brüllen‹]; alt.: ›**Begegnung**‹ [ar. √*ʾny* ›herankommen, nahe kommen (bes. zeitl.)‹, hebr. *ʾny*$_{(2)}$ D ›widerfahren lassen‹, Dp ›begegnen, widerfahren‹, tD ›Gelegenheit suchen‹ mit Derivat *toʾᵃnāh* ›Gelegenheit, Anlass (zum Streit)‹]

tiggn siehe √*ʾgg* (1.82:43)

tint̠ /*taʾnit̠(a)tu*/? ›**Frauen(volk)**‹ 1.17:VI:40 (Gegensatz: *mhrm*) | √*ʾnt̠* ›weiblich sein‹; vgl. *at̠t* ›Frau‹, ferner ar. *ʾunūt̠at* ›Weiblichkeit‹ und ar. *taʾnīt̠* ›Femininum‹; nicht zu verknüpfen mit akk. *tenēštu*, *tenēšētu* ›Menschen‹ (√*ʾns¹*)

tišr ein Baumart, wahrsch. ›**Zypresse**‹, 1.92:26, 4.158:4& | hebr. *tᵉʾaššûr*

tunt siehe *tant*

√*tʿʿ* siehe √*nwʿ* (*ytʿn* 1.6:VI:16)

tʿdt /*taʿûdatu*/ ›**Bezeugung, Zeugenschaft, Gesandtschaft**‹ 1.2:I:22& (// *mlak*) | hebr. *tᵉʿûdāh*; √*ʿwd*

tʿḏr ›**Hilfe**‹ 1.47:26& (nur in der Götterbezeichnung *il tʿḏr bʿl* ›die Hilfsgötter Baʿlus‹) | syr. *taʿdīr*; zsem. √*ʿḏr* ›helfen, beistehen‹ (hebr. √*ʿzr*)

tʿlgt ›**Gestammel**‹(?) 1.93:2 | √*ʿlg*; vgl. hebr. √*ʿlg* ›stammeln, stottern, verspotten‹, hebr. *laʿag* ›Gestammel, Verspottung‹; syr. *laʿgūtā* ›Gestammel, Stottern‹

tʿlt in *plk tʿlt* 1.4:II:4, Deutung unsicher, evtl. ›die Spindel der (ständigen) Drehbewegung‹ = ›**die sich drehende Spindel**‹ od. ›**die rastlose Spindel**‹ | *tVqtVlt*-Nominalbildung von einer Wz. √*ʿyl*; vgl. ar. √*ʿyl* ›sich im Gehen stolz hin u. her bewegen, umherreisen‹ (s. Wahrm. II, 331b) und äth. √*ʿyl* (G *ʿela*, D *ʿayyala*) ›rastlos umherwandern, umherirren‹

tᶜn RS 94.2284:23 (*w yqḥ tᶜnk*); Bed. unsicher, viell. ›**Antwort**‹ | *taqtal*-Nominalbildung von √*ᶜny*$_1$ (d.h. /*taᶜnû*/); vgl. *mᶜn* ›Antwort‹

tᶜrr-k /*tuᶜārir-*/, siehe √*ᶜwr* (D*-PK)

tᶜrt ›**Scheide (des Schwertes)**‹ 1.19:IV:45 (ergänze *b tᶜr*[*th*] od. *b tᶜr*[*h*] // *b nšgh*); 1.18:IV:18.29 (// *ḥbš* ›Gürtel‹; evtl. nicht identisch mit Lexem *tᶜr(t)* in 1.19:IV:45; evtl. Bed. ›Beutel‹ [o.ä.]; alt. wird auch die Bed. ›Handschuh [als Utensil der Falknerei]‹ erwogen [ohne Etym.]) | hebr. *taᶜar* 1. ›Messer‹, 2. ›Scheide (des Schwertes)‹

tbi /*tabûʾ*/, siehe √*bwʾ* (G-PK)

√*tbᶜ* G ›**sich aufmachen, weggehen**‹ 1.2:I:19& | akk. *tebû* ›sich erheben‹; vgl. ar. √*tbᶜ* ›nachfolgen‹

tbl siehe √*ybl*

*tbn*** = syll. *ti-ib-nu* /*tibnu*/ ›**Stroh**‹ | akk./aram. *tibn*

tbrrt /*tubārir(a)tu*/ ›**Freilassung**‹ 2.19:10 | √*brr* ›rein, frei sein‹

tbṯḫ ›**Ruhelager, Bett**‹ 1.4:I:29 (neben *ḫym*) | Lw.; < akk. *tapšaḫu* ›Ruhelager‹

td siehe √*ydy*$_{(1\text{-}4)}$

tdd siehe √*ndd*$_2$

tdmm siehe *tdmmt*

tdmmt /*tudāmim(a)tu*/ ›**Unzucht, Schandtat**‹ 1.4:III:20 (Emendation *tdmm*<*t*>) und 1.4:III:22 | hebr. *zimmāh* ›Schandtat, Unzucht‹; ar. *ḏamm*, *ḏamīma*ᵗ ›Tadel‹ √*ḏmm*

tdrq ›**das Heranschreiten**‹ 1.3:IV:39, 1.4:II:15, 1.17:V:11 (// *hlk*), 1.45:5 (neben *hlkt*) | Verbalsubst. von √*drq*; vgl. aram./ar. √*drg* ›gehen, schreiten‹ u. hebr. √*drk* ›treten‹

tgh ›**Aufleuchten, Erstrahlen, Aufgehen (Sonne)**‹(?) 1.16:I:37 (// *ṣbu*$_1$) [Derivat von √*ngh* ›(auf-)leuchten, strahlen‹; vgl. nwsem. √*ngh* u. äth. √*ghh*]; alt.: ›Entfernen, Weggehen (Sonne)‹, d.h. ›Sonnenuntergang‹ [vgl. syr. √*ghy* ›entkommen, frei werden‹, ar. *ǧahǧaha* ›vertreiben, verjagen‹, ar. *taǧahǧaha* ›zurückweichen‹, äth. *gāhgəha* ›entfernen, verbieten‹]

tgmr /*tagmīru*/? ›**Summierung, Summe**‹ 4.48:13& | √*gmr* D-Verbalsubst.; vgl. akk. *gimru*, *gimi/artu*, *nagmaru*

tġll ○ ON, siehe √*ġll*

tġt[ ] (1.4:IV:33) siehe √*tġy* und √*mġy*

√*tġy* G ›**umherirren; umherstreifen, reisen**‹ 1.4:IV:33 (lies *tġt* od. *m*[!]*ġt* [√*mġy*]) [hebr. √*tᶜy* (Wurzelvariante von √*ṭᶜy*) ›umherirren‹, syr./aram. √*ṭᶜy* (sic!) ›irren, umherstreifen‹]; alt.: Ableitung von

√*mġy* (bei Lesung *m*[!]*ġt*)

tġẓyt — /*taġẓīyatu*/ ›**(Trankopfer-)Spende, Libation**‹ 1.6:VI:45 (*yn tġẓyt* // *lḥm trmmt*) | √*ġẓy/w* ›geben, schenken, dienen‹

thm — /*tahāmu*/ < **tihāmu* ›**unterirdisches Gewässer, Urflut**‹ 1.23:30, 1.100:1, RS 92.2016:4'.6'.9' | hebr. *tᵉhôm* (mit Pl. *tᵉhômôt*)

thmt — = syll. *ta-a-ma-tu*$_4$ /*tahāmatu*/ < **tihāmatu* ›**unterirdisches Gewässer, Urflut**‹; Sg. **thmt* alphabetisch nicht sicher belegt; Pl. *thmt* (auch 1.148:6.41; in 1.148:6 ist gegen KTU[2] *th[m]t* zu lesen, nicht *ʿm[q]t*); Du. *thmtm* 1.4:IV:22& | akk. *tiāmtu*; vgl. ug. *thm*

*thpk*** — = syll. *tu-a-pí-[ku*[?]] /*tuhappiku*/ ›**Veränderung, Umsturz**‹(?)

thw — /*tuhwu*/ ›**Wüste**‹(?) 1.5:I:15, 1.133:4, (?) Pl. *twm* 4.320:13 (*b twm*) (alt.: Eigenname, vgl. PN *btw* 4.700:10) | hebr. *tohû*

tḥm — ›**Botschaft, Nachricht, (weisheitlicher) Bescheid**‹ 1.3:III:13& (// *hwt*); 2.6:1, 2.10:1& (in Briefen immer vor dem Absendernamen; im akk. Briefformular nimmt *umma* ›folgendermaßen‹ diese Rolle ein) | Etym. unsicher; evtl. entlehnt, vgl. akk. *ṭēmu(m)* mit gleicher Bed.

tḥt — /*taḥta*/ ›**an der Unterseite von, unter**‹ 1.2:IV:7& (Gegensatz: *ʿl*), ›(mitten) unter, zwischen (Personen)‹ 1.17:V:6, 1.19:I:22 | wsem. **taḥta* (hebr. *taḥat*)

tḥ<t>yt — (alternative Lesung: *tḥt*[!]*yt*) /*taḥtīyatu*/ ›**untere (Lippe)**‹ 1.103+:32 | hebr. *taḥtît*

tḫtṣb — ›**Schlagen, Streiten**‹ | √*ḫṣb* Gt-Verbalsubst.

tk — /*tôku*/ < **tawku* ›**Mitte**‹, meist in der Fügung *b tk* ›inmitten von‹ 1.3:III:29&; *tk* /*tôkâ*/ ›(hinein) in die Mitte von‹ (adverbialer Ak.) 1.3:IV:41& | hebr. *tāwæk*; vgl. phön. *mtkt* ›Mitte‹

tkms — (1.12:II:54), siehe √*kms* tD

tl — ›**Hügel**‹, Du. od. Pl. *tlm* 1.4:VIII:4 | sem. *ti/all* ›Ruinenhügel, Schutthügel‹

tliyt — /*talʾīyatu*/ ›**Sieg, Triumph**‹ 1.3:III:31, 1.10:III:28.31, 1.101:3 (jeweils: *ġr* / *gbʿ tliyt*) | Derivat von √*lʾw*$_1$

tlm — /*talmu*/ ›**Ackerfurche**‹ 1.16:III:11, (?) 1.19:I:7 | hebr. *tælæm*, jaram. *talmā*, ar. *talam*, äth. *təlm*

*tlmd** — /*talmīdu*/ ›**sich in der Ausbildung befindliches (Reittier)**‹, Du. *tlmdm* 4.384:8 | vgl. akk./aram. *talmīd* ›Lehrling, Schüler‹

*tm** — /*tammu*/ ›**vollständig**‹, f. pl. *tmt* 1.23.67 (*šnt tmt* ›sieben volle Jahre‹ // *ṯmn nqpt ʿd*) | hebr. *tām*; vgl. ar. *tāmm*

√*tmm* — D* ›**vollkommen machen**‹ RS 92.2005:28 (ergänze: [*tt*]*mmk*) | wsem. √*tmm* G ›vollkommen sein‹

tmn /*tamûnu*/ ›**Gestalt**‹ 1.2:IV:18.26 (// *pnth*) | vgl. hebr. *t*^{e}*mûnāh*

tmnt /*tamûnatu*/ ›**Gestalt**‹ od. ›**Glieder, Gliedmaßen**‹ 1.169:6, RS 92.2014:15 (jeweils // *gb*) | hebr. *t*^{e}*mûnāh*

tmr ›**Dattel**‹, Pl. *tmrm* 1.46:5 (lies: *b ṯlṯ tmrm*) | wsem. *tam(a)r* ›Dattel(palme)‹: hebr. *tāmār* (Pl. *t*^{e}*mārîm*), ar./äth. *tamr*, syr. *tmartā*

tmtḫṣ ›**Kämpfen**‹ 1.3:II:19.29 (s. UG S. 530) | √*mḫṣ*; Gt-Verbalsubst.

tn /*tinu*/ ›**Geben**‹ 1.4:V:8 (Verbalsubst. von √*ytn*); vgl. ug. *ttn*

tnn ○ = syll. *tu-un-na-nu* /*tunnanu*/ ›**Seeungeheuer, Meeresdrache**‹ 1.3:III:40, 1.6:VI:51, 1.83:9 | hebr. *tannîn*, von dort entlehnt in andere wsem. Sprachen

tnqt ›**(lautes) Geschrei**‹ 1.16:II:26 (bei Ergänzung *tnq*[*th*]), (?) 1.16:II:34 (Lesung unsicher: *t*[*n*]$^{?}$*qt* od. *tqt* = *t*<*n*>*qt*) [akk. *tanūqātu* (Pl.) ›Kampfgeschrei‹, akk. *nâqu* ›aufschreien‹]; alt.: PK 3.f.sg. *tnq* ›sie schrie‹ (√*nwq*, vgl. akk. *nâqu* ›aufschreien‹)

tp$_1$ /*tuppu*/ ›**Handpauke, Tamburin**‹ 1.16:I:41, 1.108:4 (neben *knr*, *ṯlb* und *mṣltm*), 1.113:1.5 | hebr. *top*, Pl. *tuppîm*, jaram. *tuppā*; ar. *duff*; phön. *mtpp* ›Trommler‹ (D*-Ptz.)

tp$_2$ /*tôpû*/ < **tawpayu* ›**Schönheit**‹(?) 1.96:2 (// *n*^{c}*m*$_2$) | vgl. hebr. √*ypy* ›schön sein‹, ar. √*wfy* ›vollständig, vollkommen sein‹, sab. *wfy* ›Wohlergehen, Sicherheit‹

tp 1.103+:19, siehe √*npw/y*

*tpdt*** = *tap-de*$_4$*-tu*$_4$ (u.ä.) /*tapdêtu*/ < **tapdaytu* ›**Auslösung, Bezahlung, Austausch**‹ | √*pdy*

tpky /*tapkiyu*/ < **tabkiyu*, siehe √*bky* (PK)

tqh (1.2:I:18.34), siehe √*yqy*

tqġ (1.16:VI:30.42), siehe √*qġw/y*

tr$_1$ /*tur(r)u*/ ›**Turteltaube**‹ od. ›**Frankolin-Huhn**‹ 1.115:5.13; für 1.41:2 und 1.87:2 siehe *šmtr* | hebr. *tô/or*

tr$_2$ ›**Deichsel (des Wagens)**‹(?) 4.145:5 | wahrsch. deriviert von √*twr*$_1$; vgl. √*twr*$_2$

trbṣ = syll. *ta-ar-bá-ṣí* /*tarbaṣu*/ ›**Hof, Stall**‹ 1.14:II:3& | akk. *tarbaṣu*, syr. *tarbāṣā* ›Vorhof‹

trbyt /*tarbīyatu*/ ›**Aufgeld, Zins**‹ 4.658:50 | √*rby*

√*trḫ* G ›**heiraten, ehelichen**‹ (eig.: ›den Brautpreis [*trḫt*] zahlen‹) 1.14:I:14, 1.23:64, 1.24:18& | wohl denominiert von ug. *trḫt*

trḫ ›**verheiratet, Verheirateter**‹ 1.14:II:47, 1.14:IV:26 (*trḫ ḥdṯ* ›der frisch Vermählte‹) | √*trḫ* G-Ptz. pass.

trḫt ›**Brautpreis**‹ 1.111:20 (*trḫt tarš lnh* ›der Brautpreis, den du von ihm fordern sollst‹) | wohl Lw.: akk. *terḫatu* ›Brautpreis‹

trmm(n) siehe √*rym*

trmmt /*turāmim(a)tu*/? ›**Erhebung, Darbringung (eines Opfers)**‹, ein Opferbegriff, 1.6:VI:44 (*lḥm trmmt* // *yn tġẓyt*) [√*rym* D*; vgl. hebr. *t^{e}rûmāh* ›Abgabe, Weihegabe‹, hebr. √*rwm* K ›(als Opfer) darbringen‹, eigtl. ›hochheben‹]; alt.: Emendation *trm*{*m*}*t*; siehe *trmt*

trmt /*tarû/îmatu*/ ›**Weihegabe, Opferung**‹ 1.43:3 | hebr. *t^{e}rûmāh*

trn = syll. *ta-ar-ni* (Gen.) /*tarnu*/ ›**(Schiffs-)Mast**‹ | vgl. hebr. *torœn* < **turn-* ›Schiffsmast‹

√*trp* ›**schändlich behandeln, verachten, verderben**‹ 1.5:I:4 (*ttrp* // √*ṯkḥ*) [jaram. √*trp* K ›schändlich behandeln, verachten, verderben‹]; alt.: √*rpy* tD-PK 2.m.sg. | hebr. √*rpy* G ›schlaff werden, ablassen‹, D ›entmutigen‹, tD ›sich lässig, mutlos zeigen‹

√*trr* G ›**vertreiben, wegtreiben**‹ 1.6:VI:53 (*ytr* // *yd* [√*ydy_4*]) | ar. √*trr* G ›sich entfernen‹, K ›entfernen, fortschicken, fortschleudern‹

*trr** Pl. *trrm* = syll. *ta-ri-ru-ma*, eine Berufsbezeichnung, genaue Bed. unklar, 4.7:1, 4.99:8& | Etym. unklar

trṯ /*têrāṯu*/ od. *tîrāṯu* (< **ta/iyrāṯu* ?) ›**Most**‹ 1.5:IV:20, 1.17:VI:7, 1.114:4.16 (// *yn*); ferner als GN in 1.39:11.16, 1.102:9 (neben *dqt*) | hebr. *tîrôš* (vgl. hebr. √*$yrš_{(2)}$* ›keltern‹); verwandt: ug. *mrṯ*

tsm /*tôsVmu*/ ›**Schönheit**‹ 1.14:VI:27.28 (// *nˤm_2*) | vgl. Adj. *ysm*

tšu siehe √*nšˀ*

tšˤ /*tišˤu*/ ›**neun**‹ 4.20:1&, (formales) Fem. *tšˤt* 4.333:7, 4.337:22

tšˤ /*tāšiˤu*/? ›**neunter**‹ 1.104:11&

tšˤm /*tišˤūma*/ ›**90**‹ 1.4:VII:12&

tšyt ›**Erfolg, Triumph**‹ 1.3:II:27 (// *ṣḥq*, *šmḫt*) [hebr. *tûšiyyāh*]

*tt*** syll. *ti-[i]t-tu_4* /*tittu*/ < **tintu* < **tiˀn(a)t*(?) ›**Feige(nbaum)**‹ RS 20.189:10 | akk. *tittu*; hebr. *t^{e}ˀenāh*, ar. *tīn*

tt siehe *ttn*

ttn /*tâtVn*/ ›**Geben**‹ 1.2:IV:6 (Verbalsubst. von √*ytn*) | vgl. hebr. *tet* und *ttn* (K^{e}tīb in 1 Kön 6,19 u. 17,14), siehe J. Tropper, Zeitschrift für Althebraistik 14 (2001), 200-206; vgl. ug. *tn*

√*twr_1* G ›**herumziehen**‹ 1.4:V:21, 1.17:VI:46 (Inf. *tr*: *w tr arṣ*), 1.10:II:11.17.28-29 (Inf. *tr*), 1.16:III:2 (Imp. *tr* // *sb*); siehe UG S. 484, √*twr* | hebr. *twr* ›auskundschaften, erforschen‹, akk. *târu* ›sich umwenden, umkehren‹; vgl. ar. √*twr* ›fließen‹

√*twr_2* Dp*(?) ›**mit (einer) Deichsel versehen werden**‹, Ptz. *mtrt* 4.180:3 | denominiert von *tr_2*

twtḥ siehe √*ytḥ*

tyt Pflanze / Droge (Pflanzenextrakt) ***Asa foetida***, 4.14:14&., wahrscheinlich auch 5.11:13 (lies *d bl ttn tyt*) | akk. *tīyatu*; jaram. *tāyā* ›Hahnenfuß‹

tzġ ein Opferterminus, Sg. 1.105:21, Du. (od. Pl.) *tzġm* 1.91:4, 1.105:13; *tzġ* begegnet auch in 1.148:17 (hurr. Text) | wohl ein hurr. Lw.: hurr. *tašuḫḫi* ›(Weihe)geschenk‹

ṭ

√*ṭʿn* G ›**durchbohren, erstechen, töten(?)**‹ 1.5:I:26, 1.10:II:24 | hebr./jaram./ar. √*ṭʿn* ›stechen, durchbohren‹

ṭb = syll. *ṭa-bu* /*ṭâbu*/ < **ṭayabu* ›**gut**‹ | akk. *ṭābu*

√*ṭbḫ* G ›**schlachten**‹ 1.1:IV:30, 1.4:VI:40&; Gp ›geschlachtet werden‹ RS 94.2284:10 | hebr./jaram./äth. √*ṭbḥ*, akk. √*ṭbḫ*; ar. √*ṭbḫ* ›kochen‹

ṭbn /*ṭûbānu*/ ›**lieblich, wohlklingend**‹ (Adj.) od. ›**Lieblichkeit, Wohlklang**‹ (Subst.) 1.19:I:46 (*ṭbn ql bʿl* ›die liebliche Stimme Baʿlus‹) | vgl. aram. *ṭûbānā*

√*ṭbq* G ›**schließen**‹ 1.17:I:28.[48], II:18 | ar. √*ṭbq* K ›verschließen‹

ṭhr = syll. *ṭu-ú-ru* /*ṭuhūru*/ < **ṭahūru* ›**rein**‹, 1.4:V:19.34 (*bht ṭhrm iqnim* ›Häuser aus reinstem Lapislazuli‹; // *ksp w ḫrṣ*); phonetische Variante *ẓhr** in 1.24:22 (*išlḥ ẓhrm iq\nim*) | ar. *ṭahūr*; he. *ṭāhôr* (< **ṭahur* od. < **ṭahūr* ?)

ṭḥl /*ṭiḥālu*/ ›**Milz**‹ 1.103+:12 | zsem. *ṭiḥāl*

√*ṭḥn* G ›**zerreiben, zermahlen**‹ 1.6:II:34, 1.6:V:15 | wsem. √*ṭḥn* (syr. *ṭḥen*), akk. *ṭênu*

ṭl /*ṭallu*/ ›**Tau**‹ 1.3:II:39& (// *rbb* ›Tauregen‹) | hebr. *ṭal(l)*, ar. *ṭall*

√*ṭll* D* ›**(in Form von Tau) niedergehen, tauen**‹ 1.19:I:41 (// √*mṭr*) | denominiert von *ṭl* ›Tau‹

ṭly ○ fem. GN 1.3:I:24, 1.3:III:7& (Tochter des Baʿlu)

√*ṭrd* G ›**vertreiben**‹ 1.3:III:47, 1.6:VI:1 | syr./ar. √*ṭrd* ›vertreiben‹, akk. √*ṭrd* G ›schicken, senden‹ D ›fortschicken, vertreiben‹

ṭṭ ›**Lehm, Erde, Schlamm**‹ 1.1:IV:8 (*ṭṭm*) | hebr. *ṭîṭ*, aram. *ṭînā*, ar. *ṭīn*; akk. *ṭī(ṭ)ṭu* (u.ä.)

√ṭwḫ od. *√ṭyḫ* ›**verputzen, verschmieren**‹ 1.17:I:32, II:6.22 | hebr. *√ṭwḥ* ›verputzen, überstreichen‹; vgl. evtl. ar. *√ṭyḫ* ›beschmutzen‹ und äth. *√ṭyᶜ* (sic!) ›bestreichen, beschmieren‹

ṯ

√ṯʾr$_1$ ›**Blutrache üben, sich rächen**‹(?) 1.2:III:16.21 (*yṯir*, Kontext abgebrochen) | ar. *√ṯʾr*

√ṯʾr$_{(2)}$ (PK *ṯṯar* 1.3:II:37), siehe *√ṯᶜr*

ṯar siehe *ṯn*$_2$ (1.14:I:15)

ṯat */ṯaʾātu/* < **ṯaʾawatu* ›**Mutterschaf**‹ 1.6:II:7.29 (// *arḫ*), 1.93:8, 1.145:1; Pl. *ṯatt* 1.103+:1 (viell. Fehler: Dittographie von {t}; s. UG § 53.322.4 [S. 297]); Nf. (Sg.) *ṯut* */ṯaʾôtu/* < **ṯaʾawtu* (1.80:3) | aaram. *šʾh*, *šʾt* mit Pl. *šʾn* und *sʾwn* (Tell Fecherje, Z. 20): ›Mutterschaf‹; akk. *šuʾātu*, *šâtu* ›Mutterschaf‹; vgl. ar. *ṯaʾwaᵗ* ›altes mageres Schaf‹

ṯigt *ṯiqt* */ṯaʾg/qatu/* < **ṯaʾagatu* ›**Gebrüll**‹ 1.14:III:16, 1.14:V:8 (Schreibung *ṯiqt*) | hebr. *šᵉʾāgāh*

ṯiqt (1.14:V:8), siehe *ṯigt*

ṯir 1.18:I:25 (*šbᶜ ṯirk*): unklar

ṯiṭ */ṯaʾṭu/* ›**Schlamm, Dreck**‹ 1.17:I:33, II:7.22 (jeweils // *rṯ*) | ar. *ṯaʾṭ*, *ṯaʾṭaᵗ* ›(schwarzer, dünnflüssiger) Schlamm‹

ṯᶜ$_1$ ein Opferbegriff, 1.27:10&, 1.40:23.24 (neben *dbḥ* und *nkt*) | vgl. ug. *√ṯᶜy* und *ṯᶜy*; Etym. unsicher vgl. evtl. äth. *√śwᶜ* ›ein Brandopfer darbringen‹

ṯᶜ$_2$ 1.14:IV:37& (nur im Titel *krt ṯᶜ*), entweder ›**edel, vornehm**‹ bzw. ›der Edle‹ [hebr. *šôaᶜ*, Pl. *šôᶜîm*] od. ›**Herr(scher), König**‹ [aAkk. *śuwāʾum*, akk. *šuʾu*, *šuʾû* ›Herr‹]

√ṯᶜr G ›**(auf)stellen, stapeln; (Tisch) decken**‹ 1.3:I:4, 1.3:II:20.21.36; ferner Form *ṯṯar* (statt *ṯṯᶜr*) in 1.3:II:37 | äth. *√śrᶜ* ›(auf)stellen; (Tisch) decken‹, sab. *√s²rᶜ* ›aufrichten‹; ar. *šrᶜ* ›hoch heben‹

ṯᶜt = syll. *ša-i-tu*$_4$ */ṯăᶜittu/* < **ṯăᶜidtu*, ein kleiner Behälter, zugleich ein kleines Maß für Öl (kleiner als *krsu*), 4.751:6&; Pl. *ṯᶜdt*

4.150:5 | Etym. unklar

√*ṯʿy* D ›**ein** ***ṯʿ*****-Opfer darbringen**‹ (alt.: G-Stamm) 1.40:6.24.32.41& | denominiert von *ṯʿ*$_1$

ṯʿy ›**Opferpriester**‹ 1.4:VIII:49, 1.6:VI:57& (neben *prln*) | vgl. *ṯʿ*$_1$ u. √*ṯʿy*

√*ṯbr* G ›**(zer)brechen**‹ (transitiv und intransitiv) 1.2:III:18, 1.3:III:33& | sem. √*ṯbr*: hebr. √*šbr*, aram. √*tbr*, sab. √*ṯbr*, äth. √*sbr*, akk. *šebēru*; vgl. ar. √*ṯbr* ›vernichten‹

ṯbr (bei anderer Wortabtrennung: *ṯbrn*) ›**'Brecher'**‹ = ›**Zahn**‹ od. Verbalsubst. ›Brechen‹ = ›Zerkauen‹ 1.2:I:13, 1.4:VIII:19 (lies eher *ṯbrx* [viell. Worttrenner od. Rasur] als *ṯbrn*), 1.6:II:23 | √*ṯbr*

ṯbt$_1$ /*ṯib(a)tu*/ ›**Sitzen, Thronen**‹ 1.3:VI:15& (*ksu ṯbth*, eig. ›der Thronsessel seines Thronens‹; alt.: *ṯbt*$_2$), 1.101:1 | Verbsubst. von √*yṯb*; vgl. hebr. *šæbæt*

ṯbt$_2$ /*ṯub(a)tu*/ 1. ›**Wohnsitz, Residenz, Thron**‹ 1.2:III:17, 1.6:VI:28&; 2. ›**Thron, Königsherrschaft**‹ 1.14:I:23 (// *ḥtk*$_2$, neben *špḥ* u. *yrṯ*) | √*yṯb*; vgl. akk. *šubtu* ›Sitz, Wohnsitz, Wohnung‹

ṯd /*ṯadû*/ ›**Brust, Euter**‹ 1.3:I:6, 1.4:VI:56, 1.12:I:11, 1.15:II:27&; mit Nf. *dd*$_{(2)}$ 1.23:59.61 (*ap dd* ›Brustwarze‹) | he *šād* u. *šod*; syr. *ṯdā*, Du./Pl. *ṯdayyā*; ar. *ṯady* u. *ṯādā*; vgl. ug. *zd*

√*ṯdṯ* D ›**zum sechsten Mal tun**‹ 1.16:V:19 (√*ḫmš* D) | denominiert von *ṯṯ* < **ṯdṯ* ›sechs‹

ṯdṯ$_1$ /*ṯādiṯu*/ ›**sechster**‹ 1.4:VI:29&, 1.41:45 | vgl. *ṯṯ* ›sechs‹

ṯdṯ$_2$ /*ṯadūṯu*/ ›**Sechszahl, sechs**‹ 1.14:II:31, IV:12 | vgl. äth. *sadus* ›Sechszahl‹

ṯġr$_1$ /*ṯaġru*/ ›**Tür, Tor, Stadttor**‹ 1.3:II:3, 1.16:V:6&, Pl. **ṯġrm* (St. pron. *ṯġr-*) und *ṯġrt* (1.3:II:3&) | akan. *ša-aḫ-ri*, hebr. *šaʿar*, aram. *tarʿā*

ṯġr$_2$ /*ṯāġiru*/ ›**Pförtner**‹ 1.78:3, 1.96:8.9& | vgl. *ṯġr*$_1$ ›Tor‹

√*ṯkḥ*$_1$ G ›**(sexuell) heiß/erregt sein**‹(?) 1.11:2, 1.24:4 | Etym. unklar

√*ṯkḥ*$_2$ G ›**achtlos sein, verachten, vernachlässigen**‹(?) od. ›**verwelken, verdorren**‹ 1.5:I:4.30 (neben √*trp*) | vgl. hebr. *škḥ*$_{(1)}$ ›vergessen‹ od. hebr. √*škḥ*$_{(2)}$ ›verwelken, verdorren‹

√*ṯkl* G ›**kinderlos sein, den Nachwuchs verlieren**‹ od. Dp ›des Nachwuchses beraubt sein‹ 1.100:61 | hebr. √*škl*; jaram. √*tkl*; ar. *ṯakila*

ṯkl ›**Kinderlosigkeit**‹ 1.23:8 (// *ulmn*), 1.95:4 | hebr. *šᵉkôl*, ar. *ṯakl*, jaram. *taklā*, syr. *tkālā*

ṯkm /*ṯikmu*/? ›**Schulter, Nacken, Rücken**‹ 1.14:III:54& | hebr. *šᵉkæm*

√*ṯkm* — G ›**auf den Schultern tragen**‹, Ptz. f.sg. *ṯkmt* 1.19:II:1 | denominiert von *ṯkm* ›Schulter‹; vgl. hebr. √*škm* K ›auf die Schultern laden‹; äth. √*skm* ›auf der Schulter tragen‹

ṯkmn ○ — GN im Doppelnamen *ṯkmn w šnm* ›**Ṯukamuna-wa-Šunama**‹ 1.39:3&

√*ṯkp* — N ›**zurückgeworfen, abgewehrt werden**‹ 2.10:14 (SK *nṯkp*) | viell. entlehnt aus akk. *sakāpu* ›wegstoßen, abweisen; (Feinde) zurückstoßen‹

√*ṯkr* — Š-PK in 1.15:I:3 (lies *tṯkrnn*? od. *tṯkrnh*?), unklar; evtl. ›**Abgabe/Tribut leisten**‹ | denominiert von Lw. **iṯkr* /ʾ*iṯkaru*/ ›Abgabe, Tribut‹; vgl. akk. *iškaru* und hebr. ʾ*æškār*

ṯkt — evtl. ›**Ausschmückung, prachtvolle Ausstattung**‹, 1.4:V:7 (ʿ*dn ṯkt glṯ* ›Ausschmückung mit Schnee‹[?]) [evtl. entlehnt aus akk. *šukuttu*]; alt.: ›(Kriegs)Wagen‹ [vgl. akk. *šukītu* < hurr.]

ṯlb — ›**Flöte**‹ 1.108:4 (neben *knr*, *tp*$_1$ und *mṣltm*); vgl. 1.113:3.8 (*ṯlbm*) | akk. *šulpu* ›Halm, Röhrchen‹; vgl. evtl. (via Metathese) auch äg. √*sb3* ›Flöte blasen‹ und kuschitisch (bilin.) *sabārā* ›Flöte‹

ṯlḥn — /*ṯulḥānu*/ ›**Tisch**‹, Pl. *ṯlḥnt*, 1.3:II:21& (oft neben *ksu*) | Lw.?, vgl. hebr. *šulḥān*

√*ṯlṯ* — D 1. ›**zum dritten Mal tun**‹ (zu ergänzen in 1.16:V:13); 2. ›**zerfurchen**‹ 1.5:VI:20.21, 1.6:I:3.5 (// √*ḥrṯ*) | denominiert von *ṯlṯ*$_1$ ›drei‹; vgl. hebr. √*šlš* D

ṯlṯ$_1$ — /*ṯalāṯu*/ ›**drei**‹, (formales) Fem. *ṯlṯt*; 1.1:III:20, 1.2:III:3& | hebr. *šālôš*, aram. *tlāt*, ar. *ṯalāṯ*, asa. *ṯlṯ* / *s*^{2}*lṯ* / *s*^{2}*ls*^{3}, äth. *śalās*, akk. *šalāš*

ṯlṯ$_2$ — /*ṯāliṯu*/ ›**dritter**‹ 1.14:III:11& (// *rb*ʿ ›vierter‹)

ṯlṯ$_3$ — /*ṯalūṯu*/ ›**Dreizahl, Triade**‹ 1.14:II:2& (weniger wahrsch.: ›Wagenlenker‹)

ṯlṯ$_4$ — = syll. *ša-al-šu-ma* (Pl.) /*ṯalṯu*/ ›**Kupfer, Bronze**‹ 2.32:5, 4.43:1& | Etym. unsicher

ṯlṯid — ›**dreimal**‹ 1.18:IV:23.24, 1.119:II:30 | *ṯlṯ*$_1$ + *id* ›Mal‹ (siehe *-id*)

ṯlṯm — /*ṯalāṯūma*/ ›**30**‹ 1.39:20&

ṯlṯt$_1$ — ›**Drittelschekel**‹ 4.158:13, 4.721:8

ṯlṯt$_2$ — /*ṯāliṯta*/? ›**am dritten (Tag)**‹ = ›**übermorgen**‹ (fem. Ordinalzahl im adverbialen Ak., vgl. UG § 63.13): 1.21:II:7 ([ ]*ṯlṯt amǵy l bt* ›[...] am dritten (Tag) werde ich mein Haus erreichen‹), 3.5:15 (*šḥr ṯlṯt* ›bei der Morgenröte (und) am dritten (Tag)‹ [die traditionelle Lesung *šḥr* ʿ*lmt* ist abzulehnen] | äth. *śāləsta*

ṯlṯt$_3$ — ›**das Dreifache**‹ 1.14:IV:43 (*ṯlṯth*, in DUL 910 [sub *ṯlṯ*$_4$] fälschlich *ṯlṯh*), 1.16:V:9 | viell. = Fem. von *ṯlṯ*$_1$

ṯlṯt$_4$ — /*ṯalāṯatu*/ ›**Dreiergruppe**‹ 4.360:6.7

ṯm — /*ṯamma*/ ›**dort**‹ 1.2:IV:4, 1.14:IV:36& | hebr. *šām*, *šammāh*; baram. *tammā*; ar. *ṯamma*; vgl. ug. *ṯmn(-y)* und *ṯmt*

ṯmn$_1$ — /*ṯamānû*/ ›**acht**‹, (formales) Fem. *ṯmnt* | sem. **ṯamāniy-* (hebr. *š^e^mônæh*, akk. *samāne*)

ṯmn$_2$ — ›**achter**‹ 1.106:18

ṯmn$_3$ — ›**Geschenk, Gabe**‹(?), 1.17:V:2 (Lesung *ṯmn*), (?) 1.19:I:5 | vgl. akk. *šummannu*

ṯmn$_4$ — /*ṯammānu*/? ›**dort**‹ 2.40:15&; mit EP *-y*: *ṯmn-y* 2.11:14& | vgl. *ṯm*

√ṯmn(y) — tD od. Š ›**acht (Exemplare) machen**‹ 1.15:II:24 (Lesung unsicher: *tṯmnn* od. *tṯṯmnn*) | denominiert von *ṯmn*$_1$

ṯmnym — /*ṯamāniyūma*/ ›**80**‹ 1.4:VII:11&

ṯmt — ›**dort**‹ 2.10:17, 2.70:21 | vgl. *ṯm*

ṯn$_1$ — /*ṯinā*/ ›**zwei**‹, Fem. *ṯt* /*ṯittā*/, daneben einmal Variante(?) *ṯnt* (4.146:8); *ṯn ʿšr*, *ṯn ʿšrh*, *ṯnt ʿšrt* od. *ʿšr ṯn kbd*, jeweils ›zwölf‹ | hebr. *šnayim*, Fem. *štayim*; aram. *trēn*, Fem. *tartēn*; ar. *ʾiṯnāni*, Fem. *ʾiṯnatāni*; sab. *ṯny*; akk. *šina*

ṯn$_2$ — /*ṯānû*/ ›**zweiter, nächster**‹ 1.4:VI:24; Fem. *ṯnt* 4.146:8&, evtl. auch 1.14:I:15 (lies eher *ṯnt* als *ṯar* [so KTU^2], // *aṯt*, *mṯlṯt*); vgl. auch *ṯt*$_2$ | akk. *šanû* (I) ›zweiter, nächster‹; vgl. akk. *šanû* (III) und hebr. *√šnh* (II) ›zum zweiten Mal tun, wiederholen‹

ṯn$_3$ — /*ṯanû*/? ›**anderer**‹ 1.14:II:48, 1.14:IV:27; Fem. *ṯt* 2.38:24, 3.3:4 | akk. *šanû* (II) (auch: *šanium*) ›anderer‹; vgl. akk. *šanû* (IV) und hebr. *√šnh* (I) ›sich ändern, verschieden sein‹

ṯnid — ›**zweimal**‹ 2.50:18& | *ṯn*$_1$ + *-id* ›Mal‹

ṯnm$_1$ — /*ṯinâ(m)ma*/? ›**zweimal**‹ 1.18:IV:22&

ṯnm$_2$ — ›**zum zweiten Mal**‹ 1.19:IV:61&

ṯnn — /*ṯanānu*/ od. /*ṯanannu*/ = syll. *ša-na-nu-ma* (Pl.) und *ša-na-ni* ›**Streitwagen-Bogenschütze**‹ 1.14:II:38, 4.68:70& | Ug.-akk. *šanannu*

ṯnnt — ›**das Doppelte, Zweifache**‹ 1.16:V:8 (*ṯnnth* // *ṯlṯth*) [vgl. *ṯn*$_1$]; alt.: Emendation zu *ṯn*{n}*t*

ṯnt$_1$ — /*ṯînatu*/ < **ṯiynatu* ›**Urin**‹ 1.114:21 | hebr. **šayin* (Pl.cs. *šênê*), syr. *tyāntā* (u.ä.), äth. *śənt*, akk. *šīna/ātu*

ṯnt$_2$ — ein Textilerzeugnis, evtl. Scheuklappen für Zugtiere, 4.203:9& | wohl Lw.; vgl. akk. (Mari) *šinuntum* ›a kind of leather or a leather object‹

√ṯny$_1$ — G ›**ein zweites Mal tun**‹ 1.16:V:13, ›wiederholen; weitersagen, erzählen‹ (alt.: D-Stamm) 1.1:III:13&, auch RS 92.2016:35” (*k yṯnyn*) | hebr. *√šny*$_{(2)}$ ›wiederholen, weiter erzählen‹; aram. *√tny*

G ›wiederholen‹, D ›erzählen, verkünden‹; ar. *ṯny* G ›doppelt legen / falten‹, D ›verdoppeln, wiederholen‹

√ṯny$_2$ D ›**ändern, (Gelübde) brechen**‹, (?) 1.15:III:29 | hebr./aram. *√šny*$_{(1)}$, akk. *šanû*

√ṯpd G ›**(Fuß auf den Schemel) setzen, stemmen**‹ 1.4:IV:29, 1.6:III:15, 1.17:II:11 | vgl. hebr. *√špt*; vgl. *mṯpd*

√ṯpṭ G ›**Recht sprechen, richten**‹ 1.16:VI:34.46& | nwsem./akk. *√špṭ*, sab. *√ṯpṭ*

ṯpṭ /*ṯāpiṭu*/ ›**Richter, Herrscher**‹ 1.2:I:7& | G-Ptz. von *√ṯpṭ*; hebr. *šo/ôpeṭ*

ṯq ein Textilprodukt (›Sack‹), 4.595:1.3.4 | Lw.; vgl. akk. *s/šaqqu*; wsem. *s^2aq

*ṯqb** eine Baumart, evtl. ›Esche‹, Pl. *ṯqbm* 1.17:VI:20 | vgl. ar. *šiqb*, *šaqab*, eine Baumart mit lotosähnlicher Frucht

ṯqd = syll. *šu-uq-du* /*ṯuqdu*/ ›**Mandel(baum)**‹ (vgl. PN *ṯqdy*) 1.71:7& | akk. *ši/uqdu*

ṯql /*ṯiqlu*/ ›**Schekel**‹, eine Gewichts- und Zahlungseinheit (in Form von Silber) von ca. 9,4 g; Pl. *ṯqlm*, 1.14:I:29, 1.19:II:34&, häufig in Wirtschaftstexten (Einerzahlen von 3-10 mit Bezug auf *ṯql* sind formal immer feminin, z.B. *ṯmnt ṯql*; oft fehlt das Lexem elliptisch) | akk. *šiqlu*, hebr. *šæqæl*, phön. *šql*, aaram. *š/tqlʾ*, ar. *ṯiql* ›Gewicht, Last‹

ṯr /*ṯôru*/ < **ṯawru* ›**Stier**‹ 1.1:II:18& (häufig als Epitheton Ilus: *ṯr il*) | sem. **ṯawr-*: hebr. *šôr*, aram. *tawrā/tôrā*, ar. *ṯawr*, äth. *sor*, akk. *šūru*

√ṯrm G ›**(Fleisch) zertrennen, schneiden; (Fleisch) essen**‹ 1.2:I:21, 1.16:VI:18.21, 1.18:IV:19.30 | syr. *√šrm* ›brechen, teilen‹; vgl. ar. *šarama* ›brechen, teilen‹ (Wehr 469); ar. (Irak) *√ṯrm* ›zerteilen‹; akk. *šarāmu* ›herausschlagen, schneiden‹

*ṯrr** Fem. *ṯrrt*, ›**fest, stark, sicher**‹(?), 1.14:III:5, 1.14:IV:48 (*ṯrrt* // *rbt* [= *rb*$_1$ ›groß‹]), 1.14:III:30& [vgl. aram. *√šrr* ›fest, sicher, wahr sein‹]; alt.: ›klein‹ od. ›wasserreich‹ (ar. *√ṯrr*)

*ṯrtn** eine Berufsbezeichnung od. eine soziale Klasse, Pl. *ṯrtnm*, 4.137:3& | hurro-akk. *sartennu* / *širtennu*, ein Richter

ṯryn eine Art Panzer(hemd), Schuppenpanzer, wohl aus Leder, 4.169:5.6 | Lw.; vgl. hurr. *šarianni-*; vgl. auch akk. *sari(j)am/ siriam*, hebr. *širyôn*; viell. schon ebla. belegt (NABU 1992, 7-10; vgl. DUL 934f.)

*ṯš** ›**Plünderer**‹, Pl. *ṯšm* 1.16:VI:48 (alt. Lesung: [*t*]]*šm*, d.h. evtl. Rasur von {ṯ}, somit evtl. von *√šmm* ›verwüsten‹ abzuleiten; Lesung *qšm* ist dagegen unwahrsch.) | Amarna-akk. *šūsû* ›Plünderer‹ EA 252:30; hebr. √*šsy*, √*šss* ›plündern‹

ṯṯ$_1$ — /*ṯittā*/ ›**zwei**‹ (Fem.), siehe *ṯn*$_1$

ṯṯ$_{(2)}$ — (2.38:24, 3.3:4), siehe *ṯn*$_3$

√*ṯṯ*ˁ — G ›**Angst haben**‹ 1.5:II:7, 1.6:VI:30 | hebr./phön. √*št*ˁ

ṯṯ — /*ṯiṯṯu*/ < **ṯidṯu* ›**sechs**‹, (formales) Fem. *ṯṯt* | vgl. √*ṯdṯ*; hebr. *šeš*, aram./syr. *šeṯ*, ar. *sitt*(*a*^{t}), sab. *s*^{1}*dṯ* u. *s*^{1}*ṯ*, äth. *səssu* (Fem. *sədəstu*), akk. *šeššet* (Fem.)

ṯṯb — siehe √*ṯwb*

ṯṯm — /*ṯiṯṯūma*/ ›**60**‹ 1.4:VI:9&

*ṯṯt** — /*ṯi/aṯṯatu*/ ›**Sechsergruppe**‹ 4.141:III:7.9 (Du. *ṯṯtm*)

√*ṯwb* — G ›**zurückkehren**‹ 1.3:V:54.55&; D* ›umwenden‹ 1.169:19 (*ṯṯbb*; alt. Wortabtrennung: *ṯṯb* [d.h. G-Stamm]); Š (*yṯṯb*, *ṯṯb*, *ṯṯb*) ›zurückbringen; zurückgeben, erstatten; zurückschicken, (Wort) wiederholen, antworten‹ 1.14:III:32&, 2.11:17& (Imp. *ṯṯb* häufig im Briefkorpus) | zsem. √*ṯwb* ›zurückkehren‹, sab. √*ṯwb* ›vergelten, erstatten, belohnen‹

√*ṯwy* — G ›**zum Bleiben veranlassen, gastlich aufnehmen**‹(?) 1.16:VI:44 (nach √*dbr*$_1$) | vgl. ar. √*ṯwy* G ›halt machen, bleiben‹, D / K ›zum Bleiben veranlassen, gastlich aufnehmen‹

√*ṯyn* — Gt ›**Harn ablassen, urinieren**‹ (alt.: Sekundärwurzel √*ṯtn* [G-Stamm]), 1.71:8, 1.85:9 | akk. **šiānu*, *šatānu*; hebr. √*šyn* Gt bzw. √*štn* K (Ptz. *maštîn*); syr. √*twn*; äth. √*śyn*

W

(Vorbemerkung: sämtliche Wurzeln *primae infirmae* sind unter I-*y* aufgelistet)

w — /*wa*/ ›**und**‹ (Konj., siehe UG § 83.11), in 1.3:IV:41, 1.4:V:46 (u.ö.) scheinbar pleonastisch (s. UG, S. 783-785) | sem. **wa*- (hebr. *w*^{e}, akk. *u*)

wld — siehe √*yld* (D-Inf.)

wn — < **wa* + -*na* (EP) od. **wa* + *hinna* ›**und (gewiss!), und (siehe!)**‹ 1.2:III:22, 1.3:V:38&

wpṯ-m — siehe √*ypṯ* (D-Inf.)

y

-y$_1$	(enklitische Partikel, vor allem an Wortformen am Beginn von wörtlichen Reden, s. UG § 89.3)
-y$_2$	*/-ya/* (Pronominalsuffix 1.c.sg., nach Nomen im Gen.)
y$_1$	*/yā/* od. */yê/* ›**wehe!**‹ 1.19:III.46.51 (*y lk(-m)* ›wehe dir!‹); s. UG § 84.23
y$_2$	*/yā/* ›**o!**‹ (Vokativpartikel, s. UG § 84.11) | epigraphisch-hebr. *yh*, pun. *y*ˀ, ar. *yā*
yitmr	siehe √*ˀmr* (Gt-PK)
yuḫd(m)	siehe √*ˀḫd* (G-PK)
yˁbdr ○	GN(?) 1.3:III:8& (Titulatur des fem. GN Arṣy: *arṣy bt yˁbdr*)
√*yˁd*	G ›**(Zeitpunkt) bestimmen**‹, evtl. bezeugt in 1.4:V:7 (*yˁdn*) [zsem. √*wˁd* (hebr. √*yˁd*) ›(Termin) bestimmen, vereinbaren‹]; wahrscheinlicher jedoch: √*ˁdn*
yˁl	*/yaˁilu/* ›**Steinbock, Felsziege**‹ 1.6:I:26 (*// rumm, alpm, ṣin, aylm, ḥmrm*), 1.17:VI:22 | hebr. *yāˁel*, aram. *yaˁlā*, ar. *waˁ(i)l*; äth. *wəˁəlā/waˁālā*
√*yˁr*	< **y/wrˁ* (Metathese) G ›**furchtsam, verzagt sein**‹ 1.6:VI:31 | hebr./aram. √*yrˁ* ›zittern, zagen‹, ar. √*w/yrˁ* ›furchtsam sein‹; vgl. auch äth. √*wˁr* ›erstaunt sein‹
yˁr$_1$	*/yaˁru/* ›**Wald, Dickicht**‹, Pl. *yˁrm* 1.4:VII:36 | hebr. *yaˁar*, ar. *waˁr*, äth. *warˁ*
yˁr$_2$	›**Schermesser**‹(?) 1.5:VI:18, 1.6:I:2 (*// abn*) | vgl. hebr. *taˁar* ›Messer, (Schwert-)Scheide‹
	ybu, siehe √*bwˀ* (G-PK)
√*ybb*	G ›**klagen**‹ 1.19:III:40 (*yb // ybky*) [syr. √*ybb* D und hebr. √*ybb* D (Ri 5,28); vgl. äth. √*ybb* D ›jubeln‹]; (in KTU[2] zu *yb<ky>* [√*bky*] emendiert)
√*ybl*	< **wbl* G ›**tragen, bringen**‹ 1.3:V:34&; Gp ›gebracht werden‹ 1.19:IV:50-51, 1.23:52.59 | nwsem., akk. √*w/ybl* ›tragen, bringen‹
ybl$_1$	*/yabūlu/* ›**(Boden-)Ertrag, (landwirtschaftl.) Produkt**‹ 1.5:II:5 (*// pr* ›Frucht‹) | hebr. *y*ᵉ*bûl*; vgl. akk. *biltu*
ybl$_2$	›**'Träger', Riemen (von Sandalen)**‹(?) 1.4:I:37 (*yblhm*) | vgl. √*ybl*

yblt eine Pflanzenspecies(?), 1.100:66-67 (*yblt-m // ssn-m, ^{c}dt-m*) [√*ybl*, evtl. Ptz. f.sg.: ›die Wegtragende‹]; alt.: ›Wasserlauf, Fluss‹ | hebr. **yābāl* ›Wasserlauf‹; jaram./syr. *yablā* ›Fluss‹; akk. (Māri) *yābiltum* ›Kanal(system)‹; vgl. ar. *wabl/wābil* ›Regenguss‹

√*ybm* D ›**die Schwagerehe vollziehen**‹(?), 1.6:I:31 (D-Inf. od. Nomen *ybm* ›Schwager‹); Št ›(sich?) zur Witwe erklären‹(?) 1.6:I:30 (*p štbm*, vgl. UG 608f.) | hebr./aram. √*ybm* D

ybm ›**Schwager (eig.: Bruder des verstorbenen Ehemannes)**‹ 1.16:II:32, evtl. auch 1.6:I:31 | hebr. *yābām*, syr. *yab(b^e)mā*

ybmt */yabam(a)tu/* ›**Witwe des Bruders, Schwägerin**‹ 1.3:II:33& (Göttin ^{c}Anatu als *ybmt ilm*); vgl. auch 1.3:III:12 (*ymmt*) | hebr. **y^ebāmāh/yābæmæt*, jaram. *y^ebimtā*, syr. *ibamtā*

yd_1 */yadu/* ›**Hand, Unterarm**‹ (fem. Genus) 1.1:IV:10&, auch euphemistisch für ›Penis‹ (1.23:33ff.), Du. *ydm* 1.4:VIII:5&, *b klat ydh* ›mit seinen beiden Händen‹ 1.3:I:11&; Pl. *ydt* ›Anteile, Portionen‹ 1.5:I:21, 1.133:11 (*šb^c ydty*); vgl. Präp. bd_1 (< *b* + *yd*) | sem.: hebr. *yād*, syr. *$^\text{ʾ}$idā*, ar. *yad*, äth. *ʾəd*, akk. *idu* ›Arm, Seite, Kraft‹

yd_2 */yada/* ›**neben, nebst**‹ 1.14:II:1, III:23.35, VI:19, 4.80:5.15.18& | yd_1 im adverbialen Ak., vgl. hebr. *^{c}al-yad*, *^{c}al-y^edê* ›neben‹

yd_3 */yaddu/* ›**Liebe**‹ 1.3:III:6 (*//* dd_1, *ahbt*), 1.4:IV:38, (?) 1.24:8.12 | hebr. $yād_{(2)}$ (Ps 16,4), ar. *wadd*

√yd^c_1 < **wd^c*(?) G ›**wissen, kennen**‹ 1.1:III:15& | sem. √*yd^c*, ar. und südsem. nur K-Stamm (›informieren‹)

√yd^c_2 < **wḏ^c* G ›**schwitzen**‹ 1.3:III:34, 1.4:II:18 | vgl. hebr. √*yz^c* K; vgl. ar. √*wḏ^c* ›rinnen‹

ydd */yadīdu/* < **wadīdu* ›**Liebling**‹ 1.4:VII:46.48& | hebr. *yādîd*, syr. *yaddīdā* ›Geliebter‹; vgl. ar. *wadīd* ›geneigt, freundlich‹

$ydd_{(2)}$ siehe √ndd_2

√*ydn* ›**(ein Tier) antreiben**‹ 1.19:II:12.19 (*// gršt*) | ar. √*wdn* ›prügeln‹

ydt ›**eine, die vertreibt**‹ 1.16:V:27 | Ptz. f.sg. von √ydy_4

$ydt_{(2)}$ (1.5:I:21, 1.133:11), siehe yd_1

√ydy_1 < **wdy* G ›**niederlegen, ablegen; brachliegen (Feld)**‹ 1.17:I:3&; Gp ›niedergelegt/brachgelegt werden‹ 1.104:19; 4.348:1.20 | hebr. √ydy_1 (D und K) und ar./äth. √*wdy*: ›werfen, niederlegen‹; vgl. akk. *nadû* ›werfen; hin-, niederlegen‹

√ydy_2 < **wḏy* G ›**(die Haut mit den Nägeln) zerkratzen**‹ 1.5:VI:18, 1.6:I:2 (*//* √*hdy*) | ar. √*wḏy* ›sich mit den Nägeln (das Gesicht) zerkratzen‹

√ydy_3 < *wdy/w(?) G ›**Sünde/Schuld bekennen**‹ (alt.: ›lobpreisen‹) 1.119:22 | hebr. √ydy_2 K und syr. √*ydy* K: ›preisen, (Sünden) bekennen‹

√ydy_4 < *wdy/w(?) G ›**vertreiben, verbannen, entfernen**‹ 1.6:VI:52& (// √*trr*); Gp ›entfernt werden (Feuer)‹(?) 1.4:VI:32 (*td*) [vgl. hebr./aram./sab. √*ndy* ›vertreiben, verbannen‹] (alt.: √*ndy* [vgl. UG S. 633]; vgl. ug. *ydt*)

ygrš ○ Name einer Waffe, 1.2:IV:12 | √*grš*, PK 3.m.sg.

*yġl** ›**Gestrüpp**‹, Pl. *yġlm* 1.19:II:14.16 (// *palt*) | ar. *waġl* ›dichtes Blätterwerk‹

yḥd /*yaḥīdu*/ < **waḥīdu* ›**allein, alleinstehend, einzig**‹ 1.14:II:43 (substantiviert ›der Alleinstehende‹ // *almnt* ›die Witwe‹), 4.224:6, 4.750:5.6.7 (*bt yḥd*) | hebr. *yāḥîd*, aram. *yᵉḥīdā*/*iḥīdā*, ar. *waḥīd*

√*yḥl* < **wḥl* D ›**sich Sorgen machen, verzweifeln**‹(?) 2.16:12 (*twḥln* [KTU² liest *tdḥln*]; Gegensatz: √*šmḫ*) | syr. √*yḥl* K (*ʾawḥel*) ›schwach sein, verzweifeln‹

*yḥmr** /*yaḥmūru*/ ›**Rehbock**‹ 1.6:I:28 (Pl. *yḥmrm* // *yʿlm*) | hebr. *yaḥmûr*, aram. *yaḥmūrā*, ar. *yaḥmūr*

yknn-h /*yukānin-*/ 1.3:V:36&, s. √*kwn* (D*-PK)

√*yld* < **wld* G ›**gebären**‹ 1.5:V:22&, (?) Inf. *ldt* /*lidatu*/, evtl. in 2.34:33 (Lesung unsicher, lies viell. *ddtk* statt *ldtk*); Gp ›geboren werden‹ 1.10:III:35, 1.17:II:14, 1.23:53 (*yld-y*); D ›(viele Kinder) gebären‹, Inf. *wld* = /*wulladu*/ 1.12:I:25.27, 1.14:III:48, 1.15:III:5&; Š ›(ein Kind) zeugen‹ 1.23:65 | sem. √*w/yld*

yld_1 ›**Kind, Junge, Tierjunges**‹ 1.124:3, 1.103+:2 | hebr. *yælæd*, ar. *walad*, akk. *(w)ildu*

$yld_{(2)}$ ›**Gebären, Geburt**‹(?) 1.17:II:41: *ʿrš yld* ›Bett des Gebärens, Kindbett‹ (die traditionelle Lesung *ʿrš hrt* [KTU²] ist falsch) | Verbalsubst. von √*yld* od. identisch mit yld_1

ylk siehe √*hlk* (G-PK)

ylm siehe √*hlm* (G-PK)

*yly** /*yalīyu*/ ›**Angehöriger, Verwandter**‹, Pl. cs. *ylyh* (1.12:II:51) | ar. *waliyy*

ym_1 = syll. *yu*(PI)-*mu* /*yômu*/ < **yawmu* ›**Tag**‹ 1.4:VI:24&, Pl. *ymm* (1.6:II:26&) und *ymt* (1.108:26, so auch RS 92.2016:38"), Du.? *ymm* (1.1:V:2.15 u.ö.) | sem. *yawm* (hebr. *yôm* mit mask. und fem. Pl.; akk. *ūmu*; äth. *yom* ›heute‹)

ym_2 /*yammu*/ ›**Meer**‹ 1.2:IV:3& (oft // *nhr*) | kan./aram. *yamm*

ym ○	/*yammu*/, GN ›**Jammu**‹ (mit Beinamen *nhr*, d.h. ›Naharu‹), Gott des Meeres und der Gewässer, 1.1:IV:14.15& | = ym_2
yman ○	ON (›Jonien‹?), 1.4:I:42, 1.40:27&
ymmt	/*yamam(a)tu*/ < **yabam(a)tu* (1.3:III:12); siehe *ybmt*
ymn	/*yamīnu*/ ›**rechte Seite, rechte Hand, rechts**‹ 1.2:I:39.40& (// *šmalh*, yd_1), 1.103+:9.26.35 | sem. (hebr. *yāmîn*, aram. *yammīnā*, ar. *yamīn*, äth. *yamā/in*, akk. *imnu*, *imittu*)
yn	/*yênu*/ < **yaynu* ›**Wein**‹ 1.4:III:37.43& (// *trṯ*, *nbt*, *dm* ᶜ*ṣm*, *šmn*; // *lḥm*) | wsem. (hebr. *yayin*, ar./äth. *wayn*); = griech. *(w)oinos*, lat. *vinum*
*ynp*ᶜ	siehe √*yp*ᶜ ›sich erheben‹ (N-PK)
ynphy	siehe √*phy/w* ›sehen‹ (N-PK)
√*ynq*	G ›**saugen**‹ 1.15:II:26, 1.23:24& (nur Ptz.); Š ›säugen, als Amme fungieren‹ 1.15:II:28 (Ptz. f.sg. *mšnqt*) | hebr./aram./akk. √*ynq* (akk. *enēqu*)
ynt	/*yônatu*/ < **yawnatu* ›**Taube**‹ 1.39:1& (nur in Ritualtexten) | hebr. *yônāh*, aram. *yawnā*
yp	›**Schönheit, Würde**‹ 1.40:28& | hebr. *y*ᵒ*pî* ›Schönheit‹; vgl. sab. *wfy* ›Sicherheit, Wohlergehen‹
√*yp*ᶜ	G ›**sich (gegen jmdn.) erheben**‹ 1.2:I:3, 1.3:III:37&; N ›sich erheben‹ 1.5:IV:8, 1.19:II:16 (PK *ynp*ᶜ /*yinnapi*ᶜ/ < **yinyapi*ᶜ; gegen DUL 973 ist eine Emendation unnötig, vgl. UG S. 537) | ar. √*yf*ᶜ ›hoch-, heranwachsen‹, ›(einen Berg) ersteigen‹, sab. √*yp*ᶜ ›hochsteigen, herantreten‹; wohl zu trennen von hebr. √*yp*ᶜ K ›aufgehen, strahlend erscheinen‹
ypdd	siehe √*pwd* (Dp*-PK)
ypḥ	/*yapiḥu*/ od. /*yāpiḥu*/ ›**Zeuge**‹ 3.6:2& | hebr. *yāpîaḥ*/*yāpeaḥ*
ypt	/*yapattu*/ < **yapantu* ›**(junge) Kuh**‹ 1.10:III:3 (// *alp*) | ar. *yafan* ›Stier (von etwa vier Jahren)‹, *yafana*ᵗ ›Kuh‹
√*ypṯ*	< **wpṯ* D ›**beschimpfen**‹ 1.4:III:13 (*ywpṯn* // √*qlṣ*), Inf. *wpṯ-m* = /*wuppaṯu-*/ 1.4:VI:13 | akk. √*wpš* G u. D ›beschimpfen‹, eblaitisch √*wpṯ*
yqḥ	/*yiqqaḥ-*/ < **yilqaḥ-*, siehe √*lqḥ* (PK)
*yqš**	= syll. (Pl.) *ia-qi-*[*šu-ma*]: /*yāqišu*/ ›**Vogelsteller, -fänger**‹, Pl. *yqšm* 4.99:6& | vgl. hebr. *yāqô/ûš*
√*yqy*	< **wqy* G ›**in Schutz nehmen, beschützen**‹ (od.: ›fürchten‹) 1.2:I:18.34 (jeweils *tq-h* // *tqyn[-h]*) [ar. √*wqy* G ›behüten, beschützen‹, Gt (= VIII.) ›(Gott) fürchten, ehren‹; äth. √*wqy* ›beschützen‹]; alternativ könnten *tqh* und *tqyn-h* von verschiedenen Wurzeln abzuleiten sein: *tqh* von √*yqh* ›gehorchen‹ (vgl. ar. *waqiha* ›gehorchen; hebr. *y*ᵉ*qāhāh** ›Gehorsam‹), *tqyn* von

√*yqy* (›beschützen‹).

yr — /ya/ārû/? ›**Frühregen (im Herbst)**‹ 1.14:II:40, 1.14:IV:18 (jeweils // *ḫdd*), 1.19:I:40 (// *ṭl*) | hebr. *yôræh* ›Frühregen‹, ar. *warīy* ›Wolken mit großen Regentropfen‹

√*yrʾ* — < **wrʾ* G ›**Angst haben, sich fürchten**‹ 1.5:II:6 (Inf. *yra.un*; alt.: lies *yra.nn* [SK 3ms]), 1.6:VI:30 (Inf. *yru*; alt.: lies *yra*! [SK 3.m.sg.]), 2.31:45 (SK *yritn*) | hebr. √*yrʾ*; vgl. ar. √*wʾr* ›erschrecken‹

√*yrd* — < **wrd* G ›**herab-, hinabsteigen**‹ 1.2:III:20& (PK *yrd, trd, ard*), SK 2.m.sg. *yrt* 1.5:I:6, Imp. *rd* 1.16:VI:37& | sem. außer aram. √*wrd* (hebr. √*yrd*, akk. *(w)arādu*)

yrḫ — /yariḫu/ oder/und /yarḫu/ ›**Mond, Monat**‹ 1.6:V:7& (oft // *ymm, šnt*) | hebr. *yāreaḥ* ›Mond‹, amurrit. *yariḫ* (theophores Element in PNN); vgl. sem. **warḫ* (hebr. *yæraḥ*) ›Monat‹

yrḫ ○ — /yariḫu/ GN ›**Yariḫu**‹ (Mondgott) 1.12:I:15& | amurrit. *yariḫ*

yrq — ›**gelbes (Metall), Gold**‹ 1.4:IV:6.11, 1.14:III:22.34&, 1.19:II:5 | sab. *wrq* und äth. *warq* ›Gold‹; vgl. akk. *ḫurāṣu (w)arqu* ›Gelbgold‹

*yrqn*** — = syll. *ia-ar-qa-ni* (Gen.) /yarqānu/ ›**gelb/grün**‹ | vgl. sem. √*wrq* "gelb/grün sein"

√*yrṯ* — < **wrṯ* G ›**in Besitz nehmen**‹, viell. in 1.2:I:19.35 (Form *arṯ-m* [mit ungewöhnlichem Präfixvokal /a/]; alt.: Ableitung von √*rṯm*); Gt ›in Besitz nehmen, für sich beanspruchen‹ 1.3:III:47 | wsem. √*wrṯ*: hebr. √*yrš*, aram. √*yrt*, ar. √*wrṯ*

yrṯ — /yirṯu/? ›**Erbe, Erbbesitz**‹ 1.14:I:25 (// *špḥ*); vgl. auch *yrṯy* in 1.92:29 (alt.: Verbalform von √*rṯy*) | √*yrṯ*; ar. *wirṯ*; vgl. hebr. *y^{e}rûššāh*

√*yry* — < **wry/w*(?) ›**werfen, schießen**‹ 1.23:38 (2x); evtl. 1.82:10 | hebr. √*yry*, sab./äth. *warawa*; vgl. ar. √*wrr* ›werfen‹ und akk. *warû* ›führen, bringen‹

yryt — evtl. ›Zeltdecke‹ 4.411:3.6 (*yryt dqt ... w yryt adrt* ›eine kleine *y.* und eine große *y.*‹) | Lw.?; vgl. evtl. hebr. *y^{e}rîʿāh* ›Zeltdecke‹

ysm — ›**lieblich, angenehm**‹, Pl. *ysmm* 1.10:II:30, III:18, 1.23:2 (// *nʿmm*) | ar. *wasīm* ›schön, anmutig, lieblich‹; vgl. akk. *(w)asmu* ›angemessen‹; vgl. auch Subst. *tsm*

ysmt — entweder Fem. zu Adj. *ysm* ›**lieblich**‹ oder Subst. ›**Schönheit**‹ 1.5:VI:7.29, 1.6:II:20 (jeweils: *ysmt šd šḥlmmt*, jeweils // *nʿmy*; vgl. UG § 91.242a) | ar. *wasāmat* ›Anmut, Schönheit, Liebreiz‹

ysmsm — /yasamsVmu/ ›**überaus schön, lieblich**‹ 1.19:II:11 (viell. zu *ysmsm<t>* zu emendieren), 1.96:3; Fem. *ysmsmt* 1.4:IV:15 | vgl. *ysm* ›schön, lieblich‹

ysmsmt entweder Adj. ›**überaus schön, lieblich**‹ (Fem. zu Adj. *ysmsm*) oder Subst. ›**Schönheit**‹ 1.17:II:42 (// *nʿmy*) | vgl. *ysmsm*

√ysr < **wsr* G ›**belehren, unterweisen**‹ 1.4:V:4; D ›belehren, unterweisen‹ 1.16:VI:26 (*ywsrnn*) | hebr. *√ysr*

ystrn /*yistarranna*/, siehe *√srr* (Gt-PK)

√yṣʾ < **wḍʾ* G ›**heraus-, hinausgehen; ausgeliefert werden (Waren)**‹ 1.2:IV:30& (in 1.12:I:14.19 G-Imp. mit Schreibung *ẓi*: *√yẓʾ* = *√yṣʾ*); Š ›hinausführen, hinausbringen‹ 1.15:V:24, 1.17:I:27& (Ptz. *mšṣu*), 1.19:II:38& | sem. (außer ar.) *√wḍʾ* (hebr./phön. *√yṣʾ*, aram. *√yʿʾ*, sab./äth. *√wḍʾ*, akk. (*w*)*aṣû*

yṣbt 1.17:VI:9: evtl. abzuleiten von einer Wz. *√yṣb* ›hin-, aufstellen‹ als Wurzelvariante von *√nṣb* | vgl. hebr. *√yṣb* neben *√nṣb*

yṣḥ /*yāṣiḥu*/?, eine Berufsbezeichnung: ›**Bleicher, Färber**‹(?) 4.47:7& | vgl. ar. *√wḍḥ* ›hell sein‹

√yṣm G ›**verfluchen**‹ 1.19:III:46 | vgl. ar. *√wṣm* ›entwerten, entehren (durch Worte), schänden, mit einem Vorwurf behaften‹

√yṣq G ›**gießen, ausgießen; (Metall) gießen**‹ 1.4:I:25 (// *√lḫḫ* Š), 1.4:I:26.27.29, 1.14:II:18&; Gp ›ausgegossen werden‹ 1.3:II:31&, 1.71:4& | hebr. *√yṣq*; vgl. phön. *yṣq* ›Gussbild‹

yṣr /*yāṣiru*/ ›**Töpfer**‹ 4.99:11 | hebr. *yô/oṣer*; hebr./phön./akk. *√yṣr*

yšu siehe *√nšʾ* (G-PK)

yšlḫ (1.4:I:25-26) siehe *√lḫḫ* (Š-PK)

√yšn < **wšn* G ›**einschlafen, schlafen**‹ 1.14:I:31, 1.14:III:15, V:7 | hebr. *√yšn*; ar. *wasina*; vgl. Subst. *šnt*$_2$ ›Schlaf‹

yšr /*yušru*/ ›**Richtigkeit, Angemessenheit**‹ 1.14:I:13 (*yšrh* // *ṣdqh*) | hebr. *yošær*; vgl. mhebr. *yašrût* / jaram. *yašrûtā* ›Redlichkeit, rechtes Verhalten‹, ar. *yusr* ›Leichtigkeit, Wohlstand‹

yštkn (1.4:VII:44), siehe *√kwn* (Št-PK)

ytʿdd siehe *√ʿwd* (tD*-PK)

ytʿn siehe *√nwʿ* (Gt-PK)

√ytḫ < **wtḫ* D ›**eilen, galoppieren**‹ (PK *twtḫ*) 1.1:III:11, 1.3:III:20, 1.3:IV:12 [ar. *√wtẖ/ḫ* G ›schlagen‹, K ›drängen‹]; alt.: *√yḥy* Gt [vgl. ar. *√wḥy* D ›zur Eile antreiben‹, äth. *√wḥy* ›wandern‹, jaram. *√yḥy* K ›eilen‹]

ytlk siehe *√hlk* (Gt-PK)

ytm ›**Waise, Waisenkind**‹ 1.17:V:8 | hebr. *yātôm*, ar. *yatīm*

ytmr siehe *√ʾmr* (Gt-PK)

√ytn < **wtn*(?) G ›**geben**‹, Imp. *tn* (1.2:I:18.34&), SK 1.c.sg. *ytnt* (RS 94.2284:4) und *ytt* (1.100:75) (vgl. UG S. 144f.); Gp ›erlaubt werden/sein‹ 1.4:V:27, 1.104:12&; Š (PK *aštn*, *ištn*; Imp. *štn*; SK

štn, štnt) ›(über)geben lassen; ausliefern, aushändigen‹ 2.32:10, 2.36+:6.13, 2.79:3, 5.10:4.9, RS 94.2479:21, RS 96.2039:16.24 (*štnnh, štnn*); N ›gegeben werden‹ 4.219:1, 4.274:3, 4.669:4 | phön. √*ytn*, hebr./aram. √*ntn*, syr. √*ntl* (PK *nettel*); akk. *nadānu, tadānu*

ytnt — */yatīnatu/* ›**Gabe**‹ 1.14:III:31, V:[42], VI:12 (// *ušn*), 1.127:5 | vgl. mhebr. *nᵉtînāh* und akk. *nidintu, nidittu, nidnu*, jeweils: ›Gabe‹

√*yṯb* — < **wṯb* G ›**sich setzen, sitzen**‹ 1.2:I:21&; Šp ›(auf einen Stuhl) gesetzt, inthronisiert werden‹ 1.4:V:47, 1.6:VI:33 | nwsem. √*yṯb* (hebr. √*yšb*, aram. √*ytb*), akk. *wašābu*

√*yṯn* — G ›**alt sein/werden**‹ 4.168:6 | hebr. √*yšn* N ›alt werden‹

*yṯn** — */yaṯanu/* ›**alt**‹ 1.71:24& | hebr. *yāšān*

√*yṯq* — < **wṯq* G ›**emporschnellen (Schlange)**‹ 1.100:6-54 (10x) (s. J. Tropper, Aula Orientalis 20, 2002, 221-225) [äth. √*wsq, wśq* ›bend (a bow), shoot (from a bow)‹; ›stretch, pull, straighten up‹ (CDG 620)]; weniger wahrsch.: ›festmachen, fesseln‹ [ar. *waṯiqa* ›fest machen, befestigen‹]

√*yzn* — G ›**wägen, abwägen**‹ 2.81:22 | ar. √*wzn*

√*yẓʾ* — (Imp. *ẓi* 1.12:I:14.19), siehe √*yṣʾ*

---

z

---

*zbl*₁ — */zub(b)ulu/*? ›**Fürst**‹ (eig.: ›Erhabener‹), als Epitheton von Göttern; oft im Titel *zbl bˁl arṣ* ›der Fürst, der Herr der Erde‹ (= Baˁlu) 1.3:I:3, 1.5:VI:10& | vgl. Mari-akk. *zubultu* ›Fürstin‹; vgl. Element *zbl* in nwsem. PNN; sem. (außer äth.) √*z/sbl* ›hochheben, tragen‹

*zbl*₂ — ›**Fürstentum**‹ 1.2:I:24.25.28.29, 1.16:V:25 (*kḥṯ zbl-* ›fürstlicher Thronsitz‹)

*zbl*₃ — ›**krank, siech**‹, substantiviert: ›**Kranker**‹ 1.14:II:45, 1.14:IV:23 (// *ˁwr*) | von √*z/sbl* ›tragen‹; vgl. *zbln*

zbln — ›**Seuche**‹ 1.14:I:17 (*zbln-m* // *kṯr-m*), 1.16:V:12& | vgl. *zbl*₃

√*zbr* — < **zmr*(?) G ›**(Reben) beschneiden**‹ 1.23:9 | ar. √*zbr* und hebr. √*zmr* (sic!): ›schneiteln, beschneiden‹; vgl. ug. *azrm*

zd ›**Brustwarze, Zitze**‹ 1.23:24 (Du.cs. *zd*) | hebr. *zîz*; ar. *zīza*^{t} ›Euter‹, akk. *zīzu* ›Euter‹; vgl. ug. *ṯd* (mit Nf. *ḏd*)

zġt /*zaġâtu*/ < **zaġawatu* ›**Bellen, Gebell**‹ 1.14:III:18, 1.14:V:11 (*zġt klb ṣpr*) | √*zġw*

√*zġw* G ›**schreien; bellen (Hund); muhen (Kuh)**‹ 1.15:I:5 | vgl. ar. √*zġw* ›schreien, weinen‹; vgl. *zġt*

znt ›**Verpflegung(sration), Versorgung, Ausstattung**‹ RS 94.2479:20 (*d znt adty* ›(alles) was zur Versorgung meiner Herrin gehört‹), 94.2284:29; ferner wohl auch 1.1:IV:16 (*znt-n*) | vgl. akk. *zinnātu* (Pl.) ›Versorgung, Ausstattung, Verpflegung‹ (Wz. *zanānu* ›pflegen, versorgen‹); (m)hebr. √*zwn* ›ernähren, füttern‹

zt /*zêtu*/ < **zaytu* ›**Ölbaum, Olive**‹ 1.5:II:5, 1.22:I:15, 1.114:31&; 4.91:14, 4.786:13; ferner RS 94.2479:19: entw. *zt mm* ›'flüssige' Oliven‹ = ›Olivenöl‹ od. ›Winteroliven‹ = ›gereifte Oliven‹ (siehe dazu unter Lexem *mm*) | hebr. *zayit*, phön. *zt*, aram. *zaytā*: ›Ölbaum, Olive‹; vgl. ar. *zaytūn*(*a*^{t}) ›Ölbaum‹, ar. *zayt* ›Olivenöl‹

ztr ›**Kultstele**‹(?) 1.17:I:27.[45], 1.17:II:1.17 (// skn_2) | heth. Lw.; heth. *sittar*(*i*)

√*zwd*/*zyd* 1.1:V:25.27, 1.24:8.12; sehr unsicher: ›mit Proviant versorgen‹ [ar. √*zwd*]; od. ›frech, vermessen handeln‹ bzw. ›sich erhitzen, entflammen‹ [hebr. √*zyd* G u. K]

Ẓ

ẓu ›**Ausgang, Herkunft(sort)**‹ (von der Purpurschnecke) 1.3:III:2, 1.3:IV:46, 1.19:IV:43 [√*yẓʾ* = √*yṣʾ*]; alt.: ›Sekret, Exkremente‹ [hebr. *ṣoʾāh* ›Exkremente, Kot‹]

ẓi (1.12:I:14.19), siehe √*yṣʾ* (G-Imp.)

*ẓby** /*ẓabyu*/ ›**Gazelle**‹, Pl.pron. *ẓby-* 1.15:IV:7.18 (// *ṯr* ›Stier‹), Pl.abs. *ẓbm* 1.133:14& | hebr. *ṣ*^{e}*bî*, syr. *ṭabyā*, *ṭbītā*, ar. *ẓaby*, akk. *ṣabītu*

ẓhr(*m*) (1.24:21), siehe *ṭhr*

√*ẓḥq* ›**lachen**‹ (*yẓḥq* 1.12:I:12); phonet. Variante von √*ṣḥq*; siehe √*ṣḥq*

ẓl /*ẓillu*/, 1. ›**Schatten**‹ 1.14:II:12, III:55, 2. ›Schatten‹ = ›Reflexion, Schimmer, Glanz‹ 1.4:II:26.27; 3. ›Schatten‹ = ›Totengeist‹ 1.161:1 | hebr. *ṣel*, ar. *ẓill*, akk. *ṣillu*; vgl. syr. *ṭellālā* und äth.

ṣəlālot

ẓlmt	›**Finsternis**‹ 1.4:VII:55, 1.8:II:8 (// *ġlmt*) | hebr. *ṣalmāwæt*; äth. *ṣəlmat*; ar. *ẓulam*, *ẓalmāʾ*
√ẓmʾ	D ›**(sehr) durstig sein**‹ (vgl. ug. *√ġmʾ*): Ptz. *mẓma* (Ak.) 1.15:I:2 | sem. *√ẓmʾ*
ẓm	1.169:7, evtl. ›**Fasten**‹ (*lḥm ẓm* ›Fastenbrot‹[?]) und gleichzusetzen mit ug. *ṣm* ›Fasten‹ (1.111:2)
ẓr	*/ẓûru/* < **ẓuhru* ›**Rücken**‹ 1.3:III:35&, *l ẓr* ›auf (dem/den Rücken/Scheitel)‹ 1.2:I:23& | akan. *ZU-uḫ-ru(-ma)*; ar. *ẓahr*; akk. *ṣēru*
ẓr$_{(2)}$	(1.4:I:34, Lesung *b ẓr*), evtl. ›**Obsidian**‹ [akk. *ṣurru*]; alt.: Lexem *bẓr* ›Feingold‹
ẓrw	= syll. ZU-*ur-wu* /*ẓurwu*/, ein wohlriechendes Harz 1.148:22, 4.402:11 | hebr. *ṣ*^{o}*rî*, syr. *ṣarwā*

Appendix 1 : Auflistung der Verbalwurzeln

Vorbemerkung: Nachfolgend wird eine vollständige Liste der ugaritischen Verbalwurzeln präsentiert (ohne etymologische Angaben). Aus ihr geht hervor, dass im bisher bekannten ugaritischen Textkorpus ca. 530 Verbalwurzeln bezeugt sind. Zum Vergleich: Das Biblisch-Hebräische kennt – je nach Zählkriterien und etymologischer Beurteilung – zwischen 1300 und 1500 verschiedene Verbalwurzeln. Weitere statistische Daten zum ugaritischen Verbalsystem sind *Ugarit-Forschungen* 24 (1992), S. 313-337 (J. Tropper, "Das ugaritische Verbalsystem. Bestandsaufnahme der Formen und statistische Auswertung") und meiner *Ugaritische(n) Grammatik* (UG § 72) zu entnehmen.

1. *ʾbd* — G ›zugrunde gehen‹ 1.2:IV:3&; Gt ›vollkommen zugrunde gehen‹ 1.14:I:8.24; D ›vernichten‹ 1.100:5&
2. *ʾdm* — G ›rot sein/werden‹ 1.19:IV:42; N ›sich rot färben/schminken‹ 1.14:II:9&
3. *ʾdn* — G ›das Ohr neigen, hinhören‹(?), evtl. RS 92.2014:8 (*tudn*)
4. *ʾgg* — G ›murmeln, (leise) sprechen‹(?) 1.82:43 (*tiggn*); alt.: √*hgg* (bei Emendation *th!ggn*)
5. *ʾhb* — G ›lieben‹ 1.5:V:18&
6. *ʾḫd/ḏ* — G ›ergreifen, nehmen, halten‹ 1.2:I:40&; Gp ›gepackt/erobert werden‹ 1.127:29 (*tuḫd*), 2.19:1; N ›festgehalten werden‹(?) 4.44:28
7. *ʾḫr* — D ›zurückhalten‹ od. ›verzögern‹ 1.166:7; Š ›zurückhalten, verzögern‹ 2.42:11&
8. *ʾkl* — G ›essen‹ 1.4:VI:24&
9. *ʾmr*$_1$ — G ›sprechen‹(?) 1.2:I:31
10. *ʾmr*$_2$ — Gt ›aussehen‹ od. ›sehen, erblicken‹ 1.2:I:32, 1.3:I:22 (*ytmr*)
11. *ʾmṣ* — G ›stark sein, hart sein‹ 2.33:5.39, 1.82:14
12. *ʾnš* — G ›unnachgiebig sein‹ od. ›unerbittlich sein‹ 1.2:I:38.43 (*anš*), 1.3:V:27& (*anšt*)
13. *ʾny* — G ›klagen‹ 1.3:V:35& (G-Ptz. *any*)
14. *ʾpq* — PK-Form *tapq* (1.169:12: *al tapq apq*), N od. D, Bed. unklar
15. *ʾpy* — G ›(Brot) backen‹ 1.14:II:30, IV:11
16. *ʾrk* — G ›lang sein, werden‹ 1.23:33.34
17. *ʾrš* — G ›wünschen, begehren‹ 1.17:VI:17& (immer Imp. *irš*, evtl. auch als D-Imp. zu erklären); D ›wünschen, begehren, erbitten‹ 1.3:V:28& (PK-Formen des Typs *yarš*)
18. *ʾsp* — G ›auflesen, pflücken, einsammeln‹ 1.1:IV:11&; Gt ›ausreißen, hinwegraffen‹ 1.14:I:18; D ›wegraffen, tilgen‹ 1.107:36; Š ›sammeln, zusammenführen‹ 2.33:12; N ›gesammelt werden‹, od. ›sich sammeln‹(?) 1.175:3
19. *ʾsr* — G od. D ›binden, anbinden, anspannen (Zugtier)‹ 1.1:V:9&

20. *ʾṣl*	Gp ›zusammengetrieben werden‹ 1.106:25, 7.41:5
21. *ʾtw/y*	G ›kommen, gehen‹ 1.4:IV:32& (beachte bes. SK 3.f.sg. *atwt* 1.4:IV:32, PK *tit* 1.20:II:10)
22. *ʾṯ(y)*	G ›sein‹ 1.14:IV:38, 2.13:15, 2.30:14 (SK 3.f.sg., 1.c.sg. *iṯt*)
23. *ʾṯm*	Gt ›schuldig sein‹ bzw. ›sich verschulden‹ 2.21:21&
24. *ʾwd*	G ›(Geld) verleihen‹ od. ›(Geld) einfordern‹ 2.26:19-20
25. *ʾwr*	G ›hell sein; leuchten‹ 1.24:38.39; N ›glanzvoll, herrlich sein‹(?) 1.10:II:20 (*nark*)
26. *ʾzr*	G ›umhüllen, verschleiern‹ 1.116:9; (?) D-PK *yazr* 1.82:13
27. *ʿbd*	G/D ›bedienen, arbeiten‹ 1.3:I:2
28. *ʿbr*	G ›vorübergehen, vorbeifahren; überqueren‹ 1.3:VI:4&
29. *ʿbṣ*	G ›eilen, hasten‹(?) 1.3:III:18& (*ḥšk ʿṣk ʿbṣk*)
30. *ʿbš*	›sammeln‹(?) 1.22:I:6.7 (*yʿbš*)
31. *ʿbt*	G/D ›zusammendrehen, binden‹(?) 1.107:7
32. *ʿdb*	G ›(hin)stellen, (hin)legen, (hinein)stecken‹; Gp ›hingestellt werden‹ 1.4:V:46
33. *ʿdn*	D ›angenehm, üppig, reichlich machen‹ 1.4:V:7 (*yʿdn*); alt.: ›Termin festsetzen‹ (√*yʿd* od. √*ʿdn*, denominiert von *ʿdn*$_2$)
34. *ʿdy*	D od. G ›abstreifen, entfernen‹ 1.100:66 (*yʿdynh*)
35. *ʿḏr*	G ›helfen‹ 1.18:I:14
36. *ʿkd*	G ›eifrig / zuverlässig sein‹(?) RS 94.2284:25
37. *ʿlg*	D od. G ›stammeln‹ 1.169:11
38. *ʿlw/y*	G ›hinaufsteigen, hinaufgehen‹; Š ›(hinauf)steigen lassen; ein Opfer darbringen‹; Št (Št-Ptz; s. unter *mštʿltm*)
39. *ʿmm*	Dp* ›eingehüllt, bedeckt, verdunkelt sein‹ 1.8:II:7
40. *ʿms*	D ›eine Last aufladen/hochstemmen, tragen, stützen‹; ›(Ziegelbau) aufschichten‹ 1.4:V:11
41. *ʿmt*	1.16:VI:8, unsicher: viell. ›schlagen‹
42. *ʿnw/y*	D ›erniedrigen, unterwerfen‹, evtl. in 1.2:I:18.35; Dp ›erniedrigt, gedemütigt werden‹ 1.16:VI:58
43. *ʿny*$_1$	G ›antworten, erwidern‹ 1.1:III:17& (PK-Kurzform: *yʿn*, *tʿn*)
44. *ʿny*$_2$	G (?) ›laut und gellend schreien; singen‹ 1.3:II:23, 1.7:6; evtl. auch 1.17:VI:32
45. *ʿpp*	D* ›umsorgen‹(?) 1.4:II:10
46. *ʿps*	G od. D. ›zurückhalten‹(?) 2.47:17.19, RS 88.2159:14
47. *ʿqb*	G ›folgen, angrenzen (Felder)‹(?) 4.645:1; D ›an den Fersen fassen, (von hinten) zurückhalten‹, Ptz. *mʿqbk* 1.18:I:19
48. *ʿrb*	G 1. ›eintreten, hineingehen‹ 1.4:VII:13&; 2. ›Bürgschaft leisten‹ 3.3:2&; Š ›eintreten lassen; hineinführen‹ 1.14:IV:41&; N ›einverleibt, einbezogen werden‹ 4.103:45
49. *ʿrk*	Gp ›hin-, aufgestellt werden‹ 1.106:27
50. *ʿrs*	›fröhlich sein, feiern‹(?) 1.18:IV:15
51. *ʿrw*	G ›nackt, leer sein, entblößt / vernichtet sein‹ 1.14:I:7; D ›entleeren‹ 2.38:25
52. *ʿṣṣ*	›drängen‹, ›sich beeilen‹(?) 1.1:III:10, 1.3:III:18; IV:11

53. *ʿšr* D ›zu einem Mahl einladen, Getränke servieren, bewirten‹ 1.3:I:9&
54. *ʿšy* G ›pressen‹ 1.17:VI:8; D/G ›bedrängen, bedrücken‹ od. ›jmdm. etwas Böses antun‹ 1.17:I:29.47, 1.17:II:19
55. *ʿtk* G/D ›festbinden, befestigen‹
56. *ʿtq*$_1$ G ›vorbeigehen, vergehen (Tage)‹ 1.6:II:26&
57. *ʿtq*$_2$ ›laut schreien, heulen, klagen‹ 1.16:I:2.16; II:38
58. *ʿwd* D* ›zurückbringen‹(?) 1.5:IV:25; tD* ›erwidern‹ 1.4:III:11 (*ytʿdd*); alt.: √*ʿdd*
59. *ʿwl* G ›angreifen‹ od. ›etwas Böses antun‹(?), evtl. 1.127:30
60. *ʿwp* G ›fliegen‹ 1.19:III:44&
61. *ʿwr* D* ›erregen‹ 1.4:IV:39; Dp* ›erregt werden‹, evtl. 1.24:30; N ›aufwachen; geweckt werden‹ 1.114:28
62. *ʿws* G ›in der Nacht umherstreifen‹ 1.4:IV:34
63. *ʿwy* G ›sich abwenden‹(?), evtl. in 2.77:14 (*tʿw*[ ])
64. *ʿyn* G ›sehen, schauen‹ 1.3:I:15&
65. *ʿzz* G ›stark sein‹ 1.2:IV:17&; D* ›stärken, Kraft verleihen‹ (2.4:6; 5.9:I:4)
66. *bʿl* (< **pʿl*) G ›machen, herstellen‹ 1.17:VI:24& (PK *ybʿl*, *tbʿl*-), Ptz. m.pl. *bʿlm* 4.691:7; Š ›herstellen (lassen)‹ 2.70:27
67. *bʿr*$_1$ D ›anzünden, niederbrennen‹ 1.3:IV:26&
68. *bʿr*$_2$ D ›zerstören, vernichten‹ 1.103+:41.56.58&
69. *bʿr*$_3$ D ›wegbringen, wegschaffen‹ 1.14:II:48, 1.14:IV:27 (vgl. ug. *šbʿr*)
70. *bʿr*$_4$ D ›verlassen, im Stich lassen‹ 2.41:22
71. *bdd* G etwa ›rezitieren‹ od. ›musizieren‹ 1.3:I:18, 1.17:VI:31; alt.: √*bdy* ›erfinden, ersinnen‹
72. *bġy* G ›offenbaren, enthüllen‹(?) 1.1:III:16, 1.3:III:29; IV:19, 1.7:33 (*ibġyh*), alt.: ›suchen, forschen, beobachten‹
73. *bhl* D (od. G) ›entlassen; (Kinder bei der Erbschaft) leer ausgehen lassen‹ RS 94.2168:20-29 (6x)
74. *bkr* D ›das Erstgeburtsrecht verleihen‹ 1.15:III:16
75. *bky* / *pky* G ›weinen‹ 1.14:I:26& (auch Schreibung *tpky* < **tbky*, 1.107:11); N ›beweint sein, werden‹, evtl. 1.161:13 (Imp. *ibky*)
76. *blʿ* G ›verschlingen‹ 1.161:16
77. *blw/y* D ›verzehren, verbrauchen‹ 1.5:I:18
78. *bnw/y* G ›bauen, herstellen‹ 1.1:III:27&
79. *bqʿ* G ›spalten, aufschlitzen‹ 1.19:III:3&, Ptz. pass. *bqʿ* ›halbiert‹ 4.247:21.23
80. *bqr* Dp ›genau untersucht werden (Leber)‹ 1.78:5
81. *bqṯ* D ›suchen, verlangen, fordern‹ 1.6:IV:20&
82. *brd* G od. D. ›(Fleisch) zerteilen‹ 1.3:I:6
83. *brḥ* G ›fliehen‹ 1.19:III:48.55
84. *brk*$_1$ D (od. G) ›segnen‹ 1.12:I:26&
85. *brk*$_2$ G od. tD ›sich niederknien‹ 1.12:I:26 (*tbrkk*)

86. *brr* G ›frei, rein sein‹ 2.19:3.4
87. *bṣ*ᶜ G ›abschneiden‹ 1.147:13
88. *bṣr* G ›genau (nach)sehen, prüfen; lauern‹ 1.13:5, 1.18:IV:20.31&
89. *bšl* G ›reif werden, kochen‹ 1.147:7
90. *bšr* G ›sich über eine gute Nachricht freuen‹(?) 1.10:III:33f.; D ›eine gute Nachricht bringen‹ 1.19:II:37
91. *bw*ʾ G ›hineingehen, eintreten, kommen‹ 1.3:V:7.9&
92. *bwš* G ›zögern, zaudern‹ 1.1:III:18, 1.3:IV:33
93. *bwṯ* G (od. √*bṯṯ* G) 1.2:IV:28.29.31; Bed. unsicher: ›zerreißen, vernichten‹ od. ›sich schämen‹
94. *byn* G ›(auf-)merken, verstehen, kennen‹; tD* ›achten, achtgeben, aufmerken‹ (*itbnnk*, 1.169:17)
95. *byt* G ›übernachten‹ 2.33:14
96. *d*ʾ*w* G ›fliegen‹, Ptz. akt. *dit* /*dā*ʾ*ītu*/ ›geflügelt‹ 1.108:8
97. *d*ᶜ*ṣ* D/G ›die Füße (zum Sprung) heben‹, PK *td*ᶜ*ṣ* in 1.3:V:4, 1.4:V:20 und 1.17:VI:46
98. *dbḥ* G ›schlachten, opfern‹; N ›geopfert werden‹
99. dbr_1 D › zurückweichen, fliehen‹ 1.16:VI:31.43
100. dbr_2 D ›sprechen, reden‹, evtl. 2.71:14, 2.72:18 (beide Belege unsicher; viell. zu √dbr_1 zu stellen)
101. *dḥl* G ›Angst haben‹ 2.30:21 (*tdḥl*!, geschrieben: *tdḥṣ*); viell. auch 2.16:12 (*td*!*ḥln*; alt.: Lesung *twḥln*)
102. *dll* D* ›klein machen; niederwerfen, unterdrücken‹ 1.103+:6.46; 1.40:21& (Ptz. pl. pron. *mdll-*)
103. *dlp* G ›in Unruhe geraten, schwanken (Gestalt)‹ 1.2:IV:17.26; alt. ›zerfließen, sich auflösen‹
104. *dlw* G ›sich anbieten; das Seinige beitragen‹(?), 1.14:IV:26
105. *dm*ᶜ G ›Tränen vergießen, weinen‹ 1.14:I:27&
106. dmm_1 G ›sich ruhig, bewegungslos verhalten‹ 1.14:III:10, 1.14:V:3
107. dmm_2 G ›klagen, heulen‹ 1.16:I:26.30
108. *dr*ᶜ G ›aussäen‹ 1.6:II:35, 1.6:V:19
109. *drk* G 1. ›treten‹ 1.82:38, 2. ›(Bogen) spannen‹ 1.17:V:35-36
110. *drq* G ›schreiten‹ 1.45:5 (PK *tdrq*)
111. *dry/w* G od. D ›streuen, (Getreide) worfeln‹ 1.6:II:32, 1.6:V:13; evtl. zu ergänzen in 1.6:V:16
112. *dwk* Gp ›zerstoßen werden‹ 1.71:10&
113. *dwṯ* G ›zertreten‹ 1.18:I:19; Gp ›zertreten werden‹ 1.18:I:19
114. *dwy* G ›schwach, elend, krank sein‹ 1.16:II:20.23
115. *dyn* G ›Recht schaffen, Gericht halten, richten‹ 1.16:VI:33.45&
116. $\underline{d}mr_1$ G ›bewachen, schützen‹, G-Ptz. *ḏmr* ›Beschützer‹ 1.17:I:28&
117. $\underline{d}mr_2$ G ›singen, (Instrument) spielen, musizieren‹ 1.108:3
118. *g*ᶜ*r* G ›anschreien, schelten, tadeln‹ 1.2:IV:24.28, 1.114:11.14; ›brüllen, laut wiehern (Pferd)‹ 1.72:27, 1.85:2, 1.97:11
119. *gbb* N ›sich sammeln (Heer)‹ (alt.: √*ngb* Gp)
120. *glgl* G ›rollen, wälzen‹(?) 1.13:33 (*glgl*), alt.: Nomen

121. *glṯ* G ›(Wasserfluten) in Wallung versetzen‹(?) 1.92:5 (*tglṯ*)
122. *gly/w* G ›losgehen, hingehen, sich begeben‹ 1.1:III:23&
123. *gmḏ* G ›sich (vor Lachen) krümmen‹(?) 1.12:I:13
124. *grdš* G ›zerbrechen‹ 1.14:I:11.23
125. *grgr* G ›als Fremder wohnen‹ 1.23:66
126. *grš* G ›losziehen, weggehen‹ RS 94.2284:22, G/D ›vertreiben‹ 1.1:IV:24, 1.2:IV:12&
127. *gry* D (od. G) ›Streit erregen, zum Kampf herausforden, reizen, befehden‹ 1.14:III:6, 1.14:IV:49, 1.119:26
128. *gwl* G ›jauchzen, kreischen‹ (*ygl*, *ngln* 1.16:I:15&; *tgwln* 1.82:4)
129. *gwr* G ›sich als Fremder aufhalten‹ 2.34:12
130. *gzz* G ›(Haar) abschneiden; (Schaf) scheren‹ (1.80:5: *ygz*)
131. *ġdd* G od. D* ›anschwellen‹ 1.3.II:25& (*tġdd kbdh b ṣḥq*)
132. *ġḏḏ* G ›eilen, schnellen‹ 1.4:VII:41 (Lanze), 1.17:VI:12
133. *ġll* G ›hineingehen, eindringen, eintauchen‹; D* ›hineinstecken‹ 1.3:II:13.27&, in 1.19:III:50.52 als Teil eines ON
134. *ġlm* G ›dunkel sein‹ 1.16:I:50 (*w ġlm*: Verb [SK 3.m.sg.] od. Adj.)
135. *ġlw/y* G ›sich beugen / neigen, niedersinken‹, evtl. 1.19:III:54; D ›beugen, senken‹ 1.2:I:23.24;
136. *ġly* G ›verwelken, verdorren (Getreide)‹ 1.19:I:31
137. *ġmʾ* G ›durstig sein‹ (vgl. ug. √*ẓmʾ*) 1.4:IV:34 (*ġmu ġmit*)
138. *ġṣr* G ›begrenzen‹ 1.4:VIII:4
139. *ġtr*$_1$ ›bitten‹ 1.24:28
140. *ġtr*$_2$ (?) 1.103+:39, unklar: ›töten‹(?); alt.: √*ġwr*$_2$ od. √*ġyr* Gt
141. *ġwr*$_1$ G ›niedersinken‹ 1.2:IV:6 (*yġr*); vgl. jetzt auch *yġr*[ ] in RS 20.398A.7:1 (*ʿz d iḫd p yġr*)
142. *ġwr*$_2$ Gt ›angreifen‹ od. ›eifersüchtig sein, mit Misstrauen begegnen‹: 1.103+:39, RS 20.398A.1a:3; alt.: √*ġtr*$_2$
143. *ġwy* G ›sich vergehen, sich versündigen‹(?) 1.82:42
144. *ġzw* G ›kriegerisch überfallen‹ 1.16:VI:[30].43
145. *ġẓy/w* D(?) ›Gaben überreichen, beschenken; bedienen‹(?) 1.4:II:11, 1.4:III:26-35
146. *hbr* G ›sich (ver)neigen, sich bücken‹ 1.1:III:3&
147. *hbṭ* G od. D ›niederschlagen‹ 2.4:20&
148. *hdy* G (od. D) ›sich (als Zeichen der Trauer) Schnittwunden zufügen‹ 1.5:VI:19, 1.6:I:3
149. *hgb* evtl. belegt in 1.176:11, sofern hier *yhgb*? zu lesen ist (Lesung unsicher: *y-h-g/m-b/ṣ/y*)
150. *hkr* Š ›in Staunen versetzen‹(?) RS 94.2284:32a (*ašhkr*)
151. *hlk* G ›gehen, fließen (Bäche)‹ 1.1:IV:7&; Gt (*ytlk*, *itlk*) ›(immer wieder) hin- und hergehen, wandeln‹; Š ›überfließen lassen‹
152. *hlm* G ›schlagen‹ 1.2:IV:14.16& (PK *ylm* < **yhlm*)
153. *hpk* G 1. ›wenden, drehen‹ RS 92.2016:36", 2. ›sich umwenden, umstürzen‹ 1.2:III:17&; N ›sich abwenden‹ 1.86:7(?), 1.103:52
154. *hrg* ›töten‹ 1.13:5

155. *hrr* D* ›heftig zittern, beben‹ 1.12:I:39, II:9
156. *hry* ›empfangen, schwanger werden‹ 1.11:5; nicht 1.5:V:22
157. *ḥbq* G/D ›den Arm um jmdn. legen, packen‹ 1.4:IV:13; D ›umarmen‹, auch euphemistisch für ›Beischlaf haben‹ 1.17:I:40&
158. *ḥdṯ* G ›neu sein‹ 1.18:IV:9; Šp ›erneuert werden‹(?) 1.104:17
159. *ḥdw/y* G od. D ›(Tier) antreiben, wegtreiben‹ 1.127:31
160. *ḥdy*$_1$ ›(er)spähen, genau nachsehen, inspizieren‹ 1.19:III:4.15&
161. *ḥdy*$_2$ ›sich freuen, frohlocken‹ 1.3:II:24, 1.7:[7]
162. *ḥgr* G ›umbinden, gürten, umgarnen‹ 1.14:III:44; N/G ›sich gürten‹ 1.23:17
163. *ḥkm* G ›weise sein‹, SK 3.m.sg. *ḥkm* 1.3:V:30, 1.4:IV:41 (alt. Adj. *ḥkm /ḥakamu/* ›weise‹)
164. *ḥll* G ›entweiht, desakralisiert, profan sein‹; D* ›(kultisch) reinigen‹ 1.115:6, 1.119:23 (Ptz. *mḥllm*)
165. *ḥmd* D/G ›begehren, Lust haben‹ 1.12:I:38, 1.12:II:8
166. *ḥmm* Šp ›erhitzt werden‹ 1.175:7
167. *ḥmṣ* G ›verdorren (Korn)‹(?), evtl. 1.19:I:17
168. *ḥnn* G ›gnädig, barmherzig sein‹ 1.10:I:12(?); 2.15:3
169. *ḥrk* G ›braten, rösten‹ 1.175:7
170. *ḥrr* G ›brennen, rösten; verdorren‹ 1.5:II:5, 1.23:41&
171. *ḥrš* Gt ›handwerklich tätig sein‹ 1.16:V:26 (*iḥtrš*)
172. *ḥrṯ* G ›pflügen‹ (1.14:III:18&), ›kultivieren‹ (1.22:I:20), G/D ›(Haut) zerfurchen, zerkratzen‹ (1.5:VI:20, 1.6:I:4)
173. *ḥsl* D ›vernichten, vertilgen‹, N/Dp/Gp ›vernichtet werden‹: 1.103+:36.38.55
174. *ḥsp* G ›(Wasser/Tau) abschöpfen‹ 1.3:II:38, IV:42, 1.19:II:2&
175. *ḥṣṣ* G ›(als Anteil) nehmen‹ oder ›(als Anteil) zuteilen‹, PK *yḥṣ* in RS 92.2016:13' (*b lḥmy yḥṣ*)
176. *ḥtk* G/D ›bestimmen, entscheiden; herrschen über‹ 1.6:VI:46.47
177. *ḥwš* G ›eilen, sich beeilen‹ 1.1:III:27&, *ḥš-k* ›dein Eilen‹ = ›beeile dich!‹ 1.1:II:21&
178. *ḥwy*$_1$ / *ḥyy* G ›leben‹; D ›am Leben erhalten, Leben gewähren, leben lassen‹ 1.17:VI:30
179. *ḥwy*$_2$ Št ›die Huldigung erweisen‹ 1.2:I:15.31&
180. *ḥwy*$_3$ G od. D ›schlagen, erschlagen‹ 1.18:IV:13, 1.19:I:16; evtl. auch 1.18:IV:27; alt.: √*ḥwy*$_1$ D (mit Negation *l* ›nicht‹)
181. *ḥyṣ* G ›(aus)schwitzen‹(?)
182. *ḫbt* G ›rauben, plündern‹ od. ›bedrücken‹ 1.40:21.30.38&
183. *ḫbṯ* G ›freikommen, weglaufen‹(?) 3.3:4&
184. *ḫdy/w* G ›sich freuen‹ 2.15:7.10
185. *ḫlq* G ›zugrunde gehen‹ 1.5:VI:10&; ›nicht vorhanden sein, fehlen‹ 4.611, 4.613; D ›zugrunde richten, vernichten‹ 1.103+:15.16; 2.61:11
186. *ḫmš* D ›zum fünften Mal tun‹ 1.16:V:17

187. *ḫnp* Verbalform (Imp. ?) oder Nomen *ḫnp* in 1.18:I:17 (*ḫnp lb[k]*); vgl. ferner *yḫnp* in 1.82:15 und *ḫnpm* in 1.9:15

188. *ḫrʾ* G ›den Darm entleeren; die Notdurft verrichten‹ 1.71:8, 1.72:12, 1.85:9 (neben *√ṯyn* Gt ›urinieren‹, von Pferden)

189. *ḫrb* G ›vertrocknen‹ 1.19:I:30

190. *ḫrm* G ›abschneiden, niedermetzeln‹(?), evtl. bezeugt in 1.13:3 (vgl. *√ḫrg* 1.13:5)

191. *ḫrṭ* G ›(Federn) rupfen‹ 1.23:38

192. *ḫsp* G ›niedersinken, verwelken‹ 1.19:I:31

193. *ḫsr* G ›fehlen, entbehren, Mangel haben‹ 1.6:II:17&

194. *ḫṣb* Gt ›kämpfen‹ 1.3:II:6&

195. *ḫtʾ* Gp ›zermalmt werden‹ 1.4:VIII:20, 1.6:II:23; N ›geschlagen werden (Heer)‹ 2.10:8.10

196. *ḫtt* G ›zerbrechen (intr.); zerschlagen sein‹ 1.16:VI:1&

197. *ḫṭʾ* G ›sich verfehlen, sündigen‹ 1.40:22&, 1.169:5, 2.72:33

198. *ḫwr* G ›matt, schwach sein (Pferd)‹ 1.85:5.7

199. *ḫws* D* ›erregen, (an-)reizen‹ 1.4:IV:39 (nicht *√ḫss*)

200. *ḫyl* G ›kreißen, sich winden‹ 1.10:II:29, III:17, 1.12:I:25

201. *ḫyṭ* G ›aufwachen, erwachen‹ 1.14:III:50 (*yḫṭ*); Š ›aufwecken‹ 1.19:III:45 (bei Lesung *tšḫṭn.nn* statt *tšḫṭa.nn*)

202. *kbd* D ›die Ehre erweisen, verehren‹ 1.1:II:17&

203. *khp* Bed. ganz unsicher: ›ausgezehrt sein (Pferd)‹(?) od. ›husten, niesen‹(?) 1.71:26, 1.85:30 (neben *√rʾš*)

204. *kḥd* D ›verborgen halten, verheimlichen; verleugnen‹ 2.70:13

205. *klʾ* G ›(Türen) verschließen‹(?) 1.3:II:3, 1.7:36

206. *kll* D* ›vollkommen machen, vollenden‹ 1.4:V:10

207. *kly* G ›zu Ende sein/gehen‹ 1.16:III:13-15&; Gp ›aufgebraucht sein/werden‹, evtl. in 4.361:1 und 4.362:1; D ›ein Ende bereiten, vernichten‹ 1.2:IV:27&; Dp ›vollendet werden‹, evtl. in 1.127:8; N ›verbraucht, benutzt werden‹ 4.213:24&

208. *kms* tD ›niederknien‹ 1.12:II:54: *w ktms /wa-tkammVsa/* (SK)

209. *krˁ* G ›niederknien‹ 1.10:II:18

210. *krkr* vierradikalig bzw. Reduplationsstamm von *√kr(r)*, ›(die Finger) drehen, tanzen lassen‹ 1.4:IV:29

211. *krr* G ›sich zurückziehen‹(?) 1.100:62

212. *kry/w* G ›graben, aushöhlen‹ 1.12:I:23

213. *ksy/w* G ›sich bedecken mit; (Kleider) anziehen‹ 1.5:VI:16.31; D ›bedecken‹ 1.10:III:24

214. *kšd* G ›anlocken, anziehen‹(?) od. ›hinstreben‹(?) 1.5:I:16

215. *ktb* G ›schreiben‹ 2.19:9

216. *kwn* G ›sein; bereitstehen, fest sein‹ 1.5:III:6&; D* ›erschaffen‹ 1.4:V:48&; Š ›schaffen, bereitstellen, bestimmen‹ 1.16:V:26f.&; Šp ›bereitgestellt werden‹ 4.280:14; Št ›für sich selbst bestimmen; beanspruchen‹ 1.4:VII:44

217. *kwr* G ›zornig, wütend werden; ergrimmen‹(?), 1.6:V:9 (lies wahrsch. *w kr* statt *w rk*)

218. *lʾk* G ›schicken, senden‹ 1.4:V:43&; D ›Boten schicken‹ 2.26:4&

219. *lʾw*$_1$ G ›überwältigen, siegreich sein‹ 1.14:I:33, 1.16:VI:2

220. *lʾw*$_2$ G ›kraftlos, schwach sein‹, SK 3.m.sg. *la* /*laʾâ*/ (Subjekt: *šmm* ›Himmel‹) 1.3:V:18, 1.4:VIII:22, 1.6:II:25; PK 3.f.sg. *tlu* /*talʾû*/ 1.100:68

221. *lʾy* G ›beschmutzt sein‹ SK 3.m.sg. *la* /*laʾâ*/ (Subjekt: *šmm* ›Himmel‹) 1.3:V:18, 1.4:VIII:22, 1.6:II:25 (jeweils // √*ṣḥrr*); alt.: = √*lʾw*$_2$ (‹der Himmel ist schwach‹)

222. *lbn* D ›Ziegel streichen, formen‹ 1.4:IV:61

223. *lbš* G ›sich bekleiden‹ 1.12:II:46&; Š ›bekleiden‹ 1.5:V:23

224. *lḥḥ* Š ›flüssig machen, verflüssigen‹ 1.4:I:25f.

225. *lḥk* G ›lecken, kahl fressen‹, *tlḥk* 1.83:5

226. *lḥm*$_1$ G ›essen, aufessen, fressen‹ 1.4:III:40&; G od. D ›zu essen geben‹ 1.17:I:2-21, vgl. auch *mlḥm-y* (D-Ptz. ?) in 1.5:II:23; Inf. *lḥm* (emendiere viell. zu *l* <*l*>*ḥm*) 1.2:I:21; Š ›zu Essen geben, füttern‹ 1.17:II:30&

227. *lḥm*$_2$ G ›kämpfen‹(?), evtl. in 2.82:9; Gt ›kämpfen‹ 2.49:10 (*ilṭḥm*); N ›(mit jmdm.) kämpfen‹ 2.82:20

228. *lḥn* PK *ylḥn* 1.6:I:48: ›verständig sein‹ od. ›nahe verwandt sein‹

229. *lḫš* D-Ptz. *mlḫš* ›Beschwörer‹ 1.100:5&

230. *lmd* D ›lehren, unterweisen‹ 1.18:I:29 (*almd-k*), RS 92.2016:42" (*w in d ylmd-nn*)

231. *lqḥ* G ›nehmen, wegnehmen‹ (PK *iqḥ*, *tqḥ*; Imp. *qḥ*) 1.2:IV:10&; N ›(weg)genommen werden‹ 4.659:1 (SK *nlqḥt*)

232. *lsm* G ›laufen (Füße)‹ 1.3:III:19&

233. *lšn* D ›Gehässiges sagen, verleumden‹ 1.17:VI:51, 1.114:20

234. *lwy* Š ›umgeben, umhüllen‹(?) 1.14:III:45

235. *lyn* G ›die Nacht verbringen, übernachten‹ 1.17:I:5.15

236. *mʾd* D ›viel, zahlreich machen‹ 1.14:II:5 (*amid*), 6.43:1 (*ymid*)

237. *mdl* G ›anschirren‹ 1.4:IV:[4].9; 1.19:II:3.8

238. *mgn* D ›beschenken‹ 1.4:III:30

239. *mġy* G ›an-, hinkommen, eintreffen‹ 1.1:V:16&, (?) 1.4:IV:33 (lies *tġt* od. *m!ġt*); ›(hin)reichen bis‹ 1.6:I:59.60

240. *mḥt* evtl. bezeugt in RS 94.2284:30 (*amḥt*)

241. *mḥy* G ›tilgen, abwischen, entfernen‹ 1.124:14, 1.41:7&; Gp ›weggewischt, entfernt werden‹ 1.3:II:30

242. *mḫṣ* G ›schlagen; weben‹, PK 1.c.sg. *imḫṣ* 1.2:II:8&, SK 1.c.sg. *mḫšt* < **mḫṣt* 1.3:III:38&; Gp ›erschlagen werden‹ 1.19:III:52, IV:4; Gt ›kämpfen‹ 1.3:II:5-6.23, III:46; D ›(wiederholt) zuschlagen; prügeln‹, PK 1.c.sg. *amḫṣ* 1.3:V:23

243. *mkk* G ›niedersinken, zu Boden gehen‹, PK *ymk* 1.2:IV:17

244. *mkr* N od. Gp / Dp ›verkauft werden‹ 3.8:16

245. *mlʾ* G ›voll sein, sich füllen‹ 1.3:II:25&; D ›voll machen, anfüllen; erfüllen, einlösen‹, Ptz. f.pl. *mmlat* /*mumalliʾātu*/ ›die Wasser füllenden (Frauen)‹ 1.14:III:10, V:2

246. *mlk* G ›König sein, als König regieren‹ 1.2:III:22, 1.4:III:9&; D ›zum König machen; als König einsetzen‹ 1.6:I:46.48.54.55

247. *mll* G od. D* ›(mit den Fingern) reiben, kneten‹, 1.16:V:28 (Lesung *ymll*!), 1.101:6

248. *mnn* D, Bed. ungewiss, trad. ›nach unten richten, senken‹, *ymnn* 1.23:37, *mmnn-m* 1.23:40.44.47

249. *mrʾ* D od. G ›fett machen, mästen‹ 1.4:VII:50 (*ymru*)

250. *mrḫ* Šp ›bestrichen sein / werden‹: *šmrḫt* 1.4:I:32

251. *mrmr* G (bzw. √*mr(r)* R) ›hin- und herbewegen, schütteln‹ RS 92.2014:2 (*amrmrn*)

252. *mrr*$_1$ G ›vertreiben, wegtreiben‹ 1.2:IV:19 (2x Imp. *mr*), evtl. auch 1.4:VII:12; siehe auch *šmrr* ›Vertreibung‹ 1.100:4& und GN *aymr* 1.2:IV:19 (< *ay* + *mr*)

253. *mrr*$_2$ G ›stärken, segnen‹ 1.13:26, 1.15:II:15.20&; N ›gesegnet werden‹ 1.19:IV:33 (lies eher *nmrt* als *nmrrt*)

254. *mrṣ* G ›krank sein‹ 1.16:II:19.22&

255. *msk* G ›(Wein) mischen‹ 1.3:I:17, 1.5:I:21, 1.133:9-10

256. *mss* / *msś* Gp ›in einer Flüssigkeit aufgelöst werden‹ 1.71:3, 1.72:13, 1.85:3.10

257. *mṣḫ* D ›zu Boden reißen‹ 1.3:V:1, 1.6:V:4; N ›aneinander zerren‹ 1.6:VI:20

258. *mṣṣ* G ›schlürfen, saugen‹ 1.15:II:27

259. *mšḥ* G ›salben‹ 1.10:II:22-23

260. *mšr* Š ›(den Wagen) ziehen lassen; (Wagen) fahren‹ 1.3:VI:9

261. *mtn* G/D ›warten‹(?) 1.16:I:36 (*tmtn*)

262. *mtr* Š-Verbalsubst. *šmtr* ›Abschneiden‹

263. *mṭr* G ›regnen‹ 1.6:III:6.12, 1.19:I:41; Š ›regnen lassen‹, Ptz. *mšmṭr* 1.174:9

264. *mṯk* G ›(fest) an der Hand nehmen, fassen, halten‹ 1.15:I:1.2

265. *mwt* G ›tot sein, sterben‹ 1.5:VI:9&

266. *myʿ* / *mwʿ* Gt ›in Wasser einweichen; waschen‹ 1.4:II:6 (*tmtʿ*)

267. *mzʿ* tD ›zerreißen‹ 1.19:I:36&

268. *mzl* G ›hinken, hinterhergehen‹ 1.14:II:46-47, IV:25 (*mzl ymzl*)

269. *mẓʾ* G ›antreffen, finden‹, 1.12:I:37 (*ymẓa*), *mẓa-h* 1.12:II:50.51

270. *nʾṣ* G ›verachten‹ 1.17:I:29&

271. *nʿr* D ›abschütteln‹ 1.100:65; Dp ›ausgeschüttelt werden‹ 1.132:25

272. *nbṭ* G ›offensichtlich werden, sich zeigen‹ 1.4:III:21

273. *ndb* G ›freigebig sein‹(?), evtl. in 1.102:17.21 und 1.106:3.28; Gt ›spenden‹(?) (evtl. bezeugt als Ptz., siehe *mtdb*)

274. *ndd*$_1$ G ›fliehen‹ 1.4:VI:10, 1.18:I:26

275. *ndd*$_2$ G ›hintreten, sich hinstellen‹ 1.20:II:2&, 1.91:14, 3.9:12 (PK *ydd*, *tdd*); N ›sich hinstellen, dastehen‹ 1.3:I:8, 1.23:63

276. *ndp* Š ›werfen, schleudern‹, Ptz. *mšdpt* 1.14:III:14

277. *ndr* G ›ein Gelübde ablegen, geloben, versprechen‹ 1.14:IV:37; Gp ›versprochen werden‹ 1.15:III:23

278. *ngb* Gp ›ausgerüstet werden (Heer)‹ 1.14:II:32.33&; alt.: √*gbb* N

279. *ngḥ* D ›niederstoßen‹ 1.172:8; N ›sich gegenseitig stoßen‹ 1.6:VI:17

280. *ngš* G ›herantreten, sich nähern‹ und / oder ›bedrängen‹ 1.6:II:21, 1.23:68, 1.114:19

281. *ngṯ* G od. D ›suchen‹ 1.1:V:4.27, 1.6:II:6.27

282. *ngw/y* G ›sich entfernen, abziehen‹ 1.14:III:27&

283. *nġr* G ›beschützen‹ 1.6:IV:23.24&, 1.4:VIII:14; Gt ›sich hüten, sich in Acht nehmen‹ 1.92:33 (*tťġr*)

284. *nġṣ* G ›schwanken, wanken, zittern‹, *tnġṣn* 1.2:IV:17.26; *tġṣ* 1.3:III:34, 1.4:II:19

285. *nḥt*$_1$ D ›(Holz od. Stein) behauen, schnitzen, formen‹ 1.2:IV:11.18

286. *nḥt*$_2$ D ›nach unten bringen, hinabführen, senken, tief eindringen‹, evtl. belegt in 1.17:VI:13 ([*y*]*nḥtn*) und 1.23:40.43.47

287. *nḥw/y* G ›sich wenden, sich begeben zu‹ 1.12:I:35

288. *nḫš* G ›zurückweichen‹ 1.4:VII:32.38.39

289. *nkʿ* G ›rot färben‹(?) RS 94.2284:20 (PK *akġ*)

290. *nkr* (?) G ›sich entfernen‹(?) 1.100:62 (alt.: √*krr*)

291. *nkt* G ›schlachten, ein Schlachtopfer darbringen‹ 1.40:24.33.41&

292. *npd* evtl. in 1.5:I:5: *ipdk*; alt.: Deutung von *ipd* als Nomen

293. *npl* G ›fallen‹ 1.2:I:9&; Gt ›fallen, sterben‹ 1.14:I:21; Š ›fallen lassen, zu Fall bringen, hinabstoßen‹ 1.92:14

294. *npp* Gt ›sich besprengen‹, PK *ttpp* 1.3:I:1, 1.3:IV:45

295. *npr* G ›fliehen, davonfliegen (Vögel)‹ 1.2:I:12 (?), 1.19:III:14.28

296. *npw/y* G ›weichen, verschwinden‹ od. Gp ›vertrieben, verbannt werden‹ 1.103+:19 (*w tp mṣqt* ›und die Bedrängnis wird weichen / gebannt sein‹, nach *rġb* ›Hunger‹)

297. *npy* ›(Getreide) sieben‹, evtl. zu ergänzen in 1.6:V:16

298. *nqh* G ›sich erheben‹(?) od. ›aufmerksam/wachsam sein‹ 1.169:5

299. *nsʿ*$_1$ G ›herausziehen‹ 1.2:III:17, 1.6:VI:27, 1.19:III:54

300. *nsʿ*$_2$ / *ns̀ʿ* G ›bezahlen‹ 3.8:12.14, 3.9:10.17, Š ›bezahlen‹ od. ›zahlen lassen, zur Zahlung zwingen‹ 2.81:24

301. *nsk* G ›ausgießen‹ 1.1:II:20, 1.3:II:40.41& (Imp. f.sg. *sk* /*sakī*/ 1.3:III:16&); Gp ›ausgegossen werden‹ 1.17:VI:36; D ›(Trankopfer) ausgießen‹ 1.82:1

302. *nsy/w* G ›entfernen‹, *ysynh* 1.100:66 (alt.: Emendation *ysḫ*[!]*nh*, √*nsḫ*); vgl. auch *ysy* in 1.9:14

303. *nṣb* G ›aufstellen, aufrichten‹ 1.17:I:26, II:16

304. *nṣl* N ›sich lossagen, sich zurückziehen‹ 1.90:22

305. *nṣr* G ›kreischen, laut klagen‹, fem. Ptz. *nṣrt* 1.16:VI:5, evtl. auch 1.16:II:25.26.34 (jeweils *tṣr*)

306. *nṣṣ* G ›wegfliegen‹ 1.117:10; Š ›verscheuchen‹ 1.3:IV:1 (Ptz. *mšṣṣ*)

307. *nšʾ* G ›(Stimme) erheben‹ (PK *yšu*, *tšu*, *tša*; Imp. *ša*, *šu*; oft in der Formel √*nšʾ gh(m)* ›seine / ihre Stimme(n) erheben‹, z.B. *yšu gh w yṣḥ*); Gt und N ›sich erheben‹

308. *nšq*$_1$ G ›küssen‹ 1.17:I:39, 1.23:49&, D ›liebkosen, (innig) küssen‹ 1.19:II:15.22, 1.22:I:4

309. *nšq*$_2$ G/D ›in Brand setzen‹ 1.2:IV:4 (*anšq*)

310. *nšy* G ›vergessen‹ 1.5:I:26; Š ›vergessen lassen‹ 1.82:5

311. *ntk* G ›ausgießen, vergießen‹ 1.19:II:33, 1.107:17; Gp ›vergossen werden‹ 1.41:12, 1.87:13; N ›sich ergießen, tropfen (Tränen)‹ 1.14:I:28; Š ›begießen‹(?) 1.6:IV:2.13 (*yštk*)

312. *ntr* G ›davonspringen, auffahren‹ 1.4:V:21&, 1.10:II:11.28.29; Š ›aufscheuchen‹ 1.22:I:11

313. *nts* ›niederreißen, zerschlagen‹(?), PK *its* 1.2:IV:4

314. *nṭṭ* G ›wanken, zittern‹ 1.3:III:33&; D* ›in Schrecken versetzen, zum Zittern bringen‹ 1.82:9

315. *nṯk* G ›beißen‹ 1.107:4; N ›sich gegenseitig beißen‹ 1.6:VI:19

316. *nwʿ* Gt ›aneinander rütteln‹ 1.6:VI:16 (*ytʿn* = /*yittâʿāni*/ < **yintâʿāni*); alt.: √*tʿʿ* N ›schütteln, stoßen‹

317. *nw/yb* Gp ›überzogen sein‹ 1.4:I:31 (*nbt*)

318. *nwḥ* G ›klagen, weinen, seufzen‹ 1.15:I:7

319. *nwḫ* G ›zur Ruhe kommen, sich ausruhen‹ 1.6:III:18.19

320. *nwp* Šp ›als 'Erhebungsopfer' dargebracht werden‹ 1.50:6 (vgl. den Opferbegriff *šnpt*)

321. *nwr* G ›hell sein, leuchten‹ 2.13:18, 2.16:9

322. *nws* G ›fliehen, zurückweichen‹ 2.40:15, evtl. 1.4:III:5

323. *nwy* *šnwt* (Š-SK 3.f.sg.), 1.96:1; Interpretation unsicher: entweder ›preisen‹ od. ›weggehen‹; alt.: √*šny/w* G ›weggehen‹(?)

324. *pʿr* ›(laut) ausrufen, verkünden, proklamieren‹ 1.2:IV:11&

325. *pdy* G ›loskaufen, auslösen‹ 3.4:2.12

326. *phy/w* G ›sehen, erblicken, erfahren‹ 1.2:I:22, 1.3:I:14&; N ›sichtbar sein, erscheinen‹ 1.163:12'(5) (*ynphy* = /*yinpahiyu*/)

327. *plg* N ›sich (zer)teilen‹ 1.100:69

328. *pll* G ›schartig, rissig, vertrocknet sein (Boden)‹ 1.16:IV:1

329. *plṭ* D ›in Sicherheit bringen, befreien, erretten‹ 1.18:I:13 ; N ›sich in Sicherheit bringen‹ od. ›gerettet werden‹ 2.82:4.12

330. *ply* 1.101:5 (*tply*), Bed. unsicher, viell. ›lausen‹

331. *pny* G ›sich wenden, sich abkehren‹ 1.12:I:33, 1.96:5.6; Dp ›weggeschafft, weggebracht werden‹(?) 1.104:16 (*tpnn*)

332. *pqd* G ›einen Befehl erteilen‹ 1.16:VI:14

333. *prʿ* G ›lösen (von Krankheit)‹ 1.124:9; Gt ›sich duschen‹ 1.13:19

334. *prq* G ›auseinanderreißen, trennen, lösen, befreien‹ 1.4:IV:28, 1.6:III:16, 1.17:II:10 (jeweils: *yprq lṣb w yṣḥq*)

335. *prr* G ›brechen, zerbrechen‹ 1.15:III:28.30

336. *prsḥ* G ›niederfallen‹ 1.2:IV:22.25

337. *prš* Gp/N ›zerstreut/aufgelöst werden‹ od. ›sich ausbreiten‹

1.103+:53 (*ḥwtn tprš*)

338. *prš(ʾ)* Form *prša* od. *pršt*[!] (1.4:I:35) mit unsicherer Bed.: ›bedeckt (sein)‹ [= √*prš*] od. ›reichlich ausgestattet (sein)‹
339. *ptḥ* G ›öffnen‹ 1.23:69-70; Gp ›geöffnet werden‹ 1.4:VII:17.19
340. *pty* G od. D ›verlangen, begehren‹ od. ›verführen‹ 1.23:39 (*k ypt*)
341. *pwd / pyd* Dp* ›verbraucht, verschlissen sein (Kleidung)‹ 4.182:61.63
342. *pwq* G ›erlangen, sich nehmen‹ 1.4:VI:56, 1.5:IV:13; Gt ›erhalten, erlangen‹, evtl. 1.1:V:27 (*tptq*); Š ›darreichen‹ 1.4:VI:47&
343. *pẓl* N ›sich zurückziehen‹(?) 1.169:15
344. *qbʾ* Gp ›herbeigerufen werden‹ 1.161:3&
345. *qbb* G ›biegen, krümmen; (Bogen) spannen‹ 1.17:V:35.36
346. *qbr* G ›begraben‹; Form *yqbr* jetzt auch belegt in RS 20.398A.1b:1
347. *qdm* G ›hinzutreten, vorrücken‹ 1.15:IV:23; D ›präsentieren, (Opfer) darbringen‹, RS 92.2016:37"; Dp (passiv) 1.161:30
348. *qdš* Š ›weihen, (als Opfer) darbringen, opfern‹ 1.119:30.31
349. *qġw/y* G ›neigen; (das Ohr) zuneigen, aufmerksam sein‹ 1.16:VI:30.42 (*tqġ*) ; weniger wahrsch.: √*yqġ* ›wachsam sein‹
350. *qlṣ* D od. G ›schmähen, verhöhnen‹ 1.4:III:12, 1.4:VI:13
351. *qmṣ* G ›niedersinken‹ 1.14:I:35
352. *qnṣ* Gt ›Geburtswehen haben, kreißen‹ 1.23:51.58
353. *qny* G ›erwerben; erzeugen, erschaffen, hervorbringen‹ 1.10:III:5, 1.14:II:4, 1.17:VI:41, 1.19:IV:58, 1.141:1, 3.9:2
354. *qrʾ* G ›rufen‹ 1.4:VII:47; Gp ›gerufen werden‹ 1.161:2&
355. *qrb* G ›nahe sein, sich nähern‹ 1.14:I:37&; D ›nahe heranführen‹ 1.24:27; Š ›darbieten, (als Opfer) darbringen‹ 1.16:I:44&
356. *qrṣ* G ›(Ton) abkneifen, kneifen‹ 1.12:I:11, 1.16:V:29
357. *qry* G ›begegnen, treffen‹ 1.3:II:4&; D ›begegnen lassen, darreichen, (Opfer) darbringen‹ 1.19:IV:29
358. *qṣr* G ›kurz sein‹ 1.103+:33
359. *qṣṣ* Š ›beschneiden, stutzen‹ od. ›abbrechen, abhauen‹ 1.23:10 (lies eher *yšqṣ* als *yšql*)
360. *qṣy* G ›aufessen, verzehren‹(?) 1.114:2 (alt.: √*qṣṣ*)
361. *qṭṭ* D* ›Lügen hervorbringen‹(?) 1.40:31&
362. *qṯqṯ* G ›Knochen abnagen‹ 1.114:5 (*yqṯqṯ*) od. ›zerren, reißen‹
363. *qṯṯ* G ›(er)streben, (ver)suchen‹ od. ›zerren, reißen‹, 1.2:IV:27
364. *qwm* G ›aufstehen‹ 1.2:I:21&
365. *qwn/qyn* D* ›sich aufrichten (Skorpion)‹ RS 92.2014, Z. 5 (*l tqnn*), Z. 7 (*qn l tqnn*) od. ›sich einrollen (Skorpion)‹
366. *qyl* G ›niederfallen‹ 1.1:III:3& (neben √*hbr*); Š ›niederschlagen, schlachten‹ 1.4:VI:41, 1.17:VI:44, 1.22:I:12, 1.107:4
367. *rʾš* Bed. unsicher (beschreibt eine Pferdekrankheit; PK *yraš*), 1.71:26, 1.72:36, 1.85:30, 1.97:6 (neben √*khp*)
368. *rbʿ*$_1$ D ›zum vierten Mal tun‹ 1.16:V:16
369. *rbʿ*$_2$ Š ›hoch erhoben tragen‹(?) 1.17:V:3.12-13; alt.: ›als Geschenk bringen‹ od. ›vervierfachen‹ [= √*rbʿ*$_1$]

370. *rbd* Gp ›ausgebreitet/bereitet werden (Bett)‹ 1.132:2
371. *rbṣ* ›sich niederlegen, liegen, lagern, ruhen‹ 1.13:9
372. *rby* ›groß sein‹, SK *rbt* 1.4:V:3 (‹du bist groß‹)
373. *rgm* G ›sprechen, sagen, reden‹ 1.2:I:33&; Gp ›gesagt / genannt werden‹ 1.4:V:12, 1.16:I:20, 1.23:12
374. *rġb* G ›hungrig sein, hungern‹ 1.4:IV:33, Ptz. *rġb* 1.15:I:1
375. *rġn* G ›traurig, bedrückt, entsetzt sein‹(?) 1.100:61 (lies *trġnw*, PK 3.m.pl. mit Pleneschreibung ?)
376. *rḥm* G ›barmherzig, empfindsam sein‹ 1.16:I:33
377. *rḥq* G ›fern sein, sich entfernen‹ 1.14:III:28&; D ›entfernen‹ RS 92.2016:31"f.; Š ›fortschicken‹ 1.3:IV:40
378. *rḥṣ* G ›(sich) waschen‹ 1.3:II:32&; Gt ›sich waschen‹ 1.13:18&; D ›waschen‹(?) RS 94.2406:20
379. *rḫp* G ›fliegen‹, nur fem. Ptz. *rḫpt* /*rāḫip(a)tu*/ 1.108:8; D ›(hin und her) fliegen, schweben‹ 1.18:IV:20.21&
380. *rkb* G ›besteigen, (Wagen) fahren, reiten‹ 1.14:II:21, 1.14:IV:3
381. *rks* G ›binden‹ 1.1:V:10&
382. *rnn* D* ›laut schreien, jauchzen‹ 1.82:6
383. *rpʾ* G ›heilen‹ 1.114:28
384. *rps* G ›niedertreten, zertreten‹ 1.103+:50, (?) 1.176:7
385. *rqṣ* Gt ›sich schwingen, tanzen‹ 1.2:IV:13.15.20.23
386. *ršʿ* G ›fevelhaft/ungerecht handeln‹ 1.169:6
387. *rtq* SK 3.f.sg. od. G-Ptz. f.sg. *rtqt* 1.13:24, unklar: viell. ›stechen, durchbohren‹ od. ›zusammenbinden, fesseln‹
388. *rṯm* evtl. in 1.2:I:19.35 (*arṯm pḏh*): viell. ›schlagen‹; alt.: Ableitung von √*yrṯ* (Analyse *arṯ-m*)
389. *rṯy* G ›bekommen, erhalten, besitzen‹(?) 1.92:29; alt.: Subst. *yrṯ*
390. *rwẓ* G ›laufen‹ 1.6:I:50
391. *rym* G ›hoch, erhaben, erhoben sein‹ 1.15:III:13&; D* ›errichten (Gebäude), als Weihegabe darbringen‹ 1.2:III:10&
392. *sʾd* G ›bedienen‹ 1.3:I:3 (SK *sid* /*saʾida*/), 1.17:V:20.30 (Imp. *sad*, PK *tsad* /*tisʾad-*/)
393. *sʿy* G ›losstürmen, angreifen‹ 1.14:III:7.9, IV:51, V:1 (jeweils *sʿt*: Verbalsubst. od. Gp-SK 3.f.sg.)
394. *sbb* G ›sich wenden, umhergehen; sich verändern‹ 1.4:VI:34&; N ›sich verwandeln, werden zu‹ 1.4:VI:35
395. *sgr* G ›verschließen‹ 1.14:II:43, 1.14:IV:21, 1.100:70
396. *skn* G ›sich um etwas kümmern‹(??), evtl. in 1.73:9 (*tskn*); Š ›jmdn. mit etwas versorgen‹ 1.4:I:20 (alt.: √*nsk* Š)
397. *spʾ* G ›Essen zuteilen, darreichen, füttern‹, evtl. 1.20:II:10; N(?) ›essen‹ 1.5:I:5, 1.6:V:20, 1.96:3, 1.103+:51
398. *spd* Š ›klagen‹, Ptz. f.pl. *mšspdt* ›Klagefrauen‹ 1.19:IV:10.21
399. *spr* G ›zählen‹ 1.17:II:43, ›rezitieren‹ 1.23:57, ›aufschreiben‹(?) 2.26:18; Š ›zählen lassen‹ 1.17:VI:28; N ›gezählt, gerechnet werden‹ 1.4:VIII:8, 1.5:V:15

400.	*srr*	Gt ›anvertrauen‹(?), evtl. 1.4:VII:48 (*ystrn*)
401.	*sw/yr*	G ›sich entfernen, weichen‹ od. ›aufbrechen, losgehen‹, Ptz.(?) *syr* 2.40:14, evtl. auch D* (1.24:3: *b srr špš*)
402.	*ṣby/w*	›wünschen, sich sehnen nach‹, evtl. in 1.17:VI:13 (*tṣb*)
403.	*ṣġd*	G ›schreiten‹(?) 1.10:III:7, 1.23:30
404.	*ṣhl*	G ›leuchten, glänzen, strahlen‹ 1.17:II:9
405.	*ṣḥq / ẓḥq*	G ›lachen; lustig sein‹ 1.4:V:25&; Š ›scherzen, spotten‹ 2.25:5
406.	*ṣḥrr*	G ›rötlich, braun sein‹ 1.3:V:17&, 1.23:41.45.48
407.	*ṣḥy*	(od.: √*ṣḥḥ* / √*ṣwḥ* / √*nṣḥ*), anzusetzen für 1.6:II:37: *šir l šir yṣḥ* ›Fleisch(stück) um(?) Fleisch(stück) *wurde verzehrt*‹(?)
408.	*ṣlw/y*	D ›anflehen, beschwören‹ 1.19:I:39 (*yṣly*)
409.	*ṣmd*	G ›anbinden; (Zugtier) anspannen, anschirren‹ 1.4:IV:5.9, 1.19:II:4.9, 1.20:II:3, 1.23:10
410.	*ṣmt*	D ›zum Schweigen bringen; vernichten‹ 1.2:IV:9&
411.	*ṣpy*	Gp (alt.: G mit stativischer Bed.) ›(mit Edelmetall) überzogen, beschlagen sein‹ 4.167:2.6 (SK 3.m.pl. *ṣpy*)
412.	*ṣrk*	G ›fehlen, abwesend sein‹ od. ›schwach sein‹(?) 1.19:I:43
413.	*ṣrr*	G ›eng sein; einschließen, belagern‹ 1.14:III:29&
414.	*ṣw/yd*	G ›(jagend) umherstreifen, jagen‹ 1.5:VI:26&
415.	*ṣw/yq*	Š ›in die Enge treiben, bedrängen; packen‹ 1.6:II:10
416.	*ṣyd*	G ›zu essen geben, verproviantieren‹ 1.114:1
417.	*ṣy/wḥ*	G ›rufen, schreien‹ 1.1:II:17, 1.4:IV:30&; oft nach √*nšʾ g-* ›(seine) Stimme erheben‹ in der Formel *y/tšu gh w y/tṣḥ*
418.	*šʾb*	G ›(Wasser) schöpfen‹, Ptz. *šib* /*šāʾibu*/ 4.609:15, f. *šibt* 1.12:II:60, 1.14:V:1, 1.14:III:9
419.	*šʾl*	G ›fragen‹ 1.14:I:38; Gp ›gefragt werden‹ RS 94.2284:8; Gt ›(genau) ausfragen, sich erkundigen‹ 2.17:17&; Š ›gewähren‹ od. ›leihen‹ 2.18:5
420.	*šʾr*	Gt ›übrig bleiben, (noch) ausstehen‹ 1.18:IV:15& (*ištir*)
421.	*šbʿ*$_1$	G ›satt / gesättigt sein, genug haben‹ 1.3:II:19.29, 1.17:I:31&; D ›satt machen, sättigen‹ 1.4:VII:51-52
422.	*šbʿ*$_2$	D ›zum siebten Mal tun‹ 1.16:V:20 (√*ṯdṯ* D)
423.	*šbm*	Gt ›knebeln‹(?) 1.3:III:40 (*ištbm*)
424.	*šdd*	D* ›zerstören, verheeren‹ 1.103+:37.35; N ›wegholen, entnehmen‹(?) 4.272:1
425.	*šdy/w*	G ›ausgießen‹ 1.6:IV:18, Gt ›ausgegossen werden‹ od. ›sich ergießen‹(?) 1.6:IV:25
426.	*šḥy*	Št ›sich niederbücken‹(?) 1.82:11
427.	*šḫn*	G ›warm, heiß sein‹ od. N (‹sich erwärmen‹): 1.12:II:38 (PK *yšḫn*), 1.161:18 (2x G- od. N-Imp. *išḫn*)
428.	*škb*	G ›liegen; mit jmdm. sexuell verkehren‹ 1.5:V:19&
429.	*škḥ*	G ›finden‹(?) 2.74:13; N ›(auf-)gefunden werden‹ 2.38:15
430.	*škn*	G ›sich niederlassen, wohnen‹ 1.14:II:51, 1.14:IV:29&
431.	*škr*	G ›einen Mietling/Lohnarbeiter nehmen, dingen, mieten‹ 1.14:II:45, IV:23

432. *šlḥ* G ›Hand ausstrecken; schicken‹ 1.15:IV:24; D ›aushändigen, übergeben, schicken‹ 1.17:VI:28

433. *šll* G ›Beute machen, rauben, plündern‹ 2.61:6 (*šl hw*)

434. *šlm* G ›vollständig, heil sein; in Frieden sein‹ 2.4:4&; D ›vollständig machen, Ersatz leisten, zurückzahlen, vergelten‹ 4.398:6.7, ›Heil schenken; in heilem Zustand erhalten‹ 1.111:23&, ›mit jmdm. Frieden schließen‹ 1.103+:54 (od.: ›Vergeltung üben‹); Š ›Ersatz (Fronarbeit) leisten‹ 4.95:1; N ›(vollständig) erhalten bleiben‹ 4.328:2&

435. *šlw* ›ruhig, sorglos sein, Ruhe finden‹(?), evtl. in 1.14:III:45

436. *šm*^{c} G ›hören‹ 1.2:I:46&, Gt (*ištm*^{c}) ›aufhorchen, Acht geben‹ 1.16:VI:29&

437. *šmd* Gt ›(völlig) vernichten‹(?) 1.3:III:40 (unsichere Lesung *ištmdh*; alternativ: *ištm ph*, d.h. *√štm*)

438. *šmḫ* G ›sich freuen‹ 1.3:V:20&; Š ›erfreuen, beglücken‹ 2.36+:32

439. *šn*ʾ G ›hassen‹ 1.4:III:17

440. *šnn* D* ›mit den Zähnen knirschen‹ 1.16:I:13, II:35

441. *šns* D ›an den Gürtel binden, festbinden‹ 1.3:II:12, 1.13:6

442. *šny/w* G ›weggehen‹(?) 1.1:III:[18], 1.3:IV:33 (*atm bštm w an šnt*); evtl. auch 1.96:1 (*šnwt*; alternativ von *√nwy* abzuleiten)

443. *špk* G ›(aus)gießen, vergießen‹ 1.18:IV:23

444. *špl* G ›niedrig sein, sich senken‹ 1.23:32, 1.161:22

445. *šql* Gt ›sich wegbewegen, sich hinbegeben‹ 1.3:II:18&

446. *šqp* G ›betrüben, quälen‹(?) 2.82:7

447. *šqy* G/D ›zu trinken geben‹ 1.1:IV:9&; Š ›zu trinken geben‹ 1.17:II:31&

448. *šrd* D ›(kultisch) dienen‹ 1.14:II:24, IV:6

449. *šrg* G/D ›verstricken, verführen, belügen‹ 1.17:VI:34

450. *šrp* G ›verbrennen‹ 1.6:II:33, 1.6:V:14

451. *šrw/y*$_{(1)}$ G ›loslassen, schleudern, werfen‹ 2.46:14 (*yšrn*); Verbalsubst. *šr-* 1.4:V:9 (*šr-h*: *šr* + Sf. 3.m.sg.: ›sein Schleudern‹ + *brqm*)

452. *šry*$_{(2)}$ G ›streiten‹ 1.14:III:6, 1.14:IV:50

453. *štk* G ›aufhören, innehalten‹ 1.12:II:58-60; Gt ›niedersinken‹(?) 1.12:II:56 (Schreibung *ittk* für *išttk*), II:57 (*išttk*)

454. *štm*(?) ›verschließen‹ 1.3:III:40 (*ištm*: unsichere Lesung *ištm ph*; wahrscheinlicher aber: *ištmdh*, d.h. *√šmd*)

455. *štt* G ›zerreißen‹ 1.2:IV:27

456. *šty* G ›trinken‹ 1.4:III:16 (PK *ištynh*), 1.4:III:40&

457. *šyr* G ›singen‹ 1.3:I:18&

458. *šyt* G ›stellen, legen, setzen; festsetzen‹ 1.4:II:8&; Gp ›gelegt/gesetzt werden‹ 1.4:VI:22, 1.114:29.31, 2.47:15

459. *tb*^{c} G ›sich aufmachen, weggehen‹ 1.2:I:19&

460. *tġy* G ›umherirren; umherstreifen, reisen‹ 1.4:IV:33 (lies *tġt* od. *m*$^{!}$*ġt* [*√mġy*]); alt.: Ableitung von *√mġy* (bei Lesung *m*$^{!}$*ġt*)

461. *tmm* D* ›vollkommen machen‹ RS 92.2005:28 (ergänze [*tt*]*mmk*)

462. *trḫ* G ›heiraten, ehelichen‹ 1.14:I:14, 1.23:64, 1.24:18&
463. *trp* ›schändlich behandeln, verachten, verderben‹ 1.5:I:4
464. *trr* G ›vertreiben, wegtreiben‹ 1.6:VI:53 (*ytr*)
465. *twr*$_1$ G ›herumziehen‹ 1.4:V:21&
466. *twr*$_2$ Dp*(?) ›mit (einer) Deichsel versehen werden‹ 4.180:3
467. *ṭʿn* G ›durchbohren, erstechen, töten(?)‹ 1.5:I:26, 1.10:II:24
468. *ṭbḫ* G ›schlachten‹ 1.1:IV:30, 1.4:VI:40&; Gp ›geschlachtet werden‹ RS 94.2284:10
469. *ṭbq* G ›schließen‹ 1.17:I:28&
470. *ṭḥn* G ›zerreiben, zermahlen‹ 1.6:II:34, 1.6:V:15
471. *ṭll* D* ›(in Form von Tau) niedergehen, tauen‹ 1.19:I:41
472. *ṭrd* G ›vertreiben‹ 1.3:III:47, 1.6:VI:1
473. *ṭwḫ* od. √*ṭyḫ* ›verputzen, verschmieren‹ 1.17:I:32, II:6.22
474. *ṯʾr*$_1$ ›Blutrache üben, sich rächen‹(?) 1.2:III:16.21 (*yṯir*)
475. *ṯʿr* / *ṯʾr* G ›(auf)stellen, stapeln; (einen Tisch) decken‹ 1.3:I:4, 1.3:II:20.21.36; ferner Form *tṯar* (statt *tṯʿr*) in 1.3:II:37
476. *ṯʿy* D ›ein *ṯʿ*-Opfer darbringen‹ (alt.: G-Stamm) 1.40:6.24.32.41&
477. *ṯbr* G ›(zer)brechen‹ 1.2:III:18, 1.3:III:33&
478. *ṯdṯ* D ›zum sechsten Mal tun‹ 1.16:V:19 (√*ḫmš* D)
479. *ṯkḥ*$_1$ G ›(sexuell) heiß/erregt sein‹(?) 1.11:2, 1.24:4
480. *ṯkḥ*$_2$ G ›achtlos sein, verachten, vernachlässigen‹(?) od. ›verwelken, verdorren‹ 1.5:I:4.30 (neben √*trp*)
481. *ṯkl* G ›kinderlos sein, den Nachwuchs verlieren‹ od. Dp ›des Nachwuchses beraubt sein‹ 1.100:61
482. *ṯkm* G ›auf den Schultern tragen‹, Ptz. f.sg. *ṯkmt* 1.19:II:1
483. *ṯkp* N ›zurückgeworfen, abgewehrt werden‹ 2.10:14 (*nṯkp*)
484. *ṯkr* Š-PK in 1.15:I:3 (lies *tṯṯkrn*? od. *tṯṯkrnh*?), unklar; evtl. ›Abgabe/Tribut leisten‹
485. *ṯlṯ* D 1. ›zum dritten Mal tun‹ (zu ergänzen in 1.16:V:13); 2. ›zerfurchen‹ 1.5:VI:20.21, 1.6:I:3.5
486. *ṯmn(y)* tD od. Š ›acht (Exemplare) machen‹ 1.15:II:24
487. *ṯny*$_1$ G ›ein zweites Mal tun‹ 1.16:V:13, ›wiederholen; weitersagen, erzählen‹ (alt.: D-Stamm) 1.1:III:13&, auch RS 92.2016:35”
488. *ṯny*$_2$ D ›ändern, (Gelübde) brechen‹, (?) 1.15:III:29
489. *ṯpd* G ›(Fuß auf den Schemel) setzen, stemmen‹ 1.4:IV:29, 1.6:III:15, 1.17:II:11
490. *ṯpṭ* G ›Recht sprechen, richten‹ 1.16:VI:34.46&
491. *ṯrm* G ›(Fleisch) zertrennen, schneiden; (Fleisch) essen‹ 1.2:I:21, 1.16:VI:18.21, 1.18:IV:19.30
492. *ṯtʿ* G ›Angst haben‹ 1.5:II:7, 1.6:VI:30
493. *ṯwb* G ›zurückkehren‹ 1.3:V:54.55&; D* ›umwenden‹ 1.169:19; Š (*yṯṯb*, *tṯṯb*, *ṯṯb*) ›zurückbringen; erstatten; zurückschicken, antworten‹ 1.14:III:32&, 2.11:17&
494. *ṯwy* G ›zum Bleiben veranlassen, gastlich aufnehmen‹(?) 1.16:VI:44 (nach √*dbr*$_1$)

495. *ṯyn* Gt ›Harn ablassen, urinieren‹ (alt.: Sekundärwurzel √*ṯtn* G), 1.71:8, 1.85:9

496. *yʿd* G ›(Zeitpunkt) bestimmen‹, evtl. bezeugt in 1.4:V:7 (*yʿdn*); wahrscheinlicher jedoch: √*ʿdn*

497. *yʿr* G ›furchtsam, verzagt sein‹ 1.6:VI:31

498. *ybb* G ›klagen‹ 1.19:III:40 (*yb*); (KTU^2: *yb* <*ky*> [√*bky*])

499. *ybl* G ›tragen, bringen‹ 1.3:V:34&; Gp ›gebracht werden‹ 1.19:IV:50-51, 1.23:52.59

500. *ybm* D ›die Schwagerehe vollziehen‹(?), 1.6:I:31 (D-Inf. od. Nomen); Št ›(sich?) zur Witwe erklären‹(?) 1.6:I:30 (*p štbm*)

501. *ydʿ*$_1$ G ›wissen, kennen‹ 1.1:III:15&

502. *ydʿ*$_2$ G ›schwitzen‹ 1.3:III:34, 1.4:II:18

503. *ydn* ›(ein Tier) antreiben‹ 1.19:II:12.19

504. *ydy*$_1$ G ›niederlegen, ablegen; brachliegen (Feld)‹ 1.17:I:3&; Gp ›niedergelegt/brachgelegt werden‹ 1.104:19; 4.348:1.20

505. *ydy*$_2$ G ›(die Haut mit den Nägeln) zerkratzen‹ 1.5:VI:18, 1.6:I:2

506. *ydy*$_3$ G ›Sünde/Schuld bekennen‹ (alt.: ›lobpreisen‹) 1.119:22

507. *ydy*$_4$ G ›verbannen, entfernen‹ 1.6:VI:52&; Gp ›entfernt werden (Feuer)‹(?) 1.4:VI:32 (*td*); (alt.: √*ndy*)

508. *yḥl* D ›sich Sorgen machen, verzweifeln‹(?) 2.16:12 (*twḥln* [KTU^2 liest *tdḥln*])

509. *yld* G ›gebären‹ 1.5:V:22&; Gp ›geboren werden‹ 1.10:III:35&; D ›(viele Kinder) gebären‹, Inf. *wld* = /*wulladu*/ 1.12:I:25&; Š ›(eine Frau) gebären lassen; zeugen‹ 1.23:65

510. *ynq* G ›saugen‹ 1.15:II:26, 1.23:24& (nur Ptz.); Š ›säugen, als Amme fungieren‹ 1.15:II:28 (Ptz. f.sg. *mšnqt*)

511. *ypʿ* G ›sich (gegen jmdn.) erheben‹ 1.2:I:3, 1.3:III:37&; N ›sich erheben‹ 1.5:IV:8, 1.19:II:16 (PK *ynpʿ* /*yinnapiʿ*/ < **yinyapiʿ*)

512. *ypṯ* D ›beschimpfen‹ 1.4:III:13 (*ywpṯn*), Inf. *wpṯ-m* 1.4:VI:13

513. *yqy* G ›in Schutz nehmen, beschützen‹ 1.2:I:18.34 (PK *tqh*)

514. *yrʾ* G ›Angst haben‹ 1.5:II:6, 1.6:VI:30, 2.31:45 (SK *yritn*)

515. *yrd* G ›herab-, hinabsteigen‹ 1.2:III:20& (PK *yrd*, *trd*, *ard*), SK 2.m.sg. *yrt* 1.5:I:6, Imp. *rd* 1.16:VI:37&

516. *yrṯ* G ›in Besitz nehmen‹, viell. in 1.2:I:19.35 (Form *arṯ-m*; alt.: Ableitung von √*rṯm*); Gt ›in Besitz nehmen, für sich beanspruchen‹ 1.3:III:47

517. *yry* < **wry/w*(?) ›werfen, schießen‹ 1.23:38 (2x)

518. *ysr* G ›belehren, unterweisen‹ (1.4:V:4), D ›belehren, unterweisen‹ (1.16:VI:26: *ywsrnn*)

519. *yṣʾ* / *yẓʾ* G ›heraus-, hinausgehen; ausgeliefert werden (Waren)‹ 1.2:IV:30&, 1.12:I:14.19 (G-Imp. *ẓi*); Š ›hinausführen, hinausbringen‹ 1.15:V:24, 1.17:I:27& (Ptz. *mšṣu*), 1.19:II:38&

520. *yṣm* G ›verfluchen‹ 1.19:III:46

521. *yṣq* G ›gießen, ausgießen; (Metall) gießen‹ 1.4:I:25, 1.4:I:26.27.29, 1.14:II:18&; Gp ›ausgegossen werden‹ 1.3:II:31&, 1.71:4&

522.	*yšn*	G ›einschlafen, schlafen‹ 1.14:I:31, 1.14:III:15, V:7
523.	*yṭḥ*	D ›eilen, galoppieren‹ (PK *twṭḥ*) 1.1:III:11&; alt.: √*yḥy* Gt
524.	*ytn*	G ›geben‹, Imp. *tn* (1.2:I:18.34&); Gp ›erlaubt werden‹ 1.4:V:27&; Š ›ausliefern, aushändigen‹ 2.32:10&; N ›gegeben werden‹ 4.219:1&
525.	*yṯb*	G ›sich setzen, sitzen‹ 1.2:I:21&; Šp ›(auf einen Stuhl) gesetzt, inthronisiert werden‹ 1.4:V:47, 1.6:VI:33
526.	*yṯn*	G ›alt sein/werden‹ 4.168:6
527.	*yṯq*	G ›emporschnellen (Schlange)‹ 1.100:6-54; weniger wahrsch.: ›festmachen, fesseln‹
528.	*yzn*	G ›wägen, abwägen‹ 2.81:22
529.	*zbr*	G ›(Reben) beschneiden‹ 1.23:9
530.	*zġw*	G ›schreien; bellen; muhen‹ 1.15:I:5
531.	*zwd / zyd*	1.1:V:25.27, 1.24:8.12; unsicher: ›mit Proviant versorgen‹; od. ›frech, vermessen handeln‹ bzw. ›sich erhitzen, entflammen‹
532.	*ẓmʾ*	D ›(sehr) durstig sein‹: Ptz. *mẓma* 1.15:I:2

Appendix 2 : Deutsch - ugaritisches Glossar

abbrechen, abhauen √*qṣṣ* Š
Abgabe/Tribut leisten √*ṯkr* Š
Abgeschnittenes, Stück (Fleisch) *qṣ*$_2$
abkneifen, (Ton) abkneifen, kneifen √*qrṣ*
Abrechnung, Rechnung *ḥṯbn*
Abrechnung, Rechnung *ḥṯb*
abschneiden √*bṣʿ*
abschneiden (Haar); (Schaf) scheren √*gzz*
abschneiden, niedermetzeln √*ḫrm*
Abschneiden (von Fleischstücken) *qṣ*$_3$
Abschneiden (von Trauben) *šmtr*
abschütteln √*nʿr* D
abstreifen, entfernen √*ʿdy*
abwischen, entfernen √*mḥy*
ach dass/wenn doch! *aḥl*
ach bitte! *an*$_4$
ach!, wehe! *u*$_2$
acht (Exemplare) machen √*ṯmn(y)* tD (od. Š)
acht *ṯmn*$_1$
achter *ṯmn*$_2$
achtlos sein, verachten, vernachlässigen √*ṯkḥ*$_2$
achzig, 80 *ṯmnym*
Ackerfurche *ʿn*$_2$* / *ʿnt**
Ackerfurche *tlm*
Ackerland, kultiviertes Land *mḥrṯt*$_1$
Adler, Falke(?) *nšr*
Ähre *šblt*
allein *bddy*
allein *lbdm*
allein, alleinstehend, einzig *yḥd*
alleinstehend, einzeln *aḥd*$_2$
alles mögliche *klkl*
als König einsetzen √*mlk* D
alt *yṯn**
alt sein/werden √*yṯn*
Altar *mdbḥ*
am folgenden/nächsten Tag *ʿlm*$_2$
am dritten (Tag) *ṯlṯt*$_2$
Amphore, (Wein-)Amphore *rḥb*$_2$*
Amphore, (großer) Krug *kd*$_2$
an der Hand nehmen, (fest) fassen, halten √*mṯk*
anbieten :: sich anbieten; das Seinige beitragen √*dlw*
anbinden, an den Gürtel binden, festbinden √*šns* D
anbinden; (Zugtier) anspannen, anschirren √*ṣmd*
anderer *ṯn*$_3$
ändern, (Gelübde) brechen √*ṯny*$_2$ D
aneinander rütteln √*nwʿ* Gt
aneinander zerren √*mṣḫ* N
Anfang *rišyt*
anflehen, (beschwörend) anrufen, beschwören √*ṣlw/y* D
anfüllen; erfüllen, einlösen √*mlʾ* D
Angehöriger, Verwandter *yly**
angenehm, lieblich, gut *nʿm*$_1$
angenehm, üppig, reichlich machen √*ʿdn* D
angreifen √*ʿwl*
angreifen √*ġwr*$_2$ Gt
Angreifer, Räuber *ġr*$_4$*
angrenzen (Felder) √*ʿqb*
Angst haben √*ṯtʿ*
Angst haben √*dḥl*
Angst haben, sich fürchten √*yrʾ*
ankommen, hinkommen, eintreffen √*mġy*
anlocken, anziehen √*kšd*
anschirren √*mdl*
anschreien, schelten, tadeln √*gʿr*
anschwellen √*ġdd*
Anteil, Portion *ksm*$_1$
antreffen, finden √*mẓʾ*
antreiben, (Tier) antreiben, wegtreiben √*ḥdw/y*
antreiben, (ein Tier) antreiben √*ydn*
Antwort *mʿn*
Antwort *tʿn*
antworten, erwidern √*ʿny*$_1$
anvertrauen √*srr* Gt

anziehen (Kleider), sich bedecken mit √*ksy/w*
anzünden, niederbrennen √*bᶜr*$_1$ D
Appetit; Seele, Leben *npš*$_1$
Arbeiter *ᶜbd*$_2$
Arbeiter *bᶜl*$_2$
Areal, Kreis *minš*
Arm, (Unter-)Arm *ḏrᶜ*
arm, elend *abyn*
Art, Species (von Tieren) *mn*$_4$
Assistent, Helfer *qym*
auch, ebenso; (so)gar, ja, fürwahr *ap*$_1$
auch, ebenso *apn*$_2$
auf den Schultern tragen √*ṯkm*
auf, zu Lasten von *ᶜl*$_1$
auf seinen Fußsohlen / Zehenspitzen *ḫrẓp*
aufessen, verzehren √*qṣy*
auffahren, davonspringen √*ntr*
aufgebraucht werden √*kly* Gp
Aufgeld, Zins *trbyt*
aufgelöst werden (in einer Flüssigkeit) √*mss* Gp
aufgelöst werden (in einer Flüssigkeit) √*mss* Gp
aufgetrennt *prq**
aufhorchen, Acht geben √*šmᶜ* Gt
aufhören, innehalten √*štk*
aufladen/hochstemmen, tragen, stützen √*ᶜms* D
auflesen, pflücken, einsammeln √*ʾsp*
Aufleuchten, Erstrahlen, Aufgehen (Sonne) *tgh*
aufmerken, verstehen, kennen √*byn*
aufrichten :: sich aufrichten (Skorpion) √*qwn/qyn* D*
aufscheuchen √*ntr* Š
aufschlitzen √*bqᶜ*
Aufseher *ᶜšr*$_3$*
aufstehen √*qwm*
aufstellen, aufrichten √*nṣb*
aufwachen, erwachen √*ḫyṯ*
aufwachen; geweckt werden √*ᶜwr* N
aufwecken √*ḫyṯ* Š
Aufzählung, Zahl *spr*$_1$
Aufzählung *mnt*$_2$
Augapfel *ᶜpᶜp-*
Auge *ᶜn*$_1$
Augen :: dünn behaarte Stelle (zwischen den Augen) *uzᶜrt*
aus / in der Ferne *mrḥqtm*
ausbreiten :: sich ausbreiten √*prš* Gp / N
auseinanderreißen, trennen, lösen, befreien √*prq*
ausfragen, sich erkundigen √*šʾl* Gt
Ausgang, Herkunft(sort) *ẓu*
ausgebreitet/bereitet werden (Bett) √*rbd* Gp
ausgegossen werden √*šdy/w* Gt
ausgegossen werden √*nsk* Gp
ausgegossen werden √*yṣq* Gp
ausgeliefert werden (Waren) √*yṣʾ*
ausgerüstet werden (Heer) √*ngb* Gp
ausgeschüttelt werden √*nᶜr* Dp
ausgezehrt sein (Pferd) √*khp*
ausgießen (Trankopfer) √*nsk* D
ausgießen √*šdy/w*
ausgießen, vergießen √*ntk*
ausgießen √*nsk*
aushändigen, übergeben, schicken √*šlḥ* D
aushöhlen, graben √*kry/w*
ausliefern, aushändigen √*ytn* Š
Auslösung, Bezahlung, Austausch *tpdt***
ausreißen, hinwegraffen √*ʾsp* Gt
ausrufen, verkünden, proklamieren √*pᶜr*
aussäen √*drᶜ*
Ausschmückung, prachtvolle Ausstattung *ṯkt*
aussehen √*ʾmr*$_2$ Gt
Aussehen, Erscheinung *ru**
Aussichtswarte *mṣpt*
Ausspruch, Nachricht, Bescheid *rgm*
Ausstattung, Ausrüstung, Kleidung *npṣ*
ausstehen, übrig bleiben √*šʾr* Gt
Auswuchs, Höcker *ġṣb*
Auszubildender, Rekrut *ġmr*
Bachrinne, Flussbett *apq*
Bachtal *nḫl*$_1$
backen (Brot) √*ʾpy*
Bäcker (von Brotlaiben) *kkrdn**
Bäcker *apy*

Baldachin *ḫym*
Ball, Kugel *kdr**
Ballen (Flachs) *mispt**
Band, Türschloss(?) *mʿlt***
Band, Gurt (für Gewänder) *kbl*
Bankett, Trinkgelage *ʿšrt*$_3$
Bär *db*
barmherzig, empfindsam sein √*rḥm*
Bart, Kinn *dqn*
Bauch, Eingeweide *krs*
bauen, herstellen √*bnw/y*
beanspruchen, für sich selbst bestimmen √*kwn* Št
Becher, Kelch *krpn*
Becher *ks*
Becken *agn*
bedecken vernichten √*ksy/w* D
bedeckt, verdunkelt sein √*ʿmm* Dp*
bedeckt sein, überzogen sein √*nw/yb*
bedeckt (sein) √*prš(ʾ)*
Bedeckung *mks*
Bedeckung, (Ober-)Gewand *kst*
bedienen √*sʾd*
bedienen, arbeiten √*ʿbd*
Bediensteter (des Königs) *ḫzr*$_1$
bedrängen √*ngš*
bedrängen, bedrücken √*ʿšy* D/G
bedrängen; packen √*ṣw/yq* Š
Bedrücktheit, Bangigkeit *ṣr*
Befehl erteilen √*pqd*
befreien, erretten √*plṭ* D
Befriedigung *npy*
begeben :: sich wenden, sich begeben zu √*nḥw/y*
begegnen lassen, darreichen, (Opfer) darbringen √*qry* D
begegnen, treffen √*qry*
begehren, erbitten √*ʾrš* D
begehren, Lust haben √*ḥmd*
Begehrenswertes, Kostbarkeit *mḥmd*
begießen √*ntk* Š
begraben √*qbr*
begrenzen √*ġṣr*
Begrenzer, Zerteiler *agzr**
behauen, schnitzen, formen √*nḥt*$_1$ D
behauener Stein *pslt*
bei, um ... herum *ʿd*$_4$

beide *klat*
Beine *išd-*
Beißen, Biss *nṯk*$_2$
beißen √*nṯk*
Beißer *nṯk*$_1$
Bekanntschaft *dʿt*$_2$
bekleiden :: sich bekleiden √*lbš*
bekleiden √*lbš* Š
bekommen, erhalten, besitzen √*rṯy*
Bekränzung, Krönung, Kranz *ʿṭrṭrt*
belagern √*srr*
belehren √*lmd* D
belehren, unterweisen √*ysr* D
belehren √*ysr*
bellen (Hund); muhen (Kuh) √*zġw*
Bellen, Gebell *zġt*
bereitgestellt werden √*kwn* Šp
bereitstehen, fest sein √*kwn*
Berg *ġr*$_1$
Berg *hr*$_1$*
beriemt, mit (vielen) Riemen / Schnüren versehen *qblbl*
beschenken √*mgn* D
beschenken; bedienen √*ġẓy/w* D?
beschimpfen √*ypṯ* D
beschlagen sein (mit Edelmetall) √*ṣpy* Gp
beschmutzt sein (Himmel) √*lʾy*
beschneiden, stutzen √*qṣṣ* Š
beschneiden (Reben) √*zbr*
beschützen √*nġr*
beschützen √*yqy*
beschwören, anflehen, (beschwörend) anrufen √*ṣlw/y* D
Beschwörer, Magier *ḥbr*$_2$*
Beschwörer *mlḫš* (D-Ptz)
Beschwörer *dbb*$_2$*
Beschwörung, Gebet *ṣly*
Beschwörungswort *dbb*$_2$*
beseitigen, tilgen √*nsḫ*
Besitz :: in Besitz nehmen √*yrṯ*
Besitzer, Eigentümer *bʿl*$_1$
besorgen (etwas für jmdn.) √*skn*
besteigen, (mit einem Wagen) fahren, reiten √*rkb*
Bester, der/das erste, Beste *prʿ*
bestimmen, (Zeitpunkt) bestimmen √*yʿd*
bestimmen, entscheiden; herrschen

über √*ḥtk*
bestimmen √*kwn* Š
bestrichen sein / werden √*mrḫ* Šp
betrüben, quälen √*šqp*
Bett, Lager *mṯt*
Bett, Liege(statt) *mškb*
Bett *ʿrš*
beugen :: sich beugen / neigen, niedersinken √*ġlw/y*
Beute machen, rauben, plündern √*šll*
bewachen, schützen √*ḏmr*$_1$
Bewachung *nġr*$_1$**
beweint sein, werden √*bky/pky*N
bewirten √*ʿšr*
bewirten, zu einem Mahl einladen, Getränke servieren √*ʿšr* D
bezahlen √*nsʿ*$_2$Š
bezahlen √*nsʿ*$_2$ / *nšʿ*
bezahlt, (vollständig) bezahlt, abgegolten *šlm*$_5$
Bezeugung, Zeugenschaft, Gesandtschaft *tʿdt*
biegen, krümmen; (Bogen) spannen √*qbb*
Bildnis, Götterbild, Statue *ṣlm*
binden, an den Gürtel binden, festbinden √*šns* D
binden, anbinden, anspannen (Zugtier) √*ʾsr*
binden √*rks*
binden; (Zugtier) anspannen, anschirren √*ṣmd*
bis, hin zu *ʿd*$_3$
bitte! *mʿ*$_2$
bitten √*ġtr*$_1$
bitter; Bitterkeit, Leid *mr*$_2$
Blasebalg *mpḫ**
Bleicher, Färber *yṣḥ*
Blick (der Augen) *ṣp*
blind *ʿwr*
Blindheit *ʿwrt*
Blitz *brq*
Blut, (roter) Saft *dm*$_2$
Blutrache üben, sich rächen √*ṯʾr*$_1$
Böckchen, (Ziegen-)Böckchen, Zicklein *gdy*
Bogen *qšt*
böse Tat, Unrecht *ġlt*
Böses antun √*ʿwl*
Bote *ʿdd*
Bote *mlak*
Boten schicken √*lʾk* D
Botschaft, Nachricht, (weisheitlicher) Bescheid *tḥm*
Brandopfer *šrp*
braten, rösten √*ḥrk*
braun / rötlich sein √*ṣḥrr*
Braut, Verlobte, Schwiegertochter *klt*$_2$
Brautgeld, Hochzeitsgabe *mhr*$_3$
Brautpreis *trḫt*
brechen, zerbrechen √*prr*
brechen, zerbrechen √*ṯbr*
Brecher *ṯbr*
breit, weit *rḥb*$_1$
brennen, rösten; verdorren √*ḥrr*
Brieftafel *lḥ**$_2$
Bronze *spr*$_4$
Bronze, Kupfer *ṯlṯ*$_4$
Bronzeschmied, Metallhandwerker *sbrdn*
Brot-, Speisevorräte, Proviant *nzl*
Brot, Speise *lḥm*
Bruchfeld *aklt*
Bruder *aḫ*$_1$
brüllen, schreien √*gʿr*
Brunnen, Quelle *nbk*
Brust *irt*
Brust, Euter *ṯd*
Brüstung *ḫnpt*
Brustwarze, Zitze *zd*
Buckel, Höcker *ʿṯqb**
Bündel *iṣr*
Bürge *ʿrbn*
Bürgschaft leisten √*ʿrb*
Clan *qbṣ*
Dach(terrasse) *gg*
Dame *št*$_2$
danach, daraufhin *aphn*
danach, nachher *aḫr*$_1$
danach, daraufhin *apnk*
dann, daraufhin *idk*
dann, schließlich *mk*$_1$
daraufhin *bkm*
darbieten, (als Opfer) darbringen √*qrb* Š
darbringen (Opfer), opfern √*qdš*

Darlehen, Kredit *ud*
Darm entleeren; die Notdurft verrichten √*ḫrʾ*
darreichen √*pwq* Š
Dattel *tmr*
Dattelrispe *ssn*
Dauer, Zeit *ʿd*$_1$
davonspringen, auffahren √*ntr*
Decke *ḫlpn*
Decke *mrbd*
Deichsel (des Wagens) *tr*$_2$
denn, weil, dass; wenn, (sobald) als; falls; wie *k*$_3$
denn; weil *kd*$_1$
der da, dieser *hn*$_3$
dick, groß, mächtig *gdl*$_1$
Dicke, Größe; Stärke, Macht *gdlt*$_2$
dickes Brot, Dickbrot (als Opfermaterie) *gdlt*$_1$
Dickicht *sk*$_2$
Dickicht *ġl*
Dickmilch, Butter *ḫmat*
dienen, arbeiten √*ʿbd*
dienen, (kultisch) dienen √*šrd* D
Diener, Assistent, Minister *ḫnzr*
Diener, junger Mann *ġlm*
Diener, Gehilfe *s/s̀ġr*
Diener, Sklave *ʿbd*$_1$
dieser *hnd*
dingen, (für Geld) dingen, mieten √*ʾgr**
Dirnen (Dual), Prostituierte *mštʿltm*
doch!, bitte! *mʿ*$_2$
Donner *rʿt*
Donnerkeil *mdl*$_2$
doppelt, das Doppelte, Zweifache *ṯnnt*
dort *ṯmn*$_4$
dort *ṯm*
dort *hnkt*
dort *hnk*$_2$
dort *ṯmt*
drängen √*ʿṣṣ*
drehen, tanzen lassen (Finger) √*krkr*
drei *ṯlṯ*$_1$
Dreiergruppe *ṯlṯt*$_4$
dreifach, das Dreifache *ṯlṯt*$_3$
dreimal *ṯlṯid*
dreißig, 30 *ṯlṯm*
Dreizahl, Triade *ṯlṯ*$_3$
Dreschplatz, Tenne *grn*
dritt :: zum dritten Mal tun √*ṯlṯ* D
dritt :: am dritten (Tag) *ṯlṯt*$_2$
Drittel *mṯlṯ*
Drittelschekel *ṯlṯt*$_1$
dritter *ṯlṯ*$_2$
dritter (Tag) :: am dritten (Tag) *ṯlṯt*$_2$
Drittfrau *mṯlṯt*
du (m.) *at*$_1$
du (f.) *at*$_2$
du *atm*
dunkel sein √*ġlm*
Dunkelheit *ġlmt*$_2$
dünn, fein *qṭn*
dünn behaarte Stelle (zwischen den Augen) *uzʿrt*
dünn, klein, fein, schwach *dq*
dünn, fein *rq*$_1$
dünnes Fladenbrot, Flachbrot (als Opfermaterie) *dqt*
durchbohren, erstechen, töten(?) √*ṭʿn*
durstig sein √*ġmʾ*
durstig sein √*ẓmʾ* D
Ebenholz *hbn*
ebenso, desgleichen, ditto *kmm*
Ecke *pnt*
edel, vornehm *ṯʿ*$_2$
Edelstein(e) *ilqṣm*
Ehefrau, Frau *aṯt*$_1$
Ehefrau, Gattin *mtrḫt*
Ehre erweisen, verehren √*kbd* D
eifersüchtig sein √*ġwr*$_2$ Gt
eifrig / zuverlässig sein √*ʿkd*
Eigentum *sglt*
Eigentümer *bʿl*$_1$
eilen, hasten √*ʿbṣ*
eilen, schnellen, schießen (intr.) √*ġḏḏ*
eilen, sich beeilen √*hwš*
eilen, galoppieren √*ytḥ* D
eilen √*ḫwš*
eindringen, eintauchen √*ġll*
eindringen, hineingehen, eintauchen √*ġll*
eine *aḥt*
eine(r), eins *ʿšt*

eingehüllt, bedeckt, verdunkelt sein √ᶜ*mm* Dp*
Eingeweide / Körperflüssigkeit *mm*ᶜ
Eingeweide, Niere *klyt-*
einkerben, einschneiden $ḥrṣ_3$
Einladung, Gastmahl *qrat*
Einrichtungsgegenstände, Möbel ᶜ*dbt*
eins (Tag eins) ᶜ*šty*
eins, einer $aḥd_1$
einschlafen, schlafen √*yšn*
einschließen, belagern √*ṣrr*
eintauchen √*ġll*
Eintreten, Eintritt ᶜ*rb*
eintreten lassen; hineinführen √ᶜ*rb* Š
eintreten, kommen √*bwʾ*
eintreten, hineingehen √ᶜ*rb*
einverleibt, einbezogen werden √ᶜ*rb* N
Eisen *brḏl*
Elite(truppen) *bḥr***
Ellbogen, Elle amt_2
Emmer $ks/śm_3$
empfangen, schwanger werden √*hry*
Empfängnis hr_2
emporschnellen (Schlange) √*yṯq*
Ende, Zukunft *uḫryt*
Ende, (oberes) Ende, (oberer) Rand *aps*
Ende, Schicksal *aṯryt*
Ende, Rand, Gewandzipfel $qṣ_1$
Ende, Spitze (eines Stockes) *uḫry*
enden, zu Ende sein/gehen √*kly*
eng sein; einschließen, belagern √*ṣrr*
entbunden brr_1
entfernen √*rḥq* D
entfernen √*nsy/w*
entfernen :: sich entfernen √*nkr*
entfernen :: sich entfernen, weichen √*sw/yr*
entfernen, vertreiben $√ydy_4$
entfernt werden (Feuer) $√ydy_4$ Gp
entlassen; (Kinder ohne Erbe) ziehen lassen √*bhl*
entleeren √ᶜ*rw* D
entweiht, desakralisiert, profan sein √*ḥll*
entweiht *ḥrm***
er *hw*
Erbauer, Schöpfer *bny*
Erbe, Erb(sohn) *nḥl*
Erbe, Erbbesitz *yrṯ*
erblicken $√ʾmr_2$ Gt
Erbteil *nḥlt*
Erde, Land, Unterwelt *arṣ*
Erdscholle, Erde, Lehm *rgbt*
Erfolg, Triumph *tšyt*
erfreuen, beglücken √*šmḫ* Š
ergreifen, nehmen, halten √ʾ*ḫd/ḏ*
erhaben / erhoben sein √*rym*
Erhabenheit, Hochmut $šnt_3$
erhalten, erlangen √*pwq* Gt
erhalten bleiben √*šlm* N
erheben :: sich (gegen jmdn.) erheben √*yp*ᶜ
erheben :: sich erheben √*nqh*
erheben, (Stimme) erheben √*nšʾ*
Erhebung, Darbringung (eines Opfers) *trmmt*
Erhebungsopfer :: als 'Erhebungsopfer' dargebracht werden √*nwp* Šp
erhitzt werden √*ḥmm* Šp
erinnern :: sich erinnern, gedenken √*ḫss*
erlangen, finden; sich (etwas) nehmen √*pwq*
Erlaubnis *idn*
erneuert werden √*ḥdṯ* Šp
erniedrigen, unterwerfen √ᶜ*nw/y* D
erobert werden √ʾ*ḫd/ḏ* Gp
erregen, (an-)reizen √*ḫws* D*
erregen √ᶜ*wr* D*
erregt werden √ᶜ*wr* Dp*
errichten (Gebäude), als Weihegabe darbringen √*rym* D*
Ersatz (Fronarbeit) leisten √*šlm* Š
Ersatz *rib*
erschaffen, hervorbringen √*qny*
erschaffen √*kwn* D*
erscheinen √*phy/w* N
erschrecken, in Schrecken versetzen, zum Zittern bringen √*nṯṯ* D*
erstgeboren *bkr*
Erstgeburtsrecht verleihen √*bkr* D
Ertrag (des Bodens), (landwirtschaftliches) Produkt ybl_1

erwerben; erzeugen, erschaffen, hervorbringen √*qny*
erwidern √*ᶜwd* tD*
erzählen √*ṯny*$_1$
Erzählung, Rezitation *mspr*
erzeugen, erschaffen, hervorbringen √*qny*
Erzeugnis *bnt*$_1$
erzürnt sein √*ḫnp*
es gibt *iṯ*
es gibt nicht *inn*
Esche *ṯqb**
Esel *ḥmr*$_1$
Eselhengst *ᶜr*$_2$
Eselin *atn**
Eselsgeschrei *nhqt*
Essen, Speisen *ikl*
essen √*ʾkl*
essen, aufessen, fressen √*lḥm*$_1$
Essen geben, verproviantieren √*ṣyd*
Essen zuteilen, darreichen, füttern √*spʾ*
Essig *ḥmṣ*
Ewigkeit *dr(.)dr*
fahren (mit dem Wagen) √*mšr* Š
Falke *nṣ*
Falke(?), Adler *nšr*
fallen, sterben √*npl* Gt
fallen √*npl*
fallen lassen, zu Fall bringen, hinabstoßen √*npl* Š
falls, ob *hm*$_1$
falls *k*$_3$
falsch *sr***
Familie *umt*
Familie, (Groß-)Familie, Sippe; Nachkomme(n) *špḥ*
Färse, Jungkuh *ᶜglt*
Fasten *ẓm*
Fasten *ṣm*
fehlen √*ḫlq*
fehlen, entbehren, Mangel haben √*ḫsr*
fehlen, nicht vorhanden sein √*ḫlq*
fehlen, abwesend sein √*ṣrk*
Feige, Feigenkuchen *dblt*
Feige(nbaum) *tt***
Feind *ib*$_1$
Feind *šnu**
Feindschaft; Feind *ṣrt*
Feindschaft; Feindseligkeit *ibt*
Feingold *pḏ*
Feld, Gefilde *šd*$_1$
Fenster, Öffnung *urbt*
Ferkel *ḫnṣ***
fern sein, sich entfernen √*rḥq*
fern *rḥq*
ferne Zeit, Ewigkeit *ᶜlm*$_1$
Ferne :: aus / in der Ferne *mrḥqtm*
Ferne *mrḥq**
fest, stark, sicher *ṯrr**
fest (stehend); fest verankert *kn**
fest sein √*kwn*
festbinden, befestigen √*ᶜtk*
festgehalten werden √*ʾḫd/ḏ* N
Festmahl *kr*$_2$
Festung *mṣd*$_2$
Festung *ḥl*$_1$
fett machen, mästen √*mrʾ*
fett *šmn*$_3$
Fettiges, Fett *šmt*$_2$
Feuer *iš*
Feuer *išt*
Feuer(stelle) *ur*$_2$*
fevelhaft, ungerecht handeln √*ršᶜ*
finden √*škḥ*
finden √*mẓʾ*
finden, erlangen; sich (etwas) nehmen √*pwq*
Finger *uṣbᶜ*
Finsternis *ẓlmt*
Fisch(e) *dg*
Fischer *dgy*
Flachbrot (als Opfermaterie) *dqt*
Flachs, Leinen(gewebe) *pṯt*
Flachs *qṭ*
Flamme, Feuerstrahl *nblu*
Fleisch *šir*$_1$
Fleisch *bšr*
fliegen √*dʾw*
fliegen √*rḥp*
fliegen √*ᶜwp*
fliegend(es Tier), Vogel, Geflügel *mṣrr*
fliehen, den Rücken zuwenden; zurückweichen √*dbr*$_1$ D
fliehen √*brḥ*
fliehen, davonfliegen (Vögel) √*npr*

fliehen, zurückweichen *√nws*
fliehen *√ndd*$_1$
fliehend, dahineilend *brḥ*
fließen (Bäche) *√hlk*
Flöte *ṯlb*
Fluch, Verfluchung *alt*$_2$
fluchen, verfluchen *√yṣm*
Flügel, Schwinge *diy*$_2$
Flügel *knp*
Flügel *mknpt*
Fluss, Strom *nhr*
flüssig machen, verflüssigen *√lḥḥ* Š
folgen, angrenzen (Felder) *√ʿqb*
folgend :: am folgenden/nächsten Tag *ʿlm*$_2$
fordern, suchen, verlangen *√bqṯ* D
fordern *√bqṯ* D
Forderung *ša/il*$_2$*
Form, Gestalt *sknt*
formen, schnitzen, behauen *√nḥt*$_1$ D
formen, behauen *√nḥt*$_1$ D
fortschicken *√rḥq* Š
Fragen *šal*$_1$
fragen *√šʾl*
Fragen *šil**
Frau, Ehefrau *aṯt*$_1$
Frauen(volk) *ṯinṯt*
Frauensänfte *ḥdg*
frei, rein sein *√brr*
frei, (von kultischen Pflichten) entbunden *brr*$_1$
frei von kultischen Pflichten *ḥl*$_3$
freigebig sein *√ndb*
Freiheit, Ungebundenheit *ḫpṯt*
freikommen, weglaufen, fliehen *√ḫbṯ*
Freilassung *tbrrt*
Fremder sein, als Fremder wohnen *√grgr*
Fremder *nkr*
Fremder *gr*
Fremdling sein, sich als Fremder aufhalten *√gwr*
Freude *šmḫt*
freuen :: sich freuen, frohlocken *√ḥdy*$_2$
freuen :: sich freuen *√šmḫ*
freuen :: sich freuen *√ḫdy/w*
freuen :: sich über eine gute Nachricht freuen *√bšr*
Frevler *ršʿ*
Frieden, Heil *šlm*$_1$
frohe Botschaft *bšrt*
fröhlich sein, feiern *√ʿrs*
Frosch *pqq*
Frucht, (Baum-)Frucht, Obst *pr*$_1$
Fruchthülle, Hülse *ġlp*
Frühregen (im Herbst) *yr*
Fülle, volle Menge *mlu*
Fülle *mlat*
Fundament(e) *msdt*
fünf *ḫmš*$_1$
fünft :: zum fünften Mal tun *√ḫmš* D
Fünftelschekel *ḫmšt*
fünfter *ḫmš*$_2$
Fünftfrau *mḫmšt*
fünfzig, 50 *ḫmšm*
für, zu; gegen; von ... weg *l*$_1$
furchtsam, verzagt sein *√yʿr*
Fürst *zbl*$_1$
Fürstentum *zbl*$_2$
Furt, Pass *mʿbr*
fürwahr, gewiss *l*$_4$
fürwahr! *al*$_2$
fürwahr!, gewissr *k*$_4$
fürwahr! *uk*
fürwahr!, gewiss! *dm*$_1$
Fuß, Bein *rgl***
Fuß, Basis (eines Berges) *št*$_1$
Fuß *pʿn*
Füße (zum Sprung) heben, springen *√dʿṣ*
Fußknöchel *qṣrl/n*
Fußschemel *hdm*
Fußsohlen *ḫrṣp*
füttern, zu Essen geben *√lḥm*$_1$ Š
füttern, darreichen *√spʾ*
Futtural, Gewebe *nšg*
Gabe, Geschenk *itnn*
Gabe *ytnt*
Gabe, (einzelne) Gabe, Geschenk, Tribut *mnḥt*
Gabe(n), Tribut *mnḥ*
Gaben überreichen, beschenken; bedienen *√ġzy/w* D?
galoppieren *√ytḥ* D
galoppieren, eilen *√ytḥ* D

Gans *uz*
Ganzheit; vollkommen, vollständig; ein jeglicher(?) *kll*
Garten, kultiviertes Land *gn*
gastlich aufnehmen √*ṯwy*
Gattin, Ehefrau *mtrḫt*
Gattin von freier Geburt *ṣrdt*
Gazelle *ẓby**
gebären √*yld*
gebären (viele Kinder) √*yld* D
Gebären, Geburt *yld*$_2$
Gebäude *bnwn*
geben *ntn*
Geben *tn*
geben √*ytn*
Geben *ttn*
Gebet *ṣlt*
Gebieter *ḥtk*$_1$
Gebirge *qʿl*
geboren werden √*yld* Gp
gebracht werden √*ybl* Gp
Gebrüll *ṯigt*
Gebrüll (von Rindern) *gʿt*
Geburtswehen haben, kreißen √*qnṣ* Gt
Gefahr *skn*$_3$
Gefangener *asr*
Gefangener *šb*
Gefäß *dn*$_2$
Gefäß *mṣrrt*
gefragt werden √*šʾl* Gp
gefunden werden √*škḥ* N
gegeben werden √*ytn* N
Gegenwert, Kaufpreis *mḫr*$_1$
Gehässiges sagen, geifern, verleumden √*lšn* D
Geheimnis *prṯt*
Gehen, das Gehen / Schreiten *hlk*$_1$
Gehen *lkt*
gehen, fließen (Bäche) √*hlk*
Gehilfe, Diener *ʿnn*
Gehorsamspflichtiger, Höriger, Untertan *mšmʿt*
Geist, Gesinnung *rḫ*
Geklirre *mṣlt*
gelb/grün *yrqn***
gelbes (Metall), Gold *yrq*
gelegt/gesetzt werden √*šyt* Gp
Geliebte *mddt*
geloben, versprechen √*ndr*
Gelübde, Eid *ndr*
Gelübde ablegen, geloben, versprechen √*ndr*
gemästet *mru*$_2$
genau (nach)sehen, prüfen; lauern √*bṣr*
genau untersucht werden (Leber) √*bqr* Dp
genau zu diesem Zeitpunkt *bnm ʿdt*$_2$
Genosse, Gefährte, Freund *rʿ*
Genosse, Freund *ḫbr*$_1$
geöffnet werden √*ptḥ* Gp
gepackt/erobert werden √*ʾḫd/ḏ* Gp
gerecht, rechtmäßig *ṣdq*$_2$
Gerechtigkeit, Rechtschaffenheit *ṣdq*$_1$
Gerste *šʿrm*
Geruch, Duft, Parfüm *rḥ*$_2$
gerufen werden √*qrʾ* Gp
gesagt / genannt werden √*rgm* Gp
gesalzen, eingesalzen (haltbar gemachtes Fleisch) *mlḥ*$_2$
gesammelt werden; sich sammeln √*ʾsp* N
Gesamtheit *klny-*
Gesamtheit, Alles *klt*$_1$
Gesamtheit; alle(s); jeder *kl*
Gesandtschaft, Gesandter (mit Eskorte) *mlakt*
Gesang, Lied *šr*$_1$
Gesäß, Hintern *ḫlq**
geschärft (Messer/Schwert) *lṭš*
Geschenk, Gabe *ušn*
Geschenk *mtn*$_2$
Geschenk *mġẓ*
Geschenk, Gabe *ṯmn*$_3$
geschickt *ḥrš*$_2$
geschlachtet werden √*ṭbḫ* Gp
geschlagen werden (Heer) √*ḫtʾ* N
geschöpft(er Wein) *ḥsp*
Geschrei, (lautes) Geschrei *tnqt*
gesegnet *brk*$_1$*
gesegnet werden √*mrr*$_2$ N
gesetzt, inthronisiert werden √*yṯb* Šp
Gestalt *tmn*
Gestalt *tmnt*
Gestammel *tʿlgt*

Gestrüpp *yġl**
Gesundheit *kṯr*
Getier *dbb*$_1$
Getränkeration *mštt*
Getreide, Same *ḏrʿ*
Getreide, Speise *akl*
Getreidehaufen *ġrmn*
Getreideration, Verpflegung *ḥpr*
gewähren √*šʾl* Š
Gewand, Obergewand *md*$_1$
Gewand, Bedeckung *mks*
Gewand, Bedeckung *kst*
Gewand *ṣt*
Gewandzipfel *qṣ*$_1$
Gewebe, Futtural *nšg*
Geweihte, Priesterin *qdšt*$_1$
Geweihter *qdš*$_3$
Gewicht *mzn*
gewiss!, fürwahr! *k*$_4$
gewiss!, fürwahr! *al*$_2$
gewiss!, fürwahr! *uk*
Gewittersturm *ḫḏ*
Gewittersturm, Gewitterwolke(n) *ḫḏḏ*
Gewölk *ġrpl*
gewunden *ʿqltn*
gezählt, gerechnet werden √*spr* N
gezogen, gezückt (Messer) *mlḥ*$_1$*
gezückt (Messer) *mlḥ*$_1$*
Gezweig, Gestrüpp *pilt**
Gier, Appetit *brlt*
Gier, Appetit; Seele, Leben *npš*$_1$
gießen, (aus)gießen, vergießen √*špk*
gießen, ausgießen; (Metall) gießen √*yṣq*
Gift (einer Schlange) *ḥmt*$_3$
Gipfel / Höhen / Festung (des Berges Ṣapānu) *ṣrrt*
Gitterfenster *ḥrk*
Glanz, (heller) Glanz, Pracht *nmr*
Glanz, (heller) Glanz, Pracht *nmrt*
glanzvoll, herrlich sein √*ʾwr* N
Glasur *spsg* / *śpśg*
Glückseligkeit *išryt*
gnädig, barmherzig sein √*ḥnn*
Gold *ḫrṣ*
Gold, Feingold *bẓr*
Gott *iln*
Gott *il*$_1$
Göttin *ilt*
göttlich *ilny**
graben, aushöhlen √*kry/w*
Granatapfel *lrmn**
graues Haar; Alter *šbt*
Grenze *ʿp/bs/ś*
Grenze, Ende *ksm*$_2$
Griff *mṣbṭ**
groß, mächtig, vornehm *adr*
groß, viel *mid*$_2$
groß sein √*rby*
groß *rb*
groß, dick, mächtig *gdl*$_1$
großartig, gewaltig *ʿẓm*$_3$
Größe; Stärke, Macht *gdlt*$_2$
Größe; Dicke, Stärke, Macht *gdlt*$_2$
Großvieh(herde) *bqr*
Grube, Gruft *ḫrt*
Grube, Loch *mhmr**
Grube, Senke, Erdloch *mk*$_2$
Gruß *bhṯ*
Gurke *kš*
Gurt, Gürtel *ḥbš*
gut *ṭb*
gut, angenehm, lieblich *nʿm*$_1$
Güte, Barmherzigkeit *ḥnt*
gute Nachricht bringen √*bšr* D
guter Zustand, Gesundheit *kṯr*
Haar, Vlies, Schafsfell *šʿr*
Haar, Schurwolle *šʿrt*
Haarflechte, Haarsträhne *mḫlpt*
Hacke *ulṯ*
Hacke *nit*
Hackmesser, Handbeil *mʿṣd*
Hafen *miḫd*
halbieren, spalten √*bqʿ*
Halbschekel *nṣp*
Hälfte *mltḥ*
Halskette *ʿnq*
Hammer *mqb*
Hand, Unterarm *yd*$_1$
Hand :: in der Hand von *bd*$_1$
Hand ausstrecken; schicken √*šlḥ*
Handelsagenten, Vertreter *bdl**
Handelsware(n) *ʿḏbt*
Handfläche *rḥt**
Handfläche, Hand *kp*
Händler, Kaufmann *mkr*$_1$
Handpauke, Tamburin *ṭp*$_1$

Handwerker, Hersteller (von Geräten, Schiffen, Häusern) *ḥrš*$_1$
handwerklich tätig sein √*ḥrš* Gt
Happen, Bissen *gzr*
Harn ablassen, urinieren √*ṯyn* Gt
Harz *ẓrw*
hassen √*šnʾ*
Hast, Schnelligkeit *lsmt*
Haufen des (geschnittenen) Getreide *asm*
Haufen, große Menge *ġrm*
Haufen *ḥmr*$_2$
Haus *bt*$_1$
Haut, Tierfell *ġr*$_2$
Hautritzer *pẓġ*
Heer, Soldat(en) *ṣbu*$_2$
Heil schenken; in heilem Zustand erhalten √*šlm* D
heilen √*rpʾ*
Heiler *rpu*
heilig *qdš*$_1$
Heiligtum *mqdšt*
Heiligtum *qdš*$_2$
Heirat, das Heiraten, die Verschwägerung *ḫtn*$_2$
heiraten, ehelichen √*trḫ*
heiß sein, erregt sein (sexuell) √*ṯkḥ*$_1$
Held, Krieger *qrd*
Held; starker, kräftiger Mann *ġzr*
helfen √*ʿḏr*
hell sein, leuchten √*nwr*
hell sein; leuchten √*ʾwr*
Hengst *pḥl*
Henna *kpr*
herabsteigen √*yrd*
Heranschreiten, das Heranschreiten *tdrq*
herantreten, sich nähern √*ngš*
herausfordern, reizen, befehden √*gry*
Herausgehen, Aufgang (Sonne) *ṣat*
herausgehen, hinausgehen; ausgeliefert werden (Waren) √*yṣʾ*
herausreißen, beseitigen, tilgen √*nsḫ*
herausziehen √*nsʿ*$_1$
herbeigerufen werden √*qbʾ Gp*
herbstlich *ḫrpn*!
Herold *ngr*
Heroldin *ngrt*
Herr, Besitzer, Eigentümer *bʿl*$_1$
Herr *adn*
Herrin *adt*
Herrin *bʿlt*
Herrin, Gebieterin, Fürstin *rbt*$_1$
Herrschaft, Macht *drkt*
Herrschaft *ḥtk*$_2$
herrschen über √*ḥtk*
Herrscher, Gebieter *ḥtk*$_1$
herstellen (lassen) √*bʿl* Š
herumziehen √*twr*$_1$
Herz, Sinn *pid*
Herz; Sinn, Absicht *lb*
heulen, klagen √*ʿtq*$_2$
Heuschrecke(n) *ḥsn*
hier *hndt*
hier *hn*$_2$
hier *hnn(y)*
hier *p*$_3$
hierher *hndh*
Hilfe *tʿḏr*
Hilfe *ʿḏrt*
Himmel *šmm*
hin- und herbewegen, schütteln √*mrmr*
hin- und hergehen, wandeln √*hlk* Gt
hinabführen, senken √*nḥt*$_2$ D
hinabsteigen √*yrd*
hinabstoßen, fallen lassen √*npl* Š
hinaufgehen √*ʿlw/y*
hinaufsteigen, hinaufgehen √*ʿlw/y*
hinausführen, hinausbringen √*yṣʾ*/*yẓʾ* Š
hinausgehen; ausgeliefert werden (Waren) √*yṣʾ*
Hinde *aylt*
hinein *pnm*
hineingehen, eindringen, eintauchen √*ġll*
hineingehen, eintreten, kommen √*bwʾ*
hingestellt, aufgestellt werden √*ʿrk* Gp
hinken, hinterhergehen, auf der Spur folgen √*mzl*
hinten, dahinter *bʿdn*
hinten; dann, später *aṯr*
hinter, im Gefolge von, nach *aṯr*
hinter, im Gefolge von *aṯr*

hinter, an der Hinterseite von *b^{c}d*
hintereinander *aḫrm*
hinterhergehen, auf der Spur folgen √*mzl*
hintreten, sich hinstellen √*ndd*$_2$
hinzutreten, vorrücken √*qdm*
Hirsch *ayl**
Hirte *r^{c}y*
Hirte *nqd*
Hitze *ḥm*
Hitze, Leidenschaft *ḥmḥmt*
hoch erhoben tragen √*rb^c*$_2$ Š
hoch sein, erhaben sein √*rym*
Höchster, der Höchste *^{c}ly*
Hocker, Schemel *ksan*
Höcker *gbṯt*
Hode *ušk**
Hof, Stall *trbṣ*
Höhe *ṣrry*
Höhe *np*
Höhe, Zenit *gbl*
Höhe(n) *mrmt*
Höhen *mrym**
hohes, mächtiges Bauwerk; Turm *mgdl*
Höhle, Grube, Gruft *ḫrt*
Holz, Baum *^{c}ṣ*
Holzsammler, Holzfäller *ḥṭb*
Honig *nbt*
hören, das Ohr neigen, hinhören √*ʾdn*
hören √*šm^c*
Hörer des Wortes *šm^c(.)rgm*
Höriger, Untertan *mšm^{c}t*
Horn *qrn*
Hub/pschu (Bez. einer niedrigen sozialen Klasse) *ḫbṯ*$_2$
Huf *^{c}qb**
Hüfte, Lende; Sehnen (der unteren Rückenmuskulatur) *mtn**$_1$
Hügel *gb^c*
Hügel *tl*
Huldigung erweisen √*ḥwy*$_2$ Št
Hülse, Fruchthülle *ġlp*
Hund *klb*
Hund *inr*
Hund, (junger) Hund *irn*
hundert *mit*
Hündin *klbt*

Hunger(snot) *rġbn*
Hunger(snot) *rġb*
hungrig sein, hungern √*rġb*
Hupschu (Bez. einer niedrigen sozialen Klasse) *ḫb/pṯ*$_1$
ich *ank*
ich *an*$_1$
ihn, von ihm *hwt*$_2$
ihr *atm*$_1$
ihr beide *atm*$_2$
im Angesicht von, vor *pn*$_2$
im Stich lassen √*b^{c}r*$_4$ D
im Gefolge von, hinter, nach *aṯr*
in, mit, durch *b*
in Wasser einweichen; waschen √*my^c* / *mw^c* Gt
in einer Flüssigkeit aufgelöst werden √*mss* Gp
in der Nacht umherstreifen √*^{c}ws*
in Unruhe geraten, schwanken (Gestalt) √*dlp*
in Staunen versetzen √*hkr*
in Besitz nehmen √*yrṯ*
in der Umgebung, bei, um ... herum *^{c}d*$_4$
in Brand setzen, verbrennen √*nšq*$_2$
in einer Flüssigkeit aufgelöst werden √*mss* Gp
in die Enge treiben, bedrängen; packen √*ṣw/yq* Š
in Sicherheit bringen, befreien, erretten √*plṭ* D
in Wallung versetzen, (Wasserfluten) in Wallung versetzen √*glṯ*
in gleicher Weise, ebenso, desgleichen, ditto *kmm*
in Schutz nehmen, beschützen √*yqy*
Innereien *ḏrq**
Inneres *ggn*
Inneres (eines Gebirges) *gpt*
Inneres *gngn*
Inneres *qrb*
inthronisiert werden √*yṯb* Šp
irgendetwas *mhk*
irgendetwas *mnk*$_2$
irgendetwas *mhk*
irgendjemand *mnmn*
irgendjemand *mnn*
irgendjemand *mnk(-m)*$_1$

Jagdbeute, Wildbret *ṣd*
Jagdbeute, Wildbret *mṣd*
jagen, (jagend) umherstreifen √*ṣw/yd*
Jägerin *ṣwdt*
Jahr *šnt*$_1$
jauchzen, kreischen √*gwl*
jauchzen √*rnn* D*
jedwede(r/s); alles mögliche *klkl*
jene *hnhmt*
jener *hnk*$_1$
jetzt *ht*
jetzt *ʿnt*
junge Frau, Jungfrau *btlt*
junge Kuh, Färse *prt*
Junge *mṯ*
Junge, Kind *nʿr*$_1$
Junge, Tierjunges *yld*$_1$
Junge *pġy*
junger Mann *bḥr/bḫr***
junger (schäumender, noch gärender) Wein *ḫmr*
junger Mann, Diener *ġlm*
Jungfrau *btlt*
Jungkuh, Färse *ʿglt*
Jungstier, Kalb *ʿgl*
Jungtier, Jungstier *pr*$_2$
Kalb, Jungstier *ʿgl*
Kammer, Zimmer *ḥdr*
kämpfen √*hṣb* Gt
kämpfen √*mḫṣ* Gt
kämpfen √*lḥm*$_2$ Gt
kämpfen √*lḥm*$_2$ N
Kämpfen *tmtḫṣ*
Kämpfer, (Elite-)Kämpfer, Krieger, Soldat *mhr*$_1$
Kanal *plg*
Kanne, Schale *qš*
Kanne (große Kanne) *kt*$_2$
Kapelle, Kultraum *ḫmn*
Karawane *ḫrn*
kassitisch *kṯy*
Kastagnetten *mrqd**
Kasten, Lade *arn*
Kaufmann *mḫr*$_2$
Kehle, Rachen; Gier, Appetit; Seele, Leben *npš*$_1$
kennen √*ydʿ*$_1$
Kessel, Kochtopf *ḫbrṯ*
Kette *ššrt*
Keule *mḫṣ*$_2$
Keule *ṣmd*$_2$
Kind, Junge, Tierjunges *yld*$_1$
Kind, Sohn *kdd*
kinderlos sein, den Nachwuchs verlieren √*ṯkl*
Kinderlosigkeit *ṯkl*
Kindheit *ṣġrt*
Kinnlade *lḥt*
Klage, Trauer *un*$_1$
Klagefrau *bkyt**
Klagegeschrei, (Klage-)Gesang *bd*$_2$
klagen, weinen, seufzen √*nwḥ*
klagen, heulen √*dmm*$_2$
klagen √*ybb*
klagen √*ʾny*
klagen √*spd* Š
Kleid(ung) *npyn*
kleiden :: sich bedecken mit; (Kleider) anziehen √*ksy/w*
Kleidung, Gewand *lbš*
Kleidung, Gewand *lpš*
Kleidung; Gewand, Mantel *mlbš*
Kleie *drt*
klein, fein, schwach *dq*
klein *ṣġr*
klein, schwach, arm *dl*
klein, in Stücke geschlagen *ktt*
klein machen, unterdrücken, erniedrigen √*dll* D
Kleinvieh(herde) *ṣin*
Kleinviehherde, Lämmer *pḫd*
Knebel *šbm*
knebeln √*šbm* Gt
kneten, reiben √*mll*
Knie *brk*$_2$
knien :: sich niederknien √*brk*$_2$
knirschen (mit den Zähnen) √*šnn* D*
Knochen *ʿẓm*$_1$
Knochen abnagen √*qṯqṯ*
kochen √*bšl*
Köcher *utpt*
Kochtopf, -gefäß *ḫptr*
Kohle(n), (glühende) Holzkohle(n) *pḥm*
kommen, gehen √*ʾtw/y*
kommen, eintreten √*bwʾ*

König :: als König einsetzen √*mlk* D
König *mlk*$_1$
König sein, als König regieren √*mlk*
Königin *mlkt*
Königtum, Königsherrschaft *mlk*$_2$
Kopf, Haupt; Oberhaupt, Anfang *riš*
Koriander *gd*$_2$*
Korn, (Samen-)Korn *m*^{c}*t*
Kot *ḫru**
Kraft, Macht, Heeresmacht *ul*
Kraft *dbat*
Kraft, Macht *lan*
Kraft *an*$_2$*
Kraft *ḥl*$_2$
Kräftiger, der Kräftige / Mächtige *ulny*
kraftlos, schwach sein √*l*^{ɔ}*w*$_2$
krank *dw***
krank sein √*mrṣ*
krank, siech *zbl*$_3$
Krankheit *mrṣ*
Krankheit *mdw*
Krankheit *ḫl*
Kranz *lyt*
Krapp, Färberröte *pwt*
kratzen, (die Haut mit den Nägeln) zerkratzen √*ydy*$_2$
Kreis, (Familien-)Kreis, Gemeinschaft *dr*
Kreis(lauf), Zyklus *nqpnt*
Kreis(lauf), Zyklus *nqpt*
kreischen, laut klagen √*nṣr*
kreißen √*qnṣ* Gt
Kreißen, Gebären *ḫllt*
kreißen, sich winden √*ḫyl*
Krieger, Held *qrd*
Krieger, Truppe *ḫrd*
Krieger, Kämpfer, Soldat *mhr*$_1$
kriegerisch überfallen √*ġzw*
Krongut *gt*
Kronprinz *uṯryn*
Krug, Pokal *bk*$_1$
Krug, (kleiner) Krug, Flasche *kknt*
krümmen :: sich (vor Lachen) krümmen √*gmḏ*
Kuh *arḫ*
Kuh, (junge) Kuh *ypt*
kultiviertes Feld, (Weinbau-)Terrasse *šdmt*
Kultstele *ztr*
Kultstele *skn*$_2$
Kümmel, eine Kümmelart *qṣḥ**
Kupfer, Bronze *ṯlṯ*$_4$
kurz *qṣr*
kurz sein √*qṣr*
Kürze, Ungeduld *qṣrt*
küssen √*nšq*$_1$
Küste, Insel *iy*$_2$*
lachen √*ẓḥq*
lachen; lustig sein √*ṣḥq*
Ladung ^{c}*msn*
Lage, Schicht *mṯpd*
lagern, ruhen √*rbṣ*
Lamm, (junges weibliches) Lamm *ḫprt*
Lamm *imr*
Lampe, (Himmels-)Leuchte *nrt*$_1$
Land, Erde, Unterwelt *arṣ*
Land *ḫwt*
Landungssteg (als Schiffszubehör) *kpṯ*
lang *arkt*
lang sein, werden √^{ɔ}*rk*
Länge, Strecke, Spanne *mtḥ*
Länge *urk*
Länge, Periode *md*$_3$
lange, immerfort ^{c}*d*$_6$
Lanze, Speer *mrḥ*
Lapislazuli; lapislazuli-farbige (blaue) Wolle *iqnu*
Lapislazuli-Handwerker / -Färber *qnuym*
Lärm; (Vieh-)Geschrei *qr*
Last aufladen/hochstemmen, tragen, stützen √^{c}*ms* D
lauern, genau (nach)sehen, prüfen √*bṣr*
laufen √*rwẓ*
laufen (Füße) √*lsm*
lausen, (Kopfhaar) nach Läusen absuchen √*ply*
laut und gellend schreien, ein Kriegsgeschrei erheben; singen √^{c}*ny*$_2$
laut (schreiend, klagend) ^{c}*tq*
laut schreien, heulen, klagen √^{c}*tq*$_2$
laut schreien, jauchzen √*rnn* D*

leben √*ḥwy*$_1$
Leben *ḥy*
leben √*ḥyy*
Lebendiger *ḥwy*$_1$
Lebenskraft *ḥmḥ*
Leber, Inneres, Zentrum *kbd*$_2$
lecken, kahl fressen √*lḥk*
Lederriemen *aṯt*$_2$
Lehm, Erde, Schlamm *ṭt*
lehren, unterweisen √*lmd* D
Lehrling :: sich in der Ausbildung befindliches (Reittier) *tlmd**
Lehrling, Schüler; instruierte / geübte Person *lmd*
Leidenschaft *ḥr*$_3$*
Leier *knr*
leihen, (Geld) verleihen √*ʾwd*
Leinen; Leinenstoff, -gewand *ktn*
Leiter, Anführer, Vorsteher *šr*$_3$
Leitseil, Leitriemen (eines Reittieres) *šb*^{c}*r*
Lende *ksl*
Lende; Sehnen (der unteren Rückenmuskulatur) *mtn**$_1$
Lenden(stück als Opfergabe) *mtnt*
Leuchte, Himmelsleuchte (Sonne od. Mond) *nyr*
Leuchte, (Öl-)Lampe *nr*
Leuchte, Lampe *nrt*$_1$
leuchten √*nwr*
leuchten √*ʾwr*
leuchten, glänzen, strahlen √*ṣhl*
Leute, Menschen; Diener *inš*
Libation *mtk*
Libation, (Trankopfer-)Spende *tġẓyt*
Libation *šqy*$_2$*
Licht; Leuchte, (Öl-)Lampe *nr*
Liebe *dd*$_1$
Liebe *ahbt*
Liebe *yd*$_3$
lieben √*ʾhb*
Liebesfrüchte, -äpfel (als Opfergabe) *ddym*
liebkosen, (innig) küssen √*nšq*$_1$ D
lieblich, wohlklingend *ṭbn*
lieblich, angenehm, gut *n*^{c}*m*$_1$
lieblich *nat*
lieblich, angenehm *ysm*
lieblich *ysmt*
lieblich; der Liebliche *n*^{c}*mn*
Liebliche, die (überaus) Liebliche *n*^{c}*my*
Lieblichkeit, Huld *n*^{c}*mt*
Lieblichkeit, Liebreiz, Schönheit *n*^{c}*m*$_2$
Liebling *mdd*
Liebling *ydd*
liegen, sich niederlegen, lagern, ruhen √*rbṣ*
liegen, sich niederlegen; mit jmdm. sexuell verkehren √*škb*
linke Seite, links *šmal*
Lippe *špt*
Loch, Höhle *ḫr*
Loch, Erdspalte *ḫḫ*$_1$
Locke(n) *pd*
Lohnarbeiter, Tagelöhner *škr*$_1$
Lösen, Lösung, Trennung, Spaltung *pṭr*$_2$*
lösen (von Krankheit) √*pr*^{c}
losgehen, hingehen, sich begeben √*gly/w*
loskaufen, auslösen √*pdy*
loslassen, schleudern, werfen √*šrw/y*$_{(1)}$
losstürmen, angreifen √*s*^{c}*y*
losziehen, weggehen √*grš*
Löwe *arw*
Löwe *lbu*
Lügen hervorbringen √*qṭṭ* D*
Luke, Fenster, Öffnung *urbt*
lustig sein, lachen √*ṣḥq*
machen, herstellen √*b*^{c}*l*
Mächtiger, der Mächtige, der Kräftige ^{c}*ẓmny*
Mädchen *mṯt*
Mädchen, (junges) Mädchen *n*^{c}*rt*
Mädchen *ġlmt*$_1$
Mädchen *pġt*
Magd *amt*$_1$
magische Formel, Beschwörung *ḥrš*$_3$*
mahlen √*ṭḥn*
Mal *-id*
Mal(e) *pamt*
Mandel(baum) *ṯqd*
Mangel; Fehlbetrag, fehlendes Material (Kupfer) *mḫsrn*

Mann, Mensch *mt*$_3$
männlich(es Wesen/Tier) *dkr*
Mantel, Umhang, Satteldecke (für Pferde) *ḫpn*
Mark, Gehirn *mḫ*$_1$
Marmor *br*
Mast, (Schiffs-)Mast *trn*
Masttier, Mastvieh *mru*$_1$*
matt, schwach sein (Pferd) √*ḫwr*
Mauer *ḥmt*$_1$
Mauer *gdrt*
Meer *ym*$_2$
Menge *mid*$_1$
Menge, Fülle *ḥpn*$_1$
Menge(n) / Masse (an Menschen) *madt*
Mensch, Mann *mt*$_3$
Mensch(heit) *adm*
Menschen *nš**
Menschenmenge *hmlt*
Messer, Dolch, Schwert *ḥrb*
Metallgießer, -arbeiter; Schmied *nsk*
mieten, dingen √*ʾgr**
Mieterin, eine, die mietet / dingt *agr**
Mietling/Lohnarbeiter nehmen, dingen, mieten √*škr*
Milch *ḥlb*
Milz *ṭḥl*
minus, abzüglich *ḫsr*
mischen, (Wein mit Zusätzen, z.B. Gewürzen und Süßstoffen) mischen √*msk*
Mischkrug *mmskn*
Mischung, flüssige Lösung (für Drogen) *mskt*
mit (einer) Deichsel versehen werden √*twr*$_2$ Dp*
mit, durch *b*
mit, bei *ʿm*$_2$
Mitte *tk*
Monat *yrḫ*
Mond, Monat *yrḫ*
Mörder *šiy*
Most (aus Trauben) *mrṯ*
Most *trṯ*
müde, niedergeschlagen *anḫ*
muhen (Kuh) √*zġw*
Mühle (in Form von zwei Mühlsteinen) *rḥ*$_3$*
Müller *ksd*
Mund *p*$_2$
Mundschenk *šqy*$_1$*
murmeln, (leise) sprechen √*ʾgg*
Mutter *um*
Mutterinstinkt, Mitgefühl *rḥm*
Mutterschaf *ṯat*
Myrrhe *mr*$_1$
Nabel(strang) *šr*$_4$
nach, hinter, im Gefolge von *aṯr*
nach *aḫr*$_2$
nachdem *aḫr*$_3$
nächster Tag :: am folgenden/nächsten Tag *ʿlm*$_2$
Nacht *ll*
Nacht verbringen, übernachten √*lyn*
Nacht :: in der Nacht umherstreifen √*ʿws*
Nachtquartier *mswn*
nackt *ʿrm*
nackt, leer sein, entblößt / vernichtet sein √*ʿrw*
nahe heranführen √*qrb* D
nahe sein, sich nähern √*qrb*
Nahrung, Verpflegung *mġd*
Nahrung, Speise, Getreide *akl*
Name *šm*
Nase, Schnauze (Pferd) *ap*$_2$
neben, nebst *yd*$_2$
nehmen (als Anteil) √*ḥṣṣ*
nehmen, halten √*ʾḫd/ḏ*
nehmen, wegnehmen √*lqḥ*
neigen :: sich beugen / neigen, niedersinken √*ġlw/y*
neigen :: sich (ver)neigen, sich bücken √*hbr*
neigen; (das Ohr) zuneigen, aufmerksam sein √*qġw/y*
Nennung, Aussprechen *hg*
Nest, Lager *udn*$_2$
Netz, Fischernetz *rṯt*
neu *ḥdṯ*$_1$
neu sein √*ḥdṯ*
Neubruch, neues Ackerland *nrt*$_2$
Neumond *ḥdṯ*$_2$
neun *tšʿ*
neunter *tšʿ*

neunzig *tš*^{c}*m*

nicht doch! *pn*$_3$

nicht :: es gibt nicht *in(n)*

nicht *l*$_2$

nicht *blt*

nicht *al*$_1$

nicht vorhanden sein, fehlen √*ḫlq*

Nicht-Existenz; es gibt nicht *in*

Nicht-König; gewöhnlicher Mensch *blmlk*

Nicht-Tod; Unsterblichkeit *blmt*

Nichtsein *bl*$_2$

niederbücken :: sich niederbücken √*šḥy* Št

niederfallen √*qyl*

niederfallen √*prsḥ*

niedergelegt/brachgelegt werden √*ydy*$_1$ Gp

niederknien √*kr*^{c}

niederknien √*kms* tD

niederlegen, ablegen; brachliegen (Feld) √*ydy*$_1$

niederreißen, zerschlagen √*nts*

niederschlagen, schlachten, ein Schlachtopfer darbringen √*nkt*

niederschlagen, schlachten √*qyl* Š

niederschlagen √*hbṭ*

niedersinken √*qmṣ*

niedersinken √*štk* Gt

niedersinken √*ġwr*$_1$

niedersinken, verwelken √*ḫsp*

niedersinken, zu Boden gehen √*mkk*

niederstoßen √*ngḥ* D

niedertreten, zertreten √*rps*

Niederung, Senke *ġr*$_3$*

niedrig sein, sich senken, nach unten gehen √*špl*

nimm! *qḥ*

Not, Drangsal, Bedrängung *mṣqt*

nun, jetzt ^{c}*nt*

nun, jetzt *ht*

o! *y*$_2$

o! *l*$_3$

Obdach, Bedachung, Behausung *mẓll*

oben, darauf ^{c}*ln*

oben ^{c}*l*$_2$

Oberes ^{c}*ly**

Obergewand *md*$_1$

Oberschenkel, Schenkel, Bein, Hinterlauf (eines Tieres) *šq*

Obsidian *ẓr*$_{(2)}$

Obst, (Baum-)Frucht *pr*$_1$

Obstgarten *ḥrnq**

oder *u*$_1$

oder *im*$_2$

offenbaren, enthüllen √*bġy*

offensichtlich werden, sich zeigen √*nbṭ*

öffnen √*ptḥ*

Öffnung (in der Wand), Fenster *ḥln*

Ohr *udn*$_1$

Öl, (tierisches) Fett *šmn*$_1$

Ölbaum, Olive *zt*

Opfergrube *ġb*

opfern √*dbḥ*

opfern, (als Opfer) darbringen, weihen √*qdš* Š

Opferpriester *ṯ*^{c}*y*

Ort, (Fund-)Stelle, Mine(?) *mqm*

Ort, (Kult-)Stätte *aṯr*

Ort, (Wohn-)Sitz, Wohnort *mṯb*

Ortschaft, Stadt *bldn*

Osten *qdm*$_1$

Paar, ein Paar *aḥdm*

packen, bedrängen √*ṣw/yq* Š

packen, den Arm um jmdn. legen √*ḥbq*

Palast *hkl*

Parfüm *rqḥ*$_1$

Penis *ušr*

Periode, Länge *md*$_3$

Personal *inšt*

Pfad *ntb*

Pfad, Weg *ntbt*

Pfeil, Pfeilspitze *šrt*

Pfeil *ḥẓ*

Pfeil(spitze) *ḥḏ**

Pfeiler, Pfosten *alt*$_1$

Pfeilhersteller *ḫḏġl*

Pferd *ssw*

Pferde *prs/ś*

Pferdeknecht *kzy**

Pferdewesen, -zucht *sswt*

Pflanze *ur*$_1$

Pflanzung *mṯ*^{c}*t*

Pflug *mḥrṯt*$_2$

pflügen √*ḥrṯ*
Pflügen, das Pflügen *ḥrṯ*$_1$
Pflüger, Bauer *ḥrṯ*$_2$
Pförtner *ṯġr*$_2$
Pfosten *alt*$_1$
Platte, Blech *rq*$_2$
Plünderer *ṯš**
plus; und *kbd*$_3$
Portion (am Opfermahl) *mnt*$_1$
Pracht *udr*
präsentieren, (Opfer) darbringen √*qbr* D
preisen √*nwy*
pressen √*ʿšy*
Priester *khn*
Priesterin *qdšt*$_1$
Priesterstatus *qdšt*$_2$**
profan; frei von kultischen Pflichten *ḥl*$_3$
prüfen, genau (nach)sehen √*bṣr*
Purpurschnecke *anhb*
Quelle, Quellort *mbk*
Quellort *mqr*
Rad *apn*$_1$
Rampe, Stiege *mslmt*
Rand :: (oberer) Rand *aps*
Rand, Seite, Saum *pat*
Rastplatz, Ruhestätte *mnḫ*
Raub, Plünderung *bz*
rauben, plündern √*ḫbt*
Räuber *ġz**
Raubvogel, Adler, Falke(?) *nšr*
Rauch *qṭr*
Räucherbecken *uṯḫt*
Raum, Kammer, Zelle *sgrt*
Recht schaffen, Gericht halten, richten √*dyn*
Recht, Gericht *dn*$_1$
Recht sprechen, richten √*ṯpṭ*
rechte Seite, rechte Hand, rechts *ymn*
Regen *gšm*
Regen *mṭr*
regnen √*mṭr*
regnen lassen √*mṭr* Š
Rehbock *yḥmr**
reiben, (mit den Fingern) reiben, kneten √*mll*
reif werden, kochen √*bšl*
rein *ib*$_3$
rein *ṭhr*
Reinheit, Lauterkeit *brt*
reißen, zu Boden reißen √*mṣḫ* D
Reit- od. Zugtiergeschirr *gpn*$_2$*
Reserve, (ein zusätzliches Exemplar als) Reserve *ḥrṣ*$_1$
Retten *ḥw***
Retten *plṭ***
Rezitation *mspr*
rezitieren √*bdd*
richten √*dyn*
richten √*ṯpṭ*
Richter, Herrscher *ṯpṭ*
Richtigkeit, Angemessenheit *yšr*
Rind *alpn**
Rind *alp*$_1$
Rippe *slʿ**
Rippen-, Bauch- oder Rückenstück (eines Mastrindes) *bmt*
rollen, wälzen √*glgl*
Rosinen *ṣmq**
Röstopfer *rmṣt*
rot färben √*nkġ*
rot *admn***
rot sein/werden √*ʾdm*
rote Wolle *npš*$_2$
rote Farbe *ṣrp*
rote Farbe, roter Stein; rote Wolle *šmt*$_1$
rötlich-braun sein √*ṣḥrr*
Rücken *ẓr*
Ruder *mṯṭ**
rufen, schreien √*ṣy/wḥ*
rufen √*qrʾ*
Ruhelager, Bett *ṯbṯḫ*
Ruheplatz, Sessel *nḫt*
ruhig sein, sich ruhig, bewegungslos verhalten √*dmm*$_1$
ruhig, sorglos sein, Ruhe finden √*šlw*
Rumpf, Körper *gb*
rupfen (Federn) √*ḫrṭ*
Rüstzeug, Waffen *nṯq*
rütteln, aneinander rütteln √*nwʿ* Gt
Saatgut, Getreide *drʿ*
Saatland *mdrʿ*
Sachwalter *rbṣ*
salben √*mšḥ*

Salbenmischer *rqḥ*$_2$
Saline *mlḥt*$_2$
Salz *mlḥt*$_1$
Salzfeld, Saline *ṣṣ*
Same, Saatgut, Getreide *drʿ*
Same, Getreide *ḏrʿ*
sammeln :: sich sammeln, (Heer) √*gbb* N
sammeln √*ʿbš*
sammeln, auflesen *lqẓ*
sammeln, zusammenführen √*ʾsp* Š
sammeln :: sich sammeln √*ʾsp* N
Sandale(n) *nʿl*
Sänger *šr*$_2$
satt machen, sättigen √*šbʿ*$_1$ D
satt sein, genug haben √*šbʿ*$_1$
Satteldecke (für Pferde), Umhang *ḫpn*
Sättigung *šbʿ*$_1$
säugen, als Amme fungieren √*ynq* Š
saugen √*ynq*
Säugling (Tier), (Milch) saugendes Tier *mrġṯ*
Säugling, Kleinkind; Tierjunges *ʿl*$_3$
Saum, Kleidersaum *sin*
Schaf *š*
schaffen, bereitstellen, bestimmen √*kwn* Š
Schal *mṯyn*
Schale, (halbkugelförmige) Schale *sp*
Schale, Becher *gl*
Schale, (große) Schale (aus Bronze) *spl*
Schale *ṣʿ*
Schande *bṯt*
schändlich behandeln, verachten, verderben √*trp*
Schar, Gemeinde *ṣbrt*
scharfsinnig, verständig *ltpn*
schartig, rissig, vertrocknet sein (Boden) √*pll*
Schatten *ẓl*
Schaʿ-Opfer darbringen √*ṯʿy* D
Scheide (des Schwertes) *tʿrt*
Scheitel, Schädel *qdqd*
Schekel *ṯql*
Schemel, Hocker *ksan*
Schenkel, Bein, Hinterlauf (eines Tieres) *šq*
scheren (Schaf) √*gzz*
Scherer, (Schaf-)Scherer *gzz**
Schermesser *yʿr*$_2$
scherzen, spotten √*ṣḥq/ẓḥq* Š
schicken, Hand ausstrecken √*šlḥ*
schicken, senden √*lʾk*
Schicksal, (gutes) Schicksal *ḥẓt*
schießen, werfen √*yry*
schießen (intr.), eilen √*ġḏḏ*
schießen √*yry*
Schiff, Flotte *any*
Schild *art**
Schild *qlʿ*
Schilfrohr, Rohr *qn*
schlachten, ein Schlachtopfer darbringen √*nkt*
schlachten √*ṭbḫ*
schlachten, opfern √*dbḥ*
Schlächter, Mörder *šḫṭ*
Schlachtopfer, Mahl *dbḥ*
Schlachttier *mgṯ*
Schlachtung *nkt*
Schlaf, Todesschlaf *šnt*$_2$
Schlaf, Schlummer *nhmmt*
Schläfe *lsb*
schlagen √*rtm*
schlagen √*ʿmt*
schlagen, erschlagen √*ḥwy*$_3$
Schlagen, Streiten *tḫṭṣb*
schlagen √*hlm*
schlagen; prügeln √*mḫṣ* D
schlagen; weben √*mḫṣ*
Schlamm, Dreck *ṯiṭ*
Schlange *nḥš*
Schlange *bṯn*
Schlauch, (Wein-)Schlauch *ḥmt*$_2$
Schlauch, (Wasser-)Schlauch *nad*
Schlauch, (Leder-)Schlauch (für Flüssigkeiten) *krsn**
Schleim, Auswurf; Schlamm *ḫḫ*$_2$*
schleudern, werfen √*šrw/y*$_{(1)}$
schließen √*tbq*
schließen, (Türen) verschließen √*klʾ*
schlürfen, saugen √*mṣṣ*
schmähen, verhöhnen √*qlṣ*
Schmied *nsk*
Schmutz, Schlamm *rṯ*
Schnee *glṯ*

schnitzen, behauen, formen √*nḥt*$_1$ D

Schnitzer, (Holz-)Schnitzer *psl*

schön, lieblich *ysmsm*

schön, lieblich *ysmsmt*

Schönheit *tsm*

Schönheit, Würde *yp*

Schönheit *tp*$_2$

schöpfen, (Wasser/Tau) abschöpfen √*ḥsp*

schöpfen, (Wasser) schöpfen √*šʾb*

Schöpfung *bnwt*

Schoß *ḥq***

Schößling (Getreidespross) *bṣql*

schreiben √*ktb*

Schreiber *spr*$_3$

schreien, schelten, tadeln √*gʿr*

schreien; bellen (Hund); muhen (Kuh) √*zġw*

schreiten √*sġd*

schreiten √*drq*

Schrift(stück), Vorschrift *sprt*

Schriftstück, Liste, Urkunde *sprn*

Schriftstück, Liste, Urkunde *spr*$_2$

Schuhe, Sandalen *šin**

schuldig sein √*ʾṯm* Gt

Schülerin *lmdt*

Schulter, Nacken, Rücken *ṯkm*

Schulter, Schulterblatt *ktp*

schuppig *ʿqšr*

schütteln √*mrmr*

schütteln √*nʿr* D

schwach, elend, krank sein √*dwy*

schwach, klein, fein *dq*

schwach sein (Pferd) √*ḫwr*

Schwager (eig.: Bruder des verstorbenen Ehemannes) *ybm*

Schwagerehe vollziehen √*ybm* D

Schwägerin der Völker / Nationen *limm*

schwanken (Gestalt) √*dlp*

schwanken, wanken, zittern √*nġṣ*

Schwanz *ḏnbt**

Schwanz *ḏnb*

Schwarzkümmel *sbbyn*

Schwein *ḫzr*$_2$

Schweineschmalz *nḥ*

Schweiß *dʿt*$_3$

Schwellen (Fluten), Sich-Erheben, Anschwellen (der Fluten) *šrʿ*

schwer *kbd*$_1$

Schwert *mmṣr***

Schwester *aḫt*

schwingen :: sich schwingen, tanzen √*rqṣ* Gt

schwitzen √*ydʿ*$_2$

schwitzen, (aus)schwitzen √*ḥyṣ*

sechs *ṯṯ*

Sechsergruppe *ṯṯt**

sechst :: zum sechsten Mal tun √*ṯdṯ* D

sechster *ṯdṯ*$_1$

Sechstfrau *mṯdṯt*

Sechszahl, sechs *ṯdṯ*$_2$

sechzig, 60 *ṯṯm*

Seele, Leben *npš*$_1$

Seele, Leben; Gier, Appetit *brlt*

Segen *brkn*

segnen √*brk*$_1$ D (od G)

sehen, erblicken √*ʾmr*$_2$ Gt

sehen, erblicken, erfahren √*phy/w*

sehen, schauen √*ʿyn*

Sehne *gd*$_1$*

Sehne(n) des Hüftbereichs, Hüftnerv, Ischiasnerv *anš*

Seil, Strick *ḥbl*$_1$

sein √*ʾṯ(y)*

sein; bereitstehen, fest sein √*kwn*

Seite, Saum *pat*

senken √*nḥt*$_2$ D

senken, nach unten richten √*mnn*

Sesam *ššmn*

setzen, (Fuß auf den Schemel) setzen, stemmen √*ṯpd*

Seuche *zbln*

seufzen, klagen, weinen √*nwḥ*

Seufzen, Stöhnen *tant*

sexuell verkehren mit jmdm., liegen √*škb*

sich gürten √*ḥgr* N/G

sich rot färben/schminken √*ʾdm* N

sich schwingen, tanzen √*rqṣ*

sich entfernen, weichen √*sw/yr*

sich verwandeln, werden zu √*sbb* N

sich Sorgen machen, verzweifeln √*yḫl* D

sich abwenden √*ʿwy*

sich niederbücken √*šḫy* Št

sich waschen √*rḥṣ* Gt

sich aufmachen, weggehen *√tb*^{c}
sich verwunden, sich Schnittwunden zufügen *√hdy*
sich wenden, sich abkehren *√pny*
sich in Sicherheit bringen *√plt* N
sich (gegen jmdn.) erheben *√yp*^{c}
sich entfernen *√nkr*
sich beugen / neigen, niedersinken *√ġlw/y*
sich (zer)teilen *√plg* N
sich lossagen, sich zurückziehen *√nṣl* N
sich gegenseitig beißen *√nṯk* N
sich wenden, umhergehen; sich verändern *√sbb*
sich entfernen, abziehen *√ngw/y*
sich vergehen, sich versündigen *√ġwy*
sich als Fremder aufhalten *√gwr*
sich gegenseitig stoßen *√ngḥ* N
sich in der Ausbildung befindliches (Reittier) *tlmd**
sich bekleiden *√lbš*
sich setzen, sitzen *√yṯb*
sich freuen *√šmḫ*
sich erheben *√nšʾ* Gt und N
sich duschen *√pr*^{c} Gt
sich hinstellen, dastehen *√ndd*$_2$ N
sich zurückziehen *√pẓl* N
sich zur Witwe erklären *√ybm* Št
sich erinnern, gedenken *√ḫss*
sich besprengen *√npp* Gt
sich niederlegen, liegen; mit jmdm. sexuell verkehren *√škb*
sich waschen *√rḥṣ*
sich verfehlen, sündigen *√ḫṭʾ*
sich verschulden *√ʾṯm* Gt
sich niederlegen, liegen, lagern, ruhen *√rbṣ*
sich wenden, sich begeben zu *√nḥw/y*
sich begeben *√šql* Gt
sich freuen, frohlocken *√ḥdy*$_2$
sich (vor Lachen) krümmen *√gmḏ*
sich zurückziehen *√krr*
sich wegbewegen, sich hinbegeben *√šql* Gt
sich aufrichten (Skorpion) *√qwn / qyn* D*
sich anbiten; das Seinige beitragen *√dlw*
sich ausbreiten *√prš* Gp / N
sich freuen *√ḫdy/w*
sich sammeln (Heer) *√gbb* N
sich ergießen, tropfen (Tränen) *√ntk* N
sich (ver)neigen, sich bücken *√hbr*
sich niederlassen, wohnen *√škn*
sich hüten, sich in Acht nehmen *√nġr* Gt
sich abwenden *√hpk* N
sich ruhig, bewegungslos verhalten *√dmm*$_1$
sich erheben *√nqh*
sich erheben *√yp*^{c} N
sich zeigen *√nbṭ*
sich niederknien *√brk*$_2$
sich bedecken mit; (Kleider) anziehen *√ksy/w*
sich über eine gute Nachricht freuen *√bšr*
Sich-Erheben, Anschwellen (der Fluten) *šr*^{c}
Sichel, Mondsichel *gml*
Sichel, (Neumond-)Sichel *šhr***
Sichel *ḫrmṯt*
sichtbar sein, erscheinen *√phy/w* N
sie beide *hm*$_2$
sie ist / existiert *iṯt*
sie *hy*
sie, von ihr *hyt*
Sieb *kbrt*
sieben *šb*$^{c}{}_2$
sieben, (Getreide) sieben *√npy*
siebenmal *šb*^{c}*id*
Siebenzahl *šb*$^{c}{}_4$
siebt :: zum siebten Mal tun *√šb*$^{c}{}_2$ D
siebter *šb*$^{c}{}_3$
Siebtfrau *mšb*^{c}*t**
siebzig, 70 *šb*^{c}*m*
Sieg, Triumph *tliyt*
Siegel *mišmn*
siehe! *hn*$_1$
siehe! *hln(-y)*
siehe! *hlk*$_2$
siehe! *hl*
Silber *ksp*
Silber *ḥṯt*

singen √*šyr*
singen, (ein Instrument) spielen, musizieren √*ḏmr*$_2$
singen, laut und gellend schreien √*ᶜny*$_2$
Sinn, Absicht, Herz *lb*
Sippe, Familie *špḥ*
Sippe, Familie *umt*
Sippe, Volk *ᶜm*$_1$
Sitz, (Wohn-)Sitz, Wohnort *mṯb*
sitzen, sich setzen √*yṯb*
Sitzen, Thronen *ṯbt*$_1$
Sklave, Bote *ql*$_2$
Skorpion *ᶜqrb*
Skorpion *ᶜqrbn*
so, auf diese Weise *kmt*
so *k*$_1$
so, auf diese Weise *km*$_3$
so, auf diese Weise *kn*
so wahr!; gewiss! *i*$_2$
sobald (als) *hlm*
Sockel, (Thron-)Podest *kt*$_1$
sodann, daraufhin *bkm*
Sohn *bn*$_1$
Sohn *mr*$_4$
solange; während; bis *ᶜd*$_5$
Soldat(en) *ḏmr*$_1$
Sommer, Sommerernte, Sommerfrucht *qẓ*
Sonne *špš*
Sonnenaufgang *ṣbu*$_1$
sorgen :: sich Sorgen machen, verzweifeln √*yḥl*
spähen, (er)spähen, genau nachsehen, inspizieren √*ḥdy*$_1$
Spalt, Ritze, Schlitz *bdqt*
Spalte, Riss *pṭr*$_1$
Spalte, Riss *nq*
spalten, aufschlitzen √*bqᶜ*
spalten √*bqᶜ*
Spanne, Halbelle *uṯ*
Spanne *mtḥ*
Speer *šlḥ*
Speichel *iṯl*
Speise, Speisung, Proviant(ierung) *mṣd*$_1$
Speise, Getreide *akl*
Speise-, Brotopfer *mlḥmt*
Speisung, Verköstigung *ġdyn*
spenden √*ndb* Gt
Spender *mtdb**
Spezereien, Räucherwerk *sm**
spielen (ein Instrument), musizieren √*ḏmr*$_2$
Spindel *plk*
Spindel, die sich drehende Spindel *tᶜlt*
Spinner *ġzl**
Spitzhacke, Haue *krk*
sprechen √*ʾmr*$_1$
sprechen, sagen, reden √*rgm*
sprechen, reden √*dbr*$_2$ D
sprengen :: sich besprengen √*npp* Gt
springen, Füße (zum Sprung) heben √*dᶜṣ*
Spross, Trieb, Stengel *ib*$_2$
Spross, Getreidespross, Schößling *bṣql*
Stadt, Wohnort *ᶜr*$_1$
Stadt *qrht*
Stadt *qrt*, *qryt*
Stadt, (befestigte) Stadt *pdr*
Stall, Hof *trbṣ*
stammeln √*ᶜlg*
Ständer, Gestell (einer Waage) *mṣb*$_1$
stark sein, hart sein √*ʾmṣ*
stark, der Starke *ᶜz*$_1$
stark, (überaus) stark *aliy*
stark sein √*ᶜzz*
stark, groß *mᶜ*$_1$
Stärke *ᶜz*$_2$
Stärke *ḏmr*$_2$
Stärke, Kraft *ᶜzm*$_2$
stärken, segnen √*mrr*$_2$
stärken, Kraft verleihen √*ᶜzz* D*
Starker, der überaus Starke/Mächtige *aliyn*
Staub, Unterwelt *ᶜpr*
Staunen :: in Staunen versetzen √*hkr*
stechen, durchbohren √*rtq*
Stein *abn*
Steinbock, Felsziege *yᶜl*
stellen, legen, setzen; festsetzen √*šyt*
stellen, (auf)stellen, stapeln; (Tisch) decken √*ṯᶜr*
stellen, (hin)stellen, (hin)legen, (hin-

ein)stecken √*ᶜdb*
Stellung *mknt*
stemmen (Fuß auf den Schemel stemmen) √*ṯpd*
Steppe *dbr*
Steppe *mdbr*
Stern *kbkb*
Stern *kkb**
Stier
Stier *ṯr*
Stimme *g*
Stimme, Laut, Klang *ql*$_1$
Stirn *pit*
Stock, Stab *ḫṭ*
Stock, Stab *mṭ*
Stolz *gan*
Strauch *šḥt*
streben, (er)streben, (ver)suchen √*qṯṯ*
Streit erregen, zum Kampf herausforden, reizen, befehden √*gry*
Streitaxt *mšḫṭ*
streiten √*šry*$_{(2)}$
Streitwagen *mrkbt*
Streitwagen-Bogenschütze *ṯnn*
streuen, (Getreide) worfeln √*ḏry/w*
Strick, Sattelriemen *nqbn**
Stroh *tbn***
Stroh auflesende Frau, Stroh-Sammlerin *ḥpšt*
Strom, Flut *mdb*
Stück, Happen, Bissen *gzr*
Stute *pḥlt*
stützen √*ᶜms* D
suchen √*ngṯ*
suchen, fordern, verlangen √*bqṯ* D
Summierung, Summe *tgmr*
Sumpfgras, Ried *aḫ*$_2$
Sünde/Schuld bekennen √*ydy*$_3$
sündigen, sich verfehlen √*ḫṭʾ*
sündigen, sich vergehen, sich versündigen √*ġwy*
süß *mtq*
Tafel, (Brief-)Tafel *lḥ**$_2$
Tag *ym*$_1$
Tal *ᶜmq*$_1$*
Talent *kkr*
Tamariske *bnt*$_2$
Tamariske *ᶜrᶜr*

tanzen √*rqṣ* Gt
Tau *ṭl*
Taube *ynt*
tauen, (in Form von Tau) niedergehen √*ṭll* D*
Tauregen *rbb*
tausend, 1000 *alp*$_2$
Teich *brky*
Teich *brkt*
Teil, Anteil, Portion (am Opfermahl) *mnt*$_1$
teilen :: sich (zer)teilen √*plg* N
Textilgewebe, Decke *ḫlpn*
Thron, Sitz *kḫṯ*
Thron *ksu*
Thron *ṯbṯ*$_2$
Thronraum, -saal *ᶜd*$_2$
Thymian *ḫs/śwn*
Tiefe, Abgrund, Grube, Loch *mhmr**
tilgen, abwischen, entfernen √*mḥy*
Tisch *ṯlḥn*
Tochter *bt*$_2$
Tod *mt*$_1$
Todesstrand *šḥlmmt*
Topf, (tiefer) Topf; Hohlmaß (für Getreide) *dd*$_2$
Töpfer *yṣr*
Tor, Stadttor *ṯġr*$_1$
tot sein, sterben √*mwt*
tot; Toter *mt*$_2$
töten √*hrg*
töten √*ġtr*$_2$
Totenheiligtum *ḥšt*
tragen, bringen √*ybl*
tragen, stützen √*ᶜms* D
Träger, Riemen (von Sandalen) *ybl*$_2$
Träger *blbl**
Träne *dmᶜt**
Tränen vergießen, weinen √*dmᶜ*
Tränen *udmᶜt*
Tränk-, Libationsgefäß *mšq*
Traube(n) *uṯkl*
Trauer, Klage *ᶜgm**
Traum *ḥlm*
traurig, bedrückt, entsetzt sein √*rġn*
treten √*drk*
Tribut *mnḥ*
Tribut, Gabe, (einzelne) Gabe *mnḥt*

Tribut, Abgabe *argmn*
Tributgaben, Geschenke *šlm*$_3$*
Trinkbecher, Kelch *qbʿt*
trinken √*šty*
Trinken geben √*šqy*
Trinkgefäß, Becher, Kelch *krpn*
Trinkgelage, Gastmahl *mšt*
tritt heran! *uqrb*
trocken, getrocknet *ḫrb*
Trunkenheit *škrn*
Trunkenheit *škr*$_2$
Truppe, Heerestruppe, Armee *ʿdn*$_1$
Tür, Tor, Stadttor *ṯġr*$_1$
Tür, Öffnung *ptḥ*
Türflügel *dlt*
Turm *mgdl*
Turteltaube *tr*$_1$
überaus schön, lieblich *ysmsm*
überaus schön, lieblich *ysmsmt*
überfließen lassen √*hlk* Š
übernachten √*byt*
überqueren √*ʿbr*
Überschuß; Rest *mtrn*
überwältigen, siegreich sein √*lʾw*$_1$
überzogen, beschlagen *ṣpy**
überzogen / beschlagen sein √*ṣpy* Gp
übrig bleiben, (noch) ausstehen √*šʾr* Gt
Ufer, Strand *ḫp*
Ufer *gp*$_1$
um ... herum, bei *ʿd*$_4$
umarmen, Beischlaf haben √*ḥbq* D
umbinden, gürten, umgarnen √*ḥgr*
umgeben, umhüllen √*lwy* Š
umherirren; umherstreifen, reisen √*tġy*
umherstreifen, jagen √*ṣw/yd*
umherstreifen, reisen √*tġy*
umhüllen, (Gesicht) verschleiern √*ʾzr*
umsorgen √*ʿpp* D*
umwenden √*ṯwb* D*
und *w*
und dann *p*$_1$
und (gewiss!), und (siehe!) *wn*
Ungelernter, Auszubildender, Rekrut *ġmr*
ungerecht, frevelhaft handeln √*ršʿ*
Unheil *un*$_2$
unnachgiebig sein √*ʾnš*
Unrecht *pšʿ*
Unrecht *ġlt*
unter, an der Unterseite von *tḥt*
Unterarm, (Unter-)Arm *ḏrʿ*
unterdrücken, erniedrigen √*dll* D
unterdrücken, unterwerfen, erniedrigen √*dll* D
untere (Lippe) *tḥ<t>yt*
Untergang (Sonne) *mʿrb*
Untergang (Sonne) *ṣrr*
unterirdisches Gewässer, Urflut *thmt*
unterirdisches Gewässer, Urflut *thm*
Unterschenkel, Unterarm *krʿ*
unterweisen, (be)lehren √*lmd* D
unterweisen, (be)lehren √*ysr*
Unterwelt, Erde *arṣ*
unterwerfen √*ʿnw/y* D
unterwerfen, erniedrigen √*ʿnw/y* D
Unterwerfung *mdnt*
unuṯṯu-Verpflichtung *unṯ*
Unzucht, Schandtat *tdmmt*
Unzucht, Prostitution *dnt*
üppig, reichlich machen √*ʿdn* D
Urflut *thm*
Urflut *thmt*
Urin *ṯnt*$_1$
Urteil, (weise) Entscheidung, (weises) Urteil *ḥkm*
Vater *ab*
Vater *ad*
verachten √*nʾṣ*
verachten, vernachlässigen √*ṯkḥ*$_2$
verachten, verderben √*trp*
Veränderung, Umsturz *thpk***
verbrauchen, verzehren √*blw/y* D
verbraucht, benutzt werden √*kly* N
verbraucht, abgenutzt, verschlissen sein (Kleidung) √*pwd/pyd* Dp*
Verbrechen, Verfehlung, Unrecht *pšʿ*
verbrennen √*nšq*$_2$
verbrennen √*šrp*
verbrennen, niederbrennen, anzünden √*bʿr*$_1$ D
Verderben, Vernichtung *ḫbl*$_1$
verdorben *ḫlq*

Verdorbenes, Minderwertiges *qlt*
verdorren (Getreide) *√ġly*
verdorren (Korn) *√ḥmṣ*
verdorrtes Land *ḥmdrt*
verehrt, gehegt, betreut *knyt*
verfluchen *√yṣm*
vergelten *√šlm* D
Vergeltung, Bezahlung *šlm*$_4$
vergessen lassen *√nšy* Š
vergessen *√nšy*
vergossen werden *√ntk* Gp
verheiratet, Verheirateter *trḫ*
Verhöhnung, Geringschätzung *qlṣ*
Verkauf *mkr*$_2$
verkauft werden *√mkr* N (od. Gp / Dp)
verkünden, ausrufen, proklamieren *√pʿr*
Verkündigung, Bekundung *ḥyt*
verlangen, begehren *√pty*
verlangen, fordern *√bqṯ* D
Verlangen, Wunsch, Gesuch *iršt*
verlassen, im Stich lassen *√bʿr*$_4$ D
verleugnen, abstreiten *√kḥd* D
verleumden, Gehässiges sagen, geifern *√lšn* D
Verlust *ʿdmt*
Vermittler, Bote *dll*
vernachlässigen *√ṯkḥ*$_2$
vernichten, zum Schweigen bringen *√ṣmt*
vernichten, zerstören *√bʿr*$_2$ D
vernichten, ein Ende bereiten *√kly* D
vernichten *√ḫlq* D
vernichten, vertilgen *√ḥsl* D
vernichten *√ʾbd* D
vernichten, (völlig) vernichten *√šmd* Gt
Verpflegung(sration), Versorgung, Ausstattung *znt*
verputzen, verschmieren *√ṭwḫ*
Versammlung *pḫr*
Versammlung *ʿdt*$_1$
Versammlung *mpḫrt*
Versammlung; Clan *qbṣ*
verscheuchen *√nṣr* Š
verschleiern (Gesicht) *√ʾzr*
verschließen *√sgr*
verschließen *√štm*(?)
verschlingen *√blʿ*
verschlissen sein (Kleidung) *√pwd/pyd* Dp*
Verschluss, Schloss, Riegel *sgr*
verschulden :: sich verschulden *√ʾṯm* Gt
Verschwägerter, Schwiegersohn *ḫtn*$_1$
versorgen (jmdn. mit etwas) *√skn*
versprochen werden *√ndr* Gp
verständig sein *√lḥn*
verstricken, verführen, belügen *√šrg*
Verstrickung, Lüge, Täuschung *šrg**
Vertrag, Pakt *mṣmt*
Vertraute, Gesellin *anšt*
vertreiben, wegtreiben *√trr*
vertreiben *√grš* (D ?)
vertreiben *√ṭrd*
vertreiben, verbannen, entfernen *√ydy*$_4$
vertreiben, wegtreiben *√mrr*$_1$
Vertreiberin; eine, die vertreibt *ydt*
Vertreibung, (magische) Bannung *šmrr*
vertrieben, verbannt werden *√npw/y* Gp
vertrocknen *√ḫrb*
vertrocknet sein (Boden) *√pll*
Verwaltungsbeamter, Präfekt *skn*$_1$
Verwandte(r) *ary*
verwelken, verdorren (Getreide) *√ġly*
verwunden (sich) *√hdy*
verzehren *√ṣḥy*
verzehren, verbrauchen *√blw/y* D
verzögern *√ʾḫr* D
Vieh *bhmt*
viel, groß *mid*$_2$
viel, zahlreich machen *√mʾd* D
viel, zahlreich *mad*
vielleicht *mndʿ*
vier *arbʿ*
viermal *arbʿtm*
viert :: zum viertes Mal tun *√rbʿ*$_1$ D
Viertel *mrbʿ*
Viertelschekel *rbʿt*
vierter *rbʿ*

Viertfrau *mrb*^{c}*t*
vierzig, 40 *arb*^{c}*m*
Vision, (Traum-)Vision *ḏhrt*
Vision, (Traum-)Vision *hḏrt*
Vlies, Schafsfell *š*^{c}*r*
Vogel ^{c}*ṣr*
Vogel *npr*
Vogelsteller, -fänger *yqš**
Volk, Sippe ^{c}*m*$_1$
Volk *lim*
Volksmenge, Menschenmenge *hmlt*
voll *mlit*
voll sein, sich füllen √*ml*ʾ
vollenden √*kll* D*
Vollender, Vollstrecker *gmr*$_1$
vollendet werden √*kly* Dp
Vollendung *škllt*
vollkommen machen, vollenden √*kll* D*
vollkommen machen √*tmm* D*
vollkommen, vollständig; ein jeglicher(?) *kll*
vollständig *tm**
vollständig, heil sein; in Frieden sein √*šlm*
vollständig machen, Ersatz leisten, zurückzahlen, vergelten √*šlm* D
von ... weg *l*$_1$
vor, im Angesicht von *pn*$_2$
vor *qdm*$_2$
vorbeigehen, vergehen (Tage) √^{c}*tq*$_1$
Vorderseite, Gesicht *pn*$_1$*
Vorratskammer *ibsn*
vorübergehen, vorbeifahren; überqueren √^{c}*br*
Wachhunde *ṣpr*
Wacholder *dprn*
Wächter *nġr*$_2$
Wagen, (vierrädriger, großer) Wagen ^{c}*rq*
wägen, abwägen √*yzn*
Wagen; Wagenladung(?)" *rkb*$_2$
während; bis ^{c}*d*$_5$
wahrlich! *imt*
wahrlich! *mt*$_4$
Waise, Waisenkind *ytm*
Wal *anḫr*
Wald, Dickicht *y*^{c}*r*$_1$
Walker, Wäscher *kbs/ś*
Wallung :: in Wallung versetzen √*glṯ*
wandeln √*hlk* Gt
Wanderheuschrecke, Heuschreckenschwarm *irby*
Wange, Backe *lḥ**$_1$
wanken, zittern √*nṭṭ*
warm, heiß sein √*šḫn*
warten √*mtn*
warum? *lm*$_1$
warum? *ik*
warum? *md*^{c}
was auch immer *mnm*$_1$
was auch immer, irgendetwas *mhk*
was auch immer, irgendetwas *mnk*$_2$
was? *mat*
was? *mhy*
was? warum? *mn*$_1$
was? *mh*
waschen √*rḥṣ* D
waschen, in Wasser einweichen √*my*^{c}*/mw*^{c} Gt
waschen :: sich waschen √*rḥṣ*
Wasser *mh*
Wasser-Schöpfen *šib*
Wasser *my*$_1$
Wasserrinne, -leitung (aus Stein) *ṣnr*
Wassertiefe, (Ur-)Ozean, Abyssus *miyt*
Weber *mḫṣ*$_1$
Weg *ntbt*
Weg *mrdmt***
wegbringen, wegschaffen √*b*^{c}*r*$_3$ D
wegfliegen √*nṣṣ*
weggehen :: sich wegbewegen, sich hinbegeben √*šql* Gt
weggehen √*grš*
weggehen, sich aufmachen √*tb*^{c}
weggehen √*šny/w*
weggehen, sich entfernen, abziehen √*ngw/y*
weggenommen werden √*lqḥ* N
weggeschafft, weggebracht werden √*ply* Dp
weggewischt, entfernt werden √*mḥt* Gp
wegholen, entnehmen √*šdd* N
wegraffen, tilgen √ʾ*sp* D

wehe!, ach! *u*$_2$
wehe! *y*$_1$
weichen, verschwinden √*npw/y*
Weide(land) *mr*^{c}
Weidegebühr, -recht *mqd*$_1$
weil, dass; wenn, (sobald) als; falls; wie *k*$_3$
weil *kd*$_1$
Weihegabe, Opferung *trmt*
weihen, (als Opfer) darbringen, opfern √*qdš*
Weihrauchopfer *dġṯ*
Wein :: junger (schäumender, noch gärender) Wein *ḫmr*
Wein *yn*
Wein *smd*
Weinbeere, Weintraube(n) *ġnb**
Weinen *bk*$_2$
weinen √*bky*
Weinen, Wehklage(n) *bky*
weinend (f.) *bkt*
Weingarten *krm*
Weinranke(n) *azmr*
Weinrebe, Weinstock *gpn*$_1$
Weinsaft, (Trauben-)Most *mrṯ*
Weintraube(n) *uṯkl*
weise sein √*ḥkm*
weise ^{c}*mq*$_2$
weiß *lbn*$_1$
weiße Farbe *lbn*$_2$
weit, breit *rḥb*$_1$
Weizen *ḥṭṭ*
Weizen(mehl) *qmḥ*
welcher auch immer, jeglicher *ay*
wenden :: sich wenden, umhergehen; sich verändern √*sbb*
wenden, umdrehen √*hpk*
wenden :: sich wenden, sich abkehren √*pny*
wenden :: sich abwenden √^{c}*wy*
wenn, (sobald) als; falls; wie *k*$_3$
wenn, falls, ob *hm*$_1$
wenn, sobald als *id*
wenn, als *km*$_2$
wenn, falls *im*$_1$
wer auch immer, irgendjemand *mnmn*
wer auch immer, irgendjemand *mnn*
wer auch immer *mnm*$_2$
wer? *my*$_2$
wer? *mn*$_2$
werfen, schießen √*yry*
werfen, schleudern √*ndp* Š
werfen, schleudern √*šrw/y*$_{(1)}$
Widder *il*$_2$*
Widder, (junger) Widder *kr**$_1$
wie, entsprechend *km*$_1$
wie, entsprechend *k*$_2$
wie? *ikm(y)*
wie? *iky*
wie?, wieso? warum? *ik*
wiederholen; weitersagen, erzählen √*ṯny*$_1$
Wiederholer (d.h. Briefbote) *mṯnn*
Wiederholung *mṯn*
Wildstier *rum*
Wind(hauch) *rḥ*$_1$
Windeln (zum Wickeln eines Säuglings) *ḥtl*
Wissen, Gelerntes *d*^{c}*t*$_1$
wissen, kennen √*yd*^{c}$_1$
Witwe *almnt*
Witwe des Bruders, Schwägerin *ybmt*
Witwe :: sich zur Witwe erklären √*ybm* Št
Witwenschaft *ulmn*
wo? *an*$_3$
wo? *iy*$_1$
wo? *i*$_1$
wohnen, sich niederlassen √*škn*
Wohnort *mṯb*
Wohnsitz, Residenz, Thron *ṯbt*$_2$
Wohnstatt, Zelt *ahl*
Wohnstatt *mšknt*
Wohnstatt, Haus *ḥẓr*
Wohnstatt *ḏd*$_1$
Wohnstatt *qrš*
Wolke ^{c}*rpt*
Wolkenfahrer *rkb*$_1$
Wonne ^{c}*dn*$_2$
Worfschaufel *ḫṯr*
Wort, Kunde *amr*
Wort, Äußerung *hwt*$_1$
wünschen, sich sehnen nach √*ṣby/w*
wünschen, begehren, erbitten √*ʾrš* D
wünschen, begehren √*ʾrš*

Wurf, Nachwuchs (von Kleinvieh) šgr
Wurfgeschoss, Speer šlḥ
Wurfspeer grgr
Wurzel, Nachkomme šrš
Würzzusatz (für Wein), Mischung msk
Wüste thw
zählen lassen √spr Š
zählen √spr
zahlreich machen √mˀd D
Zahn šn
Zahn, "Brecher" ṯbr
Zange mqḥm
Zauberei kšp*
zaudern √bwš
Zaumzeug, Zugtiergeschirr mdl_1
Zeder arz
zehn $^c šr_1$
zehn $^c šrt_1$
Zehnergruppe $^c šrt_2$
zehnmal ^{c}šrid
zehntausend, Myriade rbt_2
Zehntel, Zehnt m^{c}šr**
Zehnzahl $^c šr_2$
Zeitpunkt, Moment $^c dt_2$
Zelt ahl
Zelt ḫmt
Zeltdecke yryt
Zeltlager, Lager $ḥwy_2$
zerbrechen (intr.); zerschlagen sein √ḫtt
zerbrechen √grdš
zerfurchen, zerkratzen √ḥrṯ G/D
zerfurchen √ṯkr
zerreiben, zermahlen √ṯḥn
zerreißen √mz^c tD
zerreißen √štt
zerreißen, vernichten √bwṯ
zerschlagen, zermalmt werden √ḫtˀ
Zerschnittenes, Zerteiltes gdt
zerstören, vernichten √$b^c r_2$ D
zerstören, verheeren √šdd D*
zerstören √$b^c r_2$ D
zerstoßen werden √dwk Gp
zerstreut/aufgelöst werden √prš Gp / N
zerteilen (Fleisch) √brd
zertrennen, schneiden (Fleisch); (Fleisch) essen √ṯrm
zertreten werden √dwṯ Gp
zertreten √dwṯ
Zeuge ypḥ
zeugen, gebären lassen √yld Š
Zicklein llu
Ziege $^c z_3$
Ziegel lbnt
Ziegel streichen, formen √lbn D
Ziegelhersteller lbn_3**
ziehen lassen (Wagen); (mit dem Wagen) fahren √mšr Š
Zimbeln mṣlt*
Zimbelspieler mṣl
Zimmer, Kammer ḥdr
Zinn brr_2
Zins(en) $ḥbl_2$
zittern, beben √hrr D*
zögern, zaudern √bwš
zornig, wütend werden; ergrimmen √kwr
zu essen geben √$lḥm_1$ G od. D
zu einem Mahl einladen, Getränke servieren, bewirten √^{c}šr
zu essen geben, verproviantieren √ṣyd
zu trinken geben √šqy Š
zu trinken geben √šqy
zu Ende sein/gehen √kly
zu Boden reißen √msḫ D
zu; gegen; von ... weg l_1
zugrunde gehen √ḫlq
zugrunde gehen √ˀbd
zugrunde gehen √ˀbd Gt
zugrunde richten, vernichten √ḫlq D
Zugtiergeschirr mdl_1
Zugtiergespann $ṣmd_1$
zum Schweigen bringen; vernichten √ṣmt
zum viertes Mal tun √$rb^c{}_1$ D
zum König machen; als König einsetzen √mlk D
zum sechsten Mal tun √ṯdṯ D
zum fünften Mal tun √ḫmš
zum siebten Mal tun √$šb^c{}_2$ D
zum Bleiben veranlassen, gastlich aufnehmen √ṯwy
zum zweiten Mal $ṯnm_2$

zum dritten Mal tun *√ṯlṯ*
Zunge *lšn*
Zünglein / Stabilisatoren (der Waage) *mšrr**
zur Ruhe kommen, sich ausruhen *√nwḫ*
zurückbringen *√ʿwd* D*
zurückbringen; erstatten; zurückschicken, antworten *√ṯwb* Š
zurückgeworfen, abgewehrt werden *√ṯkp*
zurückhalten, verzögern *√ʾḫr* Š
zurückhalten, an den Fersen fassen *√ʿqb* D
zurückhalten *√ʾḫr* D
zurückhalten *√ʿps*
zurückkehren *√ṯwb*
zurückschicken, antworten *√ṯwb* Š
zurückweichen *√nḫš*
zurückweichen, sich zurückziehen *√pẓl*
zurückziehen :: sich zurückziehen *√krr*
zurückziehen :: sich lossagen, sich zurückziehen *√nṣl* N
Zurüster, (Opfer-)Zurüster *ʿrk**
zusammen, miteinander *aḥdh*
zusammendrehen, binden *√ʿbṯ*
zusammengetrieben werden *√ʾṣl* Gp
Zusammenkunft, Versammlung *ʿdt*$_1$
zwanzig, 20 *ʿšrm*
zwei *ṯt*$_1$
zwei *ṯn*$_1$
zwei Drittel *kmsk*
zweimal *ṯnid*
zweimal *ṯnm*$_1$
zweit :: zum zweiten Mal *ṯnm*$_2$
zweiter, nächster *ṯn*$_2$
Zweites, (ein) Zweites, Weiteres; Wiederholung *mṯn*
zweites Mal tun, ein zweites Mal tun *√ṯny*$_1$
zwischen, unter *bn*$_2$
Zypresse *mswt***
Zypresse *tišr*

Kjell Aartun

Studien zur ugaritischen Lexikographie

Mit kultur- und religionsgeschichtlichen Parallelen

1: Bäume, Tiere, Gerüche, Götterepitheta, Götternamen, Verbalbegriffe

1991. VII, 218 Seiten, br
ISBN 978-3-447-03164-6
€ 49,– (D) / sFr 84,–

2: Beamte, Götternamen, Götterepitheta, Kultbegriffe, Metalle, Tiere, Verbalbegriffe
Neue vergleichbare Inschriften

2006. 2 Teile
Teil A: XIII, 640 Seiten, gb
Teil B: 769 (641-1409) Seiten, 133 Abb., gb
ISBN 978-3-447-05326-6
€ 198,– (D) / sFr 335,–

Vom überlieferten Material der ugaritischen Sprachtradition werden 165 Wörter/Ausdrücke und deren kontextliche Verbindungen genau untersucht und interpretiert. Zudem werden als weiteres vergleichbares semitisches Material – und zwar nur als eine Auswahl zu betrachten – 132 bisher unbekannte Inschriften behandelt. Die meisten sind mehrsprachig. Örtlich stammen sie teilweise aus dem Orient (Industal, Südarabien, Palästina, Syrien, Kleinasien), teils aber aus ganz Europa, Island, Grönland, Neufundland und aus den USA. Als solche beweisen diese Denkmäler eine gesicherte weite, frühzeitige Ausbreitung der betreffenden semitischen Hochkulturen. Die ältesten dieser Zeugnisse stammen aus dem 3. Jahrtausend v. Chr. Die typische Mehrsprachigkeit dieser Denkmäler bezeugt die Anwendung von vier bisher wissenschaftlich nicht in Betracht gezogenen semitischen Schrift-, Sprach- und Kulturtraditionen. Genau angegeben stammen diese Denkmäler von minoischen (Altkreta), trojanischen (Kleinasien) und etruskischen (Italien) Kulturaktivitäten. Wegen der drohenden Trockenheit im Nahen Orient im 4. bis 3. Jahrtausend v. Chr. wurden diese Völker – wie die verwandten Bewohner von Harappa und Mohendjo Daro im Industal – gezwungen, ihre Urheimat in Südarabien zu verlassen.

HARRASSOWITZ VERLAG · WIESBADEN
www.harrassowitz-verlag.de · verlag@harrassowitz.de

Annick Payne

Hieroglyphic Luwian

An Introduction with Original Texts

A comprehensive and concise introduction to Hieroglyphic Luwian, an early Indo-European language used c. 14th–8th century BC in Ancient Anatolia

Elementa Linguarum Orientis 3

2004. XIV, 212 pages, 121 ill., pb
ISBN 978-3-447-05026-5
€ 29,80 (D) / sFr 52,–

This book has been written for beginners studying on their own and assumes no prior knowledge of the subject. It begins with the history of the language and its discovery and decipherment up to the present day. It contains a clearly structured concise grammar which offers much original material on Luwian syntax. Twelve reading exercises introduce the basic grammatical principles and are carefully graded to allow the reader to build up a knowledge of common signs and vocabulary as well as giving a broad introduction to Hieroglyphic Luwian literature. Grammatical analysis, commentary, vocabulary notes and a revision section accompany each text. Additionally, the book includes the most extensive up-to-date vocabulary available and a complete sign list. Both will serve the reader as invaluable tools for any further study of the subject.

Bände 1 und 2: Ugarit Verlag, Münster

HARRASSOWITZ VERLAG · WIESBADEN
www.harrassowitz-verlag.de · verlag@harrassowitz.de